清林館高等学校

〈収録内容〉

便利な DL コンテンツは右の QR コードから

⇒ 

※データのダウンロードは 2025 年 3 月末日まで。
※データへのアクセスには、右記のパスワードの入力が必要となります。 ⇒ 151110

〈合格最低点〉

※学校からの合格最低点の発表はありません。

本書の特長

実戦力がつく入試過去問題集

▶ 問題 …………… 実際の入試問題を見やすく再編集。
▶ 解答用紙 …… 実戦対応仕様で収録。
▶ 解答解説 …… 詳しくわかりやすい解説には、難易度の目安がわかる「基本・重要・やや難」の分類マーク（下記参照）。各科末尾には合格へと導く「ワンポイントアドバイス」を配置。採点に便利な配点つき。

入試に役立つ分類マーク 

基本 確実な得点源！
受験生の 90%以上が正解できるような基礎的、かつ平易な問題。
何度もくり返して学習し、ケアレスミスも防げるようにしておこう。

重要 受験生なら何としても正解したい！
入試では典型的な問題で、長年にわたり、多くの学校でよく出題される問題。
各単元の内容理解を深めるのにも役立てよう。

やや難 これが解ければ合格に近づく！
受験生にとっては、かなり手ごたえのある問題。
合格者の正解率が低い場合もあるので、あきらめずにじっくりと取り組んでみよう。

合格への対策、実力錬成のための内容が充実

▶ 各科目の出題傾向の分析、合否を分けた問題の確認で、入試対策を強化！
▶ その他、学校紹介、過去問の効果的な使い方など、学習意欲を高める要素が満載！

解答用紙ダウンロード	解答用紙はプリントアウトしてご利用いただけます。弊社ＨＰの商品詳細ページよりダウンロードしてください。トビラのＱＲコードからアクセス可。
リスニング音声ダウンロード	英語のリスニング問題については、弊社オリジナル作成により音声を再現。弊社ＨＰの商品詳細ページで配信対応しております。トビラのＱＲコードからアクセス可。
UD FONT	見やすく読みまちがえにくいユニバーサルデザインフォントを採用しています。

清林館高等学校

▶ 交通　学校始業時間　午前８時５０分
名古屋駅から約３０分で教室へ

[名鉄] 藤浪駅まで
須ヶ口～　１４分
名古屋～　２６分
金　山～　３１分
弥　富～　１２分
神宮前～　３４分
犬　山～　４５分
岩　倉～　２８分
太田川～　４５分
一　宮～　３５分

[近鉄] 弥富駅まで
桑　名～　１０分
四日市～　３５分

[ＪＲ] 金山駅まで
高蔵寺～　２７分

[ＪＲ] 弥富駅まで
四日市～　３５分

〒496-8006　愛知県愛西市持中町八町８８番地
☎0567-28-3010
URL　https://www.seirinkan.ed.jp
Email　seirinkan@seirinkan.ed.jp

沿　革

1926(大正15)年　・平山哲堂先生弘浄寺境内に津島縫製女学校創立
1948(昭和23)年　・校名を学校法人平山学園津島女子高等学校と改称
2001(平成13)年　・校名を清林館高等学校と改称
・普通科に文理コース，国際コース，進学総合コース，医療看護福祉系進学コースを併設
2003(平成15)年　・普通科全コース男女共学化
2011(平成23)年　・情報処理科募集停止
2013(平成25)年　・進学総合コース改組(選抜プログラム・進学プログラム・看護福祉プログラム)
2017(平成29)年　・普通科４コース制に編成
・文理特進コース
・文理選抜コース
・国際コース
・進学総合コース
2018(平成30)年　・新校舎へ移転
2024(令和6)年　・清林館中学校創立

建学の精神

清林館高等学校は建学の精神を「全校一家族」と定めています。

校内では全校を一つの大きな家庭とみなします。ここでは教師と生徒が親子の慈愛・信頼と，兄弟姉妹の親しさをもって接しています。生徒は高校時代という人生の重要な時期をこの環境の中で過ごし，その人格と知識・技能を磨きます。本校の出会いは卒業後も互いを尊敬し信頼し合い，永遠に変わらない一家族の関係を結びます。

本校の創立者である平山哲堂先生は，「信仰・勤労・実際」の校是に示された心を育んだ人物を世に送り出す為に，その心を育てる「家」として本校を設立されました。また，ここでの教育の在り方を，そして人として成長すべき拠り所とされる本校を「全校一家族」と定められました。

教育方針

創立99年の歴史と伝統を誇る清林館高等学校は，「全校一家族」の建学の精神のもと，「この世のすべての人を家族と考え，人のため，世の中のために奉仕できる人格の育成」を目指しています。また，本校生徒のあるべき姿を校是で示し，心豊かで人に優しく，互いが敬愛し合え，そして，努力を惜しまない，人としての根本的な人生観を持ち，心の故郷(一家族)への自信と誇りを持つことを目的としています。

１．バランスのとれた高い学力の育成

各コースは，それぞれが成果目標を掲げ，これに沿って学習活動がプログラムされています。目標達成の為に努力する生徒に対して教職員が力の限り支援をします。実力を伸ば

し，目標を高める為にたゆみなく努力できる，こうした姿勢を３年間継続することが大切だと考えています。

２．一人ひとりの特性，個性に応じた進路形成指導

進路とは単に選択するものではなく，自ら形成するものであります。本校では大学や会社への入り口の指導だけではなく，生涯にわたって自分の力が発揮できる「構えと実力」の形成に重点を置き，進路情報の提供，進学相談の充実，啓発的体験を織りまぜながら１年次から系統的に進路形成を進めます。

３．「自立と自律」をめざした社会性の育成

自分を律し，利他に徹し，奉仕の心を持って人に接する，こうした心の習慣を備えることが優れた人となる為に一番大切なことであるという考えを涵養します。

４．国際理解・交流を通した国際性の育成

今日の日本にとって最も重要な施策の一つに国際感覚の醸成があげられます。本校では多彩な国際交流活動を通じて，他国の文化を理解し，世界の人々と交流できる資質の育成に力を注いでいます。この為本校では，長期・短期の留学派遣や，姉妹校からの留学生の受け入れに際したホームステイの受け入れ体験の機会をすべての生徒に与え奨励しています。その他に様々な国際関係の行事を通じて国際感覚の育成に努めています。

５．ＩＣＴ活用による思考力・判断力・表現力の育成

21世紀の教育においては，効率的で能動的な学習を促すことにより，インプットだけでなくアウトプットもできる創造的な人材の育成が求められています。この目的を達成するために必要な教育の１つとしてＩＣＴ教育があります。そのため，本校では，生徒が１人１台のタブレットを持ち，授業中・課外・家庭学習など様々な場面において活用します。調べ学習，グループ学習などを行います。生徒同士が意見を出し合い，学び合うことで思考力・判断力・表現力を鍛えます。これらは，生徒の主体的・対話的な深い学びへとつながっていきます。

学科・コース内容

●普通科　文理特進コース

★名古屋大学・名古屋工業大学・名古屋市立大学をはじめとする地元の難関国公立大学現役合格を目指します。

文理特進コースの特色は，国公立大学進学を目指して学習に真剣に取り組もうとしている生徒の意欲に応え，自らの進路目標を実現するため，本校の持てる指導力を結集して特別進学指導体制を構築しているところにあります。併せて本コースでは，智・徳・体バランスの取れた，広く豊かな心を育み，本校建学の精神の根本である「人間の尊厳」「感謝の心」「奉仕の姿勢」を備えた人材を育て，社会のリーダーとして世に送り出すことを目的としています。そこで本コースでは，3年次1学期までに「無理なく」高校の課程を終えるカリキュラムを設け，豊富な授業時間や補習，学習習慣の確立に向けた生活習慣の指導と学力に応じた教材を紹介する個別対応プログラムなど，大学入試に向け，すべてをそろえたシステムを提供しています。本コースで学ぶ生徒は，学校での学習活動をきちんと行っていれば，塾や予備校に通ったり家庭教師などを依頼したりする必要はありません。国公立大学への進学を目指す理想的な学習環境がここにあります。学習意欲旺盛で，部活動をはじめとした様々な活動に積極的に取り組む中で，様々な成長を望む中学生の皆さんを待っています。

～コースの特色～

・週35時間の豊富な授業時間＋補習
・個別対応プログラム
・個別面談の充実
・思考力を養成するプリント学習
・フィリピンでの語学研修と帰国後のネイティブ教員によるレッスン

●普通科　文理選抜コース

2005年度からスタートした普通科進学総合コース選抜プログラムは，国公立大学・難関私立大学合格を目指した特別学習システムで，入学検査時の成績・評定の優秀者の中から希望した生徒がこのプログラムの授業を受けています。平成29年度より文理選抜コースと名称を変更し，毎日７限授業を実施，リメディアル教育による苦手科目の克服を行い，基礎力の定着から入試レベルに対応できる授業を行っています。一定期間毎に小テスト等を行い，生徒の理解度・到達度を図った上で，きめ細かい学習指導を展開しています。７限目終了の午後５時以降については，生徒個人に到達度・理解度にあわせた個別学習時間を設けています。このように１年次から学習指導を徹底することで，入学時よりも飛躍的に学力を伸ばし，２年次から文理選択による授業展開を実施し，さらなる学力向上に努め，国公立大学や難関私立大学への合格を目指します。

～コースの特色～

・必要ならば小学校内容まで戻る徹底的な振り返り

・平日は，文理特進コースと同じ７時間授業を実施

・隔週土曜日は確認テストと探究学習

・基礎レベルから入試レベルまで，幅広い問題に対応した授業

・タブレット学習を利用した効率的な学習

・朝学習で学習の土台を養成

・フィリピンでの語学研修を通した英語指導

●普通科　国際コース

★英語が話せるようになるのは当たり前，開設38年の歴史と伝統の高度な英語力を育む独自のプログラム

★高い英語力と，グローバル人材としての力を活かして難関大学合格を勝ち取る「英語＋α」の進路形成指導

★例年，英検準１級取得者を50名以上輩出

国際コースは，比類無き英語力を養成するため，１年次に，英語圏（アメリカまたはフィリピンなど）で語学研修を実施します。現地では，清林館オリジナルカリキュラムによる授業を実施します。期間中，良質な英語のシャワーを浴び続けることでのコミュニケーション力の向上，異文化理解能力の拡充が図られ，グローバル人材としての基礎を語学研修を通じて育成します。また，帰国後は世界各国の姉妹校などへの長期留学や，校内ランゲージセンターにてネイティブ教員による語学レッスンなどに取り組み，英検準１級合格を目指します。さらに，検定前には対策レッスンを実施し，合格率のアップを図ります。近年は１年次の終わりに，２級に合格し，留学から帰国した生徒で準１級に合格する生徒が増えてきています。また，国際コースは大学合格をゴールとしない「将来の夢を実現させるための進路形成指導」を行っています。将来，英語を使って何ができるのか，大学で何を学びたいのかを主体的に考えさせることで，国際社会で活躍する力につなげていきます。また，さまざまな外部機関と提携しての国際理解講演や，留学生のホームステイ受け入れなど，国際理解についての多彩な学習機会があるほか，毎年多くの生徒が対外的な各種コンクールにチャレンジし，優秀な成績を収めています。

～コースの特色～

・海外語学研修（アメリカ，フィリピンなど）

・英語力の徹底育成の柱

▸校内ランゲージセンターでネイティブティーチャーによる習熟度別レッスン

▸英検・TOEIC 指導の充実

▸日本人教員による鉄壁の英文法力養成

▸担任による語彙力の養成「１日最低１枚の英単語シート」

・多彩な長期・短期の留学システム

・高い英語力を活かした大学受験指導

・ホームステイ受け入れをはじめ，多彩な国際交流

●普通科　進学総合コース

★生徒一人一人の目標を設定し進路形成を実施

★難関大学から地元の中堅大学に至るまで総合的にサポート

★学業と部活動の両立を実現し，自ら考え表現する力を育成

★大学入試改革に対応した学習カリキュラム

★各種検定取得で達成感・自信を醸成

進学総合コースは，本校の中でもっとも生徒数が多いコースです。近年，進学総合コースの生徒数の割合が増加し(全生徒数の６割以上)，とても活気のあふれているコースと言えます。

進学総合コースの生徒全員が自らの希望する部活動に所属していて，部活と学習の両立を目指し，毎日楽しく充実した生活を送っています。学校生活の中で，部活動に比重を置くことで，進路に対して不安を感じる人もいると思いますが，本コースでは，「ワンランクアップした進路希望の実現」を目標としていて，それぞれの生徒の進路目標に応じて，基礎力の定着から入試レベルに対応できるきめ細かい学習指導を展開しています。大学受験においては，指定校推薦と公募制推薦の学校推薦型選抜を利用している生徒が多くいます。大部分の生徒が３年間部活動を頑張りながら，それぞれの進路目標を達成させています。

〜コースの特色〜

・放課後は部活動参加
・学習習慣，基礎学力の定着を図る学習指導
・将来の進路を見据えた，早い時期からの進路形成指導
・学校推薦型選抜(指定校制，公募制)を中心とした進路対策指導

国際理解・国際交流

本校教育の基軸としている国際理解交流教育は，国際化・ボーダレス化が進む時代の国際教育を目指して1975年(創立50周年の年)に始まりました。1980年代に入り姉妹校との交換留学が始まり，積極的に多くの留学生を受け入れ，派遣においても1985年から長期派遣留学が始まりました。1986年に国際教育の中核的推進体として普通科に国際コースが設置されると，３カ月の語学研修を始めとして，多くの生徒が毎年長期・短期の派遣留学をするようになっていきました。同時に，1985年から修学旅行に海外コースを設置することにより，誰もが在学中に海外での直接体験を通して異文化理解ができるようになり，今までに4000名以上の生徒が海外修学旅行を体験しています。1990年代に入ると，長年積み上げられてきた国際教育諸活動が全校生徒に浸透し始め，「国際的な空気」の漂う学校に発展していきました。1994年以降は毎年国際コースの６割の生徒が１年間の留学を体験するようになり，近年は毎年50名以上に増加してきました。派遣留学の累計は3000名を超えます。近年，全国的な問題として，日本から海外に留学する高校生の急増(年間約4000名)と，外国から日本に留学してくる高校生(年間約1000名)の不均衡が取り沙汰されていますが，本校では今までに1600名以上の留学生を引き受け，バランスのとれた交流を継続しています。また，近年では国際コースのみならず，文理コースや進学総合コースからも，１年間の留学や語学研修に参加するなど，積極的に国際交流活動を行っている生徒も出てきました。21世紀に入り，本校の国際教育は，次のステップとして留学体験や英語力を活かした進路形成に力を入れるよう大きな指導スタイルの改革を断行しました。ランゲージセンターを活用した英会話のレッスンや英単語シートの導入，英検合宿等によって英語検定準１級やTOEIC700点以上を取得し，その圧倒的な英語力を使って理想の進路を実現してきました。2002年度以降その結果が顕著に表れ，

多くの生徒が英検準1級を取得し，TOEIC・TOEFL iBT においても高得点を修め，国公立私立を問わず日本を代表する名門大学へ進学するようになっています。常に高い目標を設定し，それに向かって毎年改革を重ね，より充実した教育内容を目指しています。

●清林館高等学校姉妹校一覧

・オーストラリア
  ・Pymble Ladies' College（ピンブル レディース カレッジ）
  ・Brisbane Girls' Grammar School（ブリスベン ガールズ グラマー スクール）
  ・Methodist Ladies' College（メソディスト レディース カレッジ）
  ・Presbyterian Ladies' College（プレスバテリアン レディース カレッジ）
  ・St. Joseph's Nudgee College（セント ジョセフ ナッジ カレッジ）
  ・Whitsunday Anglican School（ウィットサンデー アングリカン スクール）
・韓国
  ・善一女子高等学校
・台湾
  ・靜修高級中學
・ニュージーランド
  ・Mount Roskill Grammar School（マウント ロスキル グラマー スクール）
・イギリス
  ・City College Plymouth（シティ カレッジ プリマス）

部活動

本校には多くの部活動や同好会があり，自己の成長を目指し，また自らの将来に生かそうと努力する生徒がたくさんいます。これらの活動の中心となっているのが進学総合コースの生徒たちです。

また，ボランティア部の活動をはじめ，本校ではボランティアに取り組む機会が数多く用意されています。

●部活動・同好会

運動系

野球部，サッカー部，バスケットボール部，バドミントン部，バレーボール部，硬式テニス部，剣道部，卓球部，空手道部，チアリーディング部，ハンドボール部，ダンス部

文化系

吹奏楽部，太鼓部，茶道部，ＥＳＳ部，ＰＣ部，ボランティア部，美術部，演劇部，写真部

同好会

理科研究，数学研究，家庭科，園芸，将棋，ハンドベル

進　路

●進路実績（2024年度入試）

国立大学

九州大，広島大，愛知教育大，名古屋工業大，三重大，滋賀大，京都教育大，島根大

公立大学

愛知県立大，東京都立大，富山県立大，公立鳥取環境大

主要私立大学（中部地方）

南山大，愛知大，名城大，中京大，愛知淑徳大，椙山女学園大，金城学院大，名古屋外国語大，愛知学院大，愛知工業大

主要私立大学（東日本）

早稲田大，上智大，明治大，青山学院大，立教大，中央大，法政大，日本大

主要私立大学（西日本）

同志社大，立命館大，関西大，関西学院大，京都外国語大

◎2024年度入試状況◎

学　科	推薦・一般			
募 集 数	文理特進 70	文理選抜 105	国際 105	進学総合 174
応募者数	2292			
受験者数	非公表			
合格者数	非公表			

※一般選抜は全コース国・英・数・社・理の５教科で実施。国際コースは英語の得点を２倍した点数に国語の点数，および数・社・理３教科のうち得点の高い２教科の点数を加えて合計点を算出。進学総合コースは国・英の２教科に加えて数・社・理のうち一番得点の高い１教科を加えた３教科で合計点を算出。

過去問の効果的な使い方

① **はじめに**　入学試験対策に的を絞った学習をする場合に効果的に活用したいのが「過去問」です。なぜならば，志望校別の出題傾向や出題構成，出題数などを知ることによって学習計画が立てやすくなるからです。入学試験に合格するという目的を達成するためには，各教科ともに「何を」「いつまでに」やるかを決めて計画的に学習することが必要です。目標を定めて効率よく学習を進めるために過去問を大いに活用してください。また，塾に通われていたり，家庭教師のもとで学習されていたりする場合は，それぞれのカリキュラムによって，どの段階で，どのように過去問を活用するのかが異なるので，その先生方の指示にしたがって「過去問」を活用してください。

② **目的**　過去問学習の目的は，言うまでもなく，志望校に合格することです。どのような分野の問題が出題されているか，どのレベルか，出題の数は多めか，といった概要をまず把握し，それを基に学習計画を立ててください。また，近年の出題傾向を把握することによって，入学試験に対する自分なりの感触をつかむこともできます。

過去問に取り組むことで，実際の試験をイメージすることもできます。制限時間内にどの程度までできるか，今の段階でどのくらいの得点を得られるかということも確かめられます。それによって必要な学習量も見えてきますし，過去問に取り組む体験は試験当日の緊張を和らげることにも役立つでしょう。

③ **開始時期**　過去問への取り組みは，全分野の学習に目安のつく時期，つまり，9月以降に始めるのが一般的です。しかし，全体的な傾向をつかみたい場合や，学習進度が早くて，夏前におおよその学習を終えている場合には，7月，8月頃から始めてもかまいません。もちろん，受験間際に模擬テストのつもりでやってみるのもよいでしょう。ただ，どの時期に行うにせよ，取り組むときには，集中的に徹底して取り組むようにしましょう。

④ **活用法**　各年度の入試問題を全問マスターしようと思う必要はありません。できる限り多くの問題にあたって自信をつけることは必要ですが，重要なのは，志望校に合格するためには，どの問題が解けなければいけないのかを知ることです。問題を制限時間内にやってみる。解答で答え合わせをしてみる。間違えたりできなかったりしたところについては，解説をじっくり読んでみる。そうすることによって，本校の入試問題に取り組むことが今の自分にとって適当かどうかが，はっきりします。出題傾向を研究し，合否のポイントとなる重要な部分を見極めて，入学試験に必要な力を効率よく身につけてください。

数学

各都道府県の公立高校の入学試験問題は，中学数学のすべての分野から幅広く出題されます。内容的にも，基本的・典型的なものから思考力・応用力を必要とするものまでバランスよく構成されています。私立・国立高校では，中学数学のすべての分野から出題されることには変わりはありませんが，出題形式，難易度などに差があり，また，年度によっての出題分野の偏りもあります。公立高校を含め，ほとんどの学校で，前半は広い範囲からの基本的な小問群，後半はあるテーマに沿っての数問の小問を集めた大問という形での出題となっています。

まずは，単年度の問題を制限時間内にやってみてください。その後で，解答の答え合わせ，解説での研究に時間をかけて取り組んでください。前半の小問群，後半の大問の一部を合わせて50％以上の正解が得られそうなら多年度のものにも順次挑戦してみるとよいでしょう。

英語

英語の志望校対策としては，まず志望校の出題形式をしっかり把握しておくことが重要です。英語の問題は，大きく分けて，リスニング，発音・アクセント，文法，読解，英作文の5種類に分けられます。リスニング問題の有無(出題されるならば，どのような形式で出題されるか)，発音・アクセント問題の形式，文法問題の形式(語句補充，語句整序，正誤問題など)，英作文の有無(出題されるならば，和文英訳か，条件作文か，自由作文か) など，細かく具体的につかみましょう。読解問題では，物語文，エッセイ，論理的な文章，会話文などのジャンルのほかに，文章の長さも知っておきましょう。また，読解問題でも，文法を問う問題が多いか，内容を問う問題が多く出題されるか，といった傾向をおさえておくことも重要です。志望校で出題される問題の形式に慣れておけば，本番ですんなり問題に対応することができますし，読解問題で出題される文章の内容や量をつかんでおけば，読解問題対策の勉強として，どのような読解問題を多くこなせばよいかの指針になります。

最後に，英語の入試問題では，なんと言っても読解問題でどれだけ得点できるかが最大のポイントとなります。初めて見る長い文章をすらすらと読み解くのはたいへんなことですが，そのような力を身につけるには，リスニングも含めて，総合的に英語に慣れていくことが必要です。「急がば回れ」ということわざの通り，志望校対策を進める一方で，英語という言語の基本的な学習を地道に続けることも忘れないでください。

国語

国語は，出題文の種類，解答形式をまず確認しましょう。論理的な文章と文学的な文章のどちらが中心となっているか，あるいは，どちらも同じ比重で出題されているか，韻文(和歌・短歌・俳句・詩・漢詩)は出題されているか，独立問題として古文の出題はあるか，といった，文章の種類を確認し，学習の方向性を決めましょう。また，解答形式は，記号選択のみか，記述解答はどの程度あるか，記述は書き抜き程度か，要約や説明はあるか，といった点を確認し，記述力重視の傾向にある場合は，文章力に磨きをかけることを意識するとよいでしょう。さらに，知識問題はどの程度出題されているか，語句(ことわざ・慣用句など)，文法，文学史など，特に出題頻度の高い分野はないか，といったことを確認しましょう。出題頻度の高い分野については，集中的に学習することが必要です。読解問題の出題傾向については，脱語補充問題が多い，書き抜きで解答する言い換えの問題が多い，自分の言葉で説明する問題が多い，選択肢がよく練られている，といった傾向を把握したうえで，これらを意識して取り組むと解答力を高めることができます。「漢字」「語句・文法」「文学史」「現代文の読解問題」「古文」「韻文」と，出題ジャンルを分類して取り組むとよいでしょう。毎年出題されているジャンルがあるとわかった場合は，必ず正解できる力をつけられるよう意識して取り組み，得点力を高めましょう。

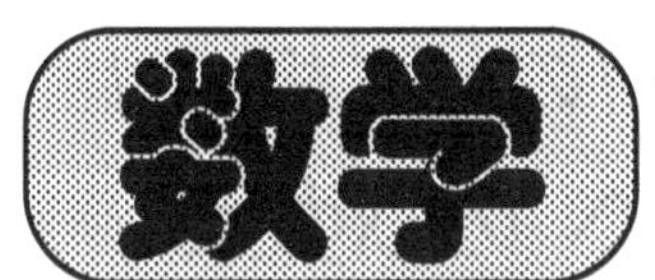

出題傾向の分析と合格への対策

●出題傾向と内容

本年度の出題数は，大問が6題，小問数にして16題と，過去と同様であった。

出題内容は①が数と式，因数分解，平方根，2次方程式，連立方程式などの計算に関わる小問群，②は四分位数と箱ひげ図，方程式の応用，③は確率，④は数学的思考を活用する問題，⑤は立方体の辺上の動点を含む図形の面積や体積，⑥は2次関数・1次関数のグラフと図形の融合問題であった。また，マーク式の出題であった。

全体的に，中学範囲ほぼ全分野からの出題であり，基本的な知識や考え方を重視しつつ，応用力や思考力を必要とする内容も組み込まれ，全体としてバランスのとれた出題といえる。

✔学習のポイント

教科書のまとめや例題の学習に力を入れ，全範囲にわたる基礎的な知識や考え方をしっかりと身につけるようにしよう。

●2025年度の予想と対策

来年度も，出題形式，内容ともに大きな変化は無いと思われる。中学数学のほぼ全範囲から，基本事項を網羅した良問が設問数にして15～18題程度，出題されるだろう。

対策として，まず教科書をきちんと理解しよう。計算関係の問題については，例題レベルのものならば完全に解けるようにしておこう。方程式の応用問題については，値段，速さ，濃度，数の増減などについて，必要な関係式をいつでも作れる力が必要である。関数・グラフや図形に関しては，基礎力を固める意味でも標準レベルの問題にあたっておくとよい。確率，整数の性質，資料の整理も要注意である。

▼年度別出題内容分類表……

出題内容			2020年	2021年	2022年	2023年	2024年
数と式		数の性質	○		○		
		数・式の計算	○	○	○	○	○
		因数分解	○	○	○	○	○
		平方根	○	○	○	○	○
方程式・不等式		一次方程式	○	○	○	○	○
		二次方程式	○	○	○	○	○
		不等式					
		方程式・不等式の応用	○	○	○	○	○
関数		一次関数	○	○	○	○	○
		二乗に比例する関数	○	○	○	○	○
		比例関数					
		関数とグラフ	○	○	○	○	○
		グラフの作成					
図形	平面図形	角度	○	○			
		合同・相似			○	○	
		三平方の定理				○	
		円の性質				○	
	空間図形	合同・相似			○		
		三平方の定理					
		切断					
	計量	長さ			○	○	○
		面積		○		○	○
		体積			○		○
		証明					
		作図					
		動点			○		○
統計		場合の数					
		確率	○	○	○	○	○
		統計・標本調査					○
融合問題		図形と関数・グラフ	○	○		○	○
		図形と確率					
		関数・グラフと確率					
		その他					
その他			○		○		○

清林館高等学校

出題傾向の分析と 合格への対策

●出題傾向と内容

本年度は，聞き取り検査1題，会話文読解1題，長文読解問題2題，正誤問題1題の，大問にして計5題であった。

聞き取り検査は，放送される会話文や問題文を聞いて，その内容についての質問に答えさせるものだが，質問も選択肢も放送される形式であった。

会話文は，複合問題の出題が続いている。読解問題2題は，文法や知識を問うものも内容吟味もある総合問題であったが，難易度としては標準的であった。

正誤問題は，学校の教科書レベルの内容であるが，細かく正確な文法力を試されるものであった。

学習のポイント

計算を含む長文の問題や，長文総合問題など，さまざまな種類の読解を演習しよう。

●2025年度の予想と対策

読解問題への対策としては，問題集などで教科書レベルの標準的な長文問題を多く読み，内容吟味の練習をすること。1つの長文は，細部まで丁寧に内容を把握できるまで何度も読んでおきたい。

聞き取り問題は来年度も出題される可能性が高いので，テレビやCDなどを利用して英語の音に慣れておくとよい。また英文を聞きながらメモを取る練習をしたり，質問が読まれる際にはどの部分を聞く際に特に注意が必要かなどを確認したりする作業も大事な練習である。

▼年度別出題内容分類表 ……

	出題内容	2020年	2021年	2022年	2023年	2024年
話し方・聞き方	単語の発音					
	アクセント					
	くぎり・強勢・抑揚					
	聞き取り・書き取り	○	○	○	○	○
語い	単語・熟語・慣用句	○	○	○	○	○
	同意語・反意語	○				
	同音異義語					
読解	英文和訳(記述・選択)					
	内容吟味	○	○	○	○	○
	要旨把握	○				○
	語句解釈	○				
	語句補充・選択	○	○	○	○	○
	段落・文整序				○	
	指示語			○		○
	会話文	○	○	○	○	○
文法・作文	和文英訳					
	語句補充・選択					
	語句整序	○	○	○	○	○
	正誤問題		○		○	○
	言い換え・書き換え					
	英問英答					
	自由・条件英作文	○				
文法事項	間接疑問文	○			○	○
	進行形	○				
	助動詞	○		○	○	○
	付加疑問文					
	感嘆文					
	不定詞	○	○	○	○	○
	分詞・動名詞	○	○	○	○	○
	比較	○	○	○	○	○
	受動態	○	○	○	○	○
	現在完了		○	○		
	前置詞	○	○	○	○	○
	接続詞	○	○			
	関係代名詞			○		○

清林館高等学校

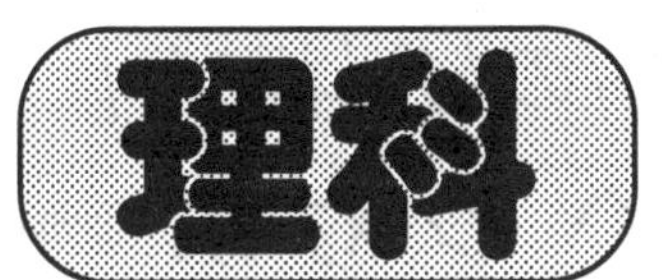

出題傾向の分析と 合格への対策

●出題傾向と内容

本年度も大問4題(物理・化学・生物・地学1題ずつ)である。小問数は25～30問程度で，試験時間に対しちょうどよい分量である。特定の分野に偏りなく，広い範囲から出題されている。

マークシート方式であり，選択肢の内容は文選択が多く，計算問題の数値選択や図選択など，さまざまである。単なる語句よりも，しっかりした理解が要求されている。

図表や実験内容をしっかり読み解いていけば難しくはない。基本事項をしっかり理解しておけば，容易に解答できるであろう。

✔学習のポイント

問題を解くのに必要な条件，情報を問題文から見つける読解力を身につけよう。

●2025年度の予想と対策

第一分野，第二分野とも，特定の出題傾向は見られず，出題範囲をしぼることはできない。例年の出題範囲を見ても，広範囲から出題されているので，全範囲の基本的な内容をおさえておく必要がある。また，実験を通して内容を理解し，グラフや表を読み取る力もつけておきたい。計算問題では，公式を正確に利用できるかが問われている。丸暗記で答えられる問題は少ないので，実験や観察をもとにした問題をより多く解いておく必要がある。

来年度も，問題の形式・質・量ともに大きな変化は見られないと思われる。中レベルの問題集を取り組んでおくことと，過去の問題をしっかりやること。特に，時間の配分も考えて取り組む練習をしておこう。

▼年度別出題内容分類表 ……

	出題内容	2020年	2021年	2022年	2023年	2024年
第一分野	物質とその変化	○				
	気体の発生とその性質		○			○
	光と音の性質	○			○	
	熱と温度					
	力・圧力			○	○	
	化学変化と質量					○
	原子と分子				○	
	電流と電圧	○		○		○
	電力と熱					○
	溶液とその性質				○	○
	電気分解とイオン			○		○
	酸とアルカリ・中和	○			○	
	仕事				○	
	磁界とその変化					
	運動とエネルギー		○			○
	その他		○			
第二分野	植物の種類とその生活					
	動物の種類とその生活					
	植物の体のしくみ	○			○	
	動物の体のしくみ					
	ヒトの体のしくみ		○		○	○
	生殖と遺伝					○
	生物の類縁関係と進化					
	生物どうしのつながり					
	地球と太陽系					○
	天気の変化	○	○	○	○	
	地層と岩石	○		○		○
	大地の動き・地震		○		○	
	その他					

清林館高等学校

出題傾向の分析と 合格への対策

●出題傾向と内容

本年度は，昨年度より大問は1題増えて4題，小問は昨年同様25問であった。

出題形式は，例年通り全問，マークシート方式であった。

地理は，略地図，図表，統計，地形図などをもとに日本と世界の地形・気候，産業，諸地域の特色など幅広い内容が出題された。

歴史では，略年表，歴史資料を活用して，日本の古代から現代までの，政治・外交・社会・経済などについて幅広く出題された。そして，日本史と世界史の関連も多く問われた。

公民では，政治経済のしくみを中心に国際経済なども出題された。

✔学習のポイント

地理：日本と世界の地形・産業等の特色をおさえよう。
歴史：日本史と世界史の関連に関心をもとう。
公民：政治経済のしくみをおさえよう。

●2025年度の予想と対策

来年度も出題数に大きな変動はないと思われ，内容も基本的なものが中心となるであろう。マークシート方式が予想されるので，鉛筆を使用してマークすることに慣れておく必要がある。

地理は，基本事項を中心に教科書の重要事項を正確に理解するとともに，日頃から，主要な写真，地図，図表，グラフなどを活用し思考する学習をしておくこと。また，地形図の読みとりも必ず行うこと。

歴史は，教科書，年表，資料集を活用し，政治・社会・外交・経済などについて各時代の特色と日本史と世界史の関連をまとめておくこと。

公民は，政治経済のしくみを中心に，重要事項の意味を正確に理解しておさえること。また，時事問題に備えて普段からインターネットの主要な内外の報道を分析して，自分の意見をまとめるなどして，関心を高めておきたい。

▼年度別出題内容分類表 ……

出題内容			2020年	2021年	2022年	2023年	2024年
地理的分野	（日本）	地形図	○		○	○	○
		地形・気候・人口	○	○	○	○	○
		諸地域の特色	○	○	○	○	○
		産業	○	○	○	○	○
		交通・貿易		○	○	○	
	（世界）	人々の生活と環境					
		地形・気候・人口	○	○	○	○	○
		諸地域の特色		○		○	○
		産業		○	○	○	○
		交通・貿易	○			○	
	地理総合						
歴史的分野	（日本史）	各時代の特色	○	○	○	○	○
		政治・外交史	○	○	○	○	○
		社会・経済史	○	○	○	○	○
		文化史					
		日本史総合					
	（世界史）	政治・社会・経済史	○	○		○	
		文化史					
		世界史総合					
	日本史と世界史の関連		○	○	○	○	○
	歴史総合						
公民的分野	家族と社会生活						
	経済生活		○		○	○	○
	日本経済		○				
	憲法（日本）			○	○	○	
	政治のしくみ		○	○	○	○	○
	国際経済			○	○		○
	国際政治						○
	その他		○	○	○	○	○
	公民総合						
各分野総合問題							

清林館高等学校

出題傾向の分析と 合格への対策

●出題傾向と内容

昨年と同様に，現代文1題と古文1題の計2題による大問構成となっている。

現代文は，「脳」をテーマにした文章より出題された。漢字の書き，表現，指示語，脱語補充，内容理解などを問う問題が出された。

古文は，『伊勢物語』の2種の文章から出題され，主語や口語訳のほか，古時刻の問題も出題された。内容の理解度をはかる問題を中心に和歌の歌意も出題された。解答はすべて番号選択のマークシート方式。

学習のポイント

さまざまな文章や設問に対応できるように，問題集に取り組むとともに，細部まで丁寧に読むことを心がけよう。

●2025年度の予想と対策

来年度も現代文1題と古文1題という大問構成に大きな変化はないと予想される。

現代文は，説明的文章の出題が有力だが，文学的文章や韻文を含むものからの出題も考えられる。説明的文章の読解では，指示語や接続語，言い換え表現などに注意して文脈を把握し，筆者の主張を読み取る力をつけておこう。文学的文章では，場面の状況や情景，登場人物の心情などを，表現に即して読み取る力をつけたい。現代文では，記述式の設問も予想される。

古文はやや長く，読み取りにくいものが出題される可能性があるので，十分考慮に入れて準備しておこう。

漢字や語句，文法，文学史などの基礎知識も，教科書レベルの力は確実につけておきたい。

▼年度別出題内容分類表 ……

出題内容			2020年	2021年	2022年	2023年	2024年
内容の分類	読解	主題・表題				○	
		大意・要旨	○	○	○	○	○
		情景・心情		○	○		○
		内容吟味	○	○	○	○	○
		文脈把握	○	○	○	○	○
		段落・文章構成					
		指示語の問題		○	○		○
		接続語の問題			○		
		脱文・脱語補充	○	○	○	○	○
	漢字・語句	漢字の読み書き	○	○	○	○	○
		筆順・画数・部首					
		語句の意味	○	○		○	○
		同義語・対義語	○				
		熟語					
		ことわざ・慣用句					
	表現	短文作成					
		作文(自由・課題)					
		その他					
	文法	文と文節					
		品詞・用法	○				
		仮名遣い					
		敬語・その他	○				
	古文の口語訳		○	○		○	○
	表現技法			○			○
	文学史		○	○		○	○
問題文の種類	散文	論説文・説明文	○	○	○	○	○
		記録文・報告文					
		小説・物語・伝記					
		随筆・紀行・日記					
	韻文	詩					
		和歌(短歌)		○			○
		俳句・川柳					
	古文		○	○	○	○	○
	漢文・漢詩						

清林館高等学校

2024年度 合否の鍵はこの問題だ!!

数学 ③

③は，大小2個のさいころを同時に投げたときに関する問題で，(1)では「出た目の積が素数となる確率」，(2)では「出た目の積をx，出た目の和をyとすると，$x<y$となる確率」を求める。

大小2個のさいころの出る目の組み合わせは全部で36通りなので，樹形図や表などを利用して全ての場合を書き出したあと，条件に合う場合の数を数えて解くことはできる。しかし，時間が限られた中での作業では数え間違いや見落としの不安が伴うし，(2)では条件が複雑である上に場合の数も増えるのでなおさらだろう。そこで，数や数式の知識を利用して解くことを考えたい。

(1)では，素数の「1とその数自身以外の約数を持たない」という性質を利用すれば，「出た目の積が素数なのは，出た目の一方が1で，もう一方が素数であるとき」とすぐに気付けるだろう。さいころ1個の出た目に含まれる素数は2，3，5なので，大きい方の目が1で小さい方の目が2，3，5の場合と，大きい方の目が2，3，5で小さい方の目が1の場合の計6通りとすぐにわかる。

(2)では，問題文通りのxとyの組み合わせではなく，大小2個のさいころの出た目をそれぞれa，bとして，$x=ab$，$y=a+b$のような数式を作って考える。すなわち，$x<y$を$ab<a+b$という形に直した上で因数分解を利用し，$(a-1)(b-1)<1$という不等式を導ければ，aもbも6以下の自然数なのだから，$a-1$と$b-1$の積が1未満となるためには，a，bが両方とも2以上の数になってはいけないということがすぐにわかる。

数学的な知識の活用により，作業に伴う不安を除くことができたり，解答時間を短縮することができたりすることを気付かせてくれるという点で，合否の鍵となる問題として挙げておきたい。

英語 ③ (2)

筆記③の(2)はしっかりと文法が理解できていないと解けない問題である。関係代名詞の文だが，それが省略されているので少しややこしくなっている。

前提として与えられた文頭と並べ換えの語句から，まず日本語訳が「それらは私たちが吸う空気をきれいにするのを手伝ったりもする」となることを推測する。

まず主語は「それらは」= they，述部は「手伝ったりもする」= also help である。また，help の目的語である clean the air「空気をきれいにするの(を)」を続けておく。

they also help clean the air … ①

次に，まだ英訳していない日本語の部分，「私たちが吸う」を作る。①で主語・述語の文を作ったのに，「私たちが吸う」にも主語・述語の関係があることから，関係代名詞を使った文になりそうだと気づくだろう。「吸う」の意味の breathe は他動詞で目的語が必要なので，それを仮に it とする。

we breathe [(it)] … ②

最後に①と②をつなげて1つの文にするのだが，ここで関係代名詞 which を使う。①と②で同じもの(人)を表わす語を探すと，the air =(it)である。この仮に決めた it が関係代名詞 which になる。関係代名詞は②の最初に置く。

[which] we breathe … ③

the air = which(it)だったのだから，which の先行詞は the air だとわかる。そこで先行詞 the air の後ろに which を並べ，①の後に③が続く形の文にする。

they also help clean the air | [which] we breathe

↓ 先行詞(名詞)　↓ 関係代名詞を使った③　ここでは目的格の関係代名詞 which を省略している。

英語の問題だからといっても英語だけを見るのではなく，日本語訳にも目を向ける姿勢がカギだ。

理科 [4]

[2]で，遺伝やヒトの神経系や目のつくりに関して，[3]で，二酸化炭素のの発生や塩化銅や水の電気分解に関して，[4]で，電熱線の発熱や台車の運動に関して，それぞれ思考力を試す問題や計算問題が出された。このように，本校においては，多くの分野において，思考力を試す問題が出されるので，しっかりとした対策が必要である。

[4]の(1)は，回路に流れる電流の大きさに関する計算問題であった。

(2)は，電熱線からの発熱量に関する計算問題であった。

(3)は，電熱線によって温められた水の質量に関する思考力を試す計算問題であった。この場合は，「電熱線からの発熱量」と「水が得た熱量」が等しいことから水の質量を求めることができた。また，「水が得た熱量(J)＝4.2×水の質量(g)×水の温度変化(℃)」を理解しておく必要があった。

(4)は，電熱線を直列につないだときの水温に関する計算問題であった。この場合は，抵抗の大きさが2倍になることで，回路に流れる電流が2分の1になり，電力や発熱量および水温の上昇も2分の1になることを理解しておく必要があった。

(5)は，記録テープに関する計算問題であった。

(6)と(7)は，傾きの違う斜面を下る台車の速さに関する思考力を試す問題であった。

社会 [3] (3)，[4] (6)

[3] (3)　歴史の日本史と世界史の関連を問う頻出の設問である。日本史と世界史の関連は，新学習指導要領で重視されている事項なので，今後とも増えることが予想されるので，主要なものを年表や資料集を活用して，重要事項や人物等の因果関係をおさえておきたい。1543年の鉄砲伝来，1549年のキリスト教伝来などは，同時期のヨーロッパ人による新航路の発見や宗教改革と密接な関係がある。日本にキリスト教をもたらしたザビエルは，旧教であるカトリックのイエズス会の宣教師である。ルター・カルビンの新教であるプロテスタントとは異なることなどをおさえたい。ポルトガル人やスペイン人との南蛮貿易も，新航路の発見がなかったらおこらなかった。また，同時期のヨーロッパではルネサンス(文芸復興)がさかんだった。

[4] (6)　公民の国際経済の円高・円安に関する頻出の難問である。円高と円安に関する基本事項とともに，メリットとデメリット等も正確に理解しておきたい。円安のメリットは，輸出業や観光業の競争力が高まることである。海外の人たちにとっては日本の製品やサービスが割安になる。デメリットは，輸入品の価格が上昇することである。食材やエネルギーなどの生活必需品が値上がりし，家計に負担がかかる。円高のメリットは，輸入品の価格が下落することである。食材やエネルギーなどの生活必需品が値下がりし，家計に余裕ができる。デメリットは，輸出業や観光業の競争力が低下することである。しかし，海外の人たちにとっては，逆に，日本の製品やサービスが割高になる。

国語 □ (五)

★ なぜこの問題が合否を分けたのか

本文を精読する力が試される設問である。ここでいう「自由」の意味をしっかり読み取って解答しよう！

★ こう答えると「合格できない」！

前に「人は，物理的な空間を歩きながら，実は脳内に作り上げたイメージの中を歩いている」とあり，これより後の「それに比べて……」で始まる段落に「それでも木下さんに言わせれば『脳の中に余裕がある』」とあることから，「情報の数が少ないことにより脳内に余裕が生まれることでより自由に行動することができる」とする④を選ばないようにしよう。④は，「より自由に行動することができる」という部分が適切でない。ここでいう「自由」は，「自由に行動できる」ことを意味しているわけではないので注意しよう。

★ これで「合格」！

直前に「視覚障碍者だって……音の反響や白杖の感触を利用して道の幅や向きを把握しています。しかし，目が道の先のずっと先まで見通すことができるのに対し，音や感触で把握できる範囲は限定されている」とあり，直後には「だからこそ，道だけを特別視しない俯瞰的なビジョンを持つことができたのでしょう」とあるので，「見える人にはとらえることができない認識を自在に広げることができる」とする②を選ぼう。「道だけを特別視しない俯瞰的なビジョンを持つこと」を「道から自由である」と表現していることを理解しよう。

2024年度

★★★★★★★★★★★★★★★★★★★★★★★

入　試　問　題

2024年度

清林館高等学校入試問題

【数　学】（40分）　＜満点：50点＞

【注意】　問題文中の $\boxed{\text{ア}}$ などの $\boxed{}$ には，特別に指示がない限り数値または符号（－）が入ります。

次の方法で解答欄にマークしなさい。

①問題文のア・イ・ウ……の一つ一つは，それぞれ０から９までの数字，または符号（－）のいずれか一つに対応します。

その解答を解答欄ア・イ・ウ……にそれぞれマークしなさい。

（例）問題(1)の $\boxed{\text{アイ}}$ に－２と答えたいとき

（1）	ア	●	⓪	①	②	③	④	⑤	⑥	⑦	⑧	⑨
	イ	⊖	⓪	①	●	③	④	⑤	⑥	⑦	⑧	⑨

②分数形で解答が求められているときは既約分数で答えなさい。符号は分子につけ，分母にはつけてはいけません。

（例）問題(2)の $\dfrac{\boxed{\text{ウエ}}}{\boxed{\text{オ}}}$ に $-\dfrac{4}{3}$ と答えたいとき

（2）	ウ	●	⓪	①	②	③	④	⑤	⑥	⑦	⑧	⑨
	エ	⊖	⓪	①	②	③	●	⑤	⑥	⑦	⑧	⑨
	オ	⊖	⓪	①	②	●	④	⑤	⑥	⑦	⑧	⑨

1　次の(1)～(5)の問題に答えなさい。

(1)　次の式を計算しなさい。

$-3\times4+8\times2=\boxed{\text{ア}}$

(2)　次の式を計算しなさい。

$\dfrac{2a+1}{4}-\dfrac{a-1}{6}=\dfrac{\boxed{\text{イ}}a+\boxed{\text{ウ}}}{\boxed{\text{エオ}}}$

(3)　次の式を簡単にしなさい。

$(\sqrt{2}-2\sqrt{3})(\sqrt{18}+\sqrt{12})=\boxed{\text{カキ}}-\boxed{\text{ク}}\sqrt{\boxed{\text{ケ}}}$

(4)　二次方程式 $x(x-3)+(x-3)(2x+3)=0$ の解は，$x=\boxed{\text{コ}}$，$\boxed{\text{サシ}}$ である。

(5)　連立方程式 $\begin{cases}5x+2y=8\\2x-3y=7\end{cases}$ の解は，$x=\boxed{\text{ス}}$，$y=\boxed{\text{セソ}}$ である。

2　次の(1)，(2)の問題に答えなさい。

(1)　次のページの図はある中学校の２年生30人と３年生30人の50メートル走の記録を，箱ひげ図で表したものである。この箱ひげ図から読み取れることとして，次の①～⑦の中から正しいものを選ぶと $\boxed{\text{ア}}$ と $\boxed{\text{イ}}$ の二つである。

①　２年生に6.4秒を記録した生徒がいる。

② 3年生に7.2秒を記録した生徒がいる。
③ 3年生に8.0秒を記録した生徒がいる。
④ 7秒台の生徒は2年生より3年生の方が多い。
⑤ 3年生に8.0秒以下を記録した生徒は23人以上いる。
⑥ 2年生に7.1秒以下を記録した生徒はちょうど7名いる。
⑦ 2年生と3年生の平均値は同じである。

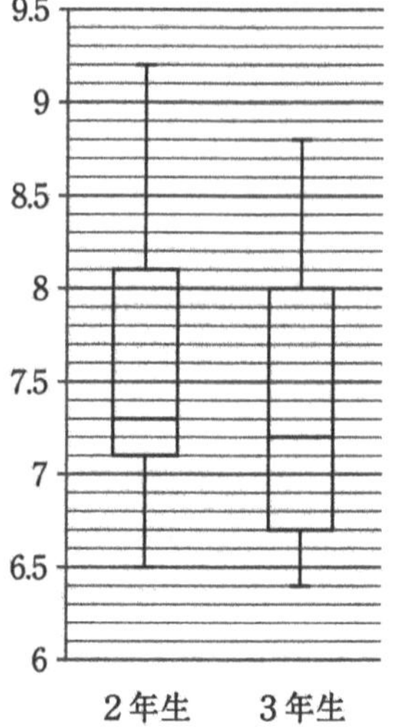

⑵ 太郎さんと花子さんは同じマンションに住んでおり，同じ通学路を使い学校に通っている。花子さんはマンションから学校へ分速50mで歩き，太郎さんは花子さんより10分遅くマンションを出て分速200mで走って学校へ向かった。途中花子さんに追いついたので花子さんと同じ速さで歩いて学校へ向かった。

太郎さんが走った時間は［ウ］分［エオ］秒で，走った距離は小数点以下を切り捨てると［カキク］mである。

3 大小2個のさいころを同時に投げるとき，次の⑴，⑵の問題に答えなさい。

⑴ 出た目の積が素数となる確率は $\frac{\text{ア}}{\text{イ}}$ である。

⑵ 出た目の積を x，出た目の和を y とすると，$x < y$ となる確率は $\frac{\text{ウエ}}{\text{オカ}}$ である。

4 チリの国土は南北の長さが約4300㎞の長い形が特徴である。その国土の北端と南端の緯度の差は約40度であり，地球の中心角を表している。円周率の値を3とし，地球は球形であると考えると，地球の直径は約［アイウエオ］㎞である。

5 下の図のように，1辺6㎝の立方体ABCD-EFGHがある。また，点Pは点Fを出発し，2辺FE，EA上を通って毎秒1㎝の速さでAまで移動する。このとき，あとの⑴～⑶の問題に答えなさい。

⑴ 点Fを出発してt秒後の△APFの面積は $0 < t \leqq 6$ のとき［ア］t，$6 < t < 12$ のとき［イウ］－［エ］t と表せる。

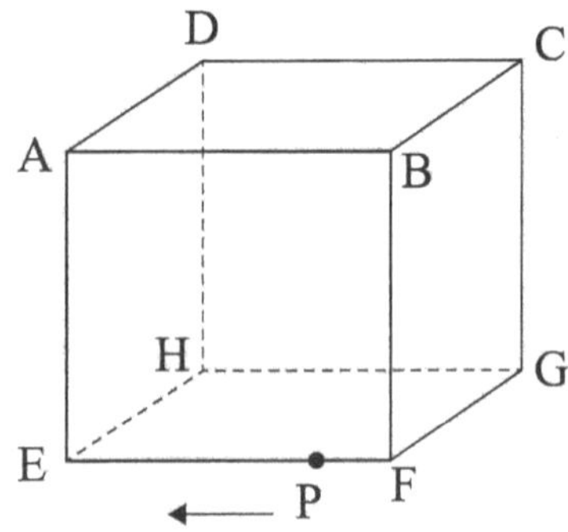

⑵　点Fを出発して10秒後の△APFを辺APを軸に1回転した立体の体積は［オカ］π cm³である。

⑶　次の①～⑤のうち四角錐P－CDHGの体積について正しく述べたものは［キ］である。

①　常に一定である。

②　増加し続ける。

③　減少し続ける。

④　1～6秒までは増加し，6～12秒は減少する。

⑤　1～6秒までは減少し，6～12秒は増加する。

6　下の図のように，関数$y=x^2$のグラフ上に点Aがあり，点Aを通って，y軸に平行な直線と関数$y=ax^2$（ただし，$a<0$）のグラフとの交点をBとする。点Aのx座標は2で，点Bのy座標は－6である。また，2点A，Bとy軸に関して対称な点をそれぞれC，Dとし，長方形ACDBをつくる。このとき，あとの⑴～⑶の問題に答えなさい。

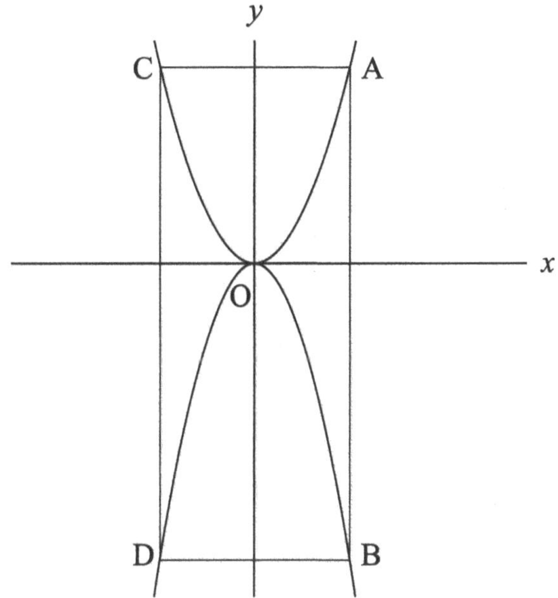

⑴　aの値を求めると$a=-\dfrac{［ア］}{［イ］}$である。

⑵　点Bを通る直線と線分CDの交点をEとする。△BCEの面積と長方形ACDBの面積比が3：10のとき，点Eの座標は（［ウエ］，［オカ］）である。

⑶　⑵のとき，△OEBの面積は［キ］である。

【英　語】（40分）　＜満点：50点＞

※リスニングテストの音声は弊社HPにアクセスの上，音声データをダウンロードしてご利用ください。

1　次の英文はRinとKanが教室で夏休みの思い出についての会話です。この英文を読んで，あとの(1)～(5)の問いに答えなさい。

Rin: How was your summer vacation?

Kan: It was great!

Rin: That's wonderful. Tell me what you did in detail.

Kan: I went to my grandparents' house, and I had unforgettable experiences there. I went watermelon picking on the weekend. I found one with a bit of an interesting shape. It was heart-shaped.

Rin: That sounds cute. Do you have a picture of ①it?

Kan: Here it is. After we picked them, we went fishing with my father and younger sister, Maria. We bought lugworms and seasickness medicine at a fishing store. A clerk gave us a 20% discount, so we paid ¥400.

Rin: You were lucky. So, you saved [②].

Kan: Yes, we did. We all took the medicine we bought and went fishing on a boat. However, several hours later, the weather changed. It started to rain, and the boat moved up and down suddenly, so we could not catch any fish because of the bad weather. Though all of my family members did not get seasick because the seasickness medicine worked, we all got wet.

Rin: [③] That was quite an adventure, wasn't it? Did anyone get hurt?

Kan: Not at all, but Maria caught a cold and stayed in bed for two days until she recovered. That's the story of my summer vacation. How about you?

Rin: You have lots of memories for sure. I went to The Owari Tsushima Tenno Festival with my friends. This is a festival that has a history of more than 600 years.

Kan: That is the festival I've always wanted to go to.

Rin: Alright. Let's plan to go next year.

（注）grandparents　祖父母　unforgettable　忘れられない　watermelon picking　スイカ狩り
a bit　少し　lugworm(s)　ゴカイ（魚のえさ）　seasickness　船酔い　medicine　薬
discount　割引　recover　回復する　to be sure　確かに　more than ～　～より多い

(1)　下線部①の内容として最も適当なものを，次の①～④の中から１つ選んで，その番号をマークしなさい。解答番号は [1] です。

①

②

③
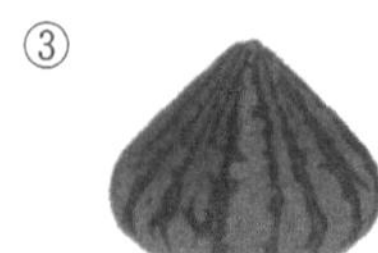
④
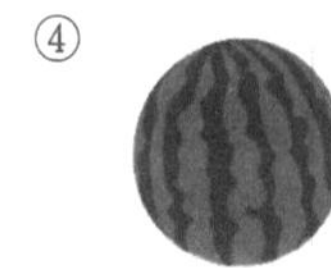

(2) ② に入るものとして最も適当なものを，次の①～④の中から１つ選んで，その番号をマークしなさい。解答番号は 2 です。

① ¥80　② ¥100　③ ¥320　④ ¥400

(3) ③ に入るものとして最も適当なものを，次の①～④の中から１つ選んで，その番号をマークしなさい。解答番号は 3 です。

① It was interesting.　② That is nice.

③ It makes me funny.　④ That's too bad.

(4) Maria が２日間寝込んだ原因として最も適当なものを，次の①～④の中から１つ選んで，その番号をマークしなさい。解答番号は 4 です。

① 船酔いをしたから　② 雨に濡れて風邪を引いたから

③ 怪我をしたから　④ 学校に行きたくなかったから

(5) 会話文の内容に一致するものとして最も適当なものを，次の①～④の中から１つ選んで，その番号をマークしなさい。解答番号は 5 です。

① Kan は夏休みの思い出を作るために友人と祖父母の家に遊びに行った。

② Kan は週末にスイカ狩りに出かけ，忘れられない体験をした。

③ Kan 親子は船酔いの薬を全て飲み干した。

④ Kan は尾張津島天王祭りに行ったことがあり，来年は Rin と一緒に行くつもりだ。

2 次の英文は，ある高校生のオーストラリア留学に関する文章です。この英文を読んで，あとの(1)～(5)の問いに答えなさい。

About 20 years ago, a 16-year-old girl who lived in Japan went to Australia for three months to study English and experience Australian culture on an English learning program with her high school classmates. She didn't have much confidence in her English skills, so she was very nervous before she left ㋐there.

After arriving in Australia, she met her host family for the first time. The host mother and her children were waiting for her, and they welcomed her very warmly. They hugged her and kissed her on both cheeks. She thought it was too much because it was her first time experiencing such a greeting. From the beginning of this experience, many other cultural differences continued to happen through her time ㋑there. This story is about some of the cultural differences between Japan and Australia.

What kind of image do you have about Australia? You may think of kangaroos, koalas, and rich nature. Yes, that's exactly what she imagined, and it was true. It was so easy to find kangaroos in daily Australian life because they were running around the school ground almost every day!

Another big cultural difference she faced was about washing dishes. How do you usually wash dishes in Japan? Some of you may use a dishwasher to clean dirty dishes, but most of you wash dishes with detergent and then you rinse off the bubbles with a lot of water, right? However, because of water shortages in

Australia, people there cannot use a lot of water. Here is how her host family cleaned their dirty dishes. First, they put the dirty dishes into a sink with hot soapy water. Second, they used a sponge to remove stains. Lastly, they put the dishes onto a dish rack until they are dried naturally. She was so surprised that her host family never rinsed the dishes with water after taking them out from the sink. This experience taught her the importance of saving water. It was the biggest cultural difference she experienced ㋒there.

So many interesting things happened in three months in Australia, but she survived the cultural differences. Also thanks to her host family, she had a wonderful and unforgettable time ㋓there. She got confidence in her English abilities, and now she is an English teacher at a Japanese high school! You may even come across her if you attend Seirinkan High School! If you have the chance, you should try going abroad to broaden your perspectives and learn new cultural differences.

（注） confidence 自信　warmly あたたかく　hugged ハグをした　cheek(s) 頬
exactly まさに　dishwasher 食器洗い機　detergent 洗剤　rinse 水で洗い流す
bubble(s) 泡　shortage(s) 不足　sink 台所のシンク　soapy 石鹸の
sponge スポンジ　stain (s) 汚れ　lastly 最後に　dish rack 水切りかご
naturally 自然に　unforgettable 忘れられない　abilities 能力　come across 出遭う
go(ing)abroad 外国へ行く　broaden 広げる　perspective(s) 視野

(1) 次の英文の質問に対する答えとして最も適当なものを，次の①～④の中から１つ選んで，その番号をマークしなさい。解答番号は 6 です。

How long did she stay in Australia?

① a month　② two months　③ three months　④ a year

(2) 下線部㋐～㋓が指すものの組み合わせとして最も適当なものを，次の①～④の中から１つ選んで，その番号をマークしなさい。解答番号は 7 です。

① ㋐ Japan　㋑ Japan　㋒ Australia　㋓ Australia
② ㋐ Japan　㋑ Australia　㋒ Australia　㋓ Australia
③ ㋐ Australia　㋑ Japan　㋒ Australia　㋓ Japan
④ ㋐ Australia　㋑ Japan　㋒ Japan　㋓ Japan

(3) 次の英語の質問に対する答えとして最も適当なものを，次の①～④の中から１つ選んで，その番号をマークしなさい。解答番号は 8 です。

What was the most surprising cultural difference for her?

① It was so easy to find kangaroos in the school.
② It was hugging and kissing her on both cheeks as welcoming greeting.
③ It was the way how her host family washed dirty dishes.
④ It was the shortage of water in Australia.

(4) 本文中で述べられている，ホストファミリーの皿の洗い方として最も適当なものを，次のページの①～④の中から１つ選んで，その番号をマークしなさい。解答番号は 9 です。

① 食器洗い機を用いて，汚れた皿を洗う。
② 湯に使用した皿を入れ，スポンジで汚れを落とし，水切りカゴに置き，自然に乾くまで待つ。
③ 洗剤を入れた湯に使用した皿を入れ，スポンジで汚れを落とし，水で洗い，水切りカゴに置き，自然に乾くまで待つ。
④ 洗剤を入れた湯に使用した皿を入れ，スポンジで汚れを落とし，水切りカゴに置き，自然に乾くまで待つ。

(5) 本文のタイトルとして最も適当なものを，次の①～④の中から１つ選んで，その番号をマークしなさい。解答番号は 10 です。

① Memory with a Host Family　② Cultural Differences
③ Kangaroos and Koalas in Australia　④ How to improve your English skills

3 次の文章を読んで，あとの(1)～(4)の問いに答えなさい。

Have you ever grown any plants? Some of you have grown flowers such 〈 ア 〉 morning glories, while others have grown some vegetables. Humans and plants have shared a unique and special relationship 〈 イ 〉 a long time. Plants provide us with food, medicine, and materials for shelter and clothing. They also ①(clean / air / we / help / the / breathe) and create a beautiful environment for us to enjoy.

Plants keep us healthy and strong. They play an important role in all parts of our daily meals. Fruits, vegetables, and grains are rich in essential nutrients like vitamins and minerals. (Ⅰ), some plants are used to treat wounds and illnesses in both traditional and modern medicinal ways.

Plants also make our hearts happy. Flowers, trees and gardens bring joy and inspire artists and poets to be more (Ⅱ). Many people may find peace and happiness even in a simple plant by a window. Taking care of plants and gardening are popular hobbies that allow people to connect with nature. When we take care of them, we become relaxed and satisfied.

We get a lot of good things from plants, so we need to take care of them. For example, cutting down too many trees for paper and houses can cause deforestation. By protecting plants and using resources 〈 ウ 〉 responsibility, we will make a better future for both humans and the natural world.

Plants are essential for our survival. They provide us with resources, beauty, and a sense of connection with nature. We should think about how to keep and take care of our relationship with plants.

(注) grown ～ grow 育てるの過去分詞　morning glories アサガオ　while 一方で
provide ～ with… ～に…を与える　medicine 薬　material(s) 材料　shelter 住居
breathe 呼吸する　healthy 健康な　meal(s) 食事　grain(s) 穀物　essential 必要な
nutrient(s) 栄養素　vitamin(s) ビタミン　mineral(s) ミネラル　treat ～ ～を治す
wound(s) 傷　illness(es) 病気　modern 現代の　medicinal 薬効のある　joy 喜び

inspire ～　～にひらめきを与える　　gardening　ガーデニング，庭仕事
allow ～ to…　～がするのを可能にする　　benefit　恩恵　　cause ～　～を引き起こす
deforestation　森林破壊　　effect　影響　　resource(s)　資源　　responsibility　責任
beauty　美しさ　　connection with ～　～とのつながり

(1)　〈ア〉～〈ウ〉に当てはまる英単語の組み合わせとして最も適当なものを，次の①～④の中から1つ選んで，その番号をマークしなさい。解答番号は 11 です。

	〈ア〉	〈イ〉	〈ウ〉
①	as	with	for
②	as	for	with
③	of	with	for
④	of	for	with

(2)　下線部①が本文の内容に合うように，(　) 内の語を正しい順序に並べ替えたとき，2番目と5番目にくるものの組み合わせとして最も適当なものを，次の①～④の中から1つ選んで，その番号をマークしなさい。解答番号は 12 です。

①　the / we　　②　air / breathe　　③　the / help　　④　clean / we

(3)　(Ⅰ)(Ⅱ) に入る最も適当な語 (句) を，次の①～④の中から1つ選んで，その番号をマークしなさい。解答番号は (Ⅰ) が 13，(Ⅱ) が 14 です。

Ⅰ：①　Instead　　②　For example　　③　Also　　④　However
Ⅱ：①　creative　　②　afraid　　③　beautiful　　④　different

(4)　本文の内容に一致しないものを，次の①～④の中から1つ選んで，その番号をマークしなさい。解答番号は 15 です。

①　植物は，住居や衣服の材料も提供する。
②　植物は，食事としての役割だけでなく，傷や病気を治す薬としての役割も果たす。
③　植物は，人間が森のような多くの自然に囲まれている場合のみ，人間に平和や幸福をもたらす。
④　植物は，人間が生きていくうえで欠かせない存在であるため，植物を保護しながら資源を使用する責任が求められる。

4　次の①～④の英文の中で，文法的に誤りが無い文章がそれぞれ1つずつあります。その英文を選んで，番号をマークしなさい。解答番号は(1)が 16，(2)が 17 です。

(1)　①　I've finished to read the book that you gave me.
②　My sister calls the dog Pochi.
③　Playing the guitar makes happy me.
④　I like J-POP music the best in all.

(2)　①　How many do you have pens?
②　Many old temples can find in Kyoto.
③　Could you tell me where the post office is?
④　Let me showing you my notebook.

英語　リスニング

次の(1)～(3)について，それぞれ会話文を聞き，その内容についての質問の答えとして，最も適当なものをａ～ｄの中から１つずつ選びなさい。(4)(5)については，1つの会話文を聞き，その内容についての質問の答えとして最も適切なものをａ～ｄの中から１つずつ選びなさい。会話文，問い，問いに対する答えは，それぞれ２回読まれます。必要があればメモをとってもかまいません。問いに対する答えについて正しいものはマークシートの「正」の文字を，誤っているものはマークシートの「誤」の文字をそれぞれマークしなさい。

正しいものは，各問いについて，１つしかありません。

メモ欄（必要があれば，ここにメモをとってもよろしい。）

【理　科】(40分)　<満点：50点>

1　次のA，Bの各問いに答えなさい。

A　次の文章を読み，あとの(1)～(4)の各問いに答えなさい。

北半球のある場所で，太陽の一日の動きを観察すると，太陽は［ア］の空からのぼり，［イ］の空を通り，［ウ］の空に沈んでいくことが分かる。太陽の南中高度は低緯度ほど［エ］くなる。

このように地上から見ると太陽が昇って沈むように見えるのは地球の自転が関係している。ある日の9時から15時までの6時間の間，1時間ごとに太陽の位置を透明半球上に黒丸印●で記録し，それらをなめらかな曲線で結んだ。図1は，その結果を表したものであり，点Oは透明半球の中心を表す。点A～Dは，点Oから東西南北に引いた直線と透明半球のふちが交わる点，点X，Yは，曲線を延長して透明半球のふちと交わる点，点Pは直線ACと直線XYの交点である。1時間ごとの黒丸印●どうしの間隔は一定で3.0cmで，9時の黒丸印●と点Xとの間隔は6.0cmであった。

また，図1中の［ア］～［ウ］は本文中の空欄ア～ウに対応している。

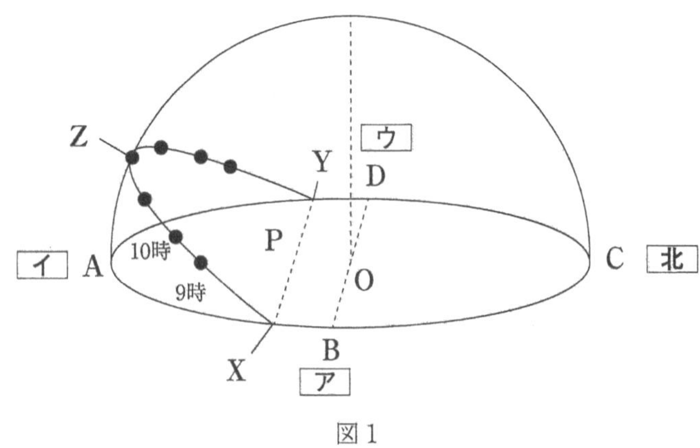

図1

(1)　文章中の空欄ア～エに当てはまるものはどれか。組み合わせとして最も適当なものを，次の①～⑥の中から1つ選んで，その番号をマークしなさい。解答番号は［1］です。

	ア	イ	ウ	エ
①	東	南	西	高
②	東	西	南	低
③	南	東	西	高
④	南	西	東	低
⑤	西	東	南	高
⑥	西	南	東	低

(2)　太陽の南中高度は，図1中のどの角度で表されるか。最も適当なものを，次のページの①～⑥の中から1つ選んで，その番号をマークしなさい。解答番号は［2］です。

① ∠APZ　② ∠AOZ　③ ∠ACZ　④ ∠BOZ　⑤ ∠DOZ　⑥ ∠COZ

(3) 9時から10時の間に太陽は天球上を何度移動しているか。最も適当なものを，次の①～⑥の中から1つ選んで，その番号をマークしなさい。解答番号は［3］です。

① 60°　② 45°　③ 25.7°　④ 22.5°　⑤ 15°　⑥ 5°

(4) この日の日の出の時刻は何時何分ごろか。最も適当なものを，次の①～⑤の中から1つ選んで，その番号をマークしなさい。解答番号は［4］です。

① 午前9時00分　② 午前8時30分　③ 午前7時00分　④ 午前6時30分
⑤ 午前6時00分

B 次の文章を読み，あとの(5)～(7)の各問いに答えなさい。

マグマが冷えて固まった岩石を火成岩といい，マグマの成分と冷え方の違いによって見かけに違いが生じる。火山活動により，マグマが地表付近に運ばれ，短時間で冷え固まった岩石は火山岩といい，その一例の［カ］には(i)黒っぽい色の石基の中に斑晶がみられる。［カ］を生じるマグマは粘性が小さく，火口から吹き出す溶岩は流れやすい。

一方で，［カ］と同様の成分をもつマグマが地下深くで冷え固まった岩石として［キ］がある。これは，粒の粗い結晶からなり，(ii)無色鉱物よりも有色鉱物を多く含むため黒っぽい岩石を生じる。

(5) 文章中の空欄**カ**，**キ**に当てはまるものはどれか。組み合わせとして最も適当なものを，次の①～⑥の中から1つ選んで，その番号をマークしなさい。解答番号は［5］です。

	カ	キ
①	玄武岩	花こう岩
②	玄武岩	斑れい岩
③	流紋岩	花こう岩
④	流紋岩	斑れい岩
⑤	せん緑岩	花こう岩
⑥	せん緑岩	斑れい岩

(6) 下線部(i)に関連する文として，最も適当なものを，次の①～⑥の中から1つ選んで，その番号をマークしなさい。解答番号は［6］です。

① 斑晶は，マグマの中の空洞に成長した大きな結晶である。
② 斑晶は，マグマが急速に冷却したときにできた大きな結晶である。
③ 斑晶は，マグマに溶けずに残っていた大きな結晶である。
④ 石基は，マグマが急速に冷却してできた小さな結晶とガラス質からなる。
⑤ 石基は，マグマが地表で空気にふれて，酸化して黒くなった部分である。
⑥ 石基は，火山岩にも深成岩にも見られる。

(7) 下線部(ii)について，火成岩に含まれる鉱物の分類の組み合わせとして，最も適当なものを，次のページの①～⑥の中から1つ選んで，その番号をマークしなさい。解答番号は［7］です。

	有色鉱物	無色鉱物
①	カンラン石，クロウンモ，キ石	セキエイ，チョウ石
②	クロウンモ，キ石，セキエイ	チョウ石，カンラン石
③	クロウンモ，セキエイ，チョウ石	カンラン石，キ石
④	クロウンモ，キ石	カンラン石，セキエイ，チョウ石
⑤	クロウンモ，カンラン石	キ石，セキエイ，チョウ石
⑥	クロウンモ，チョウ石，キ石，カンラン石	セキエイ

2 次のA，Bの各問いに答えなさい。

A 次の文章を読み，あとの(1)～(5)の各問いに答えなさい。

生物のからだをつくっている細胞の染色体は，形と大きさが同じものが2本ずつある。この2本の染色体は，両親から1本ずつ受け継がれたものである。以下に示すのは，ある系統のエンドウを用いて，種子の形の遺伝について行った実験の結果である。この実験では，純系の丸形種子と純系のしわ形種子を用い，丸形にする遺伝子をR，しわ形にする遺伝子をrとする。

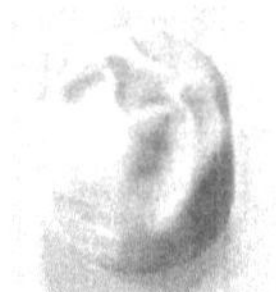
純系のしわ形種子

純系の丸形種子

実験1 純系の丸形種子と純系のしわ形種子を別々の場所で育て，(i)純系の丸形に咲いた花の花粉を純系のしわ形に咲いた花の柱頭につけた。この交配から得られた種子は，すべて丸形の種子であった。

実験2 実験1で得られた丸形の種子の1つを育て，自家受粉で種子をつくらせると，100個の種子が得られ，丸形の種子がしわ形の種子よりも多かった。

実験3 実験2で得られた種子から，丸形の種子としわ形の種子をランダムに1つずつ選び，同じ環境のもと，別々の場所で育てた。この丸形の種子から育った花の花粉を，しわ形の種子から育った花の柱頭につけた。この交配から計100個の種子が得られ，丸形の種子が50個，しわ形の種子が50個であった。

実験4 実験3で得られた100個の種子をすべて育て，すべての花を自家受粉で種子をつくらせた。得られた種子は，丸形としわ形が合計で5000個であった。

(1) この実験に最も関係のある人物は次の中で誰か。最も適当なものを，次の①～④の中から1つ選んで，その番号をマークしなさい。解答番号は 8 です。

① ワット　② ニュートン　③ ダーウィン　④ メンデル

(2) 下線部(i)について，花粉中の種子の形を決める遺伝子の組み合わせを正しく示した図として最も適当なものを，次の①～⑤の中から１つ選んで，その番号をマークしなさい。解答番号は 9 です。

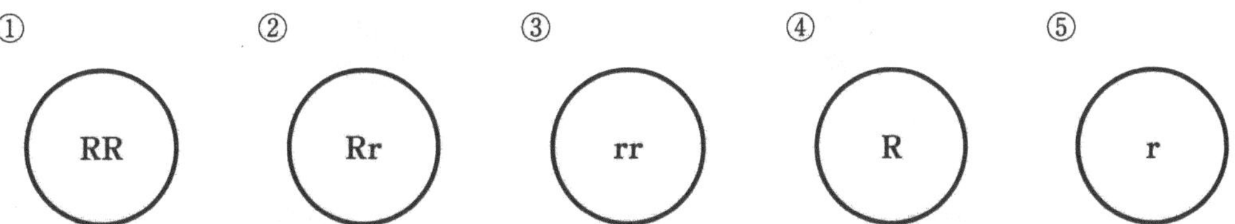

(3) 実験２でつくられた種子にみられる遺伝子の組み合わせは，次のⅠ～Ⅲの３種類である。

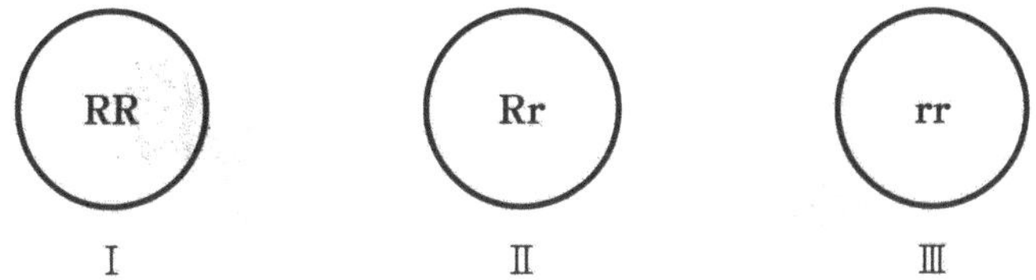

Ⅰ　　Ⅱ　　Ⅲ

３種類の遺伝子の組み合わせの比，RR：Rr：rrの値として最も適当なものを，次の①～⑥の中から１つ選んで，その番号をマークしなさい。解答番号は 10 です。

① 2：1：1　② 1：2：1　③ 1：1：2
④ 4：1：1　⑤ 1：4：1　⑥ 1：1：4

(4) 母方と父方からそれぞれ１本ずつ受け継ぐ形や大きさが同じ染色体は何と呼ばれるか。最も適当なものを，次の①～④の中から１つ選んで，その番号をマークしなさい。解答番号は 11 です。

① 相同染色体　② 対立染色体　③ 合同染色体　④ 相似染色体

(5) 実験４でつくられた種子のうち，しわ形の種子の個数はいくつか。最も適当なものを，次の①～④の中から１つ選んで，その番号をマークしなさい。ただし，いずれの種子から育った株も同数の種子をつけるものとする。解答番号は 12 です。

① 1875個　② 2125個　③ 2875個　④ 3125個

B 次の文章を読み，あとの(6)～(8)の各問いに答えなさい。

次のページの図は10人が手をつないで立っているところを上から見た図である。あきとくんは右手に持っているストップウォッチをスタートさせるのと同時に，左手でかすみさんの右手を握る。右手を握られたかすみさんはすぐに左手でさとるくんの右手を握る。自分の右手が握られたらすぐに左手で隣の人を握るという動作をわかなさんまで続け，右手を握られたわかなさんは左手であきとくんの右手首を握る。右手首を握られたあきとくんはタイマーを止め，時間を記録する。この動作を５回繰り返した結果が表１（次のページ）である。

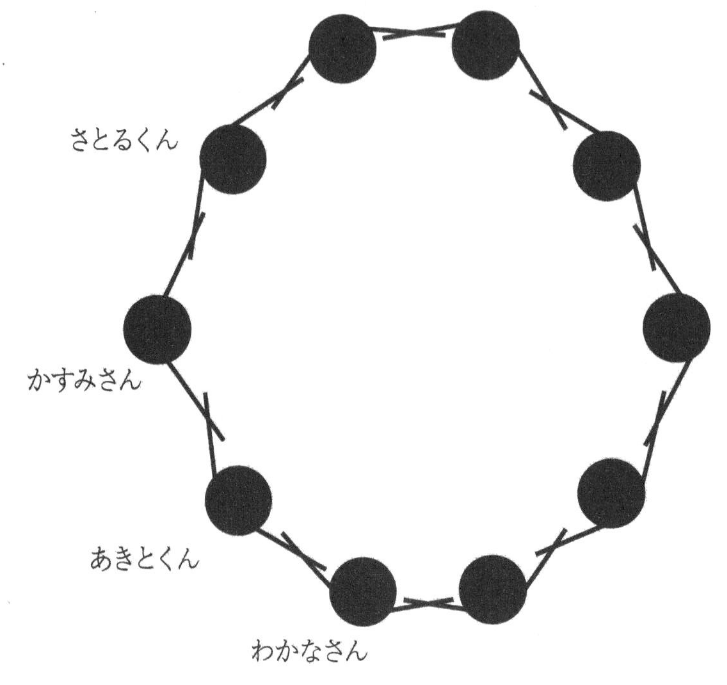

図1

回数	1回目	2回目	3回目	4回目	5回目
記録された時間	2.28秒	2.30秒	2.32秒	2.29秒	2.31秒

表1

⑹ 右手を握られた後，左手を握るまでにかかる時間は一人あたり何秒か。最も適当なものを，次の①～⑥の中から1つ選んで，その番号をマークしなさい。解答番号は 13 です。

① 0.22秒　② 0.23秒　③ 0.24秒　④0.25秒　⑤ 0.26秒　⑥ 0.27秒

⑺ 図2はヒトの神経系を模式的に表したものである。今回の実験における信号の伝わり方として正しいものは何か。最も適当なものを，次の①～④の中から1つ選んで，その番号をマークしなさい。解答番号は 14 です。

① **ケ→ク→サ→コ**
② **ケ→ク→キ→カ→シ→サ→コ**
③ **コ→サ→ク→ケ**
④ **コ→サ→シ→カ→キ→ク→ケ**

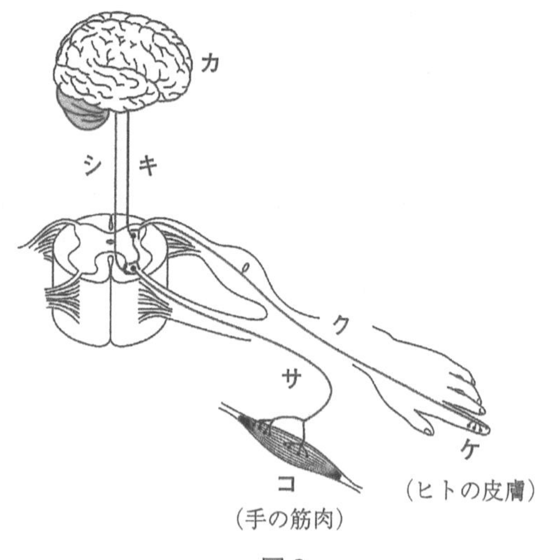

図2

⑻ 図3はヒトの目の水平断面を上から見た図である。目に入る光の量を調節している場所とその名前の組み合わせとして正しいものはどれか。最も適当なものを，次の①～⑧の中から1つ選んで，その番号をマークしなさい。解答番号は 15 です。

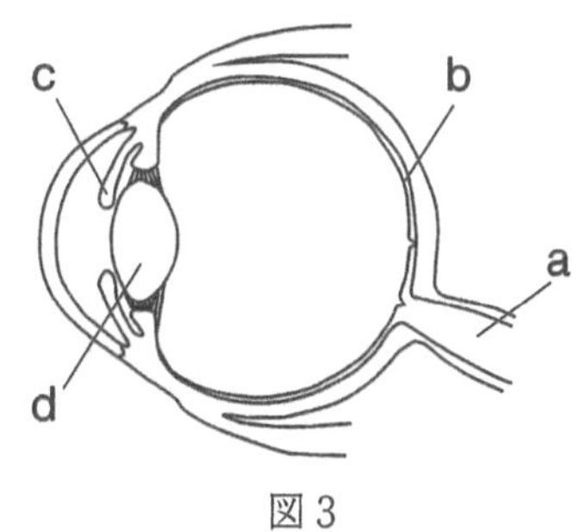

図3

	場所	名前
①	a	網膜
②	a	視神経
③	b	網膜
④	b	視神経
⑤	c	こうさい
⑥	c	レンズ
⑦	d	こうさい
⑧	d	レンズ

3 次のA～Cの各問いに答えよ。

A 次の文章を読み，あとの⑴，⑵の各問いに答えなさい。

ふたを閉じることで気体の出入りがない容器に，石灰石とうすい塩酸が入った試験管を入れ，ふたを閉じた。これを上皿てんびんにのせてつり合わせた後，容器を倒して中の塩酸と石灰石を反応させた。再度上皿てんびんにのせて測定した。

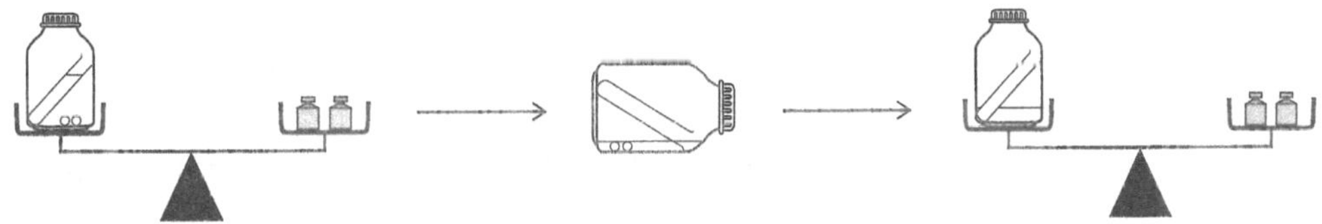

⑴ 塩酸と石灰石とが反応したとき発生する気体の化学式と，これと同じ気体が発生する別の反応の組み合わせとして最も適当なものを，次のページの①～⑥の中から1つ選んで，その番号をマークしなさい。解答番号は 16 です。

	気体の化学式	同じ気体が発生する別の反応
①	CO_2	スチールウールを燃焼させる
②	CO_2	エタノールを燃焼させる
③	H_2	スチールウールを燃焼させる
④	H_2	エタノールを燃焼させる
⑤	O_2	スチールウールを燃焼させる
⑥	O_2	エタノールを燃焼させる

⑵　実験後にふたを開けた後，再度ふたを閉め上皿てんびんに戻した。上皿てんびんの様子として最も適当なものを，次の①～③の中から１つ選んで，その番号をマークしなさい。
解答番号は［17］です。

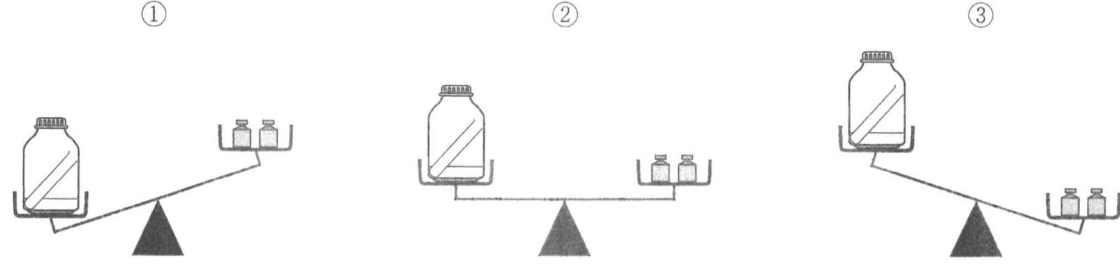

B　純粋な水を入れたビーカーに塩化銅$CuCl_2$を入れ，よくかき混ぜたところ，塩化銅はすべて水に溶けた。次の⑶，⑷の各問いに答えなさい。

⑶　ビーカーの中の塩化銅の様子について模式的に表した図として最も適当なものを，次の①～⑤の中から１つ選んで，その番号をマークしなさい。ただし，●をCu^{2+}，○をCl^-とする。
解答番号は［18］です。

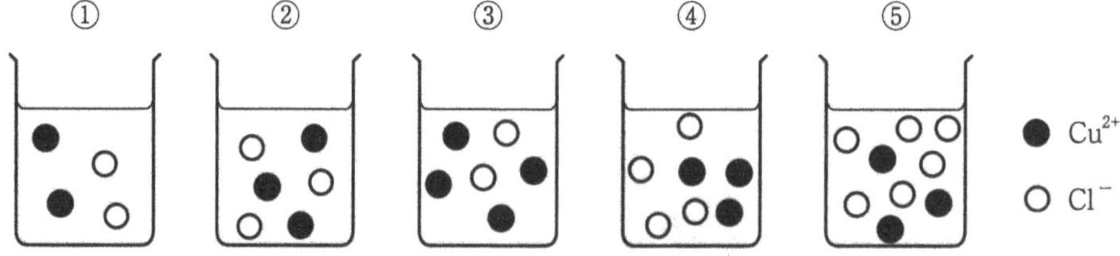

⑷　この水溶液について述べた文章について最も適当なものを，次の①～④の中から１つ選んで，その番号をマークしなさい。解答番号は［19］です。

①　蒸発させると白色の固体が得られる。
②　ろ紙に染み込ませて両端から電流を流したところ，陽極側に青いしみが移動した。
③　塩化銅と同じ質量の塩化ナトリウムを溶かした水溶液は電気を通した。
④　塩化銅と同じ質量の砂糖を溶かした水溶液は電気を通した。

C　次の文章を読み，あとの⑸～⑺の各問いに答えなさい。

図１のような手回し発電機をつないだ電気分解装置がある。うすい水酸化ナトリウム水溶液を入れ，発電機を右向きに一定の速さでまわしたところ，管Ⅰと管Ⅱそれぞれに気体が発生するのを観察できた。表１はその結果をまとめたものである。ただし，水に溶ける水素と酸素は無視できるものとする。

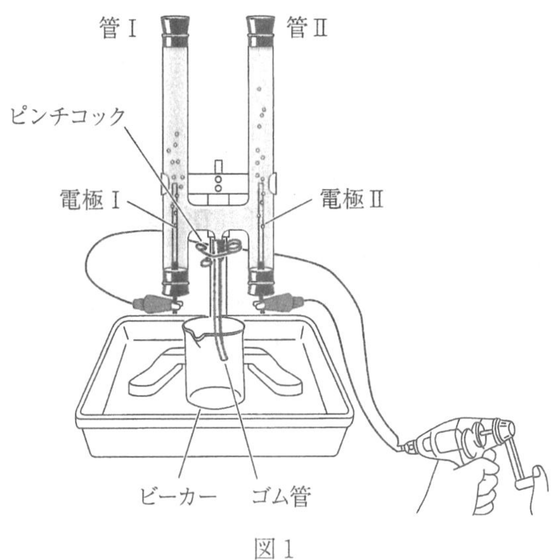

図１

ハンドルを回した回数（回）	100	200	300	400	500
管Ⅰの気体の体積（mL）	0.20	0.40	0.60	0.80	1.0
管Ⅱの気体の体積（mL）	0.40	0.80	1.2	1.6	2.0

表１

⑸　水溶液中に溶けている水酸化ナトリウムの質量は電気分解の前後でどのようになるか。最も適当なものを，次の①～③の中から１つ選んで，その番号をマークしなさい。ただし，ゴム管からビーカーに流れ出た水溶液も含むものとする。解答番号は［20］です。

①　増加する　　②　減少する　　③　変化しない

⑹　管Ⅰに関して述べた文章として最も適当なものを，次の①～⑥の中から１つ選んで，その番号をマークしなさい。解答番号は［21］です。

①　電極Ⅰは陽極で，得られた気体に火をつけた線香を入れると激しく燃える。
②　電極Ⅰは陽極で，得られた気体に火を近づけると爆発する。
③　電極Ⅰは陽極で，得られた気体を石灰水に通すと白くにごる。
④　電極Ⅰは陰極で，得られた気体に火をつけた線香を入れると激しく燃える。
⑤　電極Ⅰは陰極で，得られた気体に火を近づけると爆発する。
⑥　電極Ⅰは陰極で，得られた気体を石灰水に通すと白くにごる。

⑺　発電機を右向きに500回まわした後，同じ速さで左向きに200回まわした。反応後の管Ⅱの気体を取り出して反応容器に入れた後，点火装置で点火し完全に反応させたときの記述として最も適

当なものを，次の①～⑤の中から１つ選んで，その番号をマークしなさい。ただし，容器を移し替えるときの気体の損失はないものとする。解答番号は［22］です。

①　水素が0.60mL反応せずに残った。　②　水素が1.2mL反応せずに残った。
③　酸素が0.30mL反応せずに残った。　④　酸素が0.60mL反応せずに残った。
⑤　酸素が1.8mL反応せずに残った。

4　次のA，Bの各問いに答えなさい。

A　電源装置と電熱線を用いて，次の実験Ⅰ，Ⅱを行った。あとの⑴～⑷の各問いに答えよ。ただし，この電熱線で発生した熱はすべて水温の上昇に使われ，電熱線はオームの法則が成り立つとする。

実験Ⅰ　図１のように，水中で2.0Ωの電熱線を用いて，発泡ポリスチレンのカップに入った水をかき混ぜながらあたためた。このとき，電圧計の値は6.0Ｖであり，表１はスイッチを閉じてからの水温を１分ごと測定した結果である。

実験Ⅱ　図２のように，実験Ⅰで用いた2.0Ωの電熱線を２つ直列につないで，発泡ポリスチレンのカップに入った実験Ⅰと同じ量の水をかき混ぜながらあたためた。スイッチを閉じる前の水温は20.0℃で，スイッチを閉じた後の電圧計の値は6.0Ｖであった。

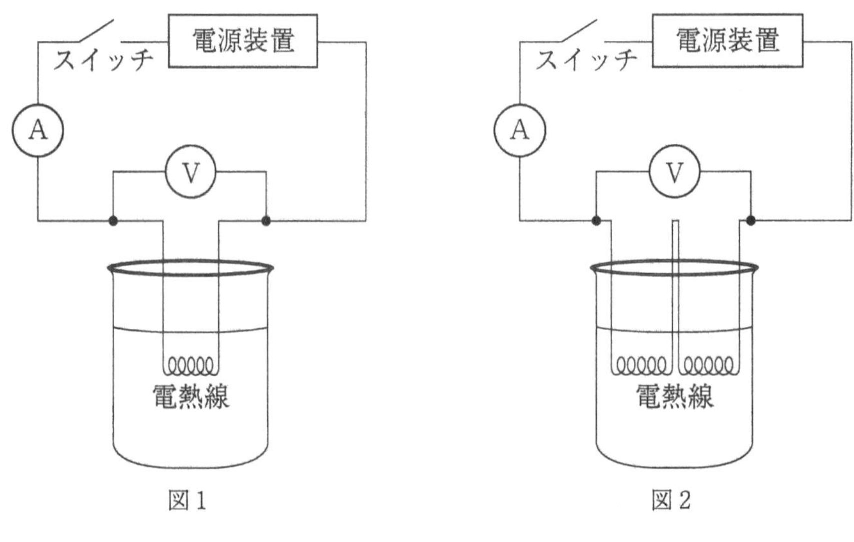

図１　　図２

時間〔分〕	0	1	2	3	4	5
水温〔℃〕	20.0	22.6	25.1	27.7	30.2	33.8

表１

⑴　実験Ⅰの電流計に流れた電流の値はどれか。最も適当なものを，次の①～⑤の中から１つ選んで，その番号をマークしなさい。解答番号は［23］です。

①　2.0A　②　3.0A　③　4.0A　④　6.0A　⑤8.0A

⑵　電熱線に１Ｖの電圧を加えて１Ａの電流を60秒間流したときの熱量は何Ｊか。最も適当なものを，次のページの①～⑤の中から１つ選んで，その番号をマークしなさい。解答番号は［24］

です。

① 1 J　② 6 J　③ 10 J　④ 60 J　⑤ 100 J

(3) 実験Ⅰの結果から，水１ｇの温度を１℃上げるのに必要な熱量が4.2 J とすると，容器の中の水はおよそ何ｇか。最も適当なものを，次の①～⑤の中から１つ選んで，その番号をマークしなさい。解答番号は 25 です。

① 25 g　② 50 g　③ 100 g　④ 200 g　⑤ 400 g

(4) 実験Ⅱのとき，スイッチを閉じてから１分後の水温は何℃か。最も適当なものを，次の①～⑤の中から１つ選んで，その番号をマークしなさい。解答番号は 26 です。

① 21.3℃　② 22.6℃　③ 23.8℃　④ 25.1℃　⑤ 27.7℃

B 力学台車と斜面をもちいて，次の実験Ⅲ～Ⅴを行った。あとの(5)～(8)の各問いに答えよ。

実験Ⅲ 図３のように，床と木の板が15°の角度になるように木箱を設置した。斜面上に記録テープをつけた台車を置き，斜面を下る台車のようすを，１秒間に60打点する記録タイマーを用いて記録した。図５（次のページ）はこの台車の運動を記録した紙テープを６打点ごとに切って，左から順にはったものである。

実験Ⅳ 図４のように，床と実験Ⅲと同じ木の板が30°の角度になるように木箱を設置した。斜面上に記録テープをつけた台車を置き，斜面を下る台車のようすを，1秒間に60打点する記録タイマーを用いて記録した。図６（次のページ）はこの台車の運動を記録した紙テープを６打点ごとに切って，左から順にはったものである。

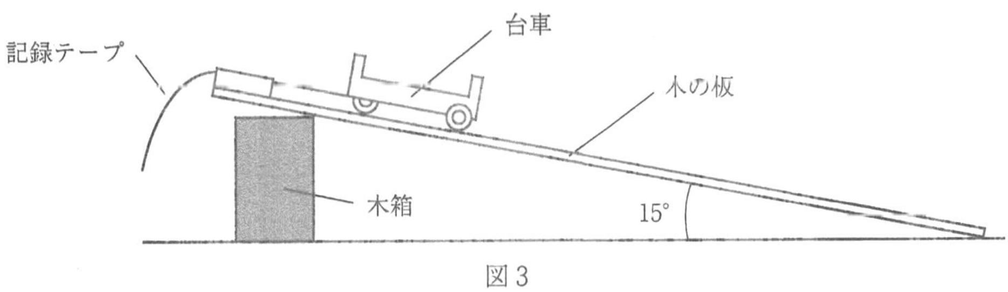

図３

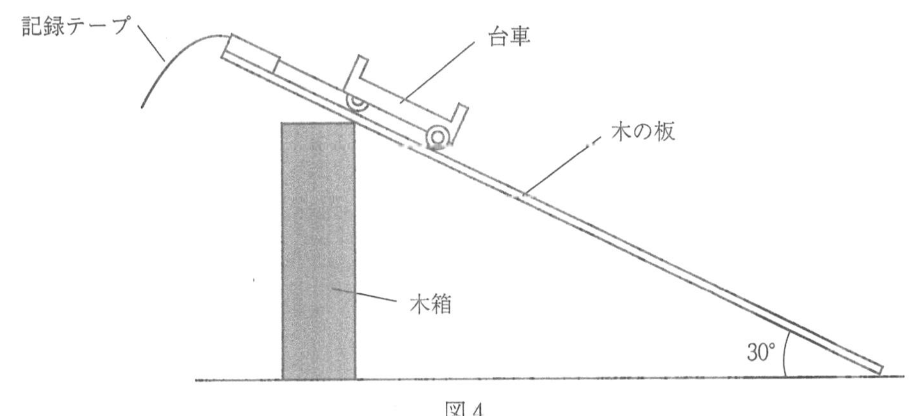

図４

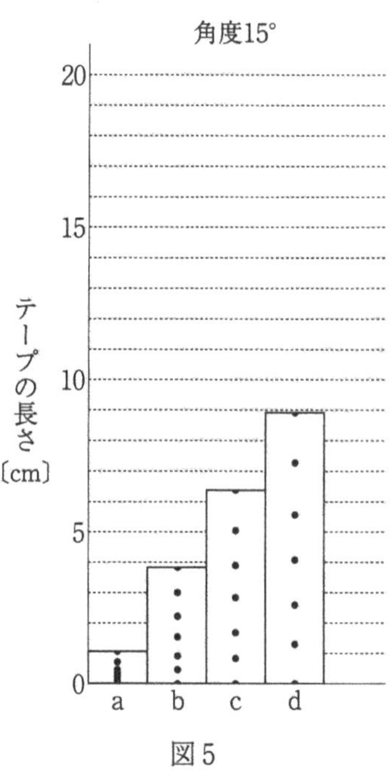

図5

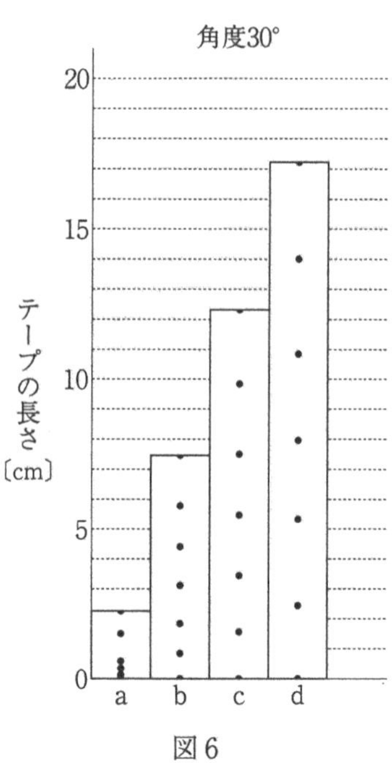

図6

実験Ⅴ　実験Ⅲで用いた15°の斜面と，実験Ⅳで用いた30°の斜面，長さ１mの木の板を組み合わせて，図７のように装置１～３を作成した。その後，それぞれの装置で鉄球を転がした。なお，斜面と長さ１mの木の板の間に段差はなく，鉄球はなめらかに移動するものとする。

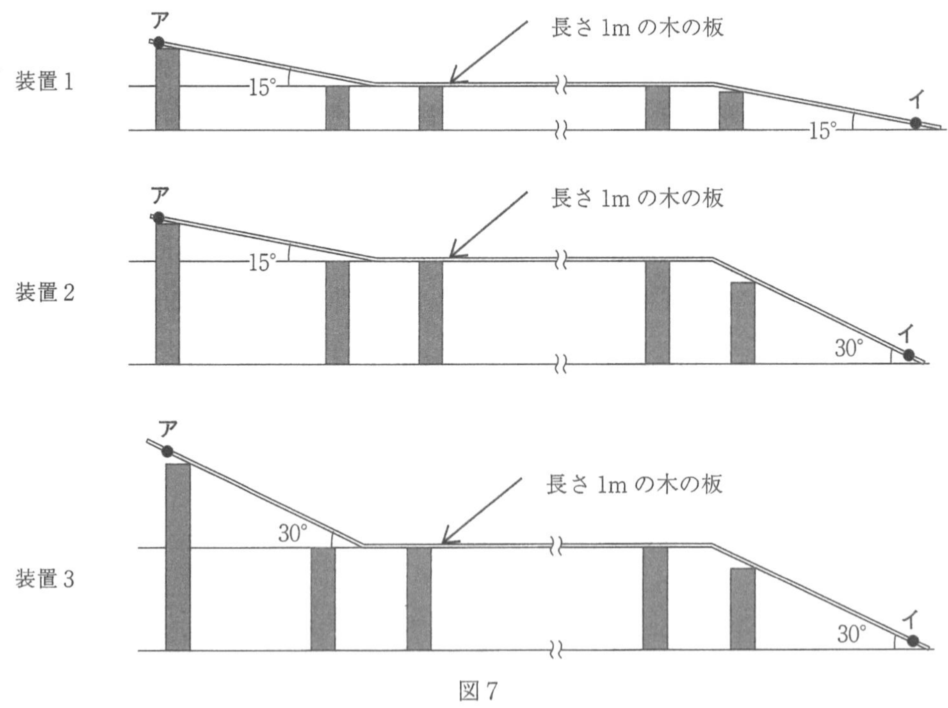

図7

⑸　図５や図６の記録テープは，何秒ごとに切りとったものか。また，図５のｃのテープの区間で

の台車の平均の速さは何cm/sか。組み合わせとして最も適当なものを，次の①～⑥の中から１つ選んで，その番号をマークしなさい。解答番号は 27 です。

	何秒ごとに切りとったものか〔秒〕	図５のｃのテープの区間での台車の平均の速さ〔cm/s〕
①	0.10	63
②	0.10	53
③	0.12	53
④	0.12	37
⑤	0.17	37
⑥	0.17	32

⑹　図５や図６の記録テープより，台車の速さはどのように変化していると言えるか。最も適当なものを，次の①～③の中から１つ選んで，その番号をマークしなさい。解答番号は 28 です。

①　一定の割合で小さくなる　　②　変化しない　　③　一定の割合で大きくなる

⑺　装置１の点アから静かに鉄球を転がした。このときの，鉄球の速さのグラフの概形として最も適当なものを，次の①～⑥の中から１つ選んで，その番号をマークしなさい。ただし，縦軸を鉄球の速さ，横軸を鉄球が動き始めてからの時間とする。解答番号は 29 です。

①
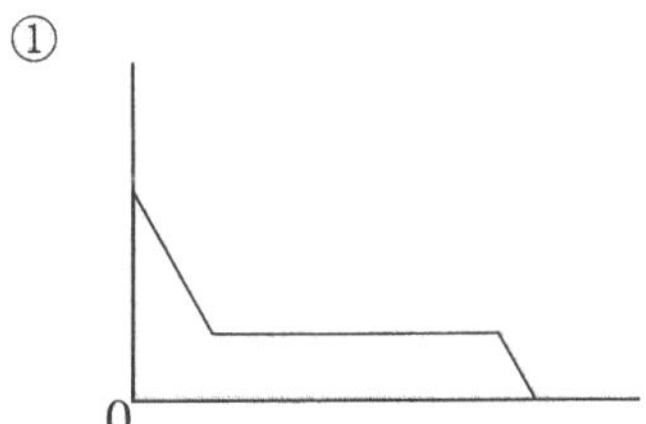

②
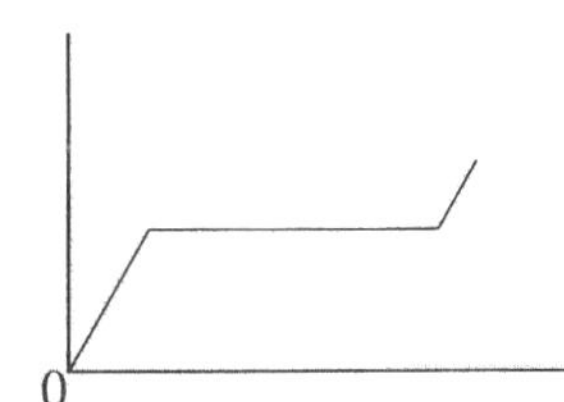

③
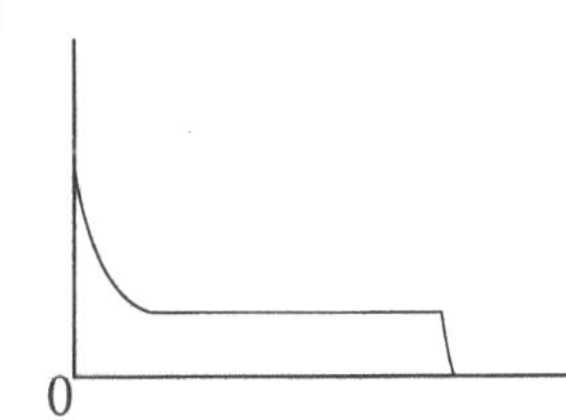

④
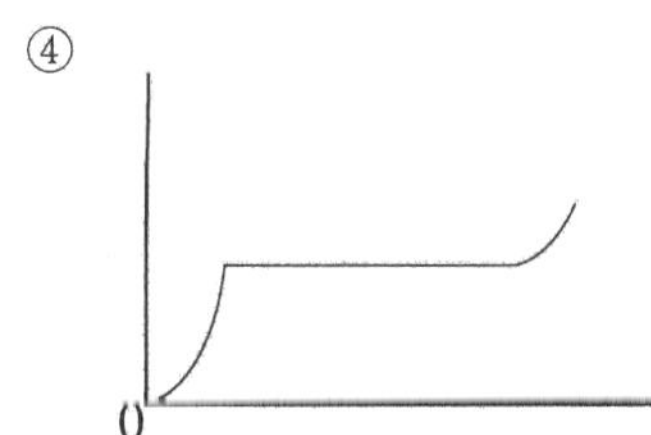

⑤
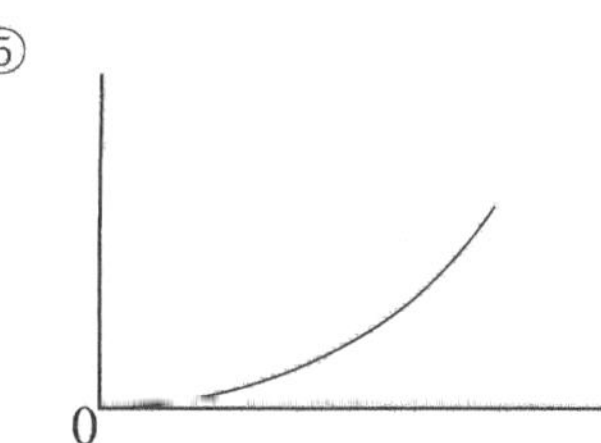

⑥
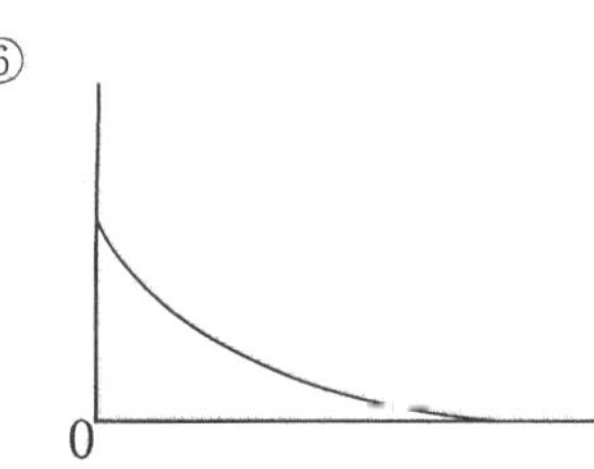

⑻　装置１～３の点アから，同時に静かに鉄球を転がした。一番始めに点イに到着したものはどれか。最も適当なものを，次の①～⑥の中から１つ選んで，その番号をマークしなさい。
解答番号は 30 です。

①　装置１　　②　装置２　　③　装置３　　④　装置１と装置２
⑤　装置１と装置３　　⑥　装置２と装置３

【社　会】（40分）　＜満点：50点＞

1　次の地図と文章を見て，あとの⑴，⑵の問いに答えなさい。

地図

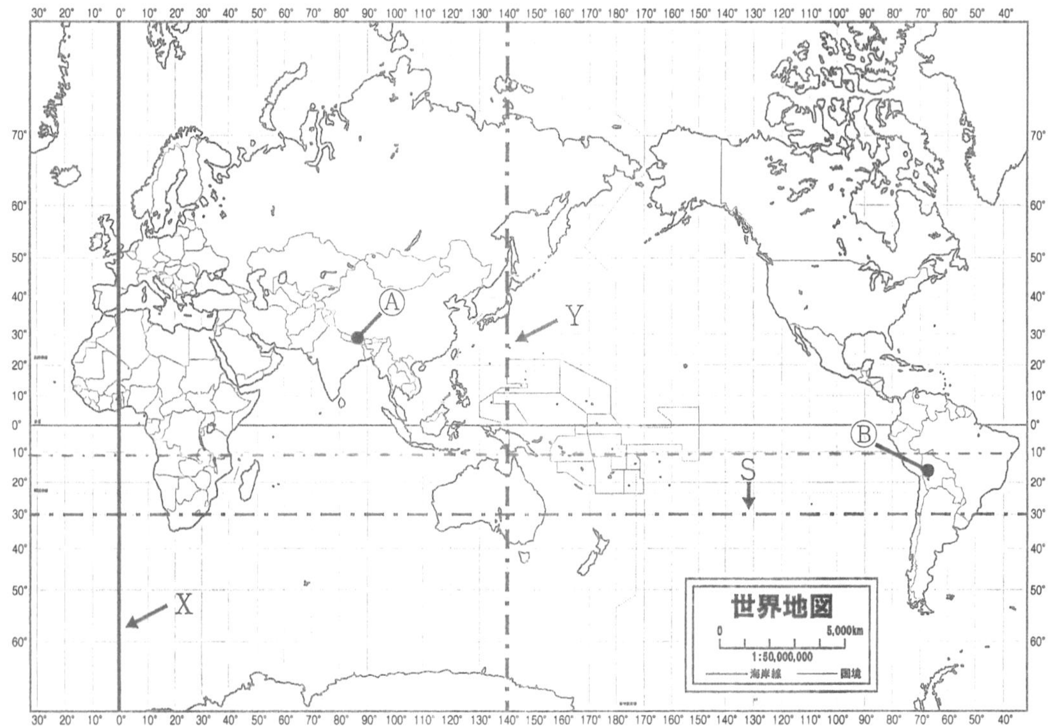

※地図中の緯線は赤道から，経線は本初子午線からそれぞれ10度ごとに引いたものである。

文章

○　地球上の位置は，緯度と経度を用いて表される。略地図において，緯度と経度がともに0度である地点は，赤道と経線Xが交わったところにある。また，緯線Sと経線Yが交わった地点に対して，地球の中心を通った反対側の地点の位置は，（ア）である。

○　都市Ⓐを首都とする国では「世界の屋根」とよばれる（イ）山脈が連なり，世界中の登山家が訪れる。

○　都市Ⓑは，（ウ）山脈の高地に位置しており，高山気候に属する。

⑴　文章中の空欄（ア）にあてはまる語句として正しいものを，次の①～⑧の中から1つ選んで，その番号をマークしなさい。解答番号は　1　です。

①　南緯30度，東経140度　　②　南緯60度，東経40度

③　南緯30度，東経40度　　④　南緯60度，東経140度

⑤　北緯30度，西経140度　　⑥　北緯60度，西経40度

⑦　北緯30度，西経40度　　⑧　北緯60度，西経140度

⑵　文章中の空欄（イ）・（ウ）にあてはまる語句の組み合わせとして正しいものを，次の①～④の中から１つ選んで，その番号をマークしなさい。解答番号は［ 2 ］です。

①　イ　ヒマラヤ　　ウ　アンデス　　　②　イ　ヒマラヤ　　ウ　アパラチア

③　イ　ロッキー　　ウ　アンデス　　　④　イ　ロッキー　　ウ　アパラチア

2　次の⑴～⑹の問いに答えなさい。

⑴　次の表は，日本の発電方式別発電電力量を示している。Dに該当するものを，下の①～④の中から１つ選んで，その番号をマークしなさい。解答番号は［ 3 ］です。

2021年度の発電方式別発電電力量(電気事業者のみ)【単位　百万kWh】

A	水力	原子力	B	C	D	その他	合計
681,500	85,759	67,767	19,053	7,441	1,962	203	863,685

(「データでみる県勢 2023」より作成)

①　風力　　②　太陽光　　③　地熱　　④　火力

⑵　次の地図は，静岡県のある地域の津波ハザードマップの一部であり，地図に示された地域では最大波高20.0m以上に達する津波の到達が予測されている。地図から読み取れることがらとその背景について述べた文として**適当でないもの**を，次のページの①～④の中から１つ選んで，その番号をマークしなさい。なお，地図中のピクトグラムは避難施設を表している。

解答番号は［ 4 ］です。

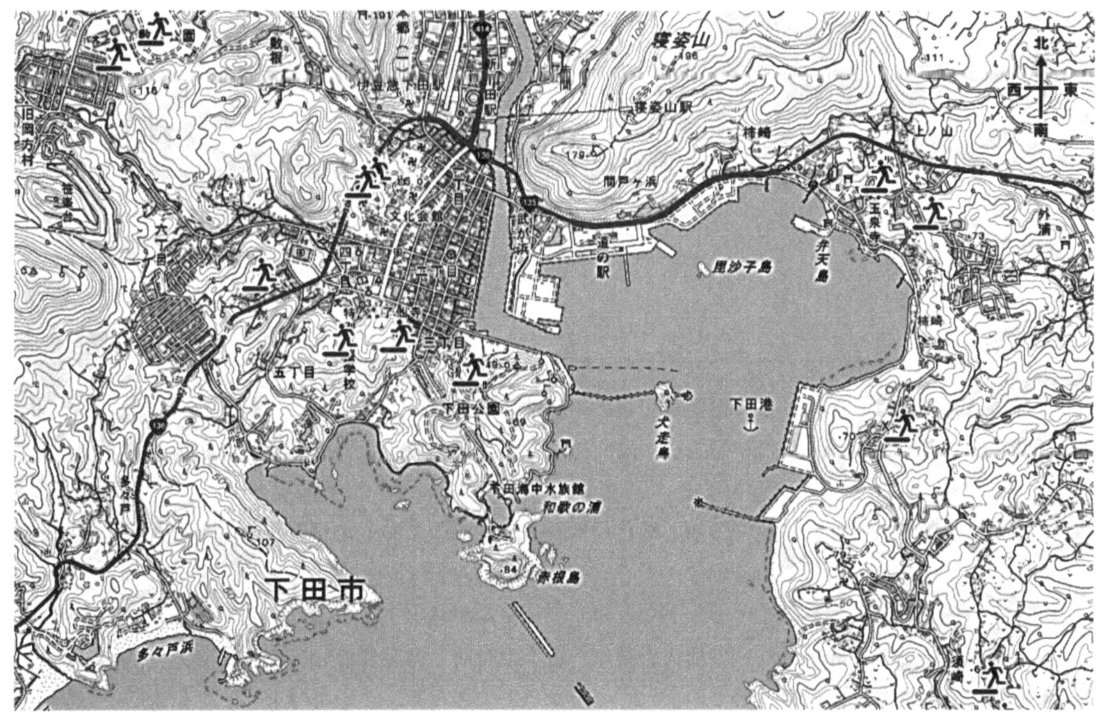

(「地理院地図/重ねるハザードマップ」(国土地理院ウェブサイト)より作成)

① 新下田駅近くの神社周辺には住宅街が多くみられる。
② 国道135号線，136号線沿いに複数の避難施設がみられる。
③ 寝姿山付近に果樹園がみられる。
④ 下田港内には複数の防波堤がみられる。

(3) 乾燥帯の気候の特徴として最も適当なものを，次の①～④の中から１つ選んで，その番号をマークしなさい。解答番号は 5 です。

① 一年中，暑くて雨が多い。地域によって，雨季と乾季がある。日射量が多いため，もっとも寒い月でも平均気温が18度を下回ることがなく，一年を通して気温の変化がほとんどない。
② もっとも寒い時期でも氷点下になることは少ないが，夏は地域によっては熱帯と同じぐらいの暑さになることがある。このため，四季の変化に富み，多くの動物・植物が生息する。
③ 年間を通して寒い場所であり，氷がほとんど溶けない。ツンドラ地帯では夏の間だけは氷や雪には閉ざされないが，真夏でさえ気温が０度未満の地域もある。
④ 降水量が少なく，年間の降水量が200㎜以下のところが大半である。また，ほとんどの地域で植物は育たず，そのため森林は見られない。

(4) 次の地図は，アメリカの産業・工業に関連する都市を示している。それぞれの都市と産業の特徴について述べた文として最も適当なものを，下の①～④の中から１つ選んで，その番号をマークしなさい。解答番号は 6 です。

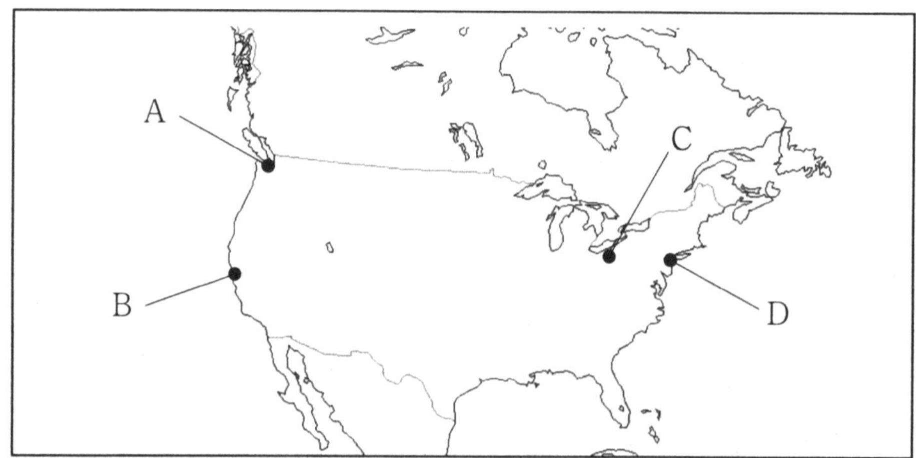

① Ａの都市は，アメリカの自動車工業の中心地である。
② Ｂの都市郊外のシリコンバレーには，ＩＴ企業が集まり，世界のハイテク産業の中心になっている。
③ Ｃの都市は，元々鉄鋼業の中心地と呼ばれる工業都市であったが現在は情報技術産業などの新しい産業が発展している。
④ Ｄの都市は，金やダイヤモンドなどのレアメタルが産出することで有名である。

(5) 次のページの地図中Ａ～Ｄの都道府県と，日本の農業・漁業について述べた文ア・イの組み合わせとして正しいものを，あとの①～④の中から１つ選んで，その番号をマークしなさい。解答番号は 7 です。

ア 日本有数の漁港があり，さんまやまぐろなどの水あげが有名で，リアス海岸の湾内では，わかめやかきなどの養殖業が盛んである。

イ　黒潮の影響で１年中温暖な気候を活かし，ビニールハウスを使った園芸農業がさかんであり，ピーマンやなすの促成栽培が行われている。

① ア－A　　イ－C
② ア－A　　イ－D
③ ア－B　　イ－C
④ ア－B　　イ－D

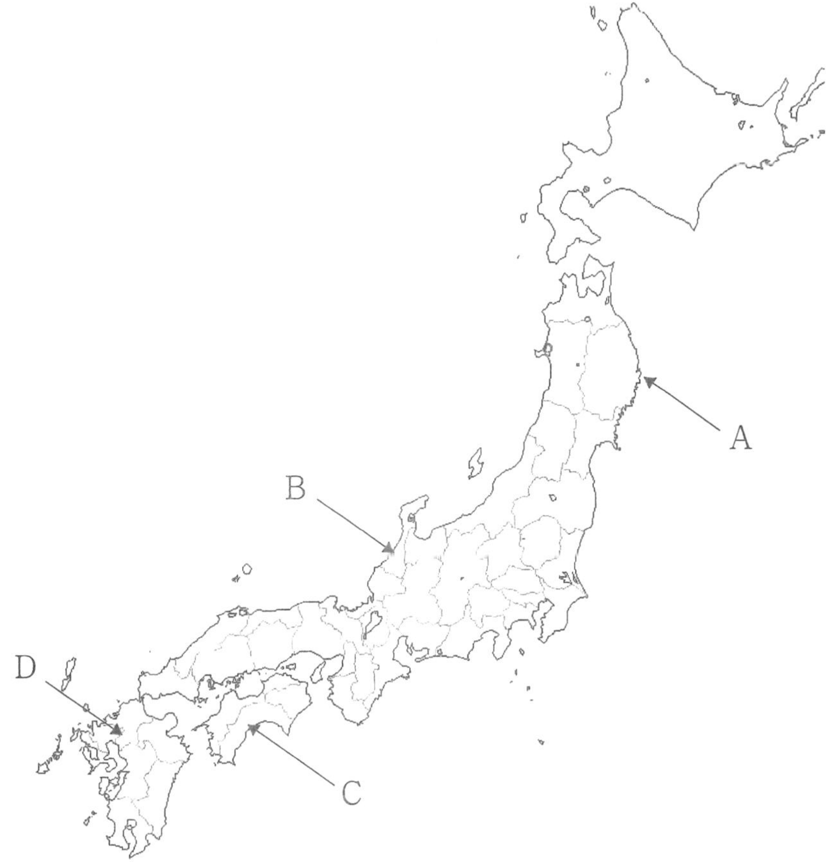

⑹ 次のページの表は，北海道地方，東北地方，中部地方，四国地方のいずれかの農業生産額の割合を示している。北海道地方を表したものとして最も適当なものを，表中の①～④の中から１つ選んで，その番号をマークしなさい。解答番号は［ 8 ］です。

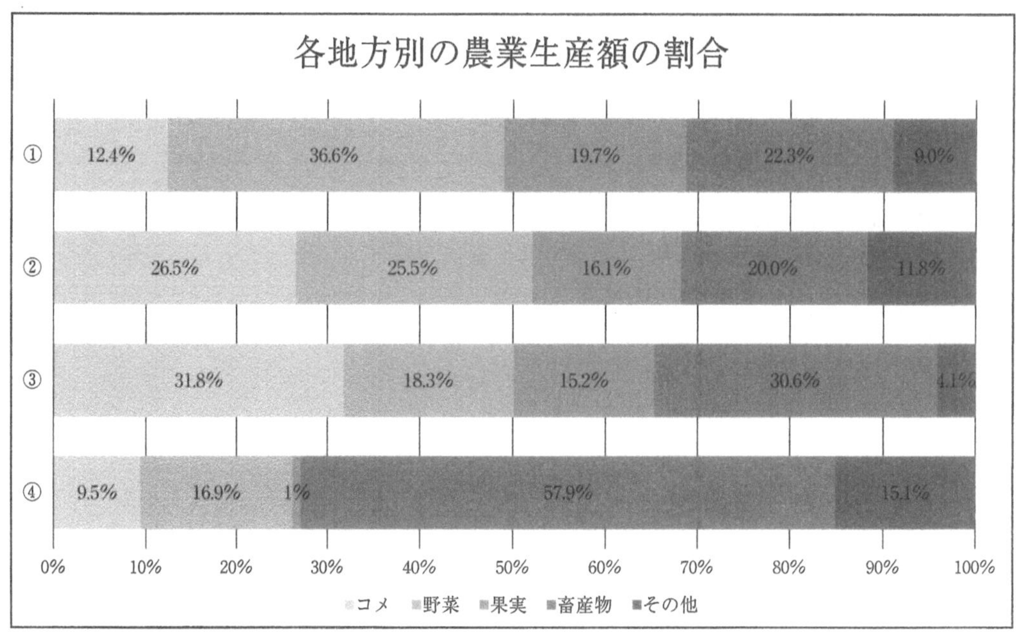

(「データでみる県勢 2023」より作成)

3 次の年表を見て，あとの(1)～(9)の問いに答えなさい。

世紀	日本のできごと
8	平城京を造営 ……………………………… (A)
14	足利義満が征夷大将軍になる ………………… (B)
16	南蛮貿易の開始 …………………………… (C)
18	徳川吉宗が征夷大将軍になる ………………… (D)
	寛政の改革 ………………………………… (E)
19	王政復古の大号令 ………………………… (F)
	↕ ①
	岩倉使節団の派遣
	大日本帝国憲法制定
	↕ ②
	三国干渉
	↕ ③
20	日英同盟
	↕ ④
	韓国併合
	第一次世界大戦 ……………………………… (G)
	ポツダム宣言の受諾 ………………………… (H)

⑴　年表中の（A）に関連して，この時代について述べた文として最も適当なものを，次の①～④の中から1つ選んで，その番号をマークしなさい。解答番号は 9 です。

①　中大兄皇子と中臣鎌足が蘇我氏を倒し，政権をにぎった。

②　征夷大将軍になった坂上田村麻呂の働きにより，東北地方へと朝廷勢力を拡大した。

③　藤原道長が摂政となり，天皇にかわって政治を動かした。

④　聖武天皇は仏教の力で国家の安定を図るため，国ごとに国分寺・国分尼寺を建てた。

⑵　年表中の（B）に関連して，足利義満について述べた次の文a～dについて，正しいものの組み合わせを，下の①～④の中から1つ選んで，その番号をマークしなさい。解答番号は 10 です。

a　正式な貿易船に勘合をもたせる勘合貿易を始めた。

b　海外への渡航を認める朱印状を発行した。

c　北条氏を執権に任命した。

d　有力な守護大名を管領に任命した。

①　a・c　　②　a・d　　③　b・c　　④　b・d

⑶　年表中の（C）に関連して，この時期の世界のできごとについて述べた文として最も適当なものを，次の①～④の中から1つ選んで，その番号をマークしなさい。解答番号は 11 です。

①　イギリスでは，名誉革命がおこり，王が国外に追放された。

②　アメリカ合衆国が独立し，合衆国憲法が制定された。

③　フランスでは，ルイ14世が王に即位し，絶対王政をすすめた。

④　ドイツでは，ルターが教会を批判し，宗教改革を行った。

⑷　年表中の（D）に関連して，この時期の文化について述べた文として最も適当なものを，次の①～④の中から1つ選んで，その番号をマークしなさい。解答番号は 12 です。

①　兼好法師が随筆「徒然草」を描いた。

②　御伽草子と呼ばれる絵入りの物語が盛んに読まれた。

③　千利休が質素と静かさを重んじるわび茶を完成させた。

④　ヨーロッパの学問を研究する蘭学が発達した。

⑸　年表中の（E）について述べた文として最も適当なものを，次の①～④の中から1つ選んで，その番号をマークしなさい。解答番号は 13 です。

①　公事方御定書という裁判の基準となる法律を定めた。

②　百姓の出稼ぎを制限し，商品作物の栽培を制限して，米の生産をすすめた。

③　株仲間を解散させ，町人の派手な風俗を禁止したりした。

④　印旛沼の干拓を始め，年貢を増やすことを試みた。

⑹　年表中の（F）に関連して，次の資料について述べた次のページの文a～dのうち，正しいものの組み合わせを，あとの①～④の中から1つ選んで，その番号をマークしなさい。解答番号は 14 です。

> 嘉永六年のペリー来航以来，いまだかつてなかった困難が続き，先の孝明天皇が毎年大御心を悩ませられていた事情は人々の知るところである。そこで明治天皇はお考えを決められて，王政復古，国威回復の御基本を確立されたので，今からは摂政・関白・幕府などを廃止

し，直ちにまず仮に総裁・議定・参与の三職を置かれ，天下の政治を行われることになった。すべて神武天皇が始められたのにもとづき，公卿・武家・殿上人・一般の区別なく正当な論議をつくし，国民と喜びと悲しみをともにされるお考えなので，おのおの勉励し，従来のおごり怠けた悪習を洗い流し，忠義をつくして国に報いる誠の心をもって奉公するようにせよ。

a　この資料は，幕府を廃止して天皇を中心とする政治を目指す方針を打ち出したものである。
b　この資料は，諸大名から，領地と人民を天皇に返上させる方針を打ち出したものである。
c　このできごと以後，江戸幕府は政権を朝廷に返上する旨を申し出た。
d　このできごと以後，鳥羽・伏見の戦いがおきた。

①　a・c　②　a・d　③　b・c　④　b・d

(7)　次の資料が出された時期として最も適当なものを，年表中の①～④の中から１つ選んで，その番号をマークしなさい。解答番号は［15］です。

第一条　清国は朝鮮国が完全無欠な独立自主の国であることを確認する。よって，独立自主を妨害するような朝鮮国から清国に対しての貢物の献上や臣下の礼は，これ以後まったく廃止すること。
第二条　清国は左記の土地や主権ならびにその地方にある城塞や陣地，兵器製造所，官有物を永久に日本国に譲り渡す。
一，左の境界内にある奉天省南部の地……
二，台湾全島およびそれに付属している島々
三，澎湖列島……
第四条　清国は軍事費賠償金として，庫平銀二億両を日本国へ支払うことを約束する。これらの金額は八回に分割して支払い，一回目と二回目は毎回五千万両を支払うこと……

(8)　年表中の（G）に関連して，この大戦時のできごとについて述べた文として最も適当なものを，次の①～④の中から１つ選んで，その番号をマークしなさい。解答番号は［16］です。

①　治安維持法を公布して社会運動の取り締まりを強化した。
②　シベリア出兵に向けた米の買い占めのため，米の値段が急上昇した。
③　関東軍は，清の最後の皇帝であった溥儀を元首とする満州国を建国した。
④　国家総動員法が制定され，議会の承認なしに，政府は労働力や物資を動員できるようになった。

(9)　年表中の（H）に関連して，第二次世界大戦以後のできごとについて述べた次の文Ⅰ～Ⅲについて，古いものから年代順に正しく配列したものを，下の①～⑥の中から１つ選んで，その番号をマークしなさい。解答番号は［17］です。

Ⅰ　北朝鮮が，朝鮮半島の南北統一を目指して韓国に侵攻し，朝鮮戦争がおきた。
Ⅱ　ベルリンの壁が崩壊し，東西ドイツの統一が実現した。
Ⅲ　アメリカで同時多発テロがおこり，これを理由にアフガニスタンで紛争がおきた。

①　Ⅰ－Ⅱ－Ⅲ　②　Ⅰ－Ⅲ－Ⅱ　③　Ⅱ－Ⅰ－Ⅲ
④　Ⅱ－Ⅲ－Ⅰ　⑤　Ⅲ－Ⅰ－Ⅱ　⑥　Ⅲ－Ⅱ－Ⅰ

4 次の(1)～(8)の問いに答えなさい。

(1) 次の資料に関して述べた下の文ア～エについて，正しいものの組み合わせを，下の①～④の中から１つ選んで，その番号をマークしなさい。解答番号は 18 です。

> 第１条 すべての人間は，生まれながらにして自由であり，かつ，尊厳と権利とについて平等である。人間は，理性と良心とを授けられており，互いに同胞の精神をもって行動しなければならない。
>
> 第２条 すべて人は，人種，皮膚の色，性，言語，宗教，政治上その他の意見，国民的若しくは社会的出身，財産，門地その他の地位又はこれに類するいかなる事由による差別をも受けることなく，この宣言に掲げるすべての権利と自由とを享有することができる。

ア 資料の条文は，1919年に制定されたワイマール憲法である。

イ 資料の条文は， 1948年に採択された世界人権宣言である。

ウ 基本的人権の中に社会権規定を設け，すべての人に人間に値する生存を保障することが示されている。

エ 人間の尊厳や平等を実現し，平和な世界を築くための共通の基準が示されている。

① ア・ウ
② ア・エ
③ イ・ウ
④ イ・エ

(2) 次の役職ア～ウのうち，国民又は住民の直接選挙によって選ばれるものとして正しいものはどれか，当てはまるものをすべて選び，その組み合わせとして最も適当なものを，下の①～⑦から１つ選んで，その番号をマークしなさい。解答番号は 19 です。

ア 愛知県知事　　イ 愛西市長　　ウ 内閣総理大臣

① ア
② イ
③ ウ
④ ア・イ
⑤ ア・ウ
⑥ イ・ウ
⑦ ア・イ・ウ

(3) 大統領制の特徴として最も適当なものを，次の①～④の中から１つ選んで，その番号をマークしなさい。解答番号は 20 です。

① 大統領は，議会が批准した条約の合意権を持つ。
② 大統領は，議会の解散権を持つ。
③ 大統領は，議会に対して法案提出権を持つ。
④ 大統領は，議会に対して教書を提出することができる。

(4) 次のページの資料に示されている立場は，図（次のページ）に示されている領域ア～エのどこに位置するか。その領域として最も適当なものを，あとの①～④の中から１つ選んで，その番号をマークしなさい。解答番号は 21 です。

【清林党のマニフェスト（政権公約)】

増税を実施して社会保障や教育を充実させ，暮らしを豊かにしていきます。失業者には雇用対策を手厚くし完全失業率を減少させます。また，関税を引き上げて，国内産業を守る貿易政策を実施していきます。

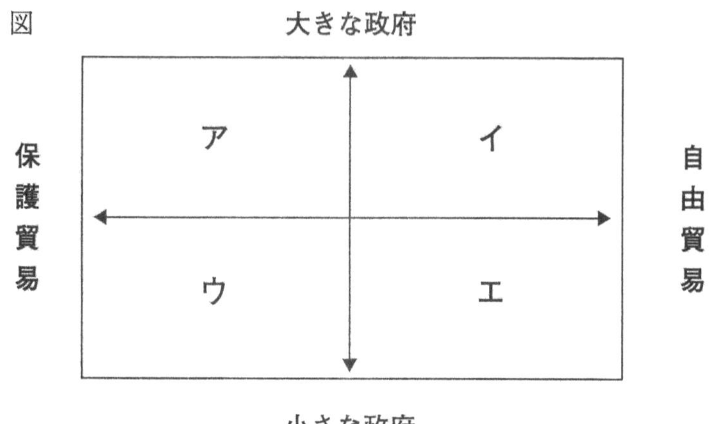

① ア　② イ　③ ウ　④ エ

⑸ 国会について述べた文として正しいものを，下の①～④の中から１つ選んで，その番号をマークしなさい。解答番号は 22 です。

① 通常国会は，毎年１月中に召集され，200日間開催される。
② 臨時国会は，衆議院解散中に内閣の求めがあれば召集される。
③ 特別国会は，衆議院解散後の総選挙の日から30日以内に召集される。
④ 参議院の緊急集会は，毎年１回以上開催される。

⑹ 次のページのデータは，日本円とアメリカドルの為替レート（為替相場）の推移を示したものである。これに関する愛西さんと海部さんの会話文を読み，（ア）に当てはまる内容として最も適当なものを，あとの①～④の中から１つ選んで，その番号をマークしなさい。解答番号は 23 です。

愛西さん：最近，いろいろなものが値上げされてるよね。学校の自動販売機のパンの価格も来月からまた10円上がるみたい。
海部さん：そうだよね。円安って言葉をニュース番組で聞くもんね。
愛西さん：早く円高になってほしいですね。
海部さん：ただ，円高が進むと（ア）ため，円安の時に比べて不利になると考えられるよ。
愛西さん：そうなんだ。主語が変われば円高が不利になる場合もあるんだね。

① 近くのショッピングセンターで販売されている，福井県鯖江市で生産されたメガネの価格が上昇する

② ニューヨークに留学をする日本の高校生にとって，現地高校の授業料の支払い額が上昇する

③ シリコンバレーにある日本企業が開発したソフトウェアを，アメリカ国内で販売すると価格が上昇する

④ 日本を訪れるアメリカ人観光客にとって，ホテルの宿泊代金の支払い額が上昇する

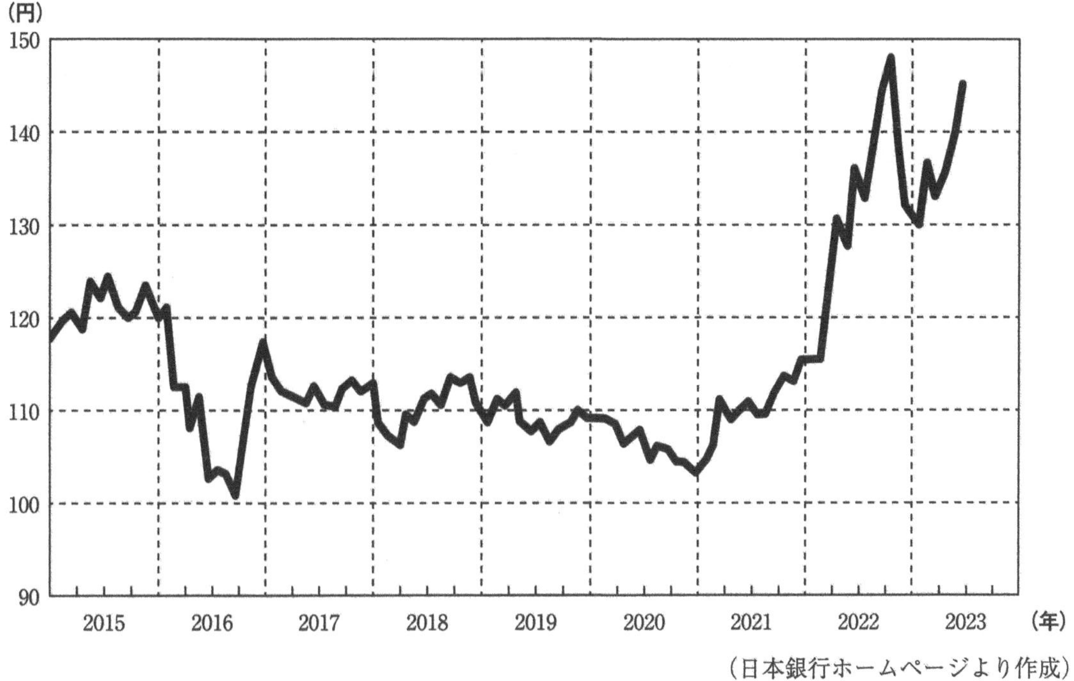

（日本銀行ホームページより作成）

(7) 次の日本国憲法の条文を見て，教育を受ける権利についての例を述べた文として最も適当なものを，下の①～④の中から１つ選んで，その番号をマークしなさい。解答番号は 24 です。

> 第26条
> 1　すべて国民は，法律の定めるところにより，その能力に応じて，ひとしく教育を受ける権利を有する。
> 2　すべて国民は，法律の定めるところにより，その保護する子女に普通教育を受けさせる義務を負ふ。義務教育は，これを無償とする。

① 幼少期に，経済的理由や戦争孤児であったことなどから小学校に通うことができなかった大人に対しての夜間小学校。

② 長期間の入院により通学することができない小・中学生が病院内で学習する院内学級。

③ 昼間に働いている人を対象とした社会人大学。

④ 社会人が学びなおしができる夜間中学。

(8) 次のページの表は，日本銀行，政府，企業が景気に応じてとる行動をまとめたものである。これを見て（ア）～（ウ）にあてはまる語句の組み合わせとして正しいものを，あとの①～⑥の中から１つ選んで，その番号をマークしなさい。解答番号は 25 です。

	景気が良い時	景気が悪い時
（ア）	商品の売れ行きが良く，生産が増える。	商品の売れ行きが落ち，生産が減る。
（イ）	銀行に国債などを売る。	銀行から国債などを買う。
（ウ）	公共投資を減らし，増税をする。	公共投資を増やし，減税をする。

① ア　日本銀行　イ　企業　ウ　政府
② ア　日本銀行　イ　政府　ウ　企業
③ ア　企業　イ　日本銀行　ウ　政府
④ ア　企業　イ　政府　ウ　日本銀行
⑤ ア　政府　イ　日本銀行　ウ　企業
⑥ ア　政府　イ　企業　ウ　日本銀行

(八) 和歌ⓗ「ゆくほたる雲の上までいぬべくは秋風吹くと雁につげこせ」は、どのような思いを詠んだ和歌か。最も適当なものを一つ選んで、その番号をマークしなさい。解答番号は18です。

① 男への恋心を打ち明けることができずに死んでいった娘の魂を蛍に重ね、本当は自分も娘を愛していたのでもっと早くこちらから告白すべきだったと後悔する男の思い。

② 娘の回復を祈って男に連絡したのに死なせてしまった親の無念の思いを蛍に重ね、空へ行く蛍を見上げながら、謝罪の気持ちを表すとともに、死んだ娘にも詫びたい男の思い。

③ 見も知らない娘の気持ちをどう受け止めてよいのかわからない自分の思いを蛍に重ね、蛍を見上げながら、自分に恋心を持ってくれたことに感謝している男の思い。

④ 自分への恋心を抱き、無言で死んでいった娘の魂を蛍に重ね、空へ行く蛍を見上げながら、その死を悲しみ、感傷に浸りつつ、死んだ娘との交信を望む男の思い。

(九) 【文章Ⅰ】・【文章Ⅱ】の内容に一致するものとして最も適当なものを一つ選んで、その番号をマークしなさい。解答番号は19です。

① 【文章Ⅰ】男は、若さゆえの激しい情熱に動かされているが、実際には行動に移せないでいる。女は、男のことを思い、親に引き離されてもじっと耐えて、男の迎えを待っている。
【文章Ⅱ】女は、親が自分の気持ちを男に伝えてくれると信じて、病気になりながらも男の訪れをずっと待っている。

② 【文章Ⅰ】男は、親の思いとは違った恋をすることで親に女と別れさせられてしまう。そして、血の涙を流し、意識を失うほどの恋をする情熱がありながらも、男はその若さゆえに何もすることができないでいる。
【文章Ⅱ】娘は、男への激しい恋心を抱きつつも胸の内を明かすことができないままに、それがもとで病気となり、亡くなってしまう。

③ 【文章Ⅰ】男の親は、子どものことを思って子どもと女を引き離したが、男は若さゆえにそのことが理解できず、親に反抗してでも恋を成就させようとした。
【文章Ⅱ】女の親は、娘に好きな男がいたということを知ったが、娘の将来を思って交際を認めなかった。それがもとで亡くなってしまう。

④ 【文章Ⅰ】男は、身分違いの恋という、親の思いとは違う恋をしたために、親から反対されたが、必死に説得を重ねたことによって親は、交際を認めてくれた。
【文章Ⅱ】女は好きな男がいるという自分の気持ちを素直に親に話したことで、親は、男にそのことを伝えてくれた。しかし、まもなく女は病気にかかって死んでしまった。

(十) 【文章Ⅰ】・【文章Ⅱ】の出典である『伊勢物語』は、平安時代の作品である。主人公と思われる「男」とは誰のことだと考えられているか。最も適当なものを一つ選んで、その番号をマークしなさい。解答番号は20です。

① 兼好法師　② 松尾芭蕉　③ 在原業平　④ 鴨長明

② 女の決意は固く、心を許してくれそうになかったから。
③ 男が、いつまでたっても自分に振り向いてくれなかったから。
④ 親に養われている身で、自分の考えを押し通す力がなかったから。

㈢ 和歌ⓓ「いでていなばたれか別れのかたからむありしにまさる今日は悲しも」とあるが、「ありしにまさる今日は悲しも」と詠んだ理由として最も適当なものを一つ選んで、その番号をマークしなさい。解答番号は13です。

① 女と同じ家にいるのに会うことが許されないから。
② 女が自分と別れるために去っていってしまったから。
③ 女が自分のもとから無理に連れ去られてしまったから。
④ 女には他に好きな人ができて出ていってしまったから。

㈣ ――線部ⓔ「願立てけり」とは、「神仏に祈願した」という意味であるが、誰がどのようなことを祈願したのか。最も適当なものを一つ選んで、その番号をマークしなさい。解答番号は14です。

① 親が、仏にすがる思いで男が意識を取り戻すことを祈願した。
② 男が、親から許されて女が自分の所へ戻って来ることを祈願した。
③ 親が、二人の仲を許す代わりに男が意識を取り戻すことを祈願した。
④ 女が、無事親に許されて男との恋が成就することを祈願した。

㈤ ――線部ⓕ「戌(いぬ)の時」について、昔の時刻は、二十四時間を十二等分した二時間を「一時(いっとき)」とし、それぞれに「十二支」を順に割り振っていた。それと左の図を参考にすると「戌の時」は、現在の約何時頃を指すか。最も適当なものを一つ選んで、その番号をマークしなさい。解答番号は15です。

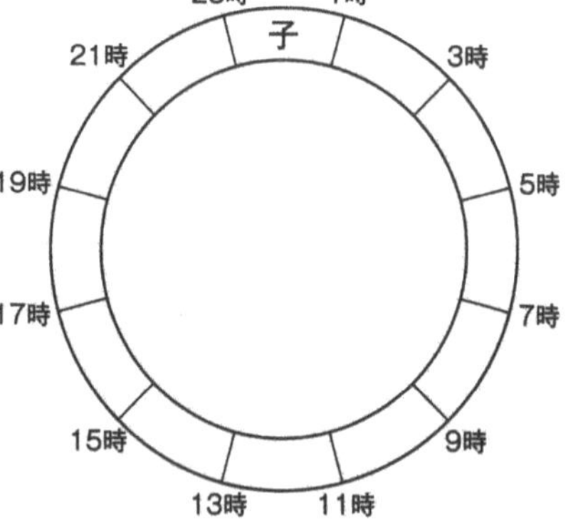

① 7時から9時　② 11時から13時
③ 15時から17時　④ 19時から21時

㈥ A には、過去の助動詞「けり」を活用させたものが入る。最も適当なものを一つ選んで、その番号をマークしなさい。解答番号は16です。

① けら（未然形）　② けり（終止形）
③ ける（連体形）　④ けれ（已然形）

㈦ ――線部ⓖ「つれづれと」の意味として最も適当なものを一つ選んで、その番号をマークしなさい。解答番号は17です。

ⓖ「つれづれと」
① することもなく　② 厳粛(しゅく)に
③ とても不安で　④ 何も手がつかず

はいやまさりにまさる。にはかに、親、この女を追ひうつ（追い出した。）。男、血の涙を流せども、ⓒとどむるよしなし。率（ゐ）ていでていぬ。男、泣く泣くよめる（詠んだ）。

ⓓいでていなばたれか別れのかたからむありしにまさる今日は悲しも（女が去ってゆくのなら、こんなに別れがたく思わないだろう。今まで以上に今日は悲しいことだなあ）

とよみて絶え入りにけり。親あわてにけり。なけ思ひてこそいひしか（子どものことを思って女と別れるように言ったが、まったくここまでひどく思いつめているわけでもあるまい）、いとかくしもあらじと思ふに、真実に絶え入りにければ、まどひて（あわてふためいて）ⓔ願立てけり。今日のいりあひばかりに絶え入りて、またの日（翌日）のⓕ戌の時ばかりになむ、からうじていきいでたり（やっと意識を取り戻した）【A】。むかしの若人はさる すける物思ひをなむしける（いちずな恋をしたものだ。）。今のおきな、まさにしなむや（どうしてこのような恋愛ができようか。）。

【文章Ⅱ】

むかし、男ありけり。人のむすめのかしづく（大事にされていたある人の娘が、）、いかで（なんとか）この男にものいはむ（愛を訴えたい）と思ひけり。うちいでむことかたくやありけむ（口に出すことができなかったのだろう、）、もの病みになりて、死ぬべき時に、「かくこそ思ひしか」（「こうも深く思っておりました」）といひけるを、親、聞きつけて、泣く泣くつげたりければ、まどひ来たりけれど（男はあわてて来たけれども、）、死にければ、ⓖつれづれとこもりをりけり（喪にこもっていた。）。時は六月のつごもり（月末）、いと暑きころほひに、宵は遊びをりて、夜ふけて、やや涼しき風吹きけり。蛍たかく飛びあがる。この男、見ふせりて（横になったまま見て詠み、）、

ⓗゆくほたる雲の上までいぬべくは秋風吹くと雁※1につげこせ（空ゆく蛍よ。雲の上まで飛んで行けるものなら、天上の雁に、下界では秋風が吹いているよ、さあお行きと、告げておくれ）

暮れがたき夏のひぐらしながむればそのこととなくものぞ悲しき（なかなか日暮れにならぬ夏の長い日を、一日中物思いにふけっていると、なんということなく、悲しい気持ちになってくる）

（注）

※1　雁…秋に飛来し春に北へ帰る渡り鳥のこと。手紙を運ぶといわれている。

㈠　――線部ⓐ「追ひやらむとす」・ⓑ「思ひはいやまさりにまさる」の主語の組み合わせとして最も適当なものを一つ選んで、その番号をマークしなさい。解答番号は⑪です。

①　ⓐ　女　ⓑ　親　　②　ⓐ　親　ⓑ　男

③　ⓐ　男　ⓑ　親　　④　ⓐ　女　ⓑ　作者

㈡　――線部ⓒ「とどむるよしなし」の理由として最も適当なものを一つ選んで、その番号をマークしなさい。解答番号は⑫です。

①　親に、結婚をするなら家から出て自立してほしいと言われたから。

【資料】

モネが「目」でかいたのに対して、セザンヌは「脳」でかいたのです。たとえばリンゴはどんな形をしているのか。よく見れば微妙な凹凸があります。またリンゴは重みのある塊（かたまり）です。その重さは、どのようにかけば絵を見る人が感じられるか。硬さ、柔らかさは、どうかき分けるか。複数のリンゴがあれば、それが空間の中にどのように置かれるか、立体的な空間配置も問題になります。同じリンゴの山でも、前から見たのと横から見たのでは、まったく違う形になります。「目の視覚」なら、ある一点から見た形をかけばいいですが、「脳の視覚」の場合、あちこちから見た形というのも、できることならかきたいものです。そんな複数の視点からの光景を、一枚の絵の中にどのようにかくか。そういうあれこれがかけたら、その絵は、目で見たリンゴの山の光景とは違ったものになるはずです。一目では見えない世界が、絵の中にあるからです。セザンヌやピカソといった画家は、そんな「脳の視覚」が見た世界を絵にかきました。ですからセザンヌやピカソの絵を見ると、かかれたモチーフの周りを移動しながら、ときに手で触れながら見ている体験をしているような気分になってくるのです。絵の中から空間や時間が流れてきて、それに心を重ねていることが気持ちよくなってくるのです。ゴッホの絵も同じです。それは外側の世界を見ているというより、脳の奥深くを覗きこんでいるような感じです。

（『鉛筆のいらない絵画教室』布施英利による）

【ノート】

二つの文章は、情報を空間的に把握するために感覚器官を余すことなく使うのか、使わないのかという点において対照的のように思われるが、［　　］という点では共通していると言える。

① 複数の情報からイメージをつないでいくので、多くの人と情報を共有していくことで内側と外側の世界を作る
② 視覚以外から得られた情報が重要視されるから、手足から得た情報を最優先的に脳のスペースに入れ再構築する
③ 得られた情報が非常に複雑なものであるにもかかわらず脳の使用を最小限にとどめ、それらを感覚的に結びつける
④ 各感覚器官から得られたさまざまな情報の意味を考えるために、脳をつかいながらそれらを統合的に組み立てる

二　次の【文章Ⅰ】・【文章Ⅱ】は『伊勢物語』の一節である。これらの文章を読んで、あとの㈠～㈩の問いに答えなさい。

【文章Ⅰ】

むかし、若き男、けしうはあらぬ（ちょっと人目をひく召使い女）女を思ひけり（いとしいと思った。）。さかしらする親あり（この男には、子を思うあまり、気をまわす親がいて、）て、思ひもぞつくとて（女への恋心がつのっては困ると思って。）、この女をほかへⓐ追ひやらむとす。さこそいへ（そうは思っても、）、まだ追ひやらず。人の子なれば（男は、自立していないので）、まだ心いきほひなかりければ、とどむるいきほひなし。女もいやしければ（身分が低い者なので）、すまふ（対抗する）力なし。さる間に、ⓑ思ひ

取って空間全体の範囲を広げていくことができるということ。

④ すべての人は生活の中で得た情報を脳内で組み合わせて想像の空間を歩いているため、情報の数が少ないことにより脳内に余裕が生まれることでより自由に行動することが可能となるということ。

(六) ——線部ⓔ「見えない人は、こうした洪水とは無縁」とはどういうことか。その説明として最も適当なものを、次の①～④の中から一つ選んで、その番号をマークしなさい。解答番号は7です。

① 視覚的な注意をさらっていく大量の情報や、周囲からの音や匂いに影響されないということ。

② 道端に咲いた花の色や匂いなどの情報が分からず、自然を感じることができないということ。

③ 街中のスクリーンや新商品の広告から得られる情報に振り回されることがないということ。

④ 視覚的な情報に流されることはない代わりに、嗅覚や聴覚からの情報には影響を受けること。

(七) ——線部ⓕ「知らず知らずのうちにまわりの環境に影響されながら行動していることが案外多い」についての例として最も適当なものを、次の①～④の中から一つ選んで、その番号をマークしなさい。解答番号は8です。

① 待ち合わせ場所に行く途中、ケーキ屋が新しくオープンしていたのでつい寄り道をした。

② 部活動が終わり帰宅すると、お腹が空いていたからお風呂に入る前にご飯を食べた。

③ 家庭科の調理実習でカレーを作っていたところ、鍋が熱かったのですぐに手を引っ込めた。

④ 幼稚園児の妹を徒歩で迎えにいくために、自宅の鍵をかけてから靴ひもを結びなおした。

(八) 〜〜線部Ⅰ～Ⅳについての説明として誤っているものを、次の①～④の中から一つ選んで、その番号をマークしなさい。解答番号は9です。

① Ⅰの「お椀をふせたような地形」という表現は、木下さんがイメージする大岡山の南半分の地形を、比喩表現を用いて説明している。

② Ⅱの「まるでスキーヤーのように広い平面の上に自分で線を引く」という表現は、「通るべき場所」が定められておらず、独自に現在地の情報の整理ができる木下さんの動きを、比喩表現を用いて説明している。

③ Ⅲの「桂離宮というのはまるで舞踏譜のようだ」という表現は、桂離宮に訪れた人が順路を歩いているうちに踊りの動きを身につけてしまう設計がされているということを、比喩表現を用いて説明している。

④ Ⅳの「軽い記憶喪失に見舞われています」という表現は、情報過多により本来の目的を見失い、情報に支配されているような感覚を抱く人々の状態を、比喩表現を用いて説明している。

(九) 本文と【資料】を読んだSさんは、【ノート】に整理をした。空欄にあてはまる言葉として最も適当なものを、次の①～④の中から一つ選んで、その番号をマークしなさい。解答番号は10です。

たものとして最も適当なものを、次の①～④の中から一つ選んで、その番号をマークしなさい。解答番号は3です。

① 私が大岡山駅から研究所までの道のりを空間全体から切り取られたものでとらえていたのに対して、木下さんは歩いている空間を総合的にとらえて山の斜面だと判断したから。

② 私が大岡山駅から研究所にたどり着くまでに様々な情報を目で見ているのに対して、木下さんは白杖を使うことで全体の構造から部分的な情報だけをとらえているから。

③ 私が大岡山駅から見ると西9号館がふもとに位置することを知っていたのに対して、木下さんは初めて来たにもかかわらず地形全体を見渡すように想像できていたから。

④ 私が大岡山駅から西9号館までの道のりを何度も歩いて新しさを感じなくなっているのに対して、木下さんは新鮮な気持ちで周囲全体の情報を意識的にイメージしていたから。

㈢ ――線部ⓑ「きわめて難しいこと」とあるが、このように言える理由は何か。その理由を説明したものとして最も適当なものを、次の①～④の中から一つ選んで、その番号をマークしなさい。解答番号は4です。

① 緩やかな道を徒歩で行く分には傾斜を感じることが少ないので、坂であることが実感できないため。

② 大岡山という土地についての知識が少ないので、その地形のことまで考えながら歩く余裕がないため。

③ 様々な情報が次々に目に入ってくるので、自分がどの地形のどのあたりにいるか考えるゆとりはないため。

④ 大岡山は勤務先であるので、毎日の通勤経路の中で目に入ってくる情報が同じものばかりであるため。

㈣ ――線部ⓒ「『通行人』」とはどのような人のことか。その説明として最も適当なものを、次の①～④の中から一つ選んで、その番号をマークしなさい。解答番号は5です。

① 知った看板を見たり、知り合いに会ったり情報を収集しながら通る人のこと。

② いつも同じ道を決められた方向に向かって何も考えずに通る人のこと。

③ 目に飛び込んでくる情報を取捨選択しスマホの画面を見て通る人のこと。

④ どのような地形のどのあたりを歩いているか想像しながら通る人のこと。

㈤ ――線部ⓓ「道から自由である」とはどういうことか。その説明として最も適当なものを、次の①～④の中から一つ選んで、その番号をマークしなさい。解答番号は6です。

① 見えない人は音の反響や白杖を使って情報を得ようとするが、自分にとって本当に必要な情報をすべて得ることはできないので見えている人に比べて歩くときに集中することができるということ。

② 全盲であるがゆえに得ることができる情報は少ないが、その情報同士を自分なりに関連付けて深く考えることで、見える人にはとらえることができない認識を自在に広げることができるということ。

③ 目がとらえている情報のほとんどが人工的で意味を持たない中で、見えない人は自分にとって本当に必要な情報だけを自由に選び

はたいていそうしたものです。ボタンがあるから押したくなるし、台があるからよじ登ってしまう。環境に埋め込まれたさまざまなスイッチがトリガー[※3]になって、子どもたちの行動が誘発されていきます。

いわば、人は多かれ少なかれ環境に振り付けられながら行動している、と言えるのではないでしょうか。

あるトリガーから別のトリガーへとめまぐるしく注意を奪われながら、人は環境の中を動かされていきます。人の進むべき方向を示す「道」とは、「こっちに来なさい、こっちに来てこうしなさい」と、行為を次々と導いていく環境の中に引かれた導線です。

たとえば京都の桂離宮(かつらりきゅう)[※4]に行くと、その場所でどこを見るべきかというまなざしの行方までもが計算されていることに気づきます。人の行動をいざなう「道」が随所に仕掛けられているわけです。実際に訪れてみて、Ⅲ桂離宮というのはまるで舞踏譜[※5]のようだなとしきりに感心しました。

桂離宮ではひとつの道が明瞭に引かれていますが、都市においては無数の道が縦横無尽に引かれています。しかもその多くは、人の欲望に強く訴えてくる。真夏のかんかん照りの道にコーラの看板があれば飲みたくなってしまうし、「本日三割引き」ののぼりを見ればついスーパーに入って余計な買い物をしてしまう。その欲望がもともと私の中にあったかどうかは問題ではありません。視覚的な刺激によって人の中に欲望がつくられていき、気がつけば環境が行動を誘発する「そのような欲望を抱えた人」になっています。

資本主義システムが過剰な視覚刺激を原動力にして回っていることは言うまでもないでしょう。それを否定するのは簡単ではないしするつもりはありませんが、都市において、私たちがこの振り付け装置に踊らされがちなのは事実です。最近ではむしろ、パソコンのデスクトップやスマートフォンの画面上に、こうしたトリガーは増殖しているかもしれません。仕事をするつもりでパソコンを開いたら買い物をしていた……よくあることです。私たちは日々、Ⅳ軽い記憶喪失に見舞われています。いったい、私が情報を使っているのか、情報が私を使っているのか分かりません。

(『目の見えない人は世界をどう見ているのか』伊藤亜紗による)

(注)

※1　先ほども登場していただいた木下路徳さん…筆者が取材をしている全盲の男性。

※2　俯瞰的…広い視野で物事を見たり考えたりすること。

※3　トリガー…引き金。

※4　桂離宮…京都府京都市西京区桂にある皇室関連施設。

※5　舞踏譜…舞踏の振付を言葉により記譜したもの。

(一)　==線部㋐・㋑のカタカナの部分の漢字と同じ漢字を用いるものを、それぞれ次の①～④の中から一つ選んで、その番号をマークしなさい。解答番号は㋐が[1]、㋑が[2]です。

㋐　カン誘

①　本を友達にススめる。　②　季節の変化をカンじる。
③　植物の成長をミる。　④　優勝に一同がヨロコぶ。

㋑　シン重

①　シン剣に学習に打ち込む。　②　電波を使って交シンする。
③　シン型の電化製品。　④　謹シン処分を受ける。

(二)　——線部ⓐ「私はそれを聞いて、かなりびっくりしてしまいました」とあるが、どうして「私」は驚いてしまったのか。その理由を説明しべき方向を示します。もちろん視覚障害者だって、個人差はあるとしても、音の反響や白杖の感触を利用して道の幅や向きを把握しています。しかし、目が道のずっと先まで一瞬にして見通すことができるのに対し、音や感触で把握できる範囲は限定されている。ⓓ道から自由であるとは、予測が立ちにくいという意味では特殊なⓘシン重さを要しますが、だからこそ、道だけを特別視しない俯瞰的なビジョンを持つことができたのでしょう。

脳の中に余裕がある？

全盲の木下さんがそのとき手にしていた「情報」は、私に比べればきわめて少ないものでした。少ないどころか、たぶん二つの情報しかなかったはずです。つまり「大岡山という地名」と「足で感じる傾き」の二つです。しかし情報が少ないからこそ、それを解釈することによって、見える人では持ち得ないような空間が、頭の中に作り出されました。

木下さんはそのことについてこう語っています。「たぶん脳の中にはスペースがありますよね。見える人だと、そこがスーパーや通る人だとかで埋まっているんだけど、ぼくらの場合はそこが空いていて、見える人のようには使っていない。でもそのスペースを何とか使おうとして、情報と情報を結びつけていくので、そういったイメージができてくるんでしょうね。さっきなら、足で感じる『斜面を下っている』という情報しかないので、これはどういうことだ？　と考えていくわけです。だから、見えない人はある意味で余裕があるのかもしれないね。見えると、坂だ、ということで気が奪われちゃうんでしょうね。きっと、まわりの風景、空が青いだとか、スカイツリーが見えるとか、そういうので忙しいわけだよね」。

まさに情報の少なさが特有の意味を生み出している実例です。都市で生活していると、目がとらえる情報の多くは、人工的なものです。大型スクリーンに映し出されるアイドルの顔、新商品を宣伝する看板、電車の中吊り広告……。見られるために設えられたもの、本当は自分にはあまり関係のない＝「意味」を持たないかもしれない、純粋な「情報」もたくさんあふれています。視覚的な注意をさらっていくめまぐるしい情報の洪水。確かに見える人の頭の中には、木下さんの言う「脳の中のスペース」がほとんどありません。

それに比べてⓔ見えない人は、こうした洪水とは無縁です。もちろん音や匂いも都市には氾濫していますが、それでも木下さんに言わせれば「脳の中に余裕がある」。さきほど、見えない人は道から自由なのではないか、と述べました。この「道」は、物理的な道、つまりコンクリートや土を固めて作られた文字通りの道であると同時に、比喩的な道でもあります。つまり、「こっちにおいで」と人の進むべき方向を示すもの、という意味です。

私が情報を使っているのか、情報が私を使っているのか

人は自分の行動を一〇〇パーセント自発的に、自分の意志で行っているわけではありません。ⓕ知らず知らずのうちにまわりの環境に影響されながら行動していることが案外多いものです。

「寄りかかって休む」という行為ひとつとっても、たいていは寄りかかろうと思って壁を探すのではなくて、そこに壁があるから寄っかかってしまう。子どもの場合は特にその割合が高くなります。「いたずら」と

【国　語】（四〇分）〈満点：五〇点〉

一　次の文章を読んで、あとの㈠～㈨の問いに答えなさい。

「大岡山（おおおかやま）は、やっぱり『山』なんですね」

見えない人が「見て」いる空間と、見える人が目でとらえている空間。それがどのように違うのかは、一緒に時間を過ごす中で、ふとした瞬間に明らかになるものです。

たとえば、先ほども登場していただいた[※1]木下路徳（きのしたみちのり）さんと一緒に歩いているとき。その日、私と木下さんは私の勤務先である東京工業大学大岡山キャンパスの私の研究室でインタビューを行うことになっていました。

私と木下さんはまず大岡山駅の改札で待ち合わせて、交差点をわたってすぐの大学正門を抜け、私の研究室がある西9号館に向かって歩きはじめました。その途中、一五メートルほどの緩やかな坂道を下っていたときです。木下さんが言いました。「大岡山はやっぱり山で、いまその斜面をおりているんですね」。

ⓐ私はそれを聞いて、かなりびっくりしてしまいました。なぜなら木下さんが、そこを「山の斜面」だと言ったからです。毎日のようにそこを行き来していましたが、私にとってはそれはただの「坂道」でしかありませんでした。

つまり私にとってそれは、大岡山駅という「出発点」と、西9号館という「目的地」をつなぐ道順の一部でしかなく、曲がってしまえばもう忘れてしまうような、空間的にも意味的にも他の空間や道から分節化された「部分」でしかなかった。それに対して木下さんが口にしたのは、もっと[※2]俯瞰（ふかん）的で空間全体をとらえるイメージでした。

確かに言われてみれば、木下さんの言う通り、大岡山の南半分は駅の改札を「頂上」とする[I]お椀（わん）をふせたような地形をしており、西9号館はその「ふもと」に位置しています。その頂上からふもとに向かう斜面を、私たちは下っていました。

けれども、見える人にとって、そのような俯瞰的で三次元的なイメージを持つことはⓑきわめて難しいことです。坂道の両側には、サークル㋐カン誘の立て看板が立ち並んでいます。学校だから、知った顔とすれ違うかもしれません。前方には混雑した学食の入り口が見えます。目に飛び込んでくるさまざまな情報が、見える人の意識を奪っていくのです。あるいはそれらをすべてシャットアウトしてスマホの画面に視線を落とすか。そこを通る通行人には、自分がどんな地形のどのあたりを歩いているかなんて、想像する余裕はありません。

そう、私たちはまさにⓒ「通行人」なのだとそのとき思いました。「通るべき場所」として定められ、方向性を持つ「道」に、いわばベルトコンベアのように運ばれている存在。それに比べて、[II]まるでスキーヤーのように広い平面の上に自分で線を引く木下さんのイメージは、より開放的なものに思えます。

物理的には同じ場所に立っていたのだとしても、その場所に与える意味次第では全く異なる経験をしていることになる。それが、木下さんの一言が私に与えた驚きでした。人は、物理的な空間を歩きながら、実は脳内に作り上げたイメージの中を歩いている。私と木下さんは、同じ坂を並んで下りながら、実は全く違う世界を歩いていたわけです。

彼らは「道」から自由だと言えるのかもしれません。道は、人が進む

大切なことはメモしておこうネ！

T.G

2024年度

解答と解説

《2024年度の配点は解答欄に掲載してあります。》

＜数学解答＞

1 (1) ア 4 (2) イ 4 ウ 5 エ 1 オ 2
(3) カ － キ 6 ク 4 ケ 6 (4) コ 3 サ － シ 1
(5) ス 2 セ － ソ 1

2 (1) ア ③[⑤] イ ⑤[③]
(2) ウ 3 エ 2 オ 0 カ 6 キ 6 ク 6

3 (1) ア 1 イ 6 (2) ウ 1 エ 1 オ 3 カ 6

4 ア 1 イ 2 ウ 9 エ 0 オ 0

5 (1) ア 3 イ 3 ウ 6 エ 3 (2) オ 2 カ 4 (3) キ ①

6 (1) ア 3 イ 2 (2) ウ － エ 2 オ － カ 2 (3) キ 8

○推定配点○

1 (1) 2点 他 各3点×4 2 各3点×2((1)完答) 3 (1) 3点 (2) 4点
4 3点 5 各3点×3 6 (1) 3点 他 各4点×2 計50点

＜数学解説＞

基本 1 (数の計算，分数式の計算，平方根，二次方程式，連立方程式)

(1) $-3\times4+8\times2=-12+16=+(16-12)=4$

(2) $\dfrac{2a+1}{4}-\dfrac{a-1}{6}=\dfrac{3(2a+1)}{12}-\dfrac{2(a-1)}{12}=\dfrac{3(2a+1)-2(a-1)}{12}=\dfrac{6a+3-2a+2}{12}=\dfrac{4a+5}{12}$

(3) $(\sqrt{2}-2\sqrt{3})(\sqrt{18}+\sqrt{12})=(\sqrt{2}-2\sqrt{3})(3\sqrt{2}+2\sqrt{3})=\sqrt{2}\times3\sqrt{2}+\sqrt{2}\times2\sqrt{3}-2\sqrt{3}\times3\sqrt{2}-2\sqrt{3}\times2\sqrt{3}=6+2\sqrt{6}-6\sqrt{6}-12=-6-4\sqrt{6}$

(4) $\mathrm{A}=x-3$とすると，$x(x-3)+(x-3)(2x+3)=x\mathrm{A}+\mathrm{A}(2x+3)=\mathrm{A}\{x+(2x+3)\}=\mathrm{A}(3x+3)=3\mathrm{A}(x+1)=3(x-3)(x+1)$　$3(x-3)(x+1)=0$　$x=3,\ -1$

(5) $5x+2y=8$の両辺を3倍して$15x+6y=24\cdots$①　$2x-3y=7$の両辺を2倍して$4x-6y=14\cdots$②　ここで，①の両辺に②の両辺を加えると，$19x=38$　$x=2$　さらに，$x=2$を$5x+2y=8$に代入して，$5\times2+2y=8$　$10+2y=8$　$2y=8-10$　$2y=-2$　$y=-1$

2 (四分位数と箱ひげ図，1次方程式の応用)

やや難 (1) ① 2年生の箱ひげ図の記録の範囲は6.5秒以上9.2秒以下なので，2年生に6.4秒を記録した生徒はいない。よって，①は正しくない。　② 3年生の箱ひげ図で，7.2秒は第2四分位数の値に等しい。第2四分位数は30人の記録の中央値，すなわち30人の記録を小さい順に並べたときの15番目と16番目の平均値であり，15番目と16番目の記録が両方とも7.2秒であれば3年生に7.2秒を記録した生徒が少なくとも2人いることになるが，15番目と16番目の記録が異なる値となる場合も考えられるので，必ずしも3年生に7.2秒を記録した生徒がいることにはならない。よって，②は正しくない。　③ 3年生の箱ひげ図で，8.0秒は第3四分位数の値に等しく，第3四分位数は30人の記録を小さい順に並べたときの23番目の値そのものなので，3年生に8.0秒を記録した生徒がいることになる。よって，③は正しい。　④　箱ひげ図からは，最小値・第1四分位数・第3四分位数・最大値を除き，箱ひげ図を作るときに使った個々の記録を読み取ることはできないので，7秒台の生徒が何人いるかはわからず，7秒台の生徒数を2年生と3年生とで比較することはできない。よって，④は正しくない。　⑤　3年生の箱ひげ図で，8.0秒は第3四分位数の値に等しく，第3四分位数は30人の記録を小さい順に並べたときの23番目の値そのものなので，3年生に8.0秒以下を記録した生徒が23人いることになる。さらに，23番目以降29番目までの記録に8.0秒の記録がある可能性も残るので，3年生に8.0秒以下を記録した生徒が23人以上いることになる。よって，⑤は正しい。　⑥　2年生の箱ひげ図で，7.1秒は第1四分位数の値に等しく，第1四分位数は30人の記録を小さい順に並べたときの8番目の値そのものなので，2年生に7.1秒以下を記録した生徒が少なくとも8人いることになり，ちょうど7名いることにはならない。よって，⑥は正しくない。

⑦　箱ひげ図から平均値を読み取ることはできず，2年生と3年生の平均値を比較することはできない。よって，⑦は正しくない。

重要 (2)　太郎さんが走って花子さんに追いつくまでの時間をx分とすると，花子さんは太郎君に追いつかれるまでに$x+10$(分)歩いたことになる。このとき，太郎君が走った距離は$200x$(m)，花子さんが歩いた距離は$50(x+10)$(m)と表すことができ，これらは等しいので，$200x=50(x+10)$

$200x=50x+500$　　$150x=500$　　$x=\frac{500}{150}=\frac{10}{3}=3\frac{1}{3}$　　よって，太郎さんが走った時間は$3\frac{1}{3}$分，

すなわち3分20秒となる。また，太郎君が走った距離は$200\times3\frac{1}{3}=200\times\frac{10}{3}=\frac{2000}{3}=666\frac{2}{3}$(m)

となり，小数点以下を切り捨てると666mとなる。

3　(確率)

重要 (1)　大小2個のさいころを同時に投げて出た目の積が素数となるには，2個のさいころの内のどちらか一方の目が1，もう一方の目が素数にならなければならない。さいころ1個が出せる素数の目は2，3，5の3通りなので，大小2個のさいころを同時に投げて出た目の積が素数となる目の出方は$3\times2=6$(通り)　　また，大小2個のさいころの目の出方は全部で$6\times6=36$(通り)　　よって，出た目の積が素数となる確率は$\frac{6}{36}=\frac{1}{6}$

重要 (2)　大きい方のさいころの出た目をa，小さい方のさいころの出た目をb(a，bはそれぞれ6以下の自然数)とすると，$x=ab$，$y=a+b$と表せる。さらに$x<y$より，$ab<a+b$　　$ab-a-b<0$　両辺に1をたして$ab-a-b+1<1$　　$(a-1)(b-1)<1$…①　　このとき，①の不等式を満たすには，6以下の自然数であるa，bのどちらか一方または両方が1でなければならない。ここで，a，bの組を$(a,\ b)$のように表すと，①の不等式を満たすa，bの組は(1，6)，(1，5)，(1，4)，(1，3)，(1，2)，(1，1)，(2，1)，(3，1)，(4，1)，(5，1)，(6，1)の11通りとなる。よって，$x<y$となる確率は$\frac{11}{36}$

4　(地球の直径)

地球を球形であると考えたとき，チリの国土の北端と南端の緯度の差が約40度であることから，地球を地球の中心を通る平面で切断してできる円の円周の長さに対して，チリの国土の北端から南端までの距離は$\frac{40}{360}=\frac{1}{9}$にあたる。このとき，チリの国土の北端と南端の距離が約4300kmなので，円周率の値を3とすると，$4300\div\frac{1}{9}\div3=4300\times9\div3=4300\times3=12900$より，地球の直径は約12900kmとなる。

5 （1次関数の利用，三角形の面積，回転体の体積，四角錐の体積）

基本 (1)　点Pは毎秒1cmの速さで移動するので，点Fを出発してt秒後$(0<t<12)$の点Pの移動距離は$t$cmと表せる。$0<t\leqq 6$のとき，点Pは辺FE上にあり，△APFを底辺FP，高さAEの三角形とみると，△APFの面積はAE×FP÷2＝$6\times t\div 2=3t$　　また，$6<t<12$のとき，点Pは辺EA上にあり，△APFを底辺PA，高さFEの三角形とみると，△APFの面積はFE×PA÷2＝FE×(EA－EP)÷2＝FE×{(FE＋EA)－(FE＋EP)}÷2＝$6\times(12-t)\div 2=36-3t$

重要 (2)　点Fを出発して10秒後の点Pの位置は辺EA上で線分PEの長さが4cmの位置にある。このとき，△APFを辺APを軸に1回転した立体の体積は，△AEFを辺AEを軸に1回転してできる円錐①の体積から，△PEFを辺PEを軸に1回転してできる円錐②の体積を除いた差に等しい。ここで，円錐①を高さAE，底面の半径FEの円錐とみると，円錐①の体積は$6\times6\times\pi\times6\div3=72\pi$　　また，円錐②を高さPE，底面の半径FEの円錐とみると，円錐②の体積は$6\times6\times\pi\times4\div3=48\pi$　　よって，△APFを辺APを軸に1回転した立体の体積は，$72\pi-48\pi=24\pi$(cm^3)

(3)　四角錐P－CDHGを，底面が四角形CDHGの四角錐とみると，高さは点Pから四角形CDHGの距離に等しい。ここで，点Pは四角形CDHGと平行な四角形ABFEの周上を移動するので，点Pから四角形CDHGの距離は常に6cmとなり，底面が四角形CDHGである四角錐P－CDHGの高さも常に一定となる。よって，四角錐P－CDHGは，点Pの移動に関わらず，底面積も高さも常に一定なので，体積も常に一定となる。

6 （2次関数，グラフと図形）

基本 (1)　x座標が2である点Aは関数$y=x^2$のグラフ上の点なので，$y=x^2$に$x=2$を代入して$y=4$となることから，点Aの座標はA(2，4)となる。また，x座標が2，y座標が-6である点Bは関数$y=ax^2$ $(a<0)$のグラフ上の点なので，$y=ax^2$に$x=2$，$y=-6$を代入して$-6=a\times2^2$　　$-6=4a$　　$a=-\frac{6}{4}=-\frac{3}{2}$　　よって，$a=-\frac{3}{2}$

重要 (2)　(1)より，点Aの座標はA(2，4)，点Bの座標はB(2，-6)であり，点C，Dはそれぞれ点A，Bとy軸について対称な点なので，点Cの座標はC(-2，4)，点Dの座標はD(-2，-6)となる。また，△BCEの面積と長方形ACDBの面積比が3：10のとき，△BCDの面積は長方形ACDBの面積の半分の大きさなので，△BCEの面積と△BCDの面積比は3：5となる。さらに，△BCEと△BCDを，底辺を同じ線分CD上に持ち，同じ頂点Bを持つ三角形どうしとみると，面積比は底辺の長さの比に等しいので，△BCEの底辺CEと△BCDの底辺CDの長さの比も3：5となる。このとき，点Cのy座標が4，点Dのy座標が-6であることから，線分CDの長さは$4-(-6)=10$　　さらに，線分CEの長さは$10\times\frac{3}{5}=6$となることから，点Eのy座標は$4-6=-2$　　よって，点Eの座標はE(-2，-2)となる。

重要 (3)　(2)より，点B，Eの座標はそれぞれB(2，-6)，E(-2，-2)となる。ここで，直線BEの方程式を$y=ax+b$(a，bは定数)とすると，直線BEは点Bを通るので，$y=ax+b$に$x=2$，$y=-6$を代入して$-6=2a+b$…①　　直線BEは点Eを通るので，$y=ax+b$に$x=-2$，$y=-2$を代入して$-2=-2a+b$…②　　①の両辺から②の両辺をひいて，$-4=4a$　　$a=-1$　　さらに，①に$a=-1$を代入して$-6=2\times(-1)+b$　　$b=-4$　　このとき，直線BEの方程式は$y=-x-4$となるので，直線BEとy軸の交点を点Fとすると，F(0，-4)となる。さらに，△OEFと△OBFを共通な底辺OFを持つ三角形どうしとみると，△OEFと△OBFの高さは等しく2であり，底辺の長さも等しく4となるので，△OEFの面積と△OBFの面積は等しい。このとき，△OEBの面積は△OEFの面積と△OBFの面積の合計に等しく$4\times2\div2\times2=8$

★ワンポイントアドバイス★

題意をいち早く把握するには，問題文をしっかり読むことも大切ではあるが，書く作業を惜しまないことも同じくらい大切。計算にせよ図形にせよ，書く作業の中で発想が生まれ，考えが進むことも多い。積極的に手を動かそう。

＜英語解答＞

【聞き取り】

Q1 b　Q2 a　Q3 c　Q4 c　Q5 b

【筆記】

1 (1) ①　(2) ②　(3) ④　(4) ②　(5) ②
2 (1) ③　(2) ②　(3) ③　(4) ④　(5) ②
3 (1) ②　(2) ④　(3) Ⅰ ③　Ⅱ ①　(4) ③
4 (1) ②　(2) ③

○推定配点○

【聞き取り】 各2点×5　【筆記】 1 各2点×5　2 各3点×5　3 (4) 3点
他 各2点×4　4 各2点×2　計50点

＜英語解説＞

(聞き取り)

Number 1

Taro：Have you ever been to Nagoya City, Ken?
Ken：Yes, my sister and I went there last year to visit our aunt.
Taro：Did you get a chance to visit Nagoya Castle?
Ken：No, we didn't have enough time.
Question number 1：Why did Ken go to Nagoya City last year?
a) He visited his sister.
b) He went there to visit his aunt.
c) He went there to see Nagoya Castle.
d) He didn't have enough time.

Number 2

Kevin：Dad, where is my English notebook? I left it on the table.
Father：Ah, I think I moved it before dinner, Kevin. I put it by the TV.
Kevin：By the TV? Well, I can't find it there.
Father：Then I don't know where it is.
Kevin：Oh, here it is. It's by the window.
Question number 2：What is Kevin's father going to say next?
a) Maybe someone moved it.
b) Oh, that's not a table.
c) You really wanted to eat it.

d） I will buy a TV for you.

Number 3

John ：I'm going to bring my guitar to your birthday party, Mike.

Mike：Sounds fun! Let's enjoy singing together, John.

John ：Shall I bring something to eat?

Mike：No, thank you. My mom will make a cake and sandwiches for us. Can you bring any drinks?

John ：Yes, I can.

Question number 3：What will John bring to Mike's birthday party?

a） Only his guitar.

b） His guitar, a cake, and sandwiches.

c） His guitar and some drinks.

d） A cake, sandwiches, and some drinks.

Number 4

This train will soon arrive at Fujinami Station at 2:55. We will stop there for five minutes. After we leave Fujinami Station, we don't stop at the next three stations until we arrive at Nagoya Station. If you want to go to those stations, please change trains at Fujinami Station. We will arrive at Nagoya Station at 3:30. When you get off the train, please take everything with you, Thank you.

Question number 4：How long will it take from Fujinami Station to Nagoya Station?

a） Fifteen minutes.　b） Twenty-five minutes.

c） Thirty minutes.　d） Thirty-five minutes.

Number 5

Tomorrow, we'll visit the computer company. We'll meet in Midori Park at nine o'clock. It's five minutes from the company. We can't stay in the park too long, so we'll leave the park at 9:10. Then, a guide will show you around the company. Bring your notebook to take notes. You can't touch the machines or the products, but you can take pictures for your homework. We'll have lunch at a restaurant near the company. Remember, come by nine o'clock. Don't miss your train.

Question number 5：What does the teacher want to tell the students?

a） They should meet at the station.

b） They should bring a notebook.

c） They should ask questions.

d） They should meet in Midori Park at 9:10.

1番

タロウ：君は名古屋市へ行ったことがあるかい，ケン。

ケン　：うん，僕の姉と僕は僕たちのおばを訪ねるために去年そこへ行ったよ。

タロウ：君には名古屋城を訪れる機会があったかい。

ケン　：いや，僕たちは十分な時間がなかったんだ。

問題　ケンはなぜ去年，名古屋市へ行ったか。

a　彼は姉を訪ねた。

b　彼は彼のおばを訪ねるためにそこへ行った。

c　彼は名古屋城を見るためにそこへ行った。

d　彼には十分な時間がなかった。

2番

ケヴィン：お父さん，僕の英語のノートはどこだい。僕はそれをテーブルに置き忘れたんだ。

父　　　：ああ，夕飯の前に私がそれを動かしたと思うよ，ケヴィン。私はそれをテレビのそばに置いた。

ケヴィン：テレビのそばかい。ううん，僕はそこでそれを見つけることができないよ。

父　　　：それじゃ，それがどこにあるのか私は知らないな。

ケヴィン：ああ，ここにある。それは窓のそばにあるよ。

問題　ケヴィンの父は次に何を言うだろうか。

a　誰かがそれを動かしたのかもしれない。

b　ああ，それはテーブルではないよ。

c　お前は本当にそれを食べたかったんだ。

d　私はお前のためにテレビを買うつもりだよ。

3番

ジョン：僕は君の誕生日パーティーに僕のギターを持って行くつもりだよ，マイク。

マイク：楽しそうだな。一緒に歌って楽しもう，ジョン。

ジョン：何か食べるものを持って行こうか。

マイク：いや，結構だよ。僕のお母さんが僕たちのためにケーキとサンドウィッチを作る予定なんだ。何か飲み物を持ってきてくれるかい。

ジョン：うん，良いよ。

問題　ジョンはマイクの誕生日パーティーに何を持っていくだろうか。

a　彼のギターだけ。

b　彼のギターとケーキ，サンドウィッチ。

c　彼のギターと飲み物。

d　ケーキとサンドウィッチ，飲み物。

4番

この電車は間もなく2時55分に藤浪駅に到着します。そこでは5分間とまります。藤浪駅を出発した後，名古屋駅に着くまで次の3駅にはとまりません。もしそれらの駅に行きたいなら，藤浪駅でお乗り換えください。名古屋駅には3時30分に到着します。電車を降りるとき，全てのものをお持ちください。ありがとうございます。

問題　藤浪駅から名古屋駅までどのくらい時間がかかるだろうか。

a　15分。　b　25分。　c　30分。　d　35分。

5番

明日，私たちはコンピューター会社を訪れる予定です。私たちは9時にミドリ公園で落ち合います。それはその会社から5分です。私たちはあまり長く公園に留まれないので，9時10分に公園を出発します。それから，案内人がその会社を案内して回ります。メモをとるためのノートを持ってきなさい。あなた方はコンピューターや製品に触ることはできませんが，あなた方の宿題のための写真を撮ることができます。私たちはその会社の近くのレストランで昼食をとります。忘れないように注意して，9時までに来なさい。電車に乗り遅れないで。

問題　先生は生徒たちに何を言いたいか。

a　彼らは駅で落ち合うべきだ。

b　彼らはノートを持ってくるべきだ。

c　彼らは質問をするべきだ。

d　彼らはミドリ公園で9時10分に落ち合うべきだ。

【筆記】

1　**(長文読解・会話文：内容吟味，語句補充)**

(全訳)　リン：あなたの夏休みはどうだったの。

カン：良かったよ。

リン：それはすばらしい。あなたがしたことを私に詳細に話して。

カン：僕は祖父母の家へ行って，そこで忘れられない経験をしたんだ。僕は週末にスイカ狩りに行った。僕は少し面白い形のそれを見つけた。それはハートの形だったんだよ。

リン：それはかわいいわね。あなたは①それの写真を持っているの。

カン：ここにあるよ。それらを狩ったあと，僕たちは父と妹のマリアと一緒に釣りに行ったんだ。僕たちは釣具店でゴカイと船酔いの薬を買った。店員は20%割り引きをしてくれたから，僕たちは400円支払った。

リン：あなたは運が良いわ。それで，あなたは②100円節約した。

カン：うん，そうだった。僕たちはみんな買った薬を飲んでボートで釣りに行った。しかし，数時間後，天候が変わった。雨が降り始めて，ボートが突然上へ下へ動いたので，悪天候のせいで僕たちは全く魚を捕まえることができなかったんだ。船酔いの薬が効いたので，僕の家族全員は船酔いにならなかったけれど，全員濡れたよ。

リン：③それはお気の毒に。それはすごい冒険だったわよね。誰か怪我をしたの。

カン：全くしなかったけれど，マリアは風邪をひいて，回復するまで2日間ベッドにいたよ。それが僕の夏休みの話だよ。君はどうだい。

リン：確かにあなたにはたくさんの思い出があるわね。私は友だちと一緒に尾張津島大土祭へ行ったの。これは600年より長い歴史がある祭よ。

カン：それは僕がいつも行きたいと思っている祭だよ。

リン：そうね。来年一緒に行く計画をしよう。

(1)　it は前に出た特定の物を表す。ここでは直前のカンの発言にある it を指しているから，「ハートの形」(カンの2番目の発言最終文)である。

(2)　カンの3番目の発言最終文参照。「20%割り引きをして」「400円」になるのだから，割り引き前には400÷(1−0.2)＝500円だったことになる。500−400＝100円節約になったのである。

(3)　①「それは面白かったわね」(×)　②「それはよいわね」(×)　③「それは私をおかしくさせるわ」(×)　④「それはお気の毒に」 that は先行する文(の一部)の内容を指している。ここでは直前のカンの発言の内容，「雨が降り始め」たこと，「全く魚を捕まえることができなかった」こと，「全員濡れた」ことであり，それに対するリンの発言である。(○)

(4)　①　カンの4番目の発言最終文参照。船酔いはしていない。(×)　②　カンの5番目の発言第1文参照。(○)　③　リンの5番目の発言最終文・カンの5番目の発言第1文参照。怪我はしていない。(×)　④　そのような記述はない。(×)

(5)　①　カンの2番目の発言第1文参照。思い出を作ることが目的だった，という記述はない。(×)　②　カンの2番目の発言第1文・第2文参照。(○)　③　カンの3番目の発言第3文・4番目の発言参照。全て飲み干した，という記述はない。(×)　④　カンの最後の発言参照。行ったことはない，と考えられる。(×)

2　**（長文読解・説明文：内容吟味，語句補充，要旨把握）**

（全訳）　約20年前，日本に住む16歳の少女が英語を勉強しオーストラリアの文化を経験するために，英語学習計画で彼女の友だちと一緒に3ヵ月間オーストラリアへ行った。彼女は彼女の英語の技能にあまり自信がなかったので，ア<u>そこ</u>を出発する前にとても緊張していた。

オーストラリアに着いた後，彼女は初めて彼女のホストファミリーに会った。ホストマザーと彼女の子どもたちは彼女を待っていて，彼女をとても温かく出迎えた。彼らは彼女をハグし彼女の両頬にキスした。それはそのような挨拶を経験するのが初めてだったので，彼女は耐えられないことだと思った。この経験の初めから，彼女のイ<u>そこでの</u>時間の終わりまで多くの他の文化の相違が生じ続けた。この話は日本とオーストラリアとの間の文化の相違のいくつかについてである。

オーストラリアについてどんな印象を持っているか。カンガルーやコアラ，豊かな自然を思い出すかもしれない。そう，それはまさに彼女が想像したもので，それは本当だ。カンガルーはほとんど毎日校庭を走り回っているので，日常のオーストラリアの生活でそれらを見つけることはとても簡単だった。

彼女が直面したもう1つの文化の相違は，皿を洗うことについてだった。日本ではふつうはどのように皿を洗うか。何人かは汚れた皿をきれいにするために食器洗い機を使うかもしれないが，ほとんどが洗剤で皿を洗い，それからたくさんの水で泡を洗い流しますよね。しかしながら，オーストラリアでは水不足のため，そこの人々はたくさんの水を使うことができない。これが彼女のホストファミリーが彼らの汚れた皿をきれいにした方法である。まず，彼らは汚れた皿を熱い石鹸水と一緒に台所のシンクに入れた。次に，彼らは汚れを落とすためにスポンジを使った。最後に，それらが自然に乾くまで彼らはその皿を水切りかごに置いた。彼女のホストファミリーがシンクからそれらを出した後，一度も水で皿を洗い流さなかったということに，彼女はとても驚いた。この経験は，水を節約することの大切さを彼女に教えた。それは彼女がウ<u>そこで</u>経験した最も大きな文化の相違だった。

オーストラリアでの3ヵ月にはとても多くの面白いことが起こったが，彼女は文化の相違に耐えた。また，彼女のホストファミリーのお陰で，彼女はエ<u>そこで</u>すばらしく忘れられない時を過ごした。彼女は彼女の英語の能力に自信がつき，今では日本の高校で英語の先生になっている。もし清林館高校に入れば，彼女に会えさえするかもしれない。もし機会があれば，あなたの視野を広げ，新しい文化の相違を学ぶために外国へ行ってみるべきだ。

(1)　1.「彼女はどれくらいオーストラリアに滞在したか」 ①「1ヵ月」(×)　②「2ヵ月」(×)　③「3ヵ月」 第1段落第1文参照。(○)　④「1年」(×)

(2)　ア「とても緊張していた」のだから，日本を出発する前である。　イ「文化の相違が生じ続けた」のだから，オーストラリアでのことである。　ウ「文化の相違」があったのだから，オーストラリアでのことである。　エ「ホストファミリーのお陰」なのだから，オーストラリアでのことである。

(3)「彼女にとって最も驚くべき文化の相違は何だったか」 ①「学校でカンガルーを見つけることがとても簡単だった」(×)　②「それは歓迎の気持ちを表す挨拶としてハグして彼女の両頬にキスしたことだった」(×)　③「それは彼女のホストファミリーが汚れた皿を洗った方法だった」 第4段落最終文参照。(○)　④「それはオーストラリアの水の不足だった」(×)

(4)　第4段落第6文～第8文参照。

(5)「ホストファミリーとの思い出」(×)　②「文化の相違」(○)　タイトルは筆者の最も言いたいことを表し，筆者の主張は文の始めや終わりの部分にかかれることが多い。最終段落最終文に「文化の相違」とある。　③「オーストラリアのカンガルーとコアラ」(×)　④「あなたの

英語の改善のし方」(×)

3 (長文読解・論説文：語句補充，語句整序，内容吟味)

(全訳) 何か植物を育てたことがあるか。アサガオ_ア のような花を育てたことがある人もいる一方で，野菜を育てたことがある人もいる。人間と植物は長い_イ 間，独特で特別な関係を共有している。植物は私たちに食べ物や薬，住居や衣服のための材料を与える。それらは_① 私たちが吸う空気をきれいにするのを手伝ったり，私たちが楽しむための美しい環境をつくったりもする。

植物は私たちを健康で丈夫に保つ。それらは私たちの毎日の食事の全ての部分で重要な役割を果たす。果物や野菜，穀物はビタミンやミネラルのような主要な栄養素に富んでいる。_Ⅰ さらに，いくつかの植物は伝統と現代の両方の薬効のある方法で，傷や病気を治療するために使われる。

植物は私たちの心を幸せにもする。花や木，庭は喜びをもたらし，芸術家や詩人により_Ⅱ 創造的になるためのひらめきを与える。多くの人々は窓辺の平凡な植物にさえ平和と幸せを見つけるかもしれない。植物を世話することや庭仕事は人々に自然とつながることを可能にする人気のある趣味だ。それらを世話するとき，私たちはくつろいで満足する。

私たちは植物からたくさんの良いものを得るので，それらを世話する必要がある。例えば，紙や家のために多すぎる木を切り倒すことは森林破壊を引き起こしうる。植物を守ることや責任_ウ を持って資源を使うことによって，私たちは人間と自然界の両方にとってより良い未来を作るだろう。

植物は私たちの生存にとって必要だ。それらは私たちに資源や美しさ，自然とのつながりの感覚を与える。私たちは私たちの植物との関係をどのように保持し世話するか，について考えるべきだ。

基本 (1) 〈ア〉 such as ～「～のような」〈イ〉 for a long time「長い間」〈ウ〉 with ～ は様態を表し「～をもって」の意味。

やや難 (2) (They also) help clean the air we breathe (and ～.) help は〈help ＋ to ＋動詞の原形〉で「～するのを手伝う」の意味になるが，原形不定詞を用いて〈help ＋原形不定詞(動詞の原形)〉としても良い。関係代名詞 which を省略した文。They also help clean the air と we breathe it をつなげた文を作る。it が which に代わり，省略されている。

(3) (Ⅰ) ① 「その代わりに」(×) ② 「例えば」(×) ③ 「さらに」(○) ④ 「しかしながら」(×) (Ⅱ) ① 「創造的な」(○) ② 「こわい」(×) ③ 「美しい」(×) ④ 「異なった」(×)

(4) ① 第1段落第4文参照。 ② 第2段落第2文～第4文参照。 ③ 第3段落第3文参照。窓辺の平凡な植物でもよいのである。 ④ 第4段落最終文・最終段落参照。

4 (正誤問題：動名詞，文型，比較，前置詞，受動態，助動詞，間接疑問文，語い)

(1) ① finish は目的語に動名詞をとり，finish －ing で「～し終える」の意味になる。to read ではなく reading とするのが適切。(×) ② 〈call ＋A＋B〉で「AをBと呼ぶ」の意味の第5文型である。(○) ③ 〈make ＋A＋B〉で「AをBにする」という意味の第5文型。happy me ではなく me happy とするのが適切。(×) ④ 通常，最上級を使った文では，後に名詞の単数形が来る比較の範囲を言う場合 in を，後に名詞の複数形と all が来る比較の相手を言う場合 of を使う。in ではなく of とするのが適切。(×)

(2) ① 〈How many ＋名詞の複数形～？〉で物の数を尋ねる文になる。do you have pens ではなく pens do you have とするのが適切。(×) ② 主語 many old temples は「見つける」のではなく「見つけられる」のである。「～される」の意味になるのは〈be動詞＋動詞の過去分詞形〉の形の受動態。ここでは助動詞 can があるから，be動詞は原形 be を用いる。find ではなく be found とするのが適切。(×) ③ Could you ～? の形で「～していただけますか」という丁寧な依頼・要請を表す。tell は〈tell ＋人＋物〉という文型を作る。ここでは「物」にあたる部分が間接疑問文になっている。Could you tell me? と Where is the post office? を1つにした間接疑問文にする。疑問詞以降は平叙文の語順 the post office is になる。(○)　④　let は使役動詞で，普通，〈使役動詞＋目的語＋原形不定詞〉の形をとり，〈(目的語)に～させる〉の意味。showing ではなく show とするのが適切。(×)

★ワンポイントアドバイス★
長文を読むときは，国語の読解問題を解く要領で指示語などの指す内容や，話の展開に注意するように心がけよう。

＜理科解答＞

1　(1) ①　(2) ②　(3) ⑤　(4) ③　(5) ②　(6) ④　(7) ①

2　(1) ④　(2) ④　(3) ②　(4) ①　(5) ④　(6) ②　(7) ②　(8) ⑤

3　(1) ②　(2) ③　(3) ⑤　(4) ③　(5) ③　(6) ①　(7) ②

4　(1) ②　(2) ④　(3) ③　(4) ①　(5) ①　(6) ③　(7) ②　(8) ③

○推定配点○

1　(4)　3点　他　各1点×6　2　(3)，(5)，(6)　各3点×3　他　各1点×5
3　(6)，(7)　各3点×2　他　各1点×5　4　(1)，(2)，(6)，(7)　各1点×4
他　各3点×4　計50点

＜理科解説＞

基本　**1　(地球と太陽系，地層と岩石―太陽の動き，火成岩)**

(1)　Cの北の反対側のAが南，Bが東，Dが西である。

(2)　点Oが観測者の位置であり，南中高度は太陽と地面とのなす角度である。

(3)　太陽は，1時間に，360°÷24＝15°ずつ東から西に動く。

(4)　1時間の間隔が3cmなので，6cmは2時間の間隔になる。したがって，日の出の時刻は，9(時)－2(時間)＝7(時)である。

(5)　火山岩の玄武岩や深成岩の斑れい岩には，キ石やカンラン石などの有色鉱物が多く含まれているので黒色である。

重要　(6)　火山岩は，マグマが地表付近で急に冷え固まってできたので，石基と呼ばれる小さな結晶やガラス質の部分からできていて，所々に斑晶と呼ばれる大きな結晶が散らばっている。

(7)　セキエイとチョウ石は無色鉱物，カンラン石・クロウンモ・キ石は有色鉱物である。

2　(生殖と遺伝，ヒトの体のしくみ―遺伝，ヒトの神経系，目のつくり)

基本　(1)　メンデルはエンドウを用いて，「優劣の法則」「分離の法則」「独立の法則」の3つの法則を発見した。

基本　(2)　丸形の形質は顕性であり，花粉に含まれている精細胞の遺伝子はRで表される。

重要 (3)　実験1で得られた丸形の種子の遺伝子の組み合わせはRrなので，実験2で得られた種子の遺伝子の組み合わせは図1のようになり，RR：Rr：rr＝1：2：1となる。

図1

	R	r
R	RR	Rr
r	Rr	rr

重要 (4)　子の染色体は，母方の染色体と父方の染色体の組み合わせでできるので相同染色体と呼ばれる。

やや難 (5)　実験3で得られた丸形の種子としわ形の種子の割合が1：1なので，組み合わせた種子の遺伝子の組み合わせは，図2のようにRrとrrであることがわかる。

図2

	R	r
r	Rr	rr
r	Rr	rr

実験4では，実験3で得られた種子から育った花を自家受粉させたので，それぞれの遺伝子の組み合わせは図3のようになる。

図3

	R	r
R	RR	Rr
r	Rr	rr

	r	r
r	rr	rr
r	rr	rr

したがって，RR：Rr：rr＝1：2：1とrr＝4より，全部で，RR：Rr：rr＝1：2：5となるので，5000個の種子の中でしわ形の種子は，5000(個)×$\frac{5}{1+2+5}$＝3125(個)である。

(6)　1回目から5回目までの平均の時間は，{2.28(秒)＋2.30(秒)＋2.32(秒)＋2.28(秒)＋2.31(秒)}÷5＝2.30(秒)なので，1人当たりにかかるの時間は，2.30(秒)÷10＝0.23(秒)である。

(7)　ヒトの皮膚(ケ)で受けた刺激は信号に変わり，感覚神経(ク)を伝わり，脊髄(キ)から大脳(カ)に伝わって，判断がされた後，再び，信号が脊髄(シ)を通り，運動神経(サ)から筋肉(コ)に伝わる。

(8)　cの虹彩(こうさい)は目に入る光の量を調節する。また，dの水晶体によって光の道筋が曲げられbの網膜上に像がうつる。その後，光の刺激は信号に変えられ，aの視神経を通って信号が脳に伝わる。

3 (化学変化と質量，電気分解とイオン―二酸化炭素の発生，塩化銅，水の電気分解)

重要 (1)　塩酸と石灰石の反応を化学反応式で表すと，次のようになる。

$CaCO_3 + 2HCl \rightarrow CaCl_2 + H_2O + CO_2$

また，エタノールの燃焼を化学反応式で表すと，次のようになる。

$C_2H_5OH + 3O_2 \rightarrow 2CO_2 + 3H_2O$

基本 (2)　実験後にふたを開けると容器の中から二酸化炭素が出ていくので，容器の重さは軽くなる。

重要 (3)　塩化銅は水に溶けると次のように電離するので，銅イオンCu^{2+}と塩化物イオンCl^-が1：2の割合に電離する。　$CuCl_2 \rightarrow Cu^{2+} + 2Cl^-$

(4)　①　塩化銅水溶液の色は青色であり，塩化銅の固体の色は青緑色である。

②　青いしみである銅イオンは陰極側に移動する。

③　塩化ナトリウムも水に溶けると電離するので，電流が流れる。(正しい)

④　砂糖は水に溶けても分子のままで電離しないので，電流は流れない。

重要 (5)・(6)　水酸化ナトリウム水溶液に電流を流すと，水が分解して，陰極に水素，陽極に酸素が2：1の割合で発生する。したがって，管Ⅰに集まった気体は酸素であり，管Ⅱに集まった気体は水素であることがわかる。また，管Ⅰは陽極，管Ⅱは陰極である。なお，このとき，水酸化ナトリウムは分解されず，そのまま水溶液中に残る。

やや難 (7)　発電機を右向きに500回回すと，管Ⅰに酸素が1.0mL，管Ⅱに水素が2.0mL発生する。その後，発電機を左向きに200回回すと，管Ⅰに水素が0.80mL，管Ⅱに酸素が0.40mL発生する。したがって，反応後の管Ⅱの気体には，水素が2.0mLと酸素が0.40mLあるので，点火すると，0.4mLの酸素は，0.4(mL)×2＝0.8(mL)の水素と反応して水になるので，後には，2.0(mL)－0.8(mL)＝1.2(mL)の水素が残る。

4 **(電力と熱，運動とエネルギー―電熱線の発熱，台車の運動)**

(1) 2.0Ωの電熱線に流れる電流は，$\frac{6.0(\mathrm{V})}{2.0(\Omega)}=3.0(\mathrm{A})$である。

(2) 電熱線が発生する熱量は，1(V)×1(A)×60(秒)＝60(J)である。

やや難 (3) 表1の結果から，水温が1分後に，22.6(℃)－20.0(℃)＝2.6(℃)上昇するので，容器の中の水の質量をxgとすると，4.2(J)×2.6(℃)×x(g)＝6.0(V)×3.0(A)×60(秒)より，x＝98.9…(g)なので，約100gである。

やや難 (4) 実験Ⅱでは，2.0Ω電熱線が2つ直列につながっているので，回路全体の抵抗が2倍になることで，回路に流れる電流は2分の1になる。したがって，電熱線が消費する電力や発生する熱量も2分の1になるので，1分後の水温は，$20.0(℃)+\frac{2.6(℃)}{2}=21.3(℃)$になる。

(5) 6打点するのにかかる時間は，$\frac{6(\text{打点})}{60(\text{打点})}=0.10(\text{秒})$である。また，cのテープの長さは6.3cmなので，台車の平均の速さは，$\frac{6.3(\mathrm{cm})}{0.10(\text{秒})}=63(\mathrm{cm}/\text{秒})$である。

重要 (6) 斜面上の台車には斜面方向に一定の大きさの力がはたらくので，台車の速さは時間に比例して大きくなる。

(7) 装置1では，二つの斜面の角度が同じ15°なので，同じ割合で加速する。

(8) 装置3では，二つの斜面の傾きが同じ30°なので，同じ割合で最も速く加速し，最も早く点イに到達する。

★ワンポイントアドバイス★

教科書に基づいた基本問題をすべての分野でしっかり練習しておくこと。その上で，計算問題や思考力を試す問題についてもしっかり練習しておこう。

＜社会解答＞

1 (1) ⑤　(2) ①

2 (1) ③　(2) ③　(3) ④　(4) ②　(5) ①　(6) ④

3 (1) ④　(2) ②　(3) ④　(4) ④　(5) ③　(6) ②　(7) ②
(8) ②　(9) ①

4 (1) ④　(2) ④　(3) ④　(4) ①　(5) ③　(6) ④　(7) ②
(8) ③

○推定配点○

各2点×25　　計50点

＜社会解説＞

1 （地理―世界の地形，諸地域の特徴）

やや難 (1)　緯線Sと経線Yが交わった地点は，南緯30度，東経140度である。この地点から地球の中心を通った反対側の地点を考えると，南緯30度の反対側は北緯30度，東経140度の反対側は西経140度であるから，北緯30度，西経140度の地点が正解となる。

(2)　ヒマラヤ山脈はパキスタン，中国(チベット)，インド，ネパール，ブータンにまたがる大山脈で，「世界の屋根」とも呼ばれいて，世界最高峰エベレストもこの山脈中にある。アンデス山脈は，南アメリカ大陸の西縁を南北に走る大山脈で，ベネズエラ，コロンビア，エクアドル，ペルー，ボリビア，チリ，アルゼンチンの各国にまたがる。

2 （地理―日本と世界の地形・気候，諸地域の特徴，産業，地形図）

(1)　Aは火力，Bは太陽光，Cは風力，Dは地熱。

(2)　地形図を考察すると，山のふもと沿いを走る国道136号線周辺(文化会館の北西)と沿岸沿いを走る国道135号線が内陸部に入り山沿いに入ったあたりに避難施設のマークが確認できる。

(3)　乾燥帯には砂漠気候とステップ気候があるが，どちらの気候の地域でも森林はみられない。

(4)　Bのシリコンバレーは，カリフォルニア州サンフランシスコ郊外にある地域で，シリコンを原料とする半導体産業やIT産業の発展により，世界のテクノロジーの中心地となったことで有名である。シリコンバレーには，アップル，グーグル，フェイスブックなどの大手IT企業や，多くのベンチャー企業や研究機関が集まっている。

重要 (5)　Aの三陸海岸はリアス海岸で，沖合は千島海流(親潮)と日本海流(黒潮)が出合う潮目がありたくさんの魚が集まる良い漁場となっている。Cの高知平野は温暖な太平洋岸気候でピーマンやなすの促成栽培が行われている。

(6)　畜産物が半数以上の割合を占める④が北海道地方である。①は四国地方，②は中部地方，③は東北地方，それぞれが該当する。

3 （日本の歴史―各時代の特色，政治・外交史，社会・経済史，日本史と世界史の関連）

(1)　平城京遷都は元明天皇の時代に行われている。聖武天皇は平城京の時代(奈良時代)の人物なので，④が正解となる。

(2)　義満は，管領に有力守護大名を任命し政権を強化するかたわら，倭寇を取りしまる条件として，明との日明貿易(勘合貿易)を始めた。

(3)　南蛮貿易が始まった16世紀中期，ヨーロッパでは，ルターの宗教改革が行われていた。①は17世紀，②，③は18世紀の出来事である。

(4)　江戸時代中期に徳川吉宗が享保の改革を行っていた頃，蘭学が発展していた。①は鎌倉時代，②は室町時代，③は安土桃山時代，それぞれの時代の文化のことである。

(5)　松平定信の寛政の改革では，出版統制令を出し，町人の派手な風俗や幕府への風刺や批判を取り締まった。また，棄捐令を出し，旗本や御家人の借金を減らしたり，株仲間を解散させたりした。

(6)　徳川慶喜は，幕府にかわる新政権で主導権をにぎるために，1867年10月，大政奉還を行い政権を朝廷に返した。これに対して，西郷，大久保，岩倉らは朝廷を動かして，同年12月に王政復古の大号令を発して天皇中心の政治に戻すことを宣言した。その後，これに不満を持つ旧幕府軍が翌年1月，鳥羽伏見で新政府軍との戦争を起こしたが敗れた。これが戊辰戦争の始まりであった。

基本 (7)　この資料は日清戦争後に結ばれた下関条約である。したがって，三国干渉の前である②の時期が該当する。

(8) 第一次世界大戦は1914年から1918年まで続いた。シベリア出兵による米騒動は，1918年の大戦中に起きている。

(9) Ⅰ朝鮮戦争(1950～53年)→Ⅱ東西ドイツ統一(1990年)→Ⅲアメリカ同時多発テロ(2001年)。

4 (公民―政治のしくみ，経済生活，国際経済，国際政治，その他)

(1) この資料は世界人権宣言である。世界人権宣言は法的拘束力がなく，世界共通の基準として設定されている。したがって，イとエが正解となる。

(2) 都道府県知事や市町村長は，住民の直接選挙によって選ばれる。

(3) 大統領制は，大統領を国の元首とし，国民の投票によって直接選出する政治制度である。大統領は政府の長でもあり，議会とは独立して行政権を行使できる。そして，議会に対して教書を提出することもできる。

(4) この政権公約の前半部分は，政府が国民生活に積極的に介入し雇用対策などを強化する「大きな政府」をあらわした文章である。後半部分は関税引き下げなどで国内産業を守る保護貿易をあらわしている。したがって，アが正解となる。

基本 (5) 特別国会は衆議院解散後の総選挙の日から30日以内に召集される。①は200が150の誤り。②は参議院の緊急集会のことをあらわした文章なので誤り。③は毎年1回以上開催されるというところが誤りとなる。

(6) 円高とは，海外の通貨と比べて日本円の価値が上がることである。そのメリットは，輸入品が安く買えることや海外旅行も安く済むことである。しかし，日本を訪れるアメリカ人観光客にとっては，逆に日本国内のさまざまな支払額が上昇して不利になる。したがって，④が正解となる。

やや難 (7) 小・中学校は義務教育であるから，小・中学生が学習する院内学級などが，教育を受ける権利の例として適当である。①，③，④は大人や社会人に対する教育上の配慮の例である。

重要 (8) 景気が良いときには日本銀行は市中銀行に国債を売ったり，政府は公共投資を減らし増税したりして，通貨量を減らし景気をおさえようとする。景気が悪い時は，日本銀行は市中銀行から国債を買ったり，政府は公共投資を増やし，減税したりして通貨量を増やし，生産や消費を活発にしようとする。

★ワンポイントアドバイス★

2 (3) やや雨が降るステップ気候のところは草原が広がっていて，遊牧などの牧畜がおこなわれている。 3 (2) 南北朝を統一したのも，室町幕府第3代将軍足利義満である。義満は足利尊氏の孫にあたる。

<国語解答>

一 (一) 1 ① 2 ④ (二) 3 ① (三) 4 ③ (四) 5 ②
(五) 6 ② (六) 7 ③ (七) 8 ① (八) 9 ③ (九) 10 ④

二 (一) 11 ② (二) 12 ④ (三) 13 ③ (四) 14 ① (五) 15 ④
(六) 16 ③ (七) 17 ① (八) 18 ④ (九) 19 ② (十) 20 ③

○推定配点○

一 (一) 各2点×2 他 各3点×8

二 (八)・(九) 各3点×2 他 各2点×8 計50点

＜国語解説＞

一 (漢字，文脈把握，内容吟味，表現技法，指示語，脱文補充，要旨)

(一) ㋐ 勧誘 ① 勧める ② 感じる ③ 観る ④ 歓ぶ

㋑ 慎重 ① 真剣 ② 交信 ③ 新型 ④ 謹慎

(二) 直後に「なぜなら，木下さんが，そこを『山の斜面』だと言ったからです。毎日のようにそこを行き来していましたが，私にとってはただの『坂道』でしかありませんでした」「つまり私にとってそれは，……目的地をつなぐ道順の一部でしかなく，……「部分」でしかなかった。それに対し木下さんが口にしたのは，もっと俯瞰的で空間全体をとらえるイメージでした」と理由が説明されているので，①が適切。

(三) 直前に「けれども，見える人にとっては，そのような俯瞰的で三次元的なイメージを持つこと」とあり，直後で「……目に飛び込んでくるさまざまな情報が，見える人の意識を奪っていくのです。……自分がどんな地形のどのあたりを歩いているかなんて，想像する余裕はありません」と説明されているので，③が適切。

(四) 直後で「『通るべき場所』として定められ，方向性を持つ『道』に，いわばベルトコンベアのように運ばれている存在」と説明されているので，②が適切。何も考えずに，まるで運ばれているかのように，その場を通り過ぎるだけの存在を「通行人」と表現しているのである。

やや難 (五) 前に「人は物理的な空間を歩きながら，実は脳内に作り上げたイメージの中を歩いている」とあり，直後に「(視覚障碍者である木下さんは)だからこそ，道だけを特別視しない俯瞰的なビジョンを持つことができたのでしょう」とあるので，「見える人にはとらえることができない認識を自在に広げることができる」とする②が適切。

やや難 (六) 「こうした洪水」とは，直前に示されている「大型スクリーンに映し出されるアイドルの顔，新商品を宣伝する看板，……視覚的な注意をさらっていくめまぐるしい情報の洪水」を指すので，これらとは「無縁」であるということを「情報に振り回されることがない」と言い換えている③が適切。

(七) 直前に「自分の意志で行っているわけではありません」とあり，直後で「……たいていは寄りかかろうと思って壁を探すのではなくて，そこに壁があるから寄っかかってしまう。……行動が誘発されていきます」と説明されているので，「誘発」の例にあてはまるものとして①が適切。

やや難 (八) ③のⅢ「桂離宮というのはまるで舞踏譜のようだ」は，直前に「桂離宮に行くと，その場所でどこを見るべきかというまなざしの行方までもが計算されていることに気づきます。人の行動を誘う『道』が随所に仕掛けられているのです」と説明されていることと合致しない。「舞踏譜」とは，舞踏の振付を言葉により記譜したもので，「まなざしの行方までもが計算され」「人の行動をいざなう『道』が随所に仕掛けられている」ことを，「舞踏譜のようだ」と表現しているのである。

やや難 (九) 空欄の直後に「共通している」とあり，「共通している」点については，本文に「人は物理的な空間を歩きながら，実は脳内に作り上げたイメージの中を歩いている」とあり，【資料】に「セザンヌやピカソといった画家は，そんな『脳の視覚』が見た絵をかきました」「ゴッホの絵も，同じです。それは外側の世界を見ているというより，脳の奥深くを覗きこんでいる感じです」とあるので，「脳をつかいながらそれらを統合的に組み立てる」とする④が適切。

二 (古文・和歌一主語，文脈把握，口語訳，古時刻，係り結び，語句，心情，大意，文学史)

〈口語訳〉【文章Ⅰ】 昔，若い男が，ちょっと目を引く召使い女をいとしいと思った。この男には，子を思うあまり，気をまわす親がいて，女への恋心がつのっては困ると思って，この女を他へ追い出そうとする。そうは思っても，まだ追い出してはいない。男は，自立していないので，まだ，進んで思うままにふるまう威勢もなかったので，女をとどめる気力がない。女も身分が低い者なので，対抗する力がない。そうこうしている間に，女への愛情はますます燃え上がる。にわかに，親が，この女を追い出した。男は，血の涙を流して悲しんだが，女を引きとどめようもない。人が女を連れて家を出た。男は涙ながらに詠んだ

　女が去ってゆくのなら，こんなに別れがたく思わないだろう。今まで以上に今日は悲しいことだなあ

と詠んで，気を失ってしまった。親はうろたえてしまった。なんといっても，子どものことを思って女と別れるように言ったが，まったくここまでひどく思い詰めているわけでもあるまい，と思ったところ，ほんとうに息も絶え絶えになってしまったので，あわてふためいて，願を立てた。今日の日暮れごろに気絶して，翌日の戌の刻ごろに，やっと意識を取り戻した。昔の若者は，こんなにいちずな恋をしたものだ。今の老人めいた者などに，どうしてこのような恋愛ができようか。

【文章Ⅱ】 昔，男がいた。大事にされていたある人の娘が，なんとかこの男に愛を訴えたいと思っていた。口に出すことができなかったのだろう，病にたおれて，死にそうになった時に「こうも深く思っておりました」と言ったのを親が聞きつけて，涙ながらに男に告げたものだから，男はあわてて来たけれども，死んだので，することもなく喪にこもっていた。時は六月の終わり，ひどく暑いころに，宵のうちは音楽などして過ごしていて，夜が更けて，少し涼しい風が吹いた。蛍が高く飛び上がる。この男は，それを横になったまま見て詠み，

　空ゆく蛍よ。雲の上まで飛んで行けるものなら，天井の雁に，下界では秋風が吹いているよ，さあお行きと，告げておくれ

なかなか日暮れにならぬ夏の長い日を，一日中物思いにふけっていると，なんということもなく，悲しい気持ちになってくる

(一) ⓐ 直前に「この女を」とあり，文頭には「さかしらする親ありて」とあるので，「追ひやらむとす」の主語は「親」。「女」に執着する「男」のことを心配した「親」が，「女」を他所へ追いやろうとしたのである。 ⓑ 文頭に「人の子なれば(男は，自立していないので)」とあるので，主語は「男」。「男」も「女」も仲を裂こうとする「親」に抵抗する力を持たないので，ますます思いを募らせた，というのである。

(二) 「とどむるよしなし」は，女を引きとどめようもない，という意味で，その理由は前に「人の子なれば(男は，自立していないので)」とあるので，④が適切。親の元にいる「男」は，「親」に逆らえず，「女」を引き留めることができないのである。

(三) 歌の直前に「にはかに，親，この女を追ひうつ」とあることから，急に，親が女を追い出してしまったことを悲しんでいるとわかる。注釈を参照すると「女が去ってゆくのなら，こんなに別れがたく思わないだろう」とあるので，「女」が自分の意思で去っていったのではなく，「親」によって無理やり追い出されたこからこそ，よりいっそう悲しい，という意味の③が適切。

(四) 直前に示されている歌を詠んだ「男」が，「とよみて絶え入りにけり」とあり，直前に「真実に絶え入りにければ」とあるので，①が適切。自分たちが「女」を追いやったことで，子である「男」が気を失うほど強く「女」を思っていたと知った「親」は，あわてて，「男」の回復を仏に祈願したのである。

(五) 古時刻は，時計回りに十二支の順に「子(23時～1時)」→「丑(1時～3時)」→「寅(3時～5時)」→「卯(5時～7時)」→「辰(7時～9時)」→「巳(9時～11時)」→「午(11時～13時)」→「未(13時～15時)」→「申(15時～17時)」→「酉(17時～19時)」→「戌(19時～21時)」→「亥(21時～23時)」となるので，「戌の時」は④が適切。

(六) 前に係助詞の「なむ」があるので，係り結びの法則より，文末は連体形の「蹴る」で結ばれ

る。

(七) 「つれづれと」は，することもなく，手持ちぶさたな様子で，所在なさそうに，という意味なので，①が適切。

やや難 (八) 注釈を参照すると「……と告げておくれ」と語りかけているので，「娘との交信を望む男の思い」とある④が適切。「男」への思いを胸に秘めたまま亡くなってしまった「むすめ」の死を悼み，思いをはせているのである。

(九) ①は「男の迎えを待っている」「伝えてくれると信じて」，③は「親に反抗してでも」「交際を認めなかった」，④は「必死に説得を重ねたことによって親は交際を認めてくれた」「まもなく女は病気にかかって」という部分が適切でない。②は，【文章Ⅰ】【文章Ⅱ】ともに本文の内容と合致する。

(十) 『伊勢物語』は，平安時代に成立した歌物語。平安時代の歌人であり，六歌仙の一人に数えられる在原業平がモデルとされ，「男」の一代記として構成されている。

★ワンポイントアドバイス★

論説文は，やや難しい内容の文章にも読み慣れ，古文文脈を丁寧に追う力をつけておこう！　古文は，付されている現代語訳を参照しながら大意をとらえる練習をしておこう！

MEMO

大切なことはメモしておこうネ！

T.G

2023年度

★★★★★★★★★★★★★★★★★★★★★★★

入　試　問　題

2023年度

清林館高等学校入試問題

【数　学】（40分）　＜満点：50点＞

【注意】問題文中の $\boxed{\text{ア}}$ などの $\boxed{}$ には，特別に指示がない限り数値または符号（－）が入ります。

次の方法で解答欄にマークしなさい。

①問題文のア・イ・ウ‥‥の一つ一つは，それぞれ０から９までの数字，または符号（－）のいずれか一つに対応します。

その解答を解答欄ア・イ・ウ‥‥にそれぞれマークしなさい。

（例）問題(1)の $\boxed{\text{アイ}}$ に－２と答えたいとき

（1）												
	ア	●	⓪	①	②	③	④	⑤	⑥	⑦	⑧	⑨
	イ	⊖	⓪	①	●	③	④	⑤	⑥	⑦	⑧	⑨

②分数形で解答が求められているときは既約分数で答えなさい。

符号は分子につけ，分母にはつけてはいけません。

（例）問題(2)の $\dfrac{\boxed{\text{ウエ}}}{\boxed{\text{オ}}}$ に $-\dfrac{4}{3}$ と答えたいとき

（2）												
	ウ	●	⓪	①	②	③	④	⑤	⑥	⑦	⑧	⑨
	エ	⊖	⓪	①	②	③	●	⑤	⑥	⑦	⑧	⑨
	オ	⊖	⓪	①	②	●	④	⑤	⑥	⑦	⑧	⑨

1 次の(1)～(5)の問題に答えなさい。

(1) 次の式を計算しなさい。

$2^4-5^2=\boxed{\text{アイ}}$

(2) 次の式を因数分解しなさい。

$x^2+4x-45=(x+\boxed{\text{ウ}})(x-\boxed{\text{エ}})$

(3) 次の式を簡単にしなさい。

$2\sqrt{20}+3(\sqrt{5}-2)=\boxed{\text{オ}}\sqrt{\boxed{\text{カ}}}-\boxed{\text{キ}}$

(4) 二次方程式 $3x^2-7x+2=0$ の解は，$x=\dfrac{\boxed{\text{ク}}}{\boxed{\text{ケ}}}$，$\boxed{\text{コ}}$ である。

(5) 連立方程式 $\begin{cases} y=2x+3 \\ 3x+2y=-15 \end{cases}$ の解は，$x=\boxed{\text{サシ}}$，$y=\boxed{\text{スセ}}$ である。

2 次の(1)，(2)の問題に答えなさい。

(1) $\dfrac{\sqrt{192n}}{2}$ が50を超えない整数になるとき，自然数 n の値で最大ものは $n=\boxed{\text{アイ}}$ である。

(2) ある数学の小テストを生徒20人に実施した。その小テストは10点満点で，問題数は２問である。1問目の点数を6点，2問目の点数を4点としたところ平均点は6点であった。また，1問目の点数を5点，2問目の点数を5点としたところ平均点は5.5点であった。すべての生徒は少なくとも1つの問題は正解しているとき，1問目を正解した生徒は［ウエ］人，2問目を正解した生徒は［オ］人，両方とも正解した生徒は［カ］人である。

3 次の(1)，(2)の問題に答えなさい。

(1) 大中小3個のさいころを同時に投げるとき，すべて同じ目が出る確率は$\frac{\boxed{ア}}{\boxed{イウ}}$である。

(2) 1の目が1面，2の目が2面，3の目が3面の合計6面あるさいころが大中小3つある。これらのさいころを同時に投げるとき，すべて同じ目が出る確率は$\frac{\boxed{エ}}{\boxed{オ}}$である。

4 下の図のようにAB＝3，BC＝5である長方形ABCDが正方形EFGHの内側で接している。また，正方形EFGHの対角線FHと長方形ABCDの辺AD，辺BCは平行である。このとき，図の斜線部分の面積は［アイ］である。

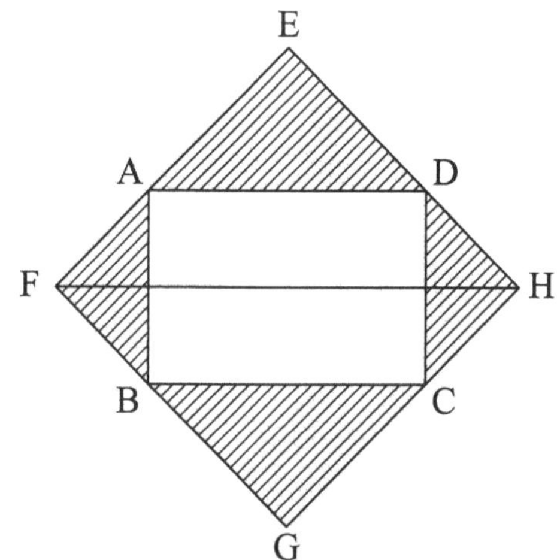

5 下の図のようにAB＝13，BC＝12，CA＝5である△ABCがある。∠Cの二等分線と辺ABとの交点をD，直線CDと辺ABを直径とする△ABCの頂点を通る円との交点で，頂点Cとは別の点をEとする。あとの(1)，(2)の問題に答えなさい。

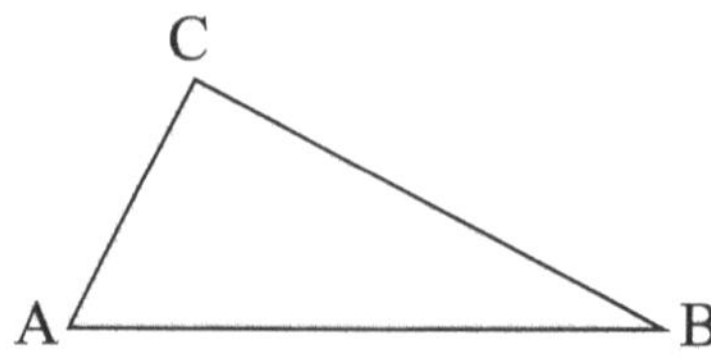

(1) ADの長さを求めるとAD＝$\frac{\boxed{アイ}}{\boxed{ウエ}}$である。

(2) 点Eから辺ABに垂線EFを引き，さらに直線EFと円との交点のうちEとは別の点をGとする。このとき，EG＝ オカ である。

6 下の図のように，関数 $y=x^2$ のグラフ上に x 座標が 3 である点Aをとり，関数 $y=ax^2$ ($0<a<1$) のグラフ上に x 座標が 6 である点Bをとると，線分ABが x 軸と平行になった。また，$y=ax^2$ のグラフ上に x 座標が 6 より大きい点Pをとる。あとの(1)~(3)の問題に答えなさい。

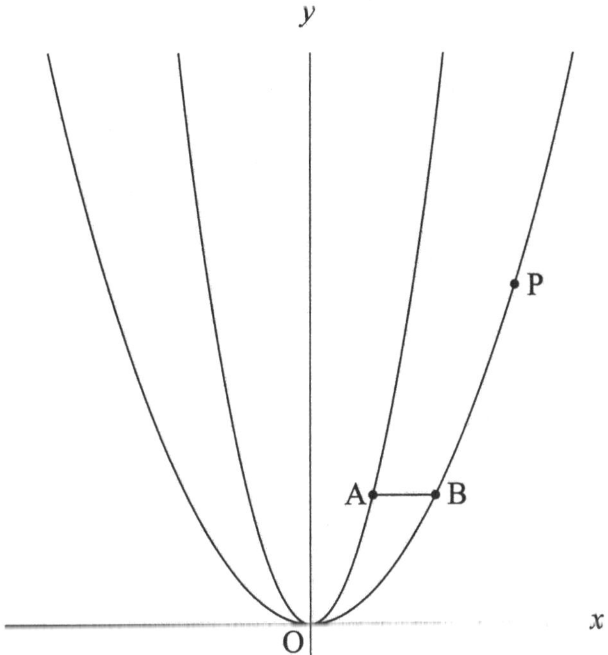

(1) a の値を求めると $a=\dfrac{\boxed{ア}}{\boxed{イ}}$ である。

(2) △ABPの面積が24のとき，点Pの座標は（ ウエ ， オカ ）である。

(3) (2)のとき，点Pを通り x 軸に平行な直線を引き，y 軸との交点をCとする。点Cを通る直線と線分BPの交点をDとする。このとき，四角形ABDCの面積と△CDPの面積の比が 8：5 のとき，直線CDの傾きは キク である。

【英　語】（40分）　＜満点：50点＞　※リスニングテストの音声は弊社HPにアクセスの上，音声データをダウンロードしてご利用ください。

1　次の会話文を読んで，あとの(1)～(5)の問いに答えなさい。

コタロー（Kotaro）が店員（Clerk）と携帯電話ショップで会話をしています。

Clerk : May I help you?
Kotaro: Yes. I have a problem. I dropped my smartphone into the river.
Since then, my smartphone hasn't worked.
Clerk : It may [①]. Please let me check it.
Kotaro: OK, here you are.
Clerk : Umm......this is in such a terrible condition.
Kotaro: [②]
Clerk : Why don't you get a new one?
Recently, the prices of smartphones have become lower.
Kotaro: I think it is a good time to have a new one.
Please show me some of them.
Clerk : Sure. The "*SEI* series" is good for taking pictures.
Kotaro: That sounds good. Do you have any other series?
Clerk : The "*RIN* series" is the smallest and lightest smartphone in our shop.
If you often play games on your smartphone, the "*KAN* series" is the best.
Kotaro: I see. What is the feature of the "*HIGH* series"?
Clerk : This series is for seniors, so you should choose from the others.
Kotaro: I got it. I like to take trips and I want to keep my memories in beautiful photos.
Clerk : In that case, there is only one choice.
Kotaro: Yeah. I'd like to choose a smartphone rate plan.
Clerk : Thank you. We have three plans. "Plan A" costs 2,800 yen a month.
"Plan B" costs more money than "Plan A", but you can call anyone without limited time. The most expensive plan is "Plan C". It costs twice as much as "Plan A", but you can use the Internet without limit.
Kotaro: I think "Plan A" is the best for me because [③].
Clerk : Certainly.

（注） smartphone　スマートフォン　recently　最近　lower　より低い　series　シリーズ
seniors　年配の人々　choice　選択　a smartphone rate plan　通話料金プラン
cost　（費用など）がかかる　without limit　無制限で

(1) [①] に入るものとして最も適当なものを，次の①～④の中から１つ選んで，その番号をマークしなさい。解答番号は [1] です。

① break　② broken　③ be breaking　④ be broken

(2) [②] に入るものとして最も適当なものを，次のページの①～④の中から１つ選んで，その番号をマークしなさい。解答番号は [2] です。

① How great it is!　② That's bad news.

③ It's so exciting.　④ I'm satisfied with it.

(3) Kotaroが購入しようとしているスマートフォンとして最も適当なものを，次の①～④の中から1つ選んで，その番号をマークしなさい。解答番号は [3] です。

① the "*SEI* series"　② the "*RIN* series"

③ the "*KAN* series"　④ the "*HIGH* series"

(4) [③] に入るものとして最も適当なものを，次の①～④の中から1つ選んで，その番号をマークしなさい。解答番号は [4] です。

① I can watch many kinds of movies through the Internet

② I want to save money to take a trip

③ I often call my friends and talk a lot on a smartphone

④ I want to take many pictures

(5) 会話文の内容に一致するものを，次の①～④の中から1つ選んで，その番号をマークしなさい。解答番号は [5] です。

① Kotaroは新しいスマートフォンを買うために店に来た。

② Kotaroはスマートフォンでゲームをすることが好きである。

③ Clerkはスマートフォンの値段が安くなってきていると言った。

④ Clerkはスマートフォンの機種を3種類紹介した。

2 次の英文は，高校生のKazuoがアメリカに帰国したWhite先生に書いた手紙の一部です。この英文を読んで，あとの(1)～(4)の問いに答えなさい。

Dear Ms. White,

I want to say thank you for your English classes. When I tried to speak English in your class, you always praised me. I really enjoyed them for a year.

At first, I was very nervous in your class because I couldn't understand what you said. In fact, when you asked me some questions, I didn't say words and always just smiled. I didn't want to make mistakes in front of my classmates. 【 ① 】

Do you remember Haruka? Haruka speaks English well. One day, after your class, she said to me "Kazuo, you don't speak English in class. Why?" I replied, "Because I don't know what to say in English." "But Ms. White showed us some pictures and English words. You can use them. Just try it!" When she said that, I thought she couldn't understand my feelings. 【 ② 】

After the summer vacation, I went to the teachers' room to hand in my homework. When the phone rang, you stood up and answered it in Japanese. After the phone call, you asked a teacher some questions about your Japanese. You repeated some Japanese words again and again. I was surprised because you tried to speak Japanese and were not afraid of making mistakes. 【 ③ 】

A few days later, in your class, you began to talk about your summer vacation.

You showed us a lot of pictures. Then you called my name and asked me, "Kazuo, what did you do during the summer vacation?" I wanted to say something in English, but I couldn't answer your question right away. Then Haruka said to me in a small voice. "Say something! Say a word!" I tried to find a word to say and said, "River...... I cleaned the river with my classmates." "Oh really? How did you feel after cleaning?" "I was very tired, but I felt good!" You smiled at me and said "You did a good job! Kazuo, your English is wonderful." I was very happy to hear that. After the class, Haruka said to me, "You did it!" Since then, Haruka and I have been best friends.

The next day, I went to the teachers' room and enjoyed talking with you for the first time. I wanted to speak English more, and then I visited you many times. You always smiled and helped me to talk in English. As a result, my English got better. 【 ④ 】

Now, Haruka and I practice English together every day, and we sometimes talk about visiting your country, America, to meet you again.

I really thank you for your classes. I hope I will meet you soon.

Sincerely yours,

Kazuo

（注） praise ほめる　nervous 緊張する　hand in ～を提出する　right away すぐに
as a result その結果　Sincerely yours 敬具

(1) 次の英文の質問に対する答えとして最も適当なものを，次の①～④の中から１つ選んで，その番号をマークしなさい。解答番号は１．が [6]，２．が [7] です。

１．How long did Kazuo enjoy Ms. White's classes?

① a month　② half a year　③ a year　④ three years

２．What did Kazuo do with his classmates in summer vacation?

① He took a lot of pictures.　② He cleaned the river.
③ He practiced English together.　④ He visited America to see Ms. White.

(2) 次の英文は本文中から抜き出したものです。この英文を入れる箇所として最も適当なものを，本文中の【①】～【④】の中から１つ選んで，その番号をマークしなさい。解答番号は [8] です。

Something changed in my mind, and I decided to speak English in your class.

(3) 次のア～エの英文は，本文中の出来事をそれぞれ表しています。ア～エを本文の流れに沿って順番に並び替えたものとして最も適当なものを，次の①～④の中から１つ選んで，その番号をマークしなさい。解答番号は [9] です。

ア Kazuo and Haruka became best friends.
イ Kazuo talked about his summer vacation in English.
ウ Kazuo often visited Ms. White because he wanted to talk with her.
エ Kazuo was very nervous, and he didn't speak English in class.

① イ→ウ→エ→ア　② イ→エ→ウ→ア　③ エ→イ→ア→ウ　④ エ→イ→ウ→ア

(4) 次の英文は，White 先生が Kazuo の手紙に対して書いた返事の一部です。この英文中の [あ]

に入れる表現として最も適当なものを，次の①～④の中から１つ選んで，その番号をマークしなさい。解答番号は 10 です。

> Dear Kazuo,
> Thank you for your letter. I'm very happy to know that you [あ] with Haruka. Now you know it's OK to make mistakes. Don't be nervous when you speak English!

① practice English every day
② are still nervous to speak English
③ sometimes clean the river
④ help your classmates to study English

3 次の文章を読んで，あとの(1)～(5)の問いに答えなさい。

Do you want to run faster or to run longer? ①Do you think there is a way to (your ability / special / by / something / doing / run / to / improve)? Definitely, there is! It's a juice.

Do you know beet? It's a kind of vegetable. It has a round root with red color, and green leaves. It is a little similar to a turnip in (Ⅰ). "Beet juice," which is made from beet roots, can make us a faster runner.

When we run, our body's ability to carry oxygen from our heart to our muscles gets better. Surprisingly, we can have the same experience when we drink beet juice. Researchers put eight men on bikes and checked how less oxygen their bodies used before and after a few days drinking two cups of beet juice. The result was awesome. They went the same distance on both days but used 19% less oxygen on the second day. The researchers also checked how long it took the men to get very tired after starting to pedal. This "getting-very-tired" time was (Ⅱ) from 583 to 675 seconds. The men's body became more effective and stronger for exercise on the second day. Some people dived into a water and checked how much time they could stay under the water. After a break, they drank beet juice and dived again. They could stay under the water and hold their breath for about thirty seconds 〈 ア 〉!

Do you think Olympic athletes can't drink beet juice during the Olympic games? The answer is "no." because something inside beet which makes us faster is also in many other vegetables, especially in green leafy vegetables. There are 〈 イ 〉 many vegetables on Earth!

The important ingredient inside beet is nitrate. If we eat vegetables, a lot of nitrate gets into our blood. The nitrate changes into nitric oxide after we run. This nitric oxide can make our blood vessels wider, and then make our blood movement faster.

Also, nitrate can make us a faster reader. It activates very important parts of our brain for studying. We can read both English and Japanese sentences 〈 ウ 〉 faster! Moreover, we can answer more difficult and complicated questions!

I hope you ate green leafy vegetables like spinach this morning or by chance drank beet juice. As you know, today is Seirinkan High School's entrance examination! Now you can understand how vegetables affect our body and our brain. If you want to get good results easily on sports day, it will be a good idea to eat some vegetables on the morning of the sports day. However, that may be difficult if you become a student of Seirinkan High School. You will know why, soon!

（注） ability 能力　beet ビート（野菜の一種）　root 根　turnip かぶ　oxygen 酸素
muscle 筋肉　go the same distance 同じ距離を進む　it takes 人 時間
to do 人が～するのに時間かかる　pedal ～ ～のペダルをこぐ
"getting very tired" time とても疲れた状態になるまでの時間　exercise 運動
hold one's breath ～の息を止める　green leafy vegetable 緑の葉野菜　ingredient 成分
nitrate 硝酸塩　blood 血液　nitric oxide 一酸化窒素　vessel 管　activate 活性化する
complicated 複雑な　spinach ほうれん草　by chance 偶然　entrance examination 入学試験

(1) 〈ア〉～〈ウ〉に当てはまる英単語の組み合わせとして最も適当なものを，次の①～④の中から１つ選んで，その番号をマークしなさい。解答番号は 11 です。

	〈 ア 〉	〈 イ 〉	〈 ウ 〉
①	much	too	more
②	much	more	too
③	more	much	too
④	more	too	much

(2) 下線部①が本文の内容に合うように，（ ）内の語（句）を正しい順序に並べ替えたとき，３番目と７番目にくるものの組み合わせとして最も適当なものを，次の①～④の中から１つ選んで，その番号をマークしなさい。解答番号は 12 です。

① to / something　② improve / special
③ special / your ability　④ doing / by

(3) （Ⅰ）（Ⅱ）に入る最も適当なものを，次の①～④の中から１つ選んで，その番号をマークしなさい。解答番号は（Ⅰ）が 13 ，（Ⅱ）が 14 です。

（Ⅰ）：① salad　② serve　③ shape　④ shade
（Ⅱ）：① excused　② extended　③ passed　④ spent

(4) 本文の内容に一致しないものを，次の①～④の中から１つ選んで，その番号をマークしなさい。解答番号は 15 です。

① ビートは赤くて丸い根をもち，緑の葉がついている。

② ビートジュースを飲むと，ちょうど私たちが走るときと同じように体がより多くの酸素を取り込むようになり，運動のためにより効率の良い状態になる。

③ 野菜に含まれる硝酸塩は体内で一酸化窒素に変わり，それが血管を広げ，血液の流れを良くする。

④ 筆者は，清林館高校の受験生がほうれん草のような緑の葉野菜を食べてきたことを望んでおり，その理由は文章を読む速度に良い影響を与えるためである。

4 文法的に誤りが無い文章を，次の①～④の中から１つ選んで，その番号をマークしなさい。解答番号は(1)が 16 ，(2)が 17 です。

(1)

① I will go to Nagoya in February 14.

② The man is studying English in the library is Smith.

③ As he practices speaking English, his English has improved little by little.

④ Josh understands what should we do in a disaster.

(2)

① What this food is called in English?

② Which is the longer river in the world?

③ Don’t let the children to play in the road.

④ Meg will take her son to the museum next week.

英語　リスニング

次の(1)～(3)について，それぞれ会話文を聞き，その内容についての質問の答えとして，最も適当なものをａ～ｄの中から１つずつ選びなさい。(4)と(5)については，１つの会話文を聞き，その内容についての質問の答えとして最も適切なものをａ～ｄの中から１つずつ選びなさい。会話文，問い，問いに対する答えは，それぞれ２回読まれます。必要があればメモをとってもかまいません。問いに対する答えについて正しいものはマークシートの「正」の文字を，誤っているものはマークシートの「誤」の文字をそれぞれマークしなさい。

正しいものは，各問いについて，１つしかありません。

メモ欄（必要があれば，ここにメモをとってもよろしい。）

【理　科】（40分）　＜満点：50点＞

【巻頭資料】 必要があれば以下の資料を用いなさい。

図は各辺の長さをx，y，zとする直角三角形で，各々の辺の長さの整数比として表のものがある。

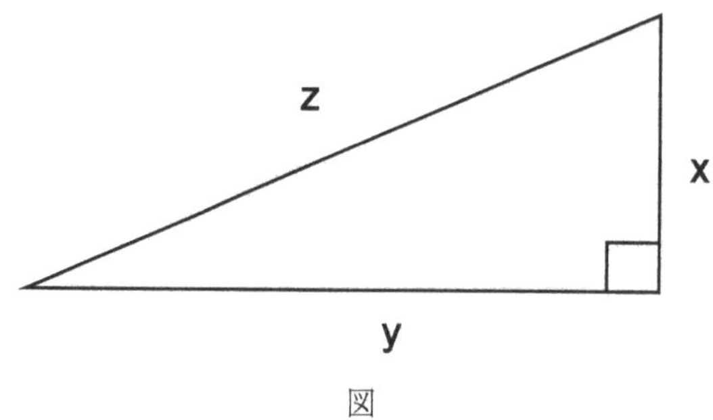

図

x	y	z
3	4	5
5	12	13
7	24	25
8	15	17
12	35	37

表　直角三角形の各辺の整数比

1　次のA～Cの各問いに答えなさい。

A　図1は，ある観測点での地震計の記録で，縦軸は振幅，横軸は時間〔s〕を表している。次の文章を読み，あとの(1)～(3)の各問いに答えなさい。

断層面上で地震が始まった点を［ア］といい，その真上の地表の点を［イ］という。地震動の強さを表す数値を［ウ］といい，日本では気象庁が［エ］段階の階級を定めている。

地震が発生して最初に到達する地震波はP波で，続いてS波が到着する。この到達時間の差を初期微動継続時間といい，震源が浅い地震の場合は，地震が発生した場所から観測点までの距離に比例する。また，P波は波の伝わる方向に物質が振動する波であり，地震を引き起こした断層の方向を反映する波である。

図1は，ある地点で地震計が記録した波形を示したものである。観測点に到達したP波による最初の地面の動きを初動という。この初動から地面が「押された」のか「引っ張られた」のかが分かる。

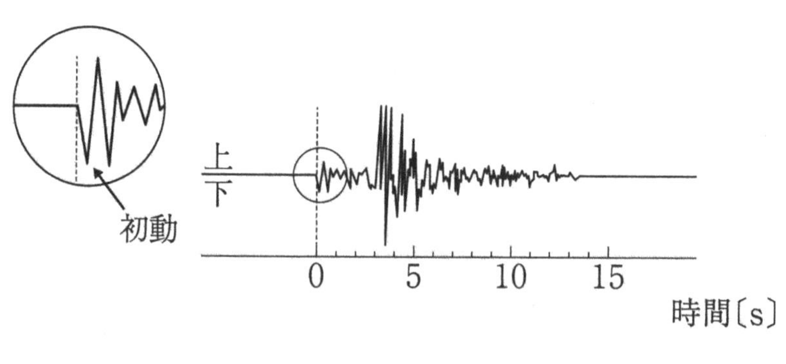

図1

(1)　文章中の空欄ア～エに当てはまるものはどれか。組み合わせとして最も適当なものを，次のページの①～⑧の中から1つ選んで，その番号をマークしなさい。解答番号は［1］です。

	ア	イ	ウ	エ
①	震央	震源	震度	10
②	震央	震源	震度	32
③	震央	震源	マグニチュード	10
④	震央	震源	マグニチュード	32
⑤	震源	震央	震度	10
⑥	震源	震央	震度	32
⑦	震源	震央	マグニチュード	10
⑧	震源	震央	マグニチュード	32

(2) 図1の記録をもとに観測点での初期微動継続時間〔s〕と観測点から地震の発生した場所までの距離（震源距離）〔km〕を求めた。組み合わせとして最も適当なものを，次の①～⑥の中から1つ選んで，その番号をマークしなさい。ただし，P波の速さは7km/s，S波の速さは4km/sとする。解答番号は［2］です。

	初期微動継続時間	震源距離
①	2 s	5 km
②	2 s	20 km
③	3 s	8 km
④	3 s	28 km
⑤	5 s	10 km
⑥	5 s	50 km

(3) 図1の波形から，地面が「引っ張られた」と判断できる。この時に地震を引きおこした断層の変化を表す図として最も適当なものを，次の①～④の中から1つ選んで，その番号をマークしなさい。解答番号は［3］です。

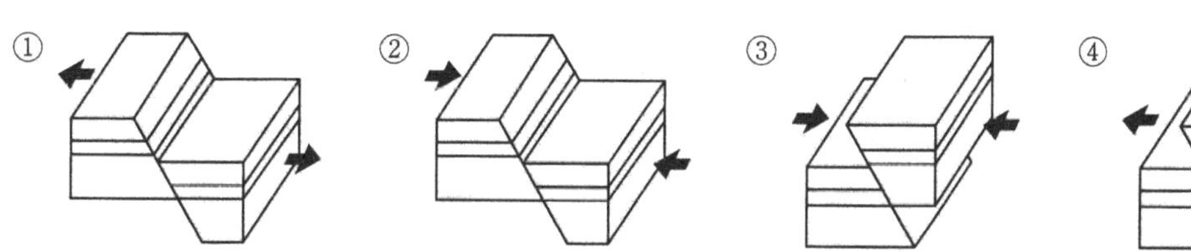

B　異なる3点以上の地震計の記録をもとに，震央や震源の深さを決定することができる。

図2は，各観測点a～cから震源までの距離を半径とする円を示したものである。震源までの距離を半径とする円と円の交点を，直線で結んだ共通弦を3本描き，その交点から震央を求めた。また，図3は観測地点aを中心とした断面図である。

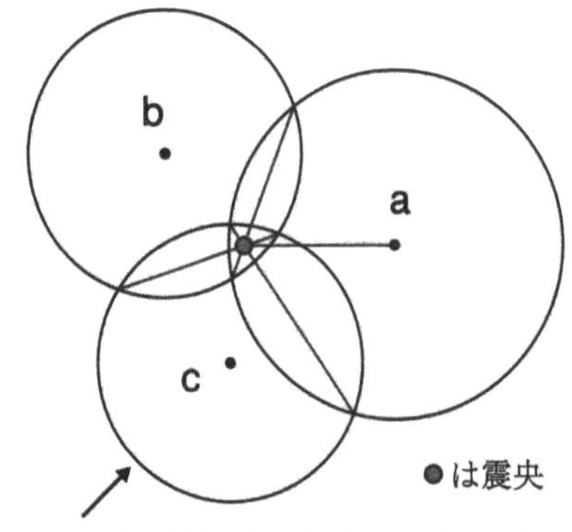

図２

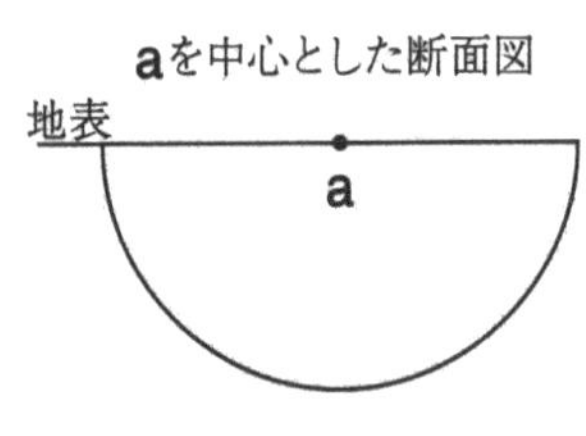

図３

(4)　ある地震においてａから震源までの距離は26km，ａから震央までの距離は24kmであった。図２，図３から震源の深さ〔km〕を求めたとき最も適当なものを，次の①～⑤の中から１つ選んで，その番号をマークしなさい。ただし，地層によらず地震波の速さは一定である。解答番号は［4］です。

①　3　　②　7　　③　10　　④　17　　⑤　24

C　空気に含まれる水蒸気に関する次の文章を読み，あとの(5)～(7)の各問いに答えなさい。

空気が含むことのできる水蒸気量には限度がある。その最大質量を飽和水蒸気量と呼び，単位は〔g/m³〕で表される。空気中に含まれる水蒸気の量が飽和水蒸気量を超えると，水蒸気は水滴となって現れる。飽和水蒸気量は常に一定ではなく気温に応じてその値が変化する。天気予報でよく聞く「湿度」も飽和水蒸気量を用いることで計算することができる。また，天気の変化を理解するためにも飽和水蒸気量の理解は大切である。天気の変化と深い関係にある雲，(i)空気のかたまりが上昇気流にのって上昇し，空気中の水蒸気が小さな水滴や氷の結晶に変化したものが集まってできる。雲の発生過程は以下の【過程Ⅰ】～【過程Ⅵ】のとおりである。

【過程Ⅰ】　上空ほど気圧が低いため，上昇した空気が膨張する。
【過程Ⅱ】　膨張したことで空気の温度が下がる。
【過程Ⅲ】　空気の温度が下がったことで，飽和水蒸気量が小さくなる。
【過程Ⅳ】　飽和水蒸気量が小さくなると，空気の(ii)湿度が高くなる。
【過程Ⅴ】　空気のかたまりが上昇を続けると，空気の温度が下がり続け，やがて(iii)露点に達する。
【過程Ⅵ】　空気に含まれていた水蒸気のうち，飽和水蒸気量を超えた分が，水滴になる。

(5)　下線部(i)について，上昇気流についての説明として最も適当なものを，次の①～④の中から１つ選んで，その番号をマークしなさい。解答番号は［5］です。

①　冷たい空気があたたかい空気の上にはい上がることで生じる。
②　あたたかい空気が冷たい空気の上にはい上がることで生じる。
③　高気圧の中心部で生じる。
④　地表付近の空気が冷やされることで生じる。

(6)　下線部(ii)について，１m³の空気に含まれる水蒸気の質量を4.8g，飽和水蒸気量を17.3g/m³とする。この時の湿度として最も適当なものを，次のページの①～④の中から１つ選んで，その番号をマークしなさい。解答番号は 6 です。

① 83%　② 28%　③ 13%　④ 0.3%

(7) 下線部(iii)について，露点の説明として最も適当なものを，次の①～④の中から1つ選んで，その番号をマークしなさい。解答番号は 7 です。

① 空気に含まれる水蒸気が凝結し始める温度

② 1 m^3の空気に含まれる水蒸気の質量

③ 物質が沸騰して液体から気体に状態変化するときの温度

④ 物質が固体から液体に状態変化するときの温度

2 次のA，Bの各問いに答えなさい。

A ばねばかりと100gのおもりと滑車を用意し，次の実験Ⅰ～Ⅲを行った。あとの(1)～(4)の各問いに答えなさい。ただし質量100gの物体にはたらく重力の大きさを1Nとし，糸と滑車の質量，糸の伸び，糸と滑車の摩擦，ばねばかりのばねの伸びは考えないものとする。

実験Ⅰ 図1のようにおもりをばねばかりでつるし，静かにおもりを10cm持ち上げた。

実験Ⅱ 図2のように滑車を使い，静かにおもりを10cm持ち上げた。

実験Ⅲ 図3のように定滑車a，bを天井と固定し，動滑車c，dをおもりと固定した。これらの滑車を使い，静かにおもりを10cm持ち上げた。

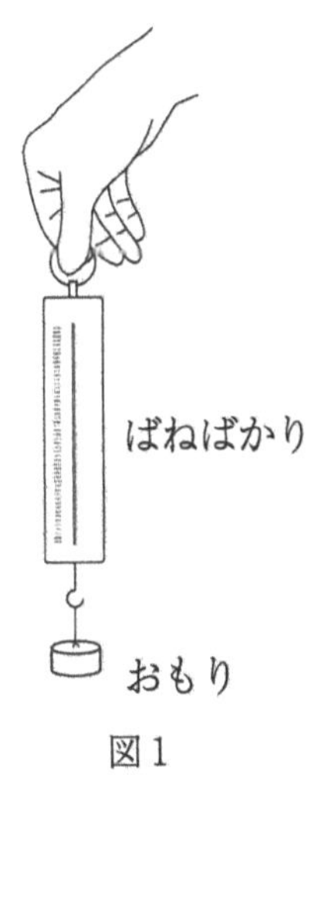

図1

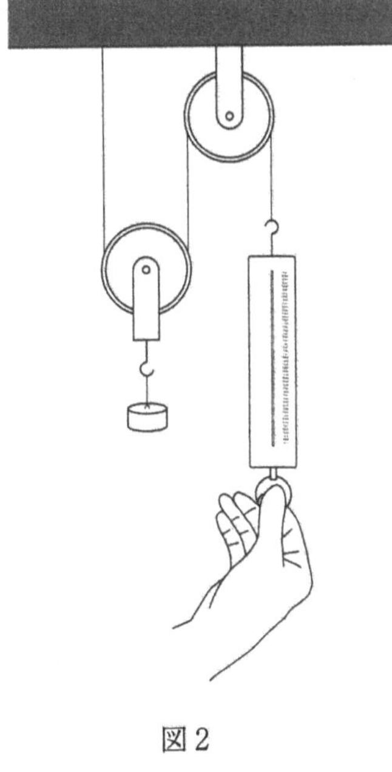
図2

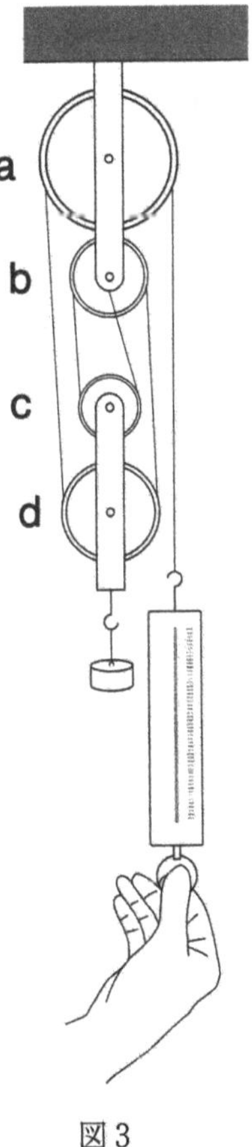

図3

(1) 実験Ⅰにおいて，ばねばかりが示す値はいくらか。最も適当なものを，次の①～⑤の中から1つ選んで，その番号をマークしなさい。解答番号は 8 です。

① 0.10N　② 0.20N　③ 0.40N　④ 0.80N　⑤ 1.0N

(2) 実験Ⅱにおいて，ばねばかりを引いた長さとばねばかりが示す値はそれぞれいくらか。組み合わせとして最も適当なものを，次の①～⑥の中から1つ選んで，その番号をマークしなさい。解答番号は 9 です。

	ばねばかりを引いた長さ	ばねばかりが示す値
①	5 cm	1.0 N
②	5 cm	0.5 N
③	10 cm	1.0 N
④	10 cm	0.5 N
⑤	20 cm	1.0 N
⑥	20 cm	0.5 N

(3) 実験Ⅲにおいて，ばねばかりが示す値は何〔N〕か。最も適当なものを，次の①～⑥の中から1つ選んで，その番号をマークしなさい。解答番号は 10 です。

① 4.0N　② 2.0N　③ 1.0N　④ 0.50N　⑤ 0.25N　⑥ 0.13N

(4) 実験Ⅰのときのばねばかりがした仕事をW_1，実験Ⅱのときのばねばかりがした仕事をW_2，実験Ⅲのときのばねばかりがした仕事をW_3とする。W_1とW_2とW_3の関係として最も適当なものを，次の①～⑦の中から1つ選んで，その番号をマークしなさい。解答番号は 11 です。

① $W_1=W_2=W_3$　② $W_1>W_2=W_3$　③ $W_1=W_2<W_3$　④ $W_1=W_2>W_3$
⑤ $W_1<W_2=W_3$　⑥ $W_1>W_2>W_3$　⑦ $W_1<W_2<W_3$

B　モノコードとおもりを用いて図4のような装置を作り，次の実験Ⅳ～実験Ⅵを行った。あとの(5)～(7)の各問いに答えなさい。なお，グラフの横軸は時間〔s〕，縦軸は音の振幅である。

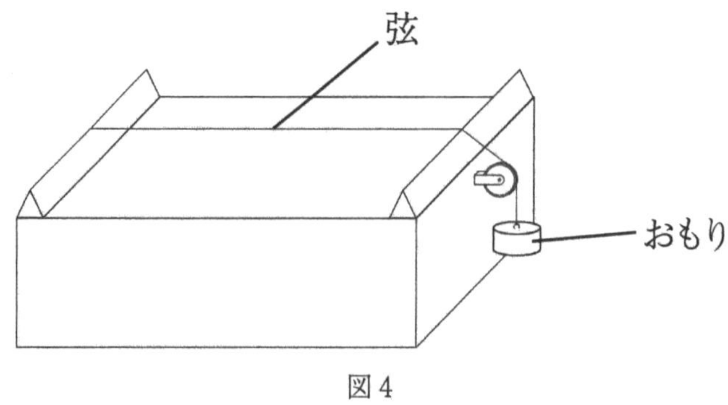

図4

実験Ⅳ　モノコードをはじくと音が出た。この音を，マイクロフォンを用いてコンピュータで表示させたところ，次のページの図5のグラフが表示された。

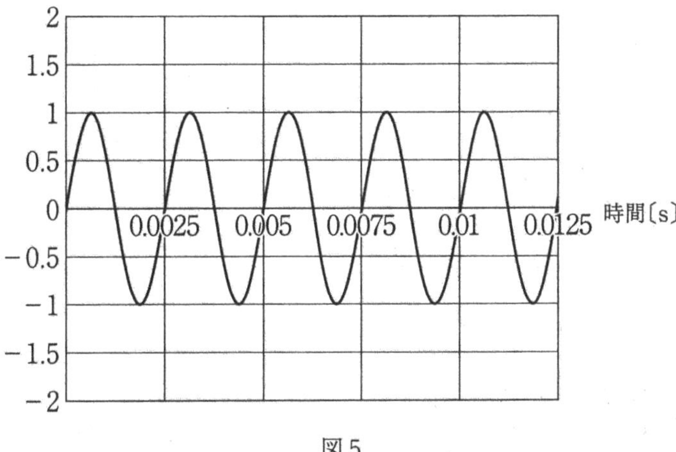

図5

実験Ⅴ　実験Ⅳと同じ装置で，実験Ⅳのときより強くはじいた。

実験Ⅵ　実験Ⅳの装置のモノコードの弦の端のおもりの質量を変えてはじいたところ，図6のグラフが表示された。

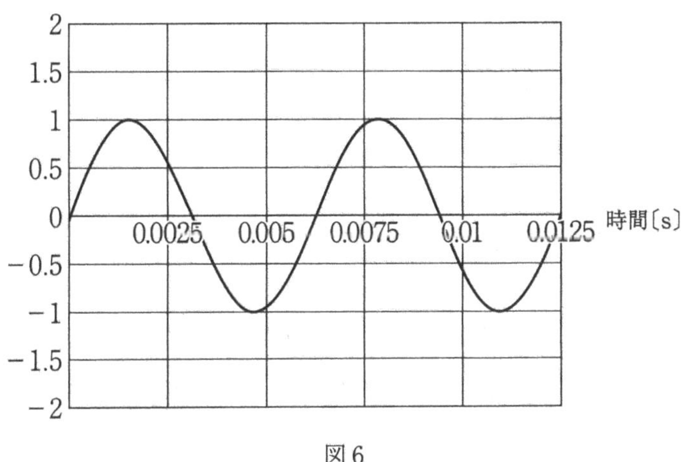

図6

(5)　一般的な音の伝わり方として最も適当なものを次の①～⑥の中から1つ選んで，その番号をマークしなさい。解答番号は 12 です。

①　音は気体の中だけを伝わる。
②　音は液体の中だけを伝わる。
③　音は固体の中だけを伝わる。
④　音は気体と液体の中だけを伝わる。
⑤　音は気体と固体の中だけを伝わる。
⑥　音は気体と液体と固体の中を伝わる。

(6)　実験Ⅴのとき，コンピュータにはどのようなグラフが表示されるか。最も適当なものを，次のページの①～⑤の中から1つ選んで，その番号をマークしなさい。解答番号は 13 です。

①
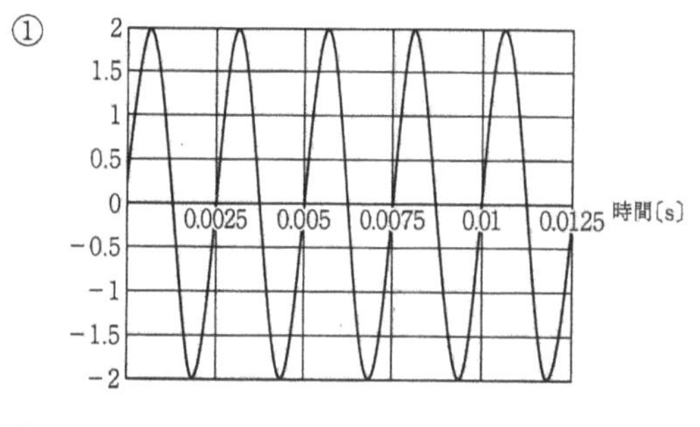

②
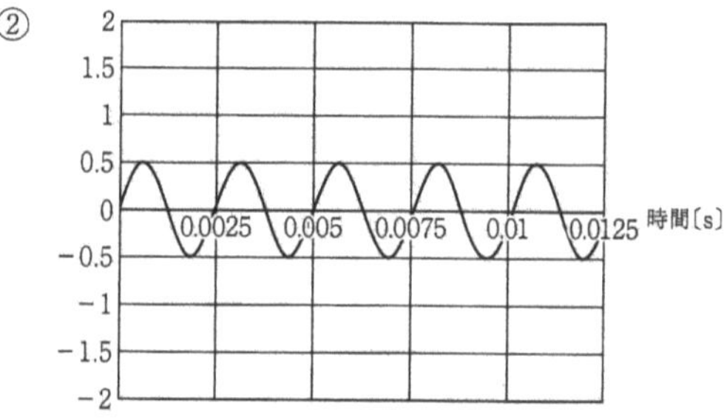

③
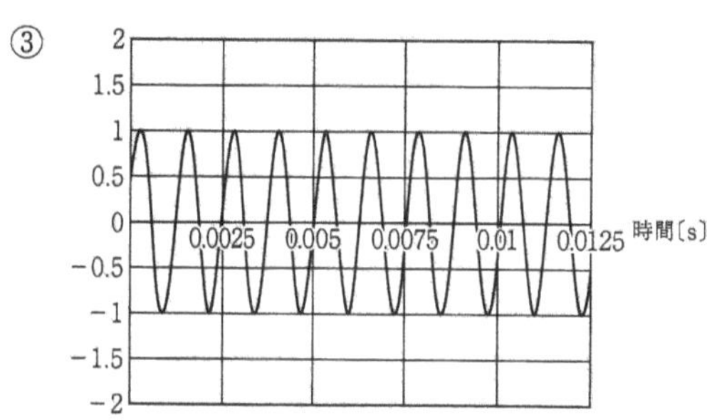

④
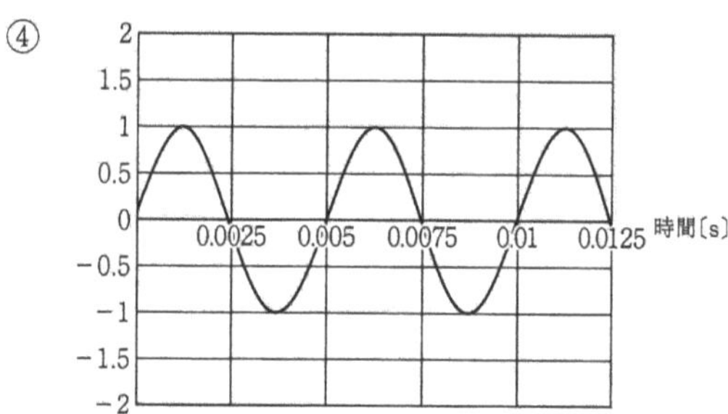

⑤
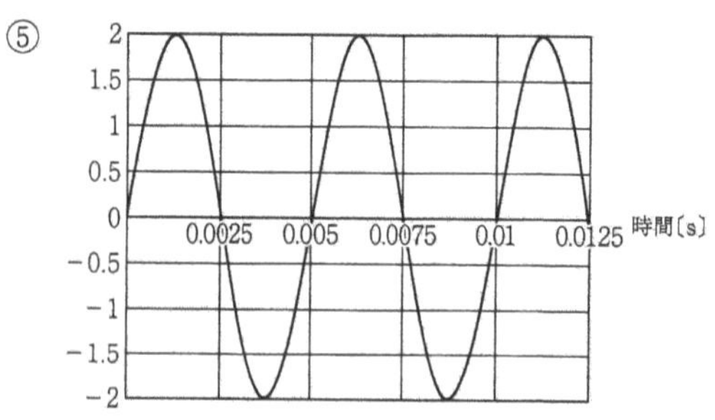

(7) 実験Ⅵのモノコードが100回振動する間に，実験Ⅳのモノコードは何回振動するか。最も適当なものを，次の①～⑤の中から１つ選んで，その番号をマークしなさい。解答番号は 14 です。

① 50回　② 100回　③ 150回　④ 200回　⑤ 250回

3 次のＡ，Ｂの各問いに答えなさい。

Ａ 水溶液の性質とイオンの数の変化について調べるために，次の実験を行った。あとの(1)～(4)の各問いに答えなさい。

<実験>

ある濃度のうすい水酸化バリウム水溶液（Ａ液）があり，その25cm³を正確にはかり取り，純水を加えて100cm³（Ｂ液）とした。この水溶液に数滴のBTB溶液を加えた後，２本の白金線を入れ，図１のような実験装置を組み立て，ビーカーにうすい硫酸を少しずつ滴下しながら，中和の実験を行った。中和が完了してからも滴下を続け，80cm³まで滴下した。この中和反応により，熱が発生した。

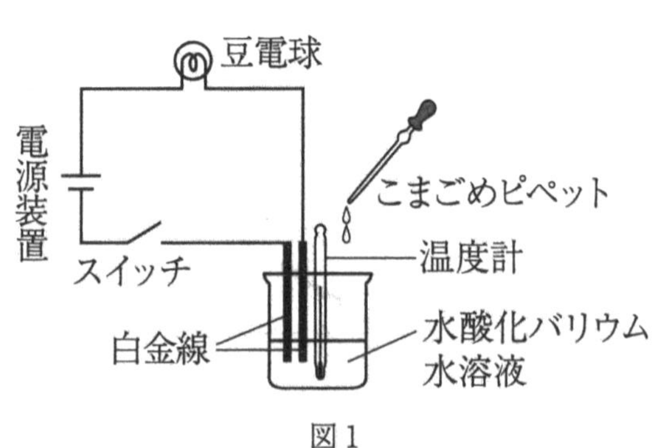

図１

(1) 水溶液の性質について述べた次の文章中の空欄**ア**～**ウ**に当てはまるものはどれか。組み合わせとして最も適当なものを，あとの①～⑤の中から1つ選んで，その番号をマークしなさい。解答番号は 15 です。

酢酸や硫酸を水に溶かした溶液には，マグネシウムのような金属を入れると水素が発生したり，BTB溶液を緑色から **ア** 色に変化させたりするような共通の性質（酸性）がある。これは，水に溶けて電離したときに共通に生じる水素イオンのはたらきのためである。

一方，水酸化ナトリウムや水酸化バリウムのような物質を水に溶かすと，その水溶液は **イ** 色のリトマス紙を **ウ** 色に変える。これは，水に溶けて水酸化物イオンが生じるからで，このような物質をアルカリという。

	ア	イ	ウ
①	黄	赤	青
②	青	黄	赤
③	赤	青	赤
④	青	赤	青
⑤	黄	赤	黄

(2) この実験で用いたB液100cm³を完全に中和するのに，うすい硫酸は40cm³必要だった。A液15cm³を完全に中和するのに必要なうすい硫酸の体積はいくらか。最も適当なものを，次の①～⑥の中から1つ選んで，その番号をマークしなさい。解答番号は 16 です。

① 6.0cm³　② 15cm³　③ 24cm³　④ 40cm³　⑤ 50cm³　⑥ 100cm³

(3) B液に滴下したうすい硫酸の体積〔cm³〕を横軸とし，それぞれの項目を縦軸としたときのグラフの概形ⅰ～ⅵの組合せとして，最も適当なものをあとの①～⑥の中から1つ選んで，その番号をマークしなさい。解答番号は 17 です。

<グラフの概形>

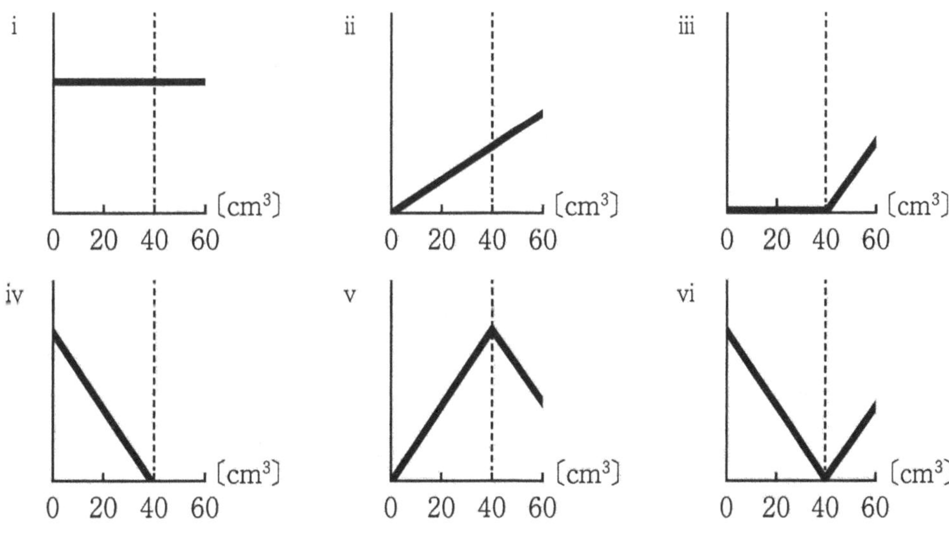

	縦軸の項目			
	水溶液中の ﾊﾞﾘｳﾑｲｵﾝBa^{2+}の 個数の変化	水溶液中の 硫酸ｲｵﾝ$SO_4{}^{2-}$の 個数の変化	水溶液中の ｲｵﾝの総数の変化	水溶液の温度
①	i	ii	ii	i
②	i	iii	iii	iv
③	i	ii	vi	v
④	iv	iii	ii	i
⑤	iv	ii	iii	iv
⑥	iv	iii	vi	v

(4)　この実験に関する記述a～eについて，正しいものの組み合わせとして最も適当なものを，あとの①～⑧の中から１つ選んで，その番号をマークしなさい。解答番号は［18］です。

a　スイッチを入れると豆電球が明るく点灯し，うすい硫酸の滴下とともに暗くなったが，中和が完了してからも滴下をし続けると再び明るくなった。

b　スイッチを入れると豆電球は明るく点灯し，うすい硫酸を滴下してもその明るさは変化しなかった。

c　ビーカー内の水溶液は，はじめ黄色だったが，うすい硫酸の滴下とともに青色に変化していった。

d　うすい硫酸を滴下すると，ビーカー内の水溶液が白濁し，沈殿を生じた。

e　ビーカー内の水溶液のpHは，うすい硫酸を滴下していくとともに大きくなった。

①　a，c，d　②　a，c　③　a，d，e　④　a，d
⑤　b，c，d　⑥　b，c　⑦　b，d，e　⑧　b，e

B　次の実験レポートを読み，あとの(5)～(7)の各問いに答えなさい。

「カルメ焼きはなぜ膨らむのか」

【目的】

炭酸水素ナトリウムを加熱したときの変化を調べ，白色粉末にどのような変化が起きたかを考える。

【きっかけ】

以前カルメ焼きをつくった際に，重曹（炭酸水素ナトリウム）を使用した。カルメ焼きがなぜ膨らむか考えたとき，カルメ焼きの断面には多くの気泡の跡があることに気付いた。そこで，カルメ焼きが膨らむ理由は重曹にあるのではないかと考え，今回の実験を行うことにした。

【実験器具】

試験管，ビーカー，ゴム管，ガラス管，ガスバーナースタンド

【実験操作】

Ⅰ．炭酸水素ナトリウムの粉末を10ｇ乾いた試験管に入れた。

Ⅱ．試験管を加熱した。加熱後少し経ってから試験管に取り付けたガラス管を石灰水に入れた。

Ⅲ．ガラス管から気体の発生が止まったことを確認し，<u>ガラス管を石灰水から抜いた後にガスバーナーの火を消した</u>。

Ⅳ．試験管の中に残った白色粉末が常温に戻ったことを確認した後に取り出し，重さをはかった。また，試験管の中から少量取り出し，水の入った試験管に入れ，振り混ぜた。

【結果】

実験操作Ⅱにおいて，ガラス管を石灰水に入れたところ，白濁した。

(5) 下線部のようにする理由として，最も適当なものを，次の①～④の中から１つ選んで，その番号をマークしなさい。解答番号は [19] です。

① 石灰水が逆流し，試験管が割れる恐れがあるから。

② 試験管内の気圧が高くなり，試験管が割れる恐れがあるから。

③ 試験管内に残った粉末が黒色に変化してしまうから。

④ 石灰水の白濁が消えてしまうから。

(6) 次の文章は今回の実験をまとめたものである。文章中の空欄**ア**～**ウ**にあてはまるものの組み合わせとして最も適当なものを，あとの①～⑧の中から１つ選んで，その番号をマークしなさい。解答番号は [20] です。

炭酸水素ナトリウムを加熱したときの化学変化は [ア] である。石灰水が白く濁ったことから [イ] が発生したと考察できる。また，試験管に残った白色粉末は水に [ウ] 。

	ア	イ	ウ
①	化合	水素	溶けた
②	化合	水素	溶けなかった
③	化合	二酸化炭素	溶けた
④	化合	二酸化炭素	溶けなかった
⑤	分解	水素	溶けた
⑥	分解	水素	溶けなかった
⑦	分解	二酸化炭素	溶けた
⑧	分解	二酸化炭素	溶けなかった

(7) 次の文章a～cについて，正誤の組み合わせとして最も適当なものをあとの①～⑧の中から1つ選んで，その番号をマークしなさい。解答番号は 21 です。

a 原子は化学変化によってそれ以上分けることができない粒である。

b 原子は種類に関係なくすべて同じ質量である。

c 原子はいくつかの分子が集まってできている。

	a	b	c
①	正	正	正
②	正	正	誤
③	正	誤	正
④	正	誤	誤
⑤	誤	正	正
⑥	誤	正	誤
⑦	誤	誤	正
⑧	誤	誤	誤

4 次のA，Bの各問いに答えなさい。

A 右の図1はヒトの呼吸に関係する組織や器官を示している。あとの(1)~(5)の各問いに答えなさい。

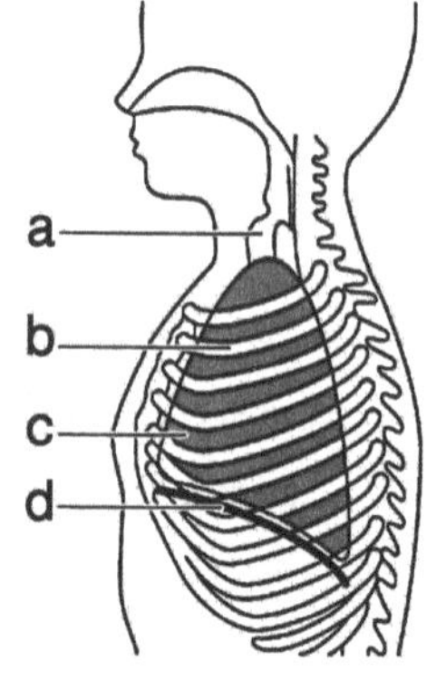

図1

(1) 図1に示すaとdの名称の組み合わせとして最も適当なものを，右の①～⑥の中から1つ選んで，その番号をマークしなさい。解答番号は 22 です。

	a	d
①	食道	肺
②	食道	横隔膜
③	消化管	肺
④	消化管	横隔膜
⑤	気管	肺
⑥	気管	横隔膜

(2) ヒトが息を吸うときの**c**と**d**の動きとして最も適当なものを，次の①～④の中から１つ選んで，その番号をマークしなさい。解答番号は 23 です。

	①	②	③	④
	c d	c d	c d	c d
cの動き	膨らむ	膨らむ	縮む	縮む
dの動き	上がる	下がる	上がる	下がる

(3) 図２はヒトの心臓を正面から見た模式図である。心臓内部および心臓から出た血液の流れる順番として最も適当なものを，次の①～⑤の中から１つ選んで，その番号をマークしなさい。解答番号は 24 です。

① a→b→c→d
② a→b→d→c
③ a→c→b→d
④ a→c→d→b
⑤ a→d→c→b

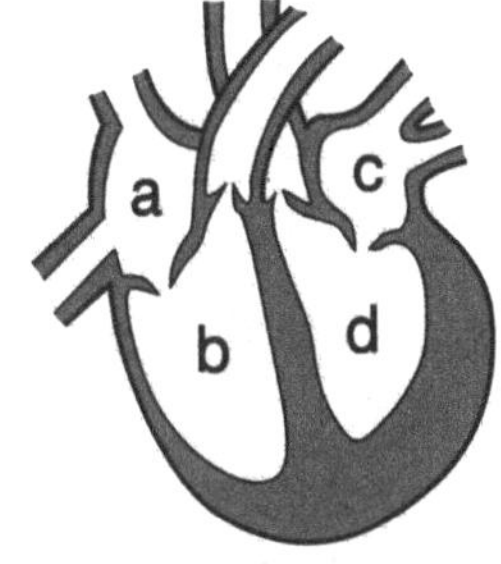

図２

(4) ヒトの血液１Ｌの質量は１kgとして，次の図と表を使い読み取れることとして**誤っているもの**を，次のページの①～④の中から１つ選んで，その番号をマークしなさい。なお，図と表の割合はすべて体積の割合で，血液成分の割合は体内中で一定であるとする。解答番号は 25 です。

血液1 mL中に含まれる
各成分の個数

白血球	6000個
血小板	25万個
赤血球	450万個

表１

各器官に含まれる血液の割合

脳	心臓･血管	肝臓･消化管
15%	5%	30%
腎臓	**筋肉(骨格筋)**	**その他**
20%	20%	10%

表２

ヒトの体重に占める割合

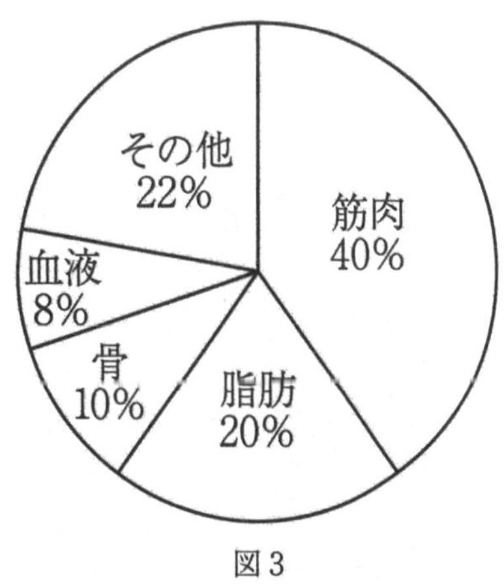

図３

① 体重75kgのヒトの血液の総量は６Ｌである。
② 体重65kgのヒトの腎臓には１kgの血液が含まれる。
③ 体重65kgのヒトの脳には約33億7500万個の赤血球が含まれる。
④ 赤血球と白血球の１個当たりの質量は白血球の方が大きい。

(5) 図４はヒトの消化管とそれに関係する内臓を示している。図４に関して述べた文章**ア**～**カ**のうち，正しいものの組み合わせとして最も適当なものを，あとの①～⑨の中から１つ選んで，その番号をマークしなさい。解答番号は 26 です。

ア．**a**では消化酵素の働きで炭水化物が細かく分解されている。
イ．**a**の内部の表面は柔毛という小さな突起で覆われている。
ウ．**b**ではタンパク質が分解されてできた有毒な物質が無害な物質に変えられている。
エ．**b**ではタンパク質を分解する消化酵素が分泌されている。
オ．**c**は血液をろ過して血液内の不要な物質を取り除く仕組みがある。
カ．**c**では胆のうでつくられた胆汁のはたらきで脂肪が脂肪酸とモノグリセリドに分解されている。

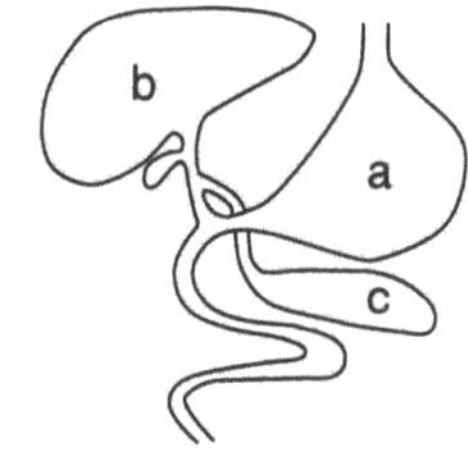

図４

① **ア**　② **イ**　③ **ウ**　④ **エ**　⑤ **オ**　⑥ **カ**
⑦ **ア**，**ウ**　⑧ **ウ**，**オ**　⑨ **ウ**，**カ**

B　被子植物であるホウセンカの観察Ⅰ，Ⅱを行った。あとの(6)～(8)の問いに答えなさい。

〔観察Ⅰ〕

ホウセンカを赤いインクで着色した水にさしておいた。赤色の水を吸収されたホウセンカの茎を輪切りにした横断面，(i)その茎の中心を通り，横断面に垂直な面で茎を縦に切った縦断面をそれぞれ観察したところ，いずれにも赤く染まった部分があった。

右の図５は赤色の水を吸収させたホウセンカの茎を輪切りにし，赤く染まった部分が輪のようになった横断面をスケッチしたものである。

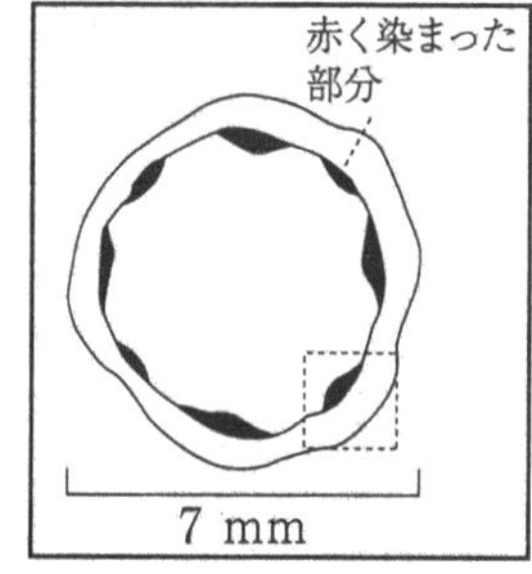

図５

〔観察Ⅱ〕

複数のホウセンカの花を観察したところ，いずれの花も中心部に柱状の突起があり，突起の形は先端のとがった形をした突起（**X**）と先端がふくらんだ形をした突起（**Y**）のいずれかであった。突起の形に注目して，花の様子を観察し，記録した。

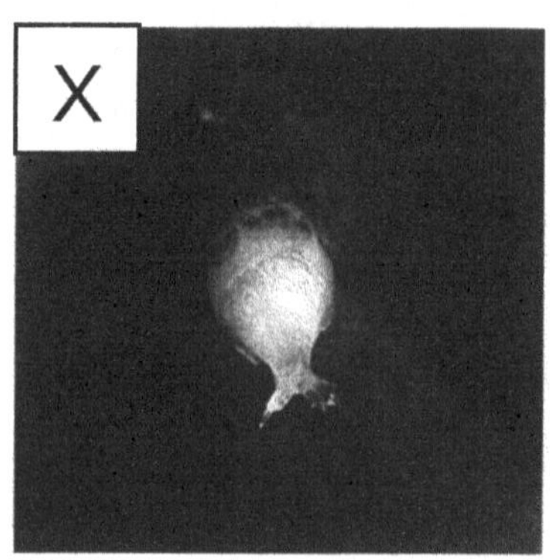

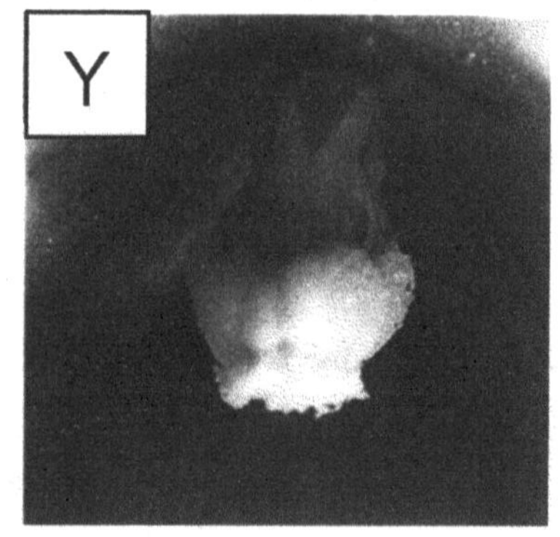

記録1	1本のホウセンカには複数の花が咲いており，どの個体にも**X**をもつ花と**Y**をもつ花が咲いていた。
記録2	開花直後の花はどれも**Y**をもち，先端のふくらみをルーペで観察すると花粉がたくさん入った袋状のつくりをしていた。
記録3	開花直後の**X**を縦に切断し，断面をルーペで観察すると，突起の内部に直径0.5 mmほどの(ii)緑色の粒が並んでいるのが観察できた。
記録4	**Y**はどれも開花後7日程度で，先端のふくらみを含む表面部分がとれて**X**に変わっていた。
記録5	**X**は花弁が散った後も，2 cmほどの長さになるまで成長し，指で触れると，はじけて中から直径3 mmほどの茶色い種子が飛び出した。飛び出した種子と複数の花の突起の断面を観察すると，種子は緑色の粒が成長したものであることが分かった。

(6) 下線部(i)の縦断面において赤く染まった部分のようすを表した模式図として最も適当なものを，次の①～④の中から1つ選んで，その番号をマークしなさい。解答番号は 27 です。

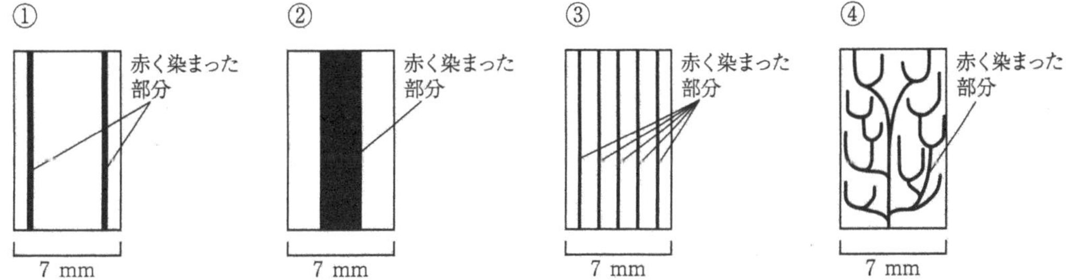

(7) 下線部(ii)は種子となる前は何と呼ばれているか。最も適当なものを，次の①～④の中から1つ選んで，その番号をマークしなさい。解答番号は 28 です。

① やく　② 柱頭　③ 子房　④ 胚珠

(8) ホウセンカの花の特徴として最も適当なものを，次の①～④の中から1つ選んで，その番号をマークしなさい。解答番号は 29 です。

① 開花直後はおしべがめしべをおおっており，やがておしべがはがれる。
② 開花直後はおしべだけをもち，やがてめしべがおしべの中につくられる。
③ 開花直後はおしべだけをもち，やがてめしべがつくられて，おしべをおおう。
④ 開花直後はおしべがめしべにおおわれており，やがてめしべがはじけて中からおしべが現れる。

【社　会】（40分）　＜満点：50点＞

1　次の(1)～(8)の問いに答えなさい。

(1)　次の地図中のＡ～Ｄの地点のうち，東京の羽田空港から真西に飛行機で進み，地球を一周してもどった場合に通過する地点として最も適当なものを，下の①～④の中から１つ選んで，その番号をマークしなさい。解答番号は 1 です。

緯線と経線が直角に交わる地図

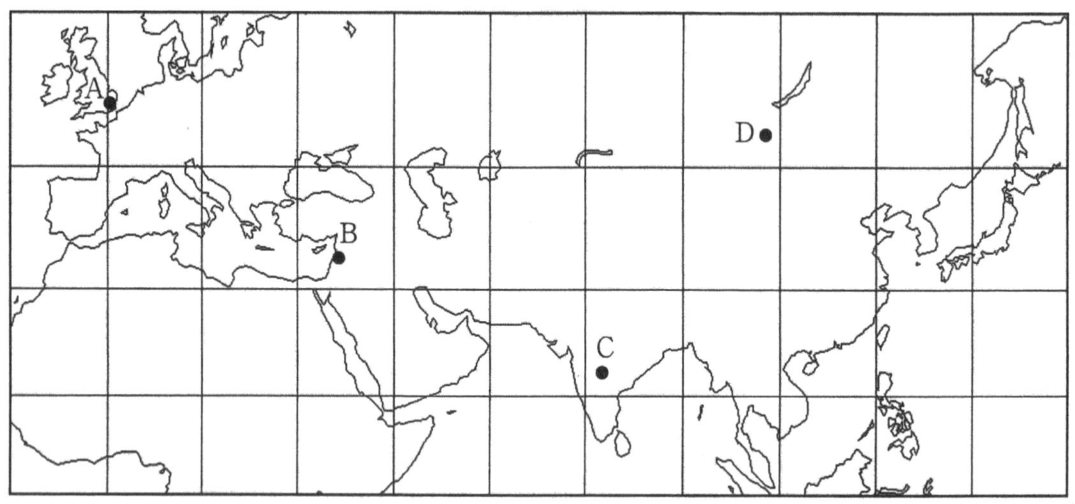

①　A　　②　B　　③　C　　④　D

(2)　次の地図のＡの国で見られる気候について述べた文として最も適当なものを，あとの①～④の中から１つ選んで，その番号をマークしなさい。解答番号は 2 です。

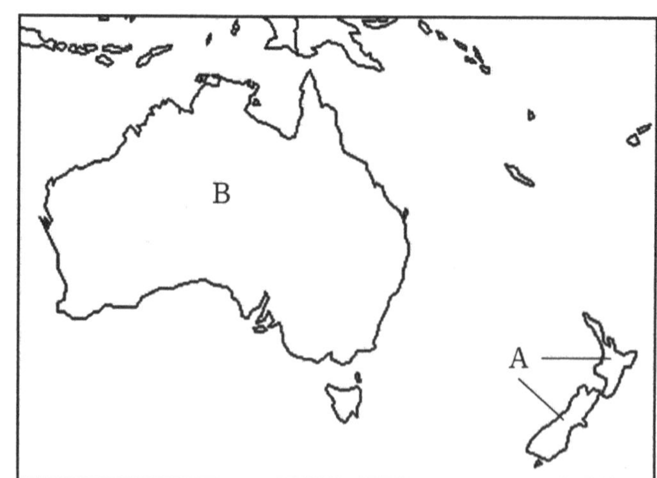

①　温帯に属し，はっきりとした季節があり，冬と夏の気温・降水量の差が少ない。

②　温帯に属し，はっきりとした季節があり，夏に乾燥して冬に雨が降る。

③　冷帯（亜寒帯）に属し，冬と夏の気温の差が大きく，1年を通して雨が降る。

④　冷帯（亜寒帯）に属し，冬と夏の気温の差が大きく，冬に乾燥する。

(3)　(2)の地図のＡとＢの両国は，かつてどの国の植民地であったか。その国名として最も適当なものを，次の①～④の中から１つ選んで，その番号をマークしなさい。解答番号は［3］です。

①　イギリス　　②　スペイン　　③　フランス　　④　ポルトガル

(4)　次の表は，肉類，木材，コンピュータ部品，衣類のいずれかの日本の輸入相手国の上位４か国が占める割合を示している。このうちコンピュータ部品に該当するものを，表中の①～④の中から１つ選んで，その番号をマークしなさい。解答番号は［4］です。

（2020年）

	日本の輸入相手国（上位４か国）
①	アメリカ(20.9%)，カナダ(19.7%)，ロシア(14.1%)，フィンランド(8.5%)
②	アメリカ(28.6%)，タイ(14.6%)，オーストラリア(13.6%)，カナダ(10.8%)
③	中国(65.2%)，台湾(7.1%)，タイ(4.2%)，韓国(3.9%)
④	中国(54.1%)，ベトナム(16.0%)，バングラデシュ(4.1%)，カンボジア(4.1%)

（「日本国勢図会 2022/23年版」をもとに作成）

(5)　次の地図は，愛知県の一部を表した２万５千分の１の地形図である。この地形図について述べた文として最も適当なものを，次のページの①～④の中から１つ選んで，その番号をマークしなさい。解答番号は［5］です。

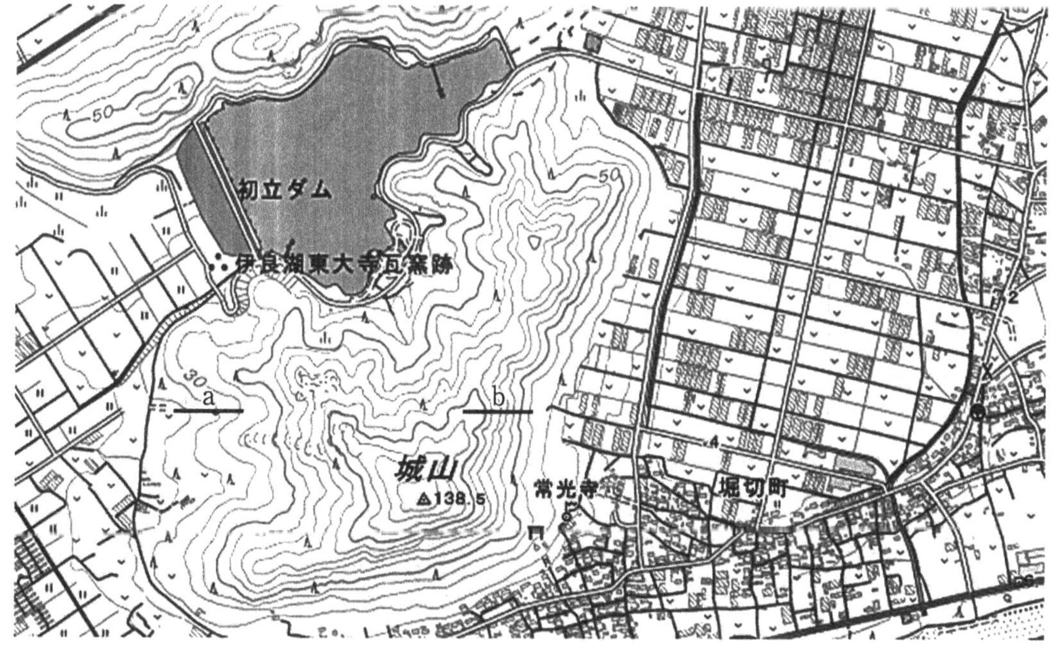

（「地理院地図/GSI Maps」（国土地理院ウェブサイト）より作成）

① 初立ダムの西側は，扇状地が広がっている。

② 郵便局の北の方向に高等学校がある。

③ 地形図中の線ａの方が線ｂより傾斜は急である。

④ 地図上の直線距離が約３㎝であった場合，実際の直線距離は約750mである。

(6) 日本の自然災害について調べるＳさんは，次の資料から読み取ったことを**メモ**にまとめた。空欄（ア）～（ウ）にあてはまる語句の組み合わせとして正しいものを，下の①～⑧の中から１つ選んで，その番号をマークしなさい。解答番号は 6 です。

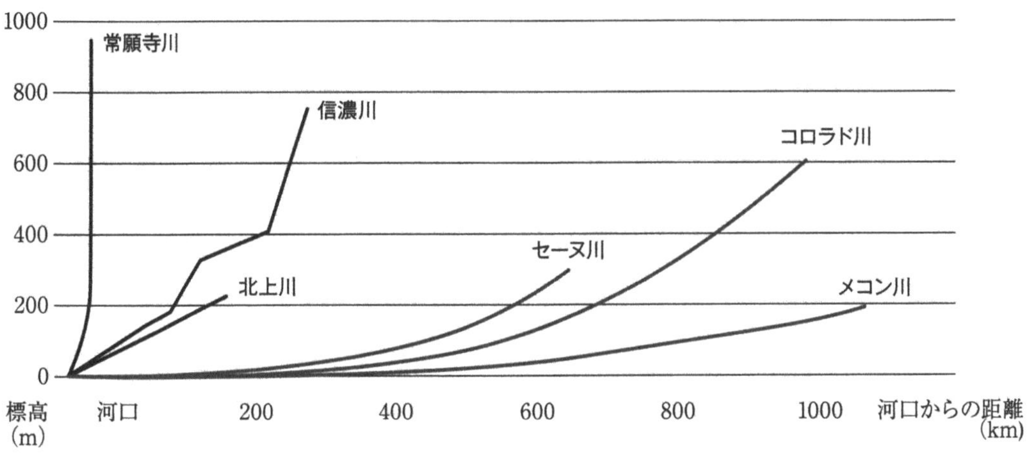

（「河川事業概要2006」（国土交通省ウェブサイト）より作成）

メモ

資料から，日本の河川は，世界の主な河川と比べて，川の長さが（ア），流れが（イ）という特徴を読み取ることができる。このため日本では，上流で大雨が降ると水量が（ウ），河川の氾濫（はんらん）による洪水が起こりやすいと推測できる。

① ア 長く イ 急である ウ 一気に増え

② ア 長く イ 急である ウ 少しずつ増え

③ ア 長く イ 緩（ゆる）やかである ウ 一気に増え

④ ア 長く イ 緩（ゆる）やかである ウ 少しずつ増え

⑤ ア 短く イ 急である ウ 一気に増え

⑥ ア 短く イ 急である ウ 少しずつ増え

⑦ ア 短く イ 緩（ゆる）やかである ウ 一気に増え

⑧ ア 短く イ 緩（ゆる）やかである ウ 少しずつ増え

(7) 次のページの表は，北海道，東京都，愛知県，大阪府の製造品出荷額等についてまとめたものである。このうち大阪府に該当するものを，次のページの表中の①～④の中から１つ選んで，その番号をマークしなさい。解答番号は 7 です。

(2019年)

都道府県	製造品出荷額等(億円)	製造品出荷額等の構成(%)
①	481,864	輸送用機械(55.4)，電気機械(5.8)，鉄鋼(5.0)，生産用機械(4.9)，食料品(3.6)，その他(25.3)
②	172,701	金属製品(9.6)，化学(9.6)，輸送用機械(9.1)，生産用機械(9.0)，鉄鋼(8.5)，その他(54.2)
③	74,207	輸送用機械(16.4)，電気機械(10.6)，印刷(10.5)，食料品(10.0)，情報通信機械(6.5)，その他(46.0)
④	61,336	食料品(36.3)，石油・石炭製品(12.8)，鉄鋼(6.5)，パルプ・紙(6.3)，輸送品機械(6.3)，その他(31.8)

(「データでみる県勢 2022年版」をもとに作成)

(8) 次の表の①～④は，下の地図中のA～Dの4県における農業産出額とその内訳を示している。このうちAの県にあたるものを，表中の①～④の中から1つ選んで，その番号をマークしなさい。解答番号は 8 です。

(2019年)

県	農業産出額(億円)					
	計	米	野菜	果実	畜産	その他
①	4,890	209	532	110	3,227	812
②	3,396	172	661	123	2,209	231
③	3,364	368	1,220	313	1,148	315
④	2,027	376	702	239	389	321

(「データでみる県勢 2022年版」をもとに作成)

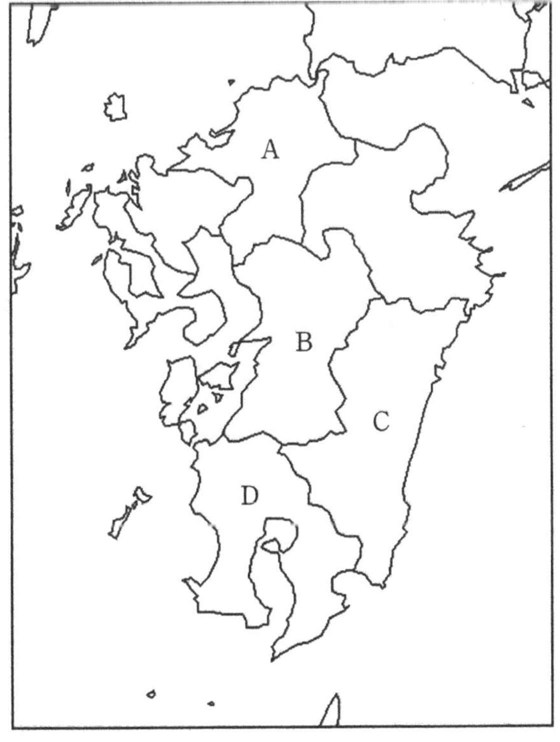

2 次の年表を見て，あとの(1)~(9)の問いに答えなさい。

世紀	日本のできごと
7	大化の改新 ……………………………… (A)
14	鎌倉幕府がほろぶ ………………………
	↕ (あ)
15	勘合貿易が始まる ………………………
17	徳川家康が征夷大将軍になる ………… (B)
18	徳川吉宗が征夷大将軍になる ………… (C)
	↕ (い)
19	大塩平八郎の乱がおこる ………………
	五箇条の御誓文
	↕ ①
	廃藩置県
	↕ ②
	岩倉使節団の派遣
	↕ ③
	自由党の結成
	↕ ④
	大日本帝国憲法の発布
20	関東大震災がおこる …………………… (D)
	日米安全保障条約を結ぶ ……………… (E)

(1) 年表中の（A）に関連して，この時代について述べた文として最も適当なものを，次の①~④の中から1つ選んで，その番号をマークしなさい。解答番号は 9 です。

① 東北地方では，奥州藤原氏が平泉を拠点に支配を広げた。

② 天智天皇が亡くなると，皇位をめぐって争いがおこった。

③ 墾田永年私財法が出された。

④ 摂政・関白がつねにおかれるようになった。

(2) 年表中の（あ）の期間について述べた次の文Ⅰ~Ⅲについて，古いものから年代順に正しく配列したものを，下の①~⑥の中から1つ選んで，その番号をマークしなさい。解答番号は 10 です。

Ⅰ 足利尊氏が征夷大将軍に任じられた。

Ⅱ 後醍醐天皇が公家（貴族）を重視する政治を行った。

Ⅲ 南朝と北朝が統一された。

① Ⅰ－Ⅱ－Ⅲ　② Ⅰ－Ⅲ－Ⅱ　③ Ⅱ－Ⅰ－Ⅲ

④ Ⅱ－Ⅲ－Ⅰ　⑤ Ⅲ－Ⅰ－Ⅱ　⑥ Ⅲ－Ⅱ－Ⅰ

(3) 年表中の（B）に関連して，江戸時代の社会や経済のようすについて述べた文として最も適当なものを，次の①～④の中から１つ選んで，その番号をマークしなさい。解答番号は 11 です。

① 裏作に麦をつくる二毛作が行われるようになった。

② 近畿地方を中心に土一揆がおこるようになった。

③ 貿易で栄えた博多や堺では自治が行われた。

④ 両替商が金銀の交換や金貸しによって経済力を持った。

(4) 年表中の（C）に関連して，18世紀におこった世界のできごととして最も適当なものを，次の①～④の中から１つ選んで，その番号をマークしなさい。解答番号は 12 です。

① アメリカで南北戦争が始まる。

② イギリスで産業革命がおこる。

③ インドのムガル帝国がほろぶ。

④ ドイツ帝国が成立する。

(5) 年表中の（い）の期間に関連して，次の資料（狂歌）について述べた文として最も適当なものを，下の①～④の中から１つ選んで，その番号をマークしなさい。解答番号は 13 です。

世の中に蚊(か)ほどうるさきものはなし　ぶんぶといふて夜もねられず
白河(注)の清きに魚のすみかねて　もとの濁(にご)りの田沼こひしき
（注） 松平定信は白河（福島県）藩主。

① 松平定信による厳しい統制が民衆の不満をまねいたことが，狂歌に表現されている。

② 田沼意次による厳しい統制が民衆の不満をまねいたことが，狂歌に表現されている。

③ この狂歌は，享保の改革を批判したものである。

④ この狂歌は，天保の改革を批判したものである。

(6) 次の資料が『日新真事誌(にっしんしんじし)』に発表された時期として最も適当なものを，年表中の①～④の中から１つ選んで，その番号をマークしなさい。解答番号は 14 です。

　現在の政治の実権がどこにあるかを考えると，天皇や人民ではなく，ただ上級の役人だけのものになっているようである。‥‥政府が出す命令が非常に多く，その命令もしきりに変わり，政治や刑罰は個人的な感情によって行われている。意見を述べる道はふさがれており，苦しみを告げることもできない。‥‥こうしたやり方を改めなければ，おそらく国家は崩壊するだろう。‥‥このゆきづまりを救う道は，天下の人民の言論をひらくことだけである。それには民撰議院を立てるのが一番よい。つまり，上級の役人の権力を制限することで，天皇・人民ともに安全で，幸福をうけることができる。‥‥　（部分要約）

(7) 年表中の（D）に関連して，関東大震災の発生をうけて，東京の復興計画にあたった後藤新平(ごとうしんぺい)について述べた次の文Ⅰ～Ⅲについて，古いものから年代順に正しく配列したものを，下の①～⑥の中から１つ選んで，その番号をマークしなさい。解答番号は 15 です。

Ⅰ 外務大臣としてシベリア出兵を推し進めた。

Ⅱ 台湾が日本の植民地となった直後に，統治にかかわる意見書を提出した。

Ⅲ 南満州鉄道株式会社（満鉄）の初代総裁に就任した。

① Ⅰ－Ⅱ－Ⅲ　② Ⅰ－Ⅲ－Ⅱ　③ Ⅱ－Ⅰ－Ⅲ

④ Ⅱ－Ⅲ－Ⅰ　⑤ Ⅲ－Ⅰ－Ⅱ　⑥ Ⅲ－Ⅱ－Ⅰ

(8) 年表中の（D）に関連して，1920年代の生活・文化について述べた次の文ａ～ｄについて，正しいものの組み合わせを，下の①～④の中から１つ選んで，その番号をマークしなさい。解答番号は 16 です。

ａ　日本最初のラジオ放送が開始された。

ｂ　日本最初のテレビ放送が開始された。

ｃ　芥川龍之介が作品を発表して人気を集めた。

ｄ　夏目漱石が作品を発表して人気を集めた。

①　ａ・ｃ　　②　ａ・ｄ　　③　ｂ・ｃ　　④　ｂ・ｄ

(9) 年表中の（E）に関連して，1950年代から1970年代にかけての政治・外交について述べた次の文Ｘ～Ｚについて，その正誤の組み合わせとして正しいものを，下の①～⑥の中から１つ選んで，その番号をマークしなさい。解答番号は 17 です。

Ｘ　自由民主党（自民党）と日本社会党（社会党）が連立を組んで，55年体制が形成された。

Ｙ　日韓基本条約が結ばれ，日本は大韓民国政府を朝鮮にある唯一の合法的な政府と認めた。

Ｚ　沖縄返還協定が結ばれ，沖縄が日本に復帰したが，米軍基地は残された。

①　Ｘ－正　Ｙ－正　Ｚ－誤

②　Ｘ－正　Ｙ－誤　Ｚ－正

③　Ｘ－正　Ｙ－誤　Ｚ－誤

④　Ｘ－誤　Ｙ－正　Ｚ－正

⑤　Ｘ－誤　Ｙ－正　Ｚ－誤

⑥　Ｘ－誤　Ｙ－誤　Ｚ－正

3 次の(1)～(8)の問いに答えなさい。

(1) 大日本帝国憲法（明治憲法）の内容について述べた文として最も適当なものを，次の①～④の中から１つ選んで，その番号をマークしなさい。解答番号は 18 です。

①　軍隊を指揮監督する最高の権限は，内閣総理大臣に与えられていた。

②　国民の権利は，原則として法律の範囲内で認められていた。

③　信教の自由や言論・集会の自由についての規定はなかった。

④　帝国議会の議員は，すべて臣民の選挙によって選ばれた。

(2) 日本国憲法における公共の福祉に基づく基本的人権の制限の例として正しいものを次のア～ウからすべて選んだとき，その組み合わせとして最も適当なものを，下の①～⑧の中から１つ選んで，その番号をマークしなさい。解答番号は 19 です。

ア　医師の免許を持たない者が医療行為をすることは，禁止されている。

イ　警察署長の許可を得ずに公道でデモを行うことは，禁止されている。

ウ　公務員が争議行為としてストライキを行うことは，禁止されている。

①　アとイとウ　②　アとイ　③　アとウ　④　イとウ

⑤　ア　⑥　イ　⑦　ウ　⑧　正しいものはない

(3) 次のページのレポートは，生徒Ｘが「日本の選挙」というテーマで書いた一部である。これを読み，空欄（ア）～（ウ）にあてはまる語句の組み合わせとして正しいものを，あとの①～⑥の中から１つ選んで，その番号をマークしなさい。解答番号は 20 です。

選挙とは…国民の意見を政治に反映させるための手段の一つ。

・日本では４つの原則に基づいて行われる。

１．普通選挙　２．平等選挙　３．直接選挙　４．秘密選挙

・平成27年の法改正により，選挙権年齢が満（ア）歳以上へ引き下げられた。

・衆議院議員総選挙では（イ）が採用されている。

・「衆議院議員総選挙における年代別投票率（抽出）の推移」の資料を見ると，平成５年から令和３年に実施された衆議院議員総選挙のうち，20歳代の投票率と60歳代の投票率が最も大きく開いたのは（ウ）に行われた衆議院議員総選挙である。

資料　衆議院議員総選挙における年代別投票率(抽出)の推移　(%)

年	平成５	平成８	平成12	平成15	平成17	平成21	平成24	平成26	平成29	令和３
回	40	41	42	43	44	45	46	47	48	49
10歳代									40.49	43.21
20歳代	47.46	36.42	38.35	35.62	46.20	49.45	37.89	32.58	33.85	36.50
30歳代	68.46	57.49	56.82	50.72	59.79	63.87	50.10	42.09	44.75	47.12
40歳代	74.48	65.46	68.13	64.72	71.94	72.63	59.38	49.98	53.52	55.56
50歳代	79.34	70.61	71.98	70.01	77.86	79.69	68.02	60.07	63.32	62.96
60歳代	83.38	77.25	79.23	77.89	83.08	84.15	74.93	68.28	72.04	71.43
70歳代以上	71.61	66.88	69.28	67.78	69.48	71.06	63.30	59.46	60.94	61.96
全体	67.26	59.65	62.49	59.86	67.51	69.28	59.32	52.66	53.68	55.93

(「衆議院議員総選挙における年代別投票率の推移」(総務省ウェブサイト)より作成)

①　ア　18　イ　小選挙区制　ウ　平成５年
②　ア　18　イ　小選挙区比例代表並立制　ウ　平成15年
③　ア　18　イ　小選挙区比例代表並立制　ウ　平成26年
④　ア　20　イ　小選挙区制　ウ　平成５年
⑤　ア　20　イ　小選挙区制　ウ　平成15年
⑥　ア　20　イ　小選挙区比例代表並立制　ウ　平成26年

(4)　日本の刑事裁判に関連して述べた文として**適当でないもの**を，次の①～④の中から１つ選んで，その番号をマークしなさい。解答番号は 21 です。

①　被告人は，有罪の判決を受けるまでは無罪と見なされる。
②　裁判員が参加するのは，殺人罪などの重大な犯罪についての刑事裁判で，第一審のみである。
③　憲法は，逮捕や捜索(そうさく)の場合には，原則として，裁判官の出す令状は必要ないと規定している。
④　憲法は，抑留または拘禁された者が，その後，裁判で無罪となった場合には，国に刑事補償を求めることができると規定している。

(5)　企業の社会的責任（CSR）に関連して述べた文として**適当でないもの**を，あとの①～④の中から１つ選んで，その番号をマークしなさい。解答番号は 22 です。

①　法令を守り，よりよい商品やサービスを生産する。
②　環境への影響を考慮して，商品の生産方法を選ぶ。

③　業務内容に関する情報や顧客の個人情報を公開する。

④　本業と直接関係しない，文化・芸術活動を支援する。

(6)　景気変動に関連して述べた文として**適当でないもの**を，次の①～④の中から１つ選んで，その番号をマークしなさい。解答番号は 23 です。

①　好況期において，景気の過熱を抑えるために政府が行う政策の一つとして，減税がある。

②　景気の後退期においては，商品の需要が減少して供給が過剰になる。

③　不況期において，景気を回復させるために中央銀行が行う政策の一つとして，国債を一般の銀行から購入する方法がある。

④　景気の回復期においては，需要の増加により物価が上昇する。

(7)　多様な人々の生活を尊重する考え方についての記述ア・イと，その内容を表す名称Ａ～Ｃとの組み合わせとして最も適当なものを，下の①～⑥の中から１つ選んで，その番号をマークしなさい。解答番号は 24 です。

ア　障がい者や高齢者を含めて人々が社会に参加するにあたり，支障となるような物理的・精神的な障壁を取り除くための考え方や取組み。

イ　仕事と仕事以外の生活を調和させ，性別や年齢に関係なく，その両方を充実させる働き方や生き方。

Ａ　インフォームド・コンセント　　Ｂ　バリアフリー　　Ｃ　ワーク・ライフ・バランス

①　アーＡ　　イーＢ

②　アーＡ　　イーＣ

③　アーＢ　　イーＡ

④　アーＢ　　イーＣ

⑤　アーＣ　　イーＡ

⑥　アーＣ　　イーＢ

(8)　社会保障の費用の負担について，生徒Ｙと生徒Ｚが次のように異なる視点から意見を述べた。生徒Ｙと生徒Ｚの意見と，生徒の意見に対する反論ア～ウの組み合わせとして最も適当なものを，下の①～⑥の中から１つ選んで，その番号をマークしなさい。解答番号は 25 です。

生徒の意見

生徒Ｙ　個人の負担の割合をさらに大きくするべきである。

生徒Ｚ　国や地方公共団体の負担の割合をさらに大きくするべきである。

生徒の意見に対する反論

ア　そうすると，国民が払う税金や年金保険料が増えることになります。

イ　そうすると，財政赤字が増えることになります。

ウ　そうすると，社会保障の給付が減少することになります。

①　生徒Ｙに対する反論　ア　　生徒Ｚに対する反論　イ

②　生徒Ｙに対する反論　ア　　生徒Ｚに対する反論　ウ

③　生徒Ｙに対する反論　イ　　生徒Ｚに対する反論　ア

④　生徒Ｙに対する反論　イ　　生徒Ｚに対する反論　ウ

⑤　生徒Ｙに対する反論　ウ　　生徒Ｚに対する反論　ア

⑥　生徒Ｙに対する反論　ウ　　生徒Ｚに対する反論　イ

① 老翁（平致頼）　② 国司の郎党
③ 大矢右衛門尉致経　④ 作者

(七) A には過去の助動詞「き」を活用させたものが入る。最も適当なものを、次の①～④の中から一つ選んで、その番号をマークしなさい。解答番号は18です。

① せ（未然形）　② き（終止形）
③ し（連体形）　④ しか（已然形）

(八) 【文章Ⅰ】・【文章Ⅱ】の両方に共通して読み取れる内容としてふさわしいものはどれか。二つ選んで、正しい組み合わせとして最も適当なものを、次の①～④の中から一つ選んで、その番号をマークしなさい。解答番号は19です。

A 外見や地位からだけで人を判断することはできず、ましてそれで相手を馬鹿にするものではない。
B いかなる者に対しても相手を思いやる慈悲の心が大切であり、それが人の価値を決める。
C 日頃からの鍛錬を怠ってはならず、いざという時に力が発揮できるように備えなくてはならない。
D 日頃から様々な経験を通して、人を見抜く力を身につけなくてはならない。

① AB　② AD　③ BC　④ BD

(九) 【文章Ⅰ】の出典である『十訓抄』は鎌倉時代に成立したものであるが、これと同じ時代に成立した作品として最も適当なものを、次の①～④の中から一つ選んで、その番号をマークしなさい。解答番号は20です。

① 源氏物語
② 枕草子
③ 平家物語
④ 伊勢物語

(一) ——線部㋐「あまたの」・㋑「さればこそ」の意味として最も適当なものを、それぞれ次の①～④の中から一つ選んで、その番号をマークしなさい。解答番号は㋐が11、㋑が12です。

㋐「あまたの」
① いつもの
② あちこちの
③ 多くの
④ 近くの

㋑「さればこそ」
① やはり、そうだった
② だが、そうではなかった
③ そもそも、そうではなかった
④ ところが、そうだった

(二) ——線部ⓐ「立ちたりける」の主語として最も適当なものを、次の①～④の中から一つ選んで、その番号をマークしなさい。解答番号は13です。

① 老翁（平致頼）
② 丹後守保昌（藤原保昌）
③ 大矢右衛門尉致経
④ 源頼信

(三) ——線部ⓑ「この老翁、なんぞ馬より下りざるや」とあるが、なぜ馬から下りて挨拶をしなかったのか。その理由として最も適当なものを、次の①～④の中から一つ選んで、その番号をマークしなさい。解答番号は14です。

① 老翁は、保昌がどのような反応をするか試したかったから。
② 老翁は、以前から保昌のことが気に入らなかったから。
③ 老翁は、田舎者で挨拶をする作法をわきまえていなかったから。
④ 老翁は、自分に乱暴をしようとする者を懲らしめたかったから。

(四) ——線部ⓒ「両虎たたかふ時は、ともに死せずといふことなし」とあるが、その解釈として最も適当なものを、次の①～④の中から一つ選んで、その番号をマークしなさい。解答番号は15です。

① 武芸に優れた者同士がともに戦えば、見事な戦いぶりですぐ決着が付いてしまう。
② 武芸に優れた者同士がともに戦えば、互いのことを理解し、殺し合うことはない。
③ 武芸に優れた者同士がともに戦えば、熾烈(しれつ)な争いの末にどちらかが死ぬまで戦う。
④ 武芸に優れた者同士がともに戦えば、激しい戦いの末に二人とも死んでしまう。

(五) ——線部ⓓ「いみじき高名なり」とあるが、その内容として最も適当なものを、次の①～④の中から一つ選んで、その番号をマークしなさい。解答番号は16です。

① 老翁の子どもが、政経であると知っていたこと。
② 老翁を咎(とが)めようとした従者に、いたわりの心を持つように教えたこと。
③ 老翁を咎めようとした従者を止め、その場を無事に収めたこと。
④ 老翁の無礼を何も言わずに許してやったこと。

(六) ——線部ⓔ「心も知らざらん人」とは、理解できていない相手という意味であるが、【文章Ⅰ】において、理解できていない相手に相当するのは誰だと考えられるか。その人物として最も適当なものを、次の①～④の中から一つ選んで、その番号をマークしなさい。解答番号は17です。

国司の郎等（保昌の従者）いはく、「ⓑこの老翁、なんぞ馬より下りざるや。奇怪なり（けしからん）。とがめ下ろすべし（厳しくとがめて馬から下ろそう）」といふ。ここに（その時）国司のいはく、「※1一人当千の馬の立て（一騎当千の武者の馬の立て方だ）やうなり。ただものにあらず。あるべからず（そんなことをしてはならぬ）」と制止して、うち過ぐるあひだ、三町ばかりさがりて（おくれること三町ばかり）、大矢右衛門尉致経、ⓐあまたの従類を具し（従えて）てあひたり（やって来るのと出会った）。弓取り直して、国司に会釈のあひだ（国司の保昌に挨拶し、）、致経いはく、「ここに老翁や一人、あひ奉りて候ひつらむ（お会い申し上げたのではないでしょうか）。あれは愚父平五大夫にて候ふ（我が愚父平五大夫致頼でございます。）。堅固の田舎人（まったくの田舎者）にて、子細を知らず。さだめて無礼をあらはし候ふらむ（きっと無作法をいたしたことでございましょう）」といひけり。致経過ぎてのち、国司、「ⓘさればこそ。致頼にてありけり」といひけり。

この党は（この武士たちは、）、頼信・保昌・維衡・致頼とて（源頼信、藤原保昌、平維衡、平致頼といって、）、世に勝れたる四人の武士なり（世にすぐれた四人の勇士といわれていた者たちである。）。ⓒ両虎たたかふ時は、ともに死せずといふことなし。保昌、かれが振舞を見知りて、さらに侮らず。郎等をいさめて、無為（無事）なりけり。ⓓいみじき高名なり。

（『十訓抄』）

（注）※1　一人当千…一人で千人の敵に対抗できるほど強いこと。

【文章Ⅱ】

昔（昔）、袴垂とていみじき盗人の大将軍ありけり（袴垂といってすごい盗人の頭がいた）。（中略）

かやうにあまたたび（こうして何度も）、とざまかうざまにするに（あれこれといろいろやってみるが）、つゆばかりも騒ぎたる気色なし（少しも騒ぐ様子がない）。希有の人かなと思ひて（珍しい人ぞと思って）、十余町ばかり具して行く（十余町ほどついて行く）。さりとてあらんやはと思ひて（そうかといって、このままおめおめ引き下がれるか）、刀を抜きて走りかかりたる時に、その度（今度は）笛を吹きやみて（笛を吹きやめて）、立ち返りて、「こは、何者ぞ」と問ふに、心も失せて（気も心もぼうっとなって）、吾にもあらで、つい居られぬ（かがみこんでしまった）。また、「いかなる者ぞ（なにやつぞ）」と問へば、今は（今と）逃ぐとも、よも逃さじと覚えければ（なっては逃げようとしてもよもや逃がすまいと思われたので、）、「引剥に候ふ（追いはぎです）」といへば、「何者ぞ」と問へば、「字袴垂となんいはれ候ふ（と言われております）」と答ふれば、「さいふ者ありと聞くぞ（そういう者がいるとは聞いているぞ）。危げに希有のやつかな（物騒なとんでもないやつだ）」といひて、「ともにまうで来（いっしょについて来い）」とばかりいひかけて、また同じやうに笛吹きて行く。

この人の気色、今は逃ぐとも、よも逃さじと覚えければ（今はもう逃げようとしても、よもや逃がすまいと思われたので）、鬼に神取られたるやうにて（まるで鬼に魂を取られたような気持ちで）、共に行く程に、家に行き着きぬ。いづこぞと思へば（いったいどこかと思うと）、摂津前司保昌といふ人なりけり。家の内に呼び入れて（袴垂を家の中に呼び入れて）、綿厚き衣一つを（綿の厚い着物を一枚くださって）賜りて、「衣の用あらん時は参りて申せ（衣服のいり用な時は参って申せ）。ⓔ心も知らざらん人に取りかかりて（おそいかかって、）、汝過ちすな（おまえ）」とありしこそ（と言われたが、）、あさましくむくつけく恐ろしかり（全くもう何とも言えずうす気味悪く）［　A　］。

（『宇治拾遺物語』）

一つ選んで、その番号をマークしなさい。解答番号は9です。

① 科学と似非科学を分ける方法は確立されておらず、早急に検討されるべきである。

② 科学と似非科学は、他人からの批判にどれだけ耐えられたかによって分けられる。

③ 科学と似非科学は、それに携わる人間の姿勢によって分けられる。

④ 科学と似非科学を分けるのではなく、似非科学のみ廃絶することが求められる。

(八) 本文全体を通して筆者が述べていることをあらわした図表として最も適当なものを、次の①～④の中から一つ選んで、その番号をマークしなさい。解答番号は10です。

①

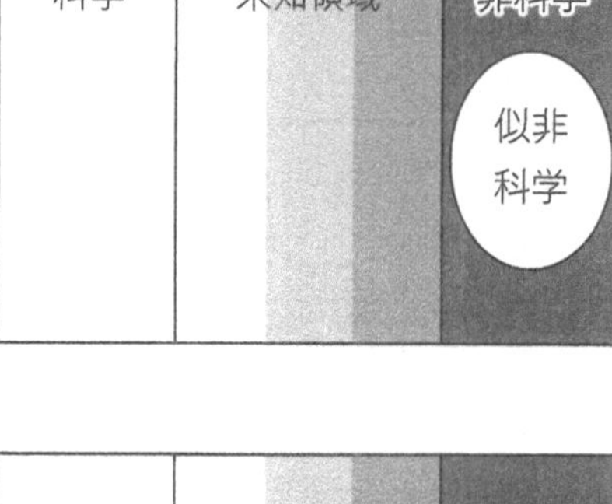

②

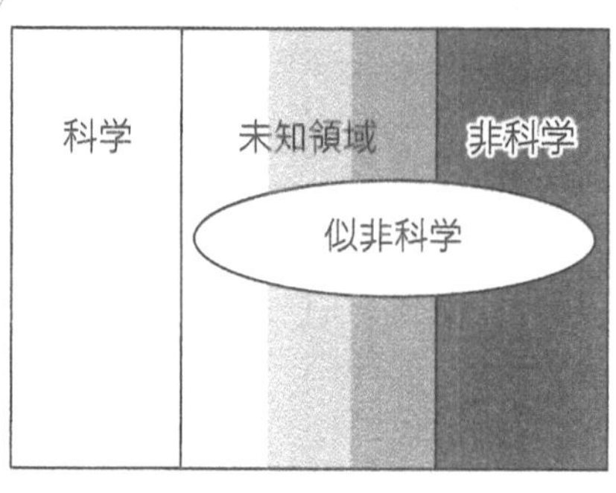

③

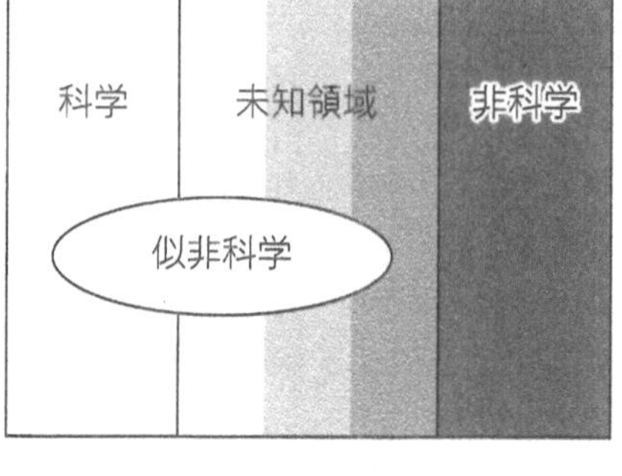

④

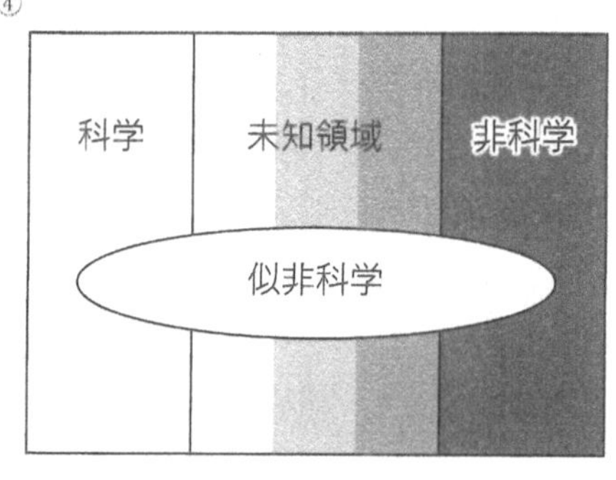

二 次の【文章Ⅰ】・【文章Ⅱ】に書かれている丹後守保昌(たんごのかみやすまさ)、摂津前司(せつつのぜんじ)保昌は、ともに藤原保昌という平安時代中期頃の貴族であり、藤原道長・頼通父子に仕え、武勇に優れていた人物である。丹後守と摂津守を歴任していたため、そのように呼ばれていた。【文章Ⅱ】は、盗賊の首領である袴垂(はかまだれ)が、笛を吹きながら歩く保昌の衣装を奪うために、襲いかかろうとする場面である。袴垂は、保昌に襲いかかろうとするものの、どうにも恐ろしくて、手を出すことができないでいる。これらの文章を読んで、あとの㈠～㈨の問いに答えなさい。

【文章Ⅰ】

丹後守保昌、任国に下向の時(任国へ下向して行った時)、与謝(よさ)の山にて、白髪の武士一騎あひたりけり。木の下に少しうち入りて(その武者は木の下に少し寄って)、笠をかたぶけてⓐ立ちたりけるを、ての善悪を科学で判断することにつながり、人間性の否定につながるため。

③　認識できないことを理由に非科学と決めつけることは、実際に未知領域に従事する人びとの暮らしに大きな影響を与えるため。

④　認識できないことを理由に非科学と決めつけることは、その非科学が将来科学の一部と認められた場合、科学の権威が傷つくため。

㈤　――線部ⓓ「とても科学的な人たち」が信用するものは何か。最も適当なものを、次の①～④の中から一つ選んで、その番号をマークしなさい。解答番号は6です。

①　地底に住んでいる地底人

②　最新鋭の顕微鏡で見た微生物

③　血液型によって性格が決まるという仮説

④　おじいさんが作ったいかなる病も治す生薬

㈥　本文中の波線部についての説明として誤っているものを、次の①～④の中から一つ選んで、その番号をマークしなさい。解答番号は7です。

①　3段落の「魔法使い」という表現は、レーウェンフックが当時の人びとからすれば、当時の常識からかけ離れた未知の領域にある知識や技術を駆使した神秘的な存在であったという筆者の見解を言い表している。

②　4段落の「〝この世の真実〟」という表現は、これから解明される可能性を秘めた新たな発見が、現在の科学では解明が不可能な未知の領域にあるという筆者の姿勢を言い表している。

③　5段落の「海の物とも山の物ともつかない」という表現は、この世界には科学によっての認識が困難で、正体をつかめず見当がつかない物事が非常に広範にわたっているという筆者の考えを言い表している。

④　6段落の「石鹸の香り漂うような、清涼感溢れる」という表現は、現段階での科学で証明されていないことは全く信用すべきではないという科学者の態度が、模範的なものであるという筆者の意見を言い表している。

㈦　この文章を読んだSさんは、内容をよく理解するため、本文を【ノート】のように整理した。これについて、以下の問いに答えなさい。

【ノート】

○　科学の外に広がる〝未知の世界〟…問題提起
　↓科学と似非科学との違いは何か。

○　[　A　]……考察
　↓科学と似非科学を分けることは容易ではない。

○　科学と似非科学の境界線……結論
　↓
[　B　]

1.　空欄Aに入る語句として最も適当なものを、次の①～④の中から一つ選んで、その番号をマークしなさい。解答番号は8です。

①　どこまでが「科学」か

②　どうして「科学」か

③　どちらが「科学」か

④　いつからが「科学」か

2.　空欄Bに入る語句として最も適当なものを、次の①～④の中から

※5　味噌も糞も一緒…よいものも悪いものも同一に扱うことのたとえ。
※6　胡散…疑わしいこと、あやしいこと。
※7　傾倒…ものごとに心を傾けて熱中すること。
※8　秘匿…秘密に隠しておくこと。
※9　淘汰圧…他人から批判されるといった圧力がかかるということ。
※10　真摯…まじめで熱心なこと。

(一)　══線部㋐・㋑のカタカナの部分の漢字と同じ漢字を用いるものを、それぞれ次の①～④の中から一つ選んで、その番号をマークしなさい。解答番号は㋐が1、㋑が2です。

㋐　モトづいた
① キソから学び始める。
② キソク正しく生活する。
③ キショウ時間は6時。
④ ゲンキなあいさつ。

㋑　ケイカイ
① ケイサツカンと話す。
② ケイサン問題を解く。
③ 貴重なケイケン。
④ ケイゴで話す。

(二)　――線部ⓐ「自分の分野について何でも知ってるという顔をする専門家は信用するに足らない」とあるが、こう言えるのはなぜか。その理由として最も適当なものを、次の①～④の中から一つ選んで、その番号をマークしなさい。解答番号は3です。
① その態度には本人の、自分の能力に対する思い上がりが露骨にあらわれているから。
② その態度は、より多くの真実を追い求めるという研究心の低下を意味しているから。
③ その態度は、実証にもとづいて事実を認識する科学者の良心の不足を表しているから。
④ その態度には世間にはびこる似非科学に対する批判性のなさが見え隠れしているから。

(三)　――線部ⓑ「現状の科学で認識できないことが、必ずしもこの世に存在しないことを意味しない」を具体的に説明したものとして最も適当なものを、次の①～④の中から一つ選んで、その番号をマークしなさい。解答番号は4です。
① ＵＦＯや超能力や地底人は、科学的に実証されることはないので、この世に存在しているとは言えない。
② ＵＦＯや超能力や地底人は、まだ科学的に実証されていないが、この世に存在していないとは言えない。
③ ＵＦＯや超能力や地底人を、実際に見たことがある人が増えても、この世に存在しているとは言えない。
④ ＵＦＯや超能力や地底人を、心の底から信じる思いさえあれば、この世に存在していないとは言えない。

(四)　――線部ⓒ「これは非常に厄介な問題」とあるが、筆者がこのように考えるのはなぜか。その理由として最も適当なものを、次の①～④の中から一つ選んで、その番号をマークしなさい。解答番号は5です。
① 認識できないことを理由に非科学と決めつけることは、未知のものを認識することで発達してきた科学の歩みと矛盾するため。
② 認識できないことを理由に非科学と決めつけることは、物事の全

する論理」とても形容されるべきものに飲み込まれてしまいかねないことである。根拠が薄弱なものに対して、信じる／信じない、の二者択一や、「そうであったらいいな」的な、安易な希望的観測を持って傾倒していくことはやはり危険なことである。特に根拠を問うことが許されないような「神秘性」を強調するものには㋑ケイカイが必要であろう。

[8] しかし一方、現在の科学の体系の中にあるものだけに自分の興味を限定してしまうことも、真の意味で科学的な態度ではないはずである。科学の根本は、もっと単純に自分の中にある「なぜ？」という疑問に自らの頭と情熱で挑むものではなかったろうか。その興味の対象が、現在「科学的」と呼ばれているかどうかなど、実に些細な問題である。

[9] 科学の歴史はこれまで述べてきたように、未知領域の中から新たな科学的真実が次々と付け加えられてきた歴史でもあり、それは挑戦と不確かな仮説に満ちたものだった。何を興味の対象としているかによって、科学と似非科学との間に境界線が引ける訳ではないのだ。

科学と似非科学の境界線

[10] もし、科学と似非科学の間に境界線が引けるとするなら、それは何を対象としているかではなく、実はそれに関わる人間の姿勢によるのみなのではないかと私は思う。「非科学的な研究分野」というものが存在するのかどうかは私には分からないが、「非科学的な態度」というのは明白に存在している。科学的な姿勢とは、根拠となる事象の情報がオープンにされており、誰もが再現性に関する検証ができること、また、自由に批判・反論が可能であるといった特徴を持っている。

[11] 一方、根拠となる現象が神秘性をまとって秘匿※8されていたり、一部の人間しか確認できないなど、再現性の検証ができない、客観性ではなく「生命は深遠で美しい」のような誰も反論できないことで感情に訴える、批判に対して答えないあるいは批判自体を許さない――そういった特徴を持つものも、現代社会には分野を問わず（政治家等も含めて）、あまた存在している。

[12] この二つの態度の本質的な違いは、物事が発展・展開するために必要な資質を備えているかということである。科学的と呼ばれようが、非科学的と呼ばれていようが、この世で言われていることの多くは不完全なものである。だから、間違っていること、それ自体は大した問題ではない。間違いが分かれば修正すれば良い。ただ、それだけのことだ。

[13] しかし、そういった修正による発展のためには情報をオープンにし、他人からの批判、つまり淘汰圧※9のようなものに晒されなければならない。最初はとんでもない主張であっても、真摯※10に批判を受ける姿勢があれば、修正できるものは修正されていくだろうし、取り下げるしかないものは、取り下げられることになるだろう。この修正による発展を繰り返すことが科学の最大の特徴であり、そのプロセスの中にあるかどうかが、科学と似非科学の最も単純な見分け方ではないかと、私は思っている。

（『科学と非科学　その正体を探る』中屋敷均による）

（注）

※1　シークエンサー…遺伝子情報などの集まりであるＤＮＡを詳しく調べる装置。

※2　レーウェンフック…オランダの科学者。（1632～1723）

※3　似非…似てはいるが本物ではない、にせもの。

※4　有象無象…数は多いが、くだらない人や物。

【国　語】（四〇分）〈満点：五〇点〉

一　次の文章を読んで、あとの㈠～㈧の問いに答えなさい。

科学の外に広がる〝未知の世界〟

1　大学に職を得て赴任したての頃、研究室の教授に「ⓐ自分の分野について何でも知ってるという顔をする専門家は信用するに足らない。どこまでが分かっていて、どこからは分かっていないことなのか、きちんと説明できるのが本当の専門家だ」と言われたことを、今でも印象深く憶えているが、科学である程度「分かっている」と言える領域の外には、広大な〝未知領域〟が実際には存在している。そのことをこの生物分類の歴史は端的に物語っている。

2　当たり前のことであるが、現在の科学が世界のすべてを把握している訳ではない。顕微鏡が考案されれば、今まで見えなかったものが見えてくる。※1シークエンサーが発明されれば、顕微鏡では見えない遺伝子に刻まれた生物進化の痕跡が見えてくる。そういった認識できる情報が増えれば増えるだけ、それに㋐モトづいた科学の常識、それが支配できる領域も変わっていく。

3　しかし、ⓑ現状の科学で認識できないことが、必ずしもこの世に存在しないことを意味しないのなら、では一体、何が〝科学的〟で、何が〝非科学的〟なものなのだろう？　ＵＦＯや超能力や地底人だって、将来的に科学になる可能性はないのだろうか？　※2レーウェンフックも、かつて「魔法使い」と言われていたそうではないか？

4　実は、そうなのだ。ⓒこれは非常に厄介な問題であり、ある意味、本質的な問いなのかも知れない。現在、科学の支配が及んでいない未知な領域にも、間違いなく〝この世の真実〟は存在している。実際、科学の最先端で試されている仮説の数々も、そういった未知領域に存在しているとも言えるし、長い歴史は持つものの西洋科学の体系には必ずしも収まっていない東洋医学なんかも、少なくとも部分的にはそうだろう。また、※3「似非科学」と非難めいた名称で呼ばれている分野も、その一部はこの領域の住人と言って良い。

5　そういった「科学」とも「非科学」ともつかない。〝未知領域〟は、この世にかなり広大に広がっているし、そこには※4有象無象の海の物とも山の物ともつかないようなものたちが蠢いている。それらのうちのいくつかは将来、科学の一部となっていくこともあるだろうが、だからと言って、※5味噌も糞も一緒で、本当に何でもありで良いのか、これもまた疑問である。

A

6　この難問に対して、ⓓとても科学的な人たちは「科学的に実証されたものだけを信用すべき」という考え方をとり、それが科学者としてとるべき態度のように評されることも多い。私自身はそういった石鹸の香り漂うような、清涼感溢れる考え方に、どこか違和感を持ってしまう方ではあるが、「似非科学」と呼ばれるような※6胡散の香り漂うものに※7傾倒する危険性も軽視できないことは理解している。

7　その最大の問題点は、実証されたものに比べて、実証されていない領域ははるかに大きく、一旦、根拠のはっきりしないものを受け入れる精神構造ができてしまうと、どこまでもその対象が広がり、根拠なき後退と言うか、根拠なき前進と呼ぶべきか、そのような「果てしなく飛躍

2023年度

解 答 と 解 説

《2023年度の配点は解答欄に掲載してあります。》

＜数学解答＞

1 (1) ア − イ 9 (2) ウ 9 エ 5 (3) オ 7 カ 5 キ 6
(4) ク 1 ケ 3 コ 2 (5) サ − シ 3 ス − セ 3

2 (1) ア 4 イ 8 (2) ウ 1 エ 6 オ 6 カ 2

3 (1) ア 1 イ 3 ウ 6 (2) エ 1 オ 6

4 ア 1 イ 7

5 (1) ア 6 イ 5 ウ 1 エ 7 (2) オ 1 カ 3

6 (1) ア 1 イ 4 (2) ウ 1 エ 0 オ 2 カ 5
(3) キ − ク 1

○推定配点○

1 (1) 2点 他 各3点×4 2, 3 各3点×4 4～6 各4点×6 計50点

＜数学解説＞

1 (数と式の計算，因数分解，平方根，二次方程式，連立方程式)

基本 (1) $2^4-5^2=2\times2\times2\times2-5\times5=16-25=-(25-16)=-9$

基本 (2) $x^2+4x-45=(x+9)(x-5)$

基本 (3) $2\sqrt{20}+3(\sqrt{5}-2)=2\times2\sqrt{5}+3\sqrt{5}-6=4\sqrt{5}+3\sqrt{5}-6=7\sqrt{5}-6$

重要 (4) 二次方程式$3x^2-7x+2=0$において，解の公式より$x=\dfrac{-(-7)\pm\sqrt{(-7)^2-4\times3\times2}}{2\times3}=\dfrac{7\pm\sqrt{49-24}}{6}=\dfrac{7\pm\sqrt{25}}{6}=\dfrac{7\pm5}{6}$　ここで，$x=\dfrac{7-5}{6}$のとき$x=\dfrac{2}{6}=\dfrac{1}{3}$　$x=\dfrac{7+5}{6}$のとき$x=\dfrac{12}{6}=2$　よって，$x=\dfrac{1}{3}$，2

重要 (5) $y=2x+3$…①，$3x+2y=-15$…②とする。①を②に代入して$3x+2(2x+3)=-15$　$3x+4x+6=-15$　$7x=-21$　$x=-3$　さらに，$x=-3$を①に代入して，$y=2\times(-3)+3=-6+3=-3$　よって，$x=-3$，$y=-3$

重要 2 (平方根の利用，方程式の利用)

(1) $A=\dfrac{\sqrt{192n}}{2}=\dfrac{8\sqrt{3n}}{2}=4\sqrt{3n}$とする。ここで自然数$n$について，$n=3a^2$($a$は自然数)と表すと，$A=4\sqrt{3n}=4\sqrt{3\times3a^2}=12a$となり，Aを整数にすることができる。$a=1$のとき$n=3$，$A=12$　$a=2$のとき$n=12$，$A=24$　$a=3$のとき$n=27$，$A=36$　$a=4$のとき$n=48$，$A=48$　$a=5$のとき$n=75$，$A=60$　よって，$A=\dfrac{\sqrt{192n}}{2}$が50を超えない整数になるとき，自然数nの値で最大のものは$n=48$

(2) 1問目を正解した生徒数をm人，2問目を正解した生徒数をn人(m，nはそれぞれ20以下の自然数)とする。1問目の点数を6点，2問目の点数を4点としたときの平均点が6点なので，$(6m+4n)\div$

$20=6$　$6m+4n=120$　$3m+2n=60$…①　また，1問目の点数を5点，2問目の点数を5点としたときの平均点が5.5点なので，$(5m+5n)\div 20=5.5$　$5m+5n=110$　$m+n=22$…②　②の両辺を2倍して$2m+2n=44$…③　①の両辺から③の両辺をひいて$m=16$　②に$m=16$を代入して$16+n=22$　$n=6$　よって，1問目を正解した生徒は16人，2問目を正解した生徒は6人となる。さらに，生徒は全部で20人いるので，$16+6-20=2$より，両方とも正解した生徒は2人となる。

3 （確率）

重要 (1)　大中小3個のさいころを同時に投げるとき，大中小3個のさいころすべてで同じ目が出る場合の数は，1，2，3，4，5，6の各数字でそろう6通り。また，大中小3個のさいころの目の出方は$6\times 6\times 6=216$(通り)　よって，求める確率は$\frac{6}{216}=\frac{1}{36}$

やや難 (2)　大中小3個のさいころを同時に投げるとき，大中小3個のさいころすべてで1が出る場合の数は1通り。大中小3個のさいころすべてで2が出る場合の数は$2\times 2\times 2=8$(通り)　大中小3個のさいころすべてで3が出る場合の数は$3\times 3\times 3=27$(通り)　このとき，大中小3個のさいころすべてで同じ目が出る場合の数は，$1+8+27=36$(通り)　さらに(1)より，大中小3個のさいころの目の出方は$6\times 6\times 6=216$(通り)　よって，求める確率は$\frac{36}{216}=\frac{1}{6}$

4 （四角形と面積）

図1のように，△ABFを対角線FHで区切ってできた2つの合同な直角二等辺三角形を，それぞれ①，②とする。同様に，△BCGを対角線EGで区切ってできた2つの合同な直角二等辺三角形を，それぞれ③，④とする。さらに，図2のように，直角二等辺三角形①～④を移動すると，図の斜線部分は①，②を含む縦3，横1.5の長方形と，③，④を含む縦2.5，横5の長方形にすることができる。よって，図の斜線部分の面積は$3\times 1.5+2.5\times 5=4.5+12.5=17$

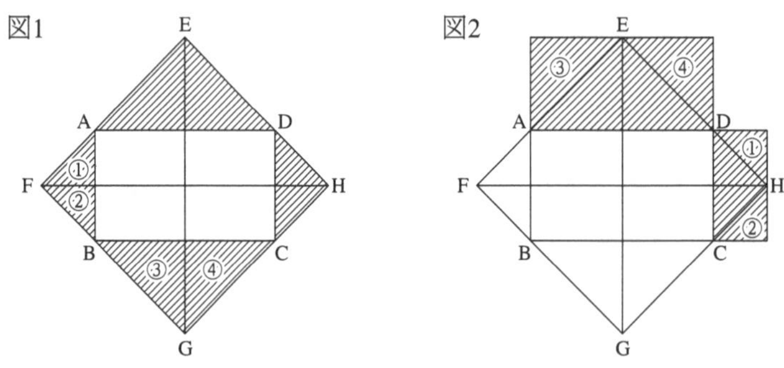

5 （円と三角形）

重要 (1)　線分CDに平行で点Bを通る直線と直線ACの交点を点Eとする。CD//BEより，平行線の同位角は等しいので，∠ACD＝∠CEB…①　平行線の錯角は等しいので，∠BCD＝∠CBE…②　さらに∠ACD＝∠BCD…③なので，①，②，③より∠CEB＝∠CBE　このとき，△CBEはCB＝CE＝12の二等辺三角形となる。さらに，平行線で区切られた線分の比は等しいので，AD：DB＝AC：CE＝AC：CB＝5：12　よって，$AD=\frac{5}{5+12}\times 13=\frac{5}{17}\times 13=\frac{65}{17}$

やや難 (2)　△ABCにおいて，AB＝13，BC＝12，CA＝5より，$AB^2=13^2=169$，$BC^2+CA^2=12^2+5^2=144+25=169$となることから$AB^2=BC^2+CA^2$となるので，三平方の定理より△ABCは∠ACB＝90°の直角三角形となる。このとき円周角の定理より，辺ABは円の直径となり，∠AEB＝90°…①　また，CEは∠ACBの二等分線なので，∠ACE＝∠BCE＝45°　さらに，円周角の定理より，

∠EBA＝∠ACE＝45°…②　∠EAB＝∠BCE＝45°…③　①，②，③より，△AEBはAE＝BE，∠AEB＝90°の直角二等辺三角形となる。このとき，△AFEと△BFEにおいて，∠AFE＝∠BFE＝90°，AE＝BE，EF＝EFより，直角三角形の斜辺と他の一辺の長さがそれぞれ等しいので，△AFE≡△BFEとなることから，点Fは円の直径ABの中点すなわち円の中心となり，EFは円の半径となる。よって，EGは円の直径となるので，EG＝AB＝13

6　（2次関数，グラフと図形）

重要　(1)　x座標が3である点Aは，関数$y=x^2$のグラフ上の点なので，$y=x^2$に$x=3$を代入して$y=9$となることより，点Aの座標はA(3，9)となる。また，x座標が6である点Bは，関数$y=ax^2$のグラフ上の点なので，$y=ax^2$に$x=6$を代入して$y=a\times6^2=36a$となることより，点Bの座標はB(6，36a)と表せる。さらに，線分ABがx軸と平行であることから，点Aと点Bのy座標は等しいので，$9=36a$　よって，$a=\frac{9}{36}=\frac{1}{4}$

重要　(2)　(1)より，点Aの座標はA(3，9)，点Bの座標はB(6，9)となり，線分ABの長さは$6-3=3$　ここで，△ABPを底辺が線分ABである三角形とみて，△ABPの高さをh($h>0$)とすると，△ABPの面積が24なので，$3\times h\div2=24$　$3h=48$　$h=16$　このとき，点Pのy座標は$9+16=25$　さらに(1)より，点Pは関数$y=ax^2$すなわち$y=\frac{1}{4}x^2$のグラフ上の点なので，$y=\frac{1}{4}x^2$に$y=25$を代入して，$25=\frac{1}{4}x^2$　$100=x^2$　$x=\pm10$　点Pのx座標は6より大きいので，$x=10$　よって，点Pの座標はP(10，25)

やや難　(3)　(2)より，点Pの座標はP(10，25)なので，点Pを通りx軸に平行な直線とy軸との交点Cの座標はC(0，25)となり，線分PCの長さは$10-0=10$　また，(2)より，x軸に平行な線分ABの長さは3　さらに，四角形ABPCはAB//CPの台形であり，その高さは点P(または点C)と点A(または点B)のy座標の差に等しく，$25-9=16$　このとき，台形ABPCの面積は，$(10+3)\times16\div2=104$　ここで，四角形ABDCの面積と△CDPの面積の比が8：5なので，四角形ABDCの面積は$104\times\frac{8}{8+5}=104\times\frac{8}{13}=64$…①　△CDPの面積は$104-64=40$…②　次に，△ABPと△ABCを共通の底辺ABを持つ三角形どうしとみると，AB//CPより△ABPと△ACBは底辺と高さがそれぞれ等しい三角形どうしなので面積が等しく，△ABPの面積が24であることから，△ABCの面積も24となる。ここで，四角形ABDCを線分BCで△ABCと△BDCに分けると，①より四角形ABDCの面積が64，△ABCの面積が24なので，△BDCの面積は$64-24=40$…③　よって，②，③より，△CDPと△BDCは面積が等しい。さらに，△CDPと△BDCを，同じ頂点Cを持ち，それぞれの底辺DP，BDが同じ直線BP上にある三角形どうしとみると，△CDPと△BDCは高さと面積が等しいので，底辺DPと底辺BDの長さも等しくなり，点Dは線分BPの中点となる。このとき，P(10，25)，B(6，9)より，点Dのx座標は$(10+6)\div2=16\div2=8$，点Dのy座標は$(25+9)\div2=34\div2=17$となる。よって，点Dの座標はD(8，17)となり，C(0，25)，D(8，17)を通る直線CDの傾きは$\frac{17-25}{8-0}=-\frac{8}{8}=-1$

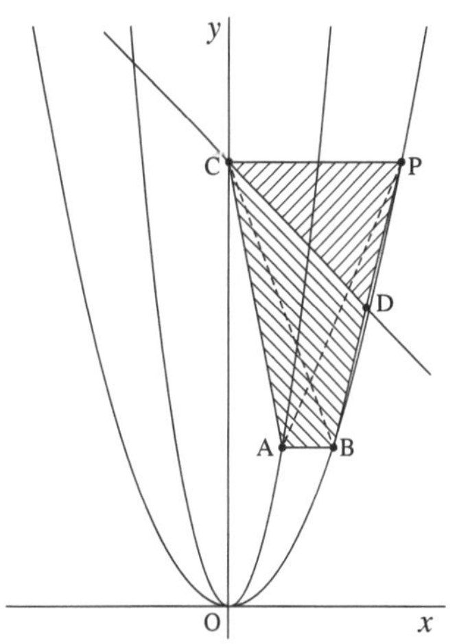

★ワンポイントアドバイス★
一見面倒に感じられる問題も，問題文をよく読んでいけば，解き筋が見えてくるものだが，そのためにはきめ細かな解法の知識が必要。何が適用できる知識なのかを的確に判断できるようにするために，豊富な知識を獲得しよう。

＜英語解答＞

〈聞き取り〉

Q1 c　Q2 b　Q3 a　Q4 d　Q5 d

〈筆記〉

1 (1) ④　(2) ②　(3) ①　(4) ②　(5) ③

2 (1) 1. ③　2. ②　(2) ③　(3) ③　(4) ①

3 (1) ④　(2) ①　(3) Ⅰ ③　Ⅱ ②　(4) ②

4 (1) ③　(2) ④

○推定配点○

〈聞き取り〉 各2点×5　〈筆記〉 1 各2点×5　2 各3点×5　3 (1)～(3) 各2点×4 (4) 3点　4 各2点×2　計50点

＜英語解説＞

(聞き取り)

Number 1

A：Dad, I'm home.

B：Welcome back. Did you have a good day at school?

A：Yeah, but I left my umbrella on the train and it snowed very hard on the way home from the station. I'm so cold and tired.

Question number 1　What is his father going to say next?

a　Oh no, come and watch TV here.

b　Hmm. That's not too bad.

c　Well, you should take a hot bath.

d　Sure, let's go to the hospital.

Number 2

A：Hello, Ken. I'm going shopping now. What would you like me to buy?

B：Well, let me think. Oh, I need two plastic erasers, three red pencils and a notebook to study English. Could you get me those things please?

A：That's a lot. Let me write it down! One plastic eraser, three red pencils and a notebook. Is that right?

Question number 2　What is Ken going to say next?

a　Yes, you are right.

b　No, I need two plastic erasers.

c　Yes, you must go now.

d　No, I need to make it now.

Number 3

A：Hello, thanks for coming to our sushi restaurant. Do you have a reservation?

B：No, I don't. Sorry I didn't know I needed one

A：Well, you need to wait for 20 minutes.

Question number 3　What is the customer going to say next?

a　No problem. I can wait.

b　Great, I'll have the seafood salad.

c　Can I order now?

d　Ok, I didn't need one.

Number 4

Melon Day is a holiday when people enjoy eating melons in Turkmenistan. It started in 1994 because the president at that time liked melons very much. It is the second Sunday in August. On melon Day, people hold contests about melons and enjoy dancing to music. The people there are very proud of their melons.

Question number 4　What do the people in Turkmenistan do on Melon Day?

a　They make melon juice.

b　They use melons to make cookies.

c　They are not proud of their melons.

d　They enjoy dancing to music.

Number 5

Hello everyone! Welcome to my quiz show. I hope you enjoy our TV program today. Here is the first quiz. Please guess what kind of fruit is in this box. Here we go! It is from India. It has a sweet taste. Its color is yellow or sometimes orange. Its shape is not round. It is juicy and soft.

Question number 5　What fruit do you think is in the box?

a　Orange　　b　Banana　　c　Lemon　　d　Mango

1番

A：お父さん，ただいま。

B：おかえり。学校は楽しかったかい。

A：うん，でも僕は電車に僕の傘を置いてきて，駅から家の途中はとても激しく雪が降ったんだ。僕はとても寒くて疲れたよ。

問題　彼の父は次に何を言うか。

a　ああなんだって。ここへ来てテレビを見なさい。

b　ううん。そんなに悪くないね。

c　それじゃ，お前は熱い風呂に入るべきだよ。

d　いいよ，病院へ行こう。

2番

A：あら，ケン。私は今，買い物に行くの。あなたは私に何を買ってもらいたい？

B：ええと，考えさせて。ああ，僕はプラスチック消しゴム2つと赤えんぴつ3本，英語を勉強するためのノート1冊が必要なんだ。それらの物を僕に買ってきてくれる？

A：それはたくさんね。書き留めさせてちょうだい。プラスチック消しゴム1つと赤えんぴつ3本，ノート1冊。それで正しいの？

問題　ケンは次に何を言うか。

a　うん，正しいよ。

b　いや，僕はプラスチック消しゴムが2つ必要なんだ。

c　うん，あなたはすぐに行かなくてはならないよ。

d　いや，僕は今，それを作る必要があるよ。

3番

A：こんにちは，私たちの寿司レストランへ来てくださってありがとう。予約なさっていますか。

B：いいえ，していません。ごめんなさい，私はそれが必要だと知らなかったのです。

A：そうですね，あなたは20分間待つ必要があります。

問題　客は次に何を言うか。

a　問題ありません。私は待つことができます。

b　素晴らしい。私はシーフードサラダをいただきます。

c　今，注文しても良いですか。

d　わかりました，私はそれを必要としませんでした。

4番

メロンの日はトルクメニスタンで人々がメロンを食べることを楽しむ休日だ。当時の大統領がメロンが大好きだったので，それは1994年に始まった。それは8月の第2日曜日だ。メロンの日には，メロンについてのコンテストを開催し，踊りや音楽を楽しむ。そこの人々は彼らのメロンをとても誇りに思っている。

問題　トルクメニスタンの人々はメロンの日に何をするか。

a　彼らはメロンジュースを作る。

b　彼らはクッキーを作るためにメロンを使う。

c　彼らは彼らのメロンを誇りに思わない。

d　彼らは音楽に合わせた踊りを楽しむ。

5番

こんにちは，皆さん。私のクイズショーへようこそ。今日は私たちのテレビ番組をあなた方が楽しむとよい，と私は思います。最初のクイズです。この箱の中にどんな種類の果物があるかあててください。さあ。それはインド産です。それは甘い味がします。その色は黄色か，時にはオレンジです。その形は丸くはありません。それは水分が多く柔らかいです。

問題　あなたは箱の中に何の果物があると思うか。

a　オレンジ　　b　バナナ　　c　レモン　　d　マンゴー

〈筆記〉

1　**（長文読解・会話文：語句補充，内容吟味）**

（全訳）店員　　：ご用件を伺いましょうか。

コタロー：はい。僕は困っています。川の中にスマートフォンを落としました。それ以来，スマートフォンが作動しません。

店員　　：それは①<u>壊されたか</u>もしれません。調べさせてください。

コタロー：わかりました，はいどうぞ。

店員　　：ううん，これはとてもひどい状態です。

コタロー：②<u>それは悪い知らせです</u>。

店員　　：新しいものにしたらどうですか。最近，スマートフォンの価格はより低くなっています。

新しいものにするのに良い時期だと思います。
コタロー：それらのいくつかを見せてください。
店員　　：わかりました。「SEIシリーズ」は写真を撮るのに良いです。
コタロー：それは良さそうです。何か他のシリーズがありますか。
店員　　：「RINシリーズ」は私たちの店で最も小さくて軽いスマートフォンです。もしあなたのスマートフォンでしばしばゲームするなら，「KANシリーズ」が最も良いです。
コタロー：なるほど。「HIGHシリーズ」の特徴は何ですか。
店員　　：このシリーズは年配の人々用ですので，あなたは他のシリーズを選ぶべきです。
コタロー：わかりました。私は旅行することが好きで，美しい写真に私の思い出を保存したいのです。
店員　　：その場合，1つの選択しかありませんね。
コタロー：はい。通話料金プランを選びたいです。
店員　　：ありがとうございます。3つのプランがあります。「プランA」は1ヵ月につき2800円がかかります。「プランB」は「プランA」よりも多くのお金がかかりますが，あなたは時間無制限で誰にでも電話することができます。最も高価なプランは「プランC」です。それは「プランA」の2倍多くかかりますが，無制限でインターネットを使うことができます。
コタロー：③私は旅行をするためにお金を節約したいので，プランAが私には最も良いと思います。
店員　　：わかりました。

(1)　break は「壊れる」という意味と，「壊す」という意味がある。助動詞 may「～かもしれない」がある文だから，「壊れる」の意味で用いるなら原形の break が適切。「壊す」という意味で用いるなら「壊された」の意味になる受動態の be broken が適切。be broken を使うのが一般的である。

(2)　①「それはなんて素晴らしいのでしょう」(×)　②「それは悪い知らせです」 コタローのスマートフォンについて店員が3番目の発言で「ひどい状態」と言っている。(○)　③「それはとてもわくわくさせます」(×)　④「私はそれに満足しています」(×)

(3)　店員の5番目の発言最終文・コタローの7番目の発言最終文参照。

(4)　①「私はインターネットでたくさんの種類の映画を見ることができる」(×)　②「私は旅行をするためにお金を節約したい」 店員の9番目の発言参照。3種類の通話料金プランのうち最も安価なプランAを選んだということは，お金を節約したいのだと考えるのが適切。(○)
③「私はスマートフォンでしばしば私の友だちに電話をかけ，たくさん話す」(×)　④「私はたくさんの写真を撮りたい」(×)

(5)　①　コタローの最初の発言参照。「スマートフォンが作動し」なくて「困ってい」るのである。(×)　②　コタローの7番目の発言最終文参照。旅行をすることが好きなのである。(×)
③　店員の4番目の発言最終文参照。(○)　④　店員の5～7番目の発言・コタローの6番目の発言参照。「SEIシリーズ」「RINシリーズ」「KANシリーズ」「HIGHシリーズ」の4種類である。(×)

2　**(長文読解・手紙文：内容吟味，語句補充，文整序)**

(全訳)　親愛なるホワイト先生，

僕はあなたにあなたの英語の授業のことでありがとうと言いたいです。僕があなたの授業で英語を話そうとしたとき，あなたはいつも僕をほめました。僕は1年間本当にそれらを楽しみました。

最初は，僕はあなたが言ったことを理解することができなかったので，あなたの授業中にとても緊張しました。その証拠に，あなたが僕にいくつかの質問をしたとき，言葉を言わずにいつもただ微笑みました。僕は僕のクラスメイトの前で間違えたくなかったのです。

あなたはハルカを覚えていますか。ハルカは上手に英語を話します。ある日，あなたの授業の後に，彼女は僕に，「カズオ，あなたは授業中に英語を話さないわね。なぜ」と言いました。「僕は英語で何を言ったら良いかわからないからだよ」と僕は答えました。「でも，ホワイト先生は私たちにいくつかの絵と英単語を見せるわ。あなたはそれらを使うことができるのよ。それをやってみて」彼女が僕に言ったとき，彼女は僕の気持ちを理解することはできない，と僕は思いました。

夏休みの後，僕は僕の宿題を提出するために職員室へ行きました。電話が鳴ったとき，あなたは立ち上がってそれに日本語で応答しました。その電話の後，あなたはあなたの日本語について1人の先生にいくつかの質問をしました。あなたはいくつかの日本語の単語を何度も何度も繰り返しました。あなたが日本語を話そうとし，間違うことを恐れなかったので，僕は驚きました。【③】僕の心の中で何かが変わり，僕はあなたの授業で英語を話そうと決めました。

数日後，あなたの授業中に，あなたはあなたの夏休みについて話し始めました。あなたは僕たちにたくさんの写真を見せました。それから，あなたは僕の名前を呼んで僕に尋ねました。「カズオ，あなたは夏休みの間に何をしましたか」僕は英語で何か言いたかったけれど，すぐにあなたの質問に答えることができませんでした。そのとき，ハルカは僕に小さい声で言いました。「何か言って。単語を言って」僕は言うべき言葉を見つけようとし，言いました。「川…僕は僕のクラスメイトと川を掃除しました」「あら，本当に。あなたは掃除の後，どう感じましたか」「僕はとても疲れたけれど，良い気持ちでした」あなたは僕に微笑んで言いました。「あなたはよくやったわ。カズオ，あなたの英語は素晴らしいわ」僕はそれを聞いてとてもうれしかったです。その授業の後，ハルカは僕に，「やったわね」と言いました。そのとき以来，ハルカと僕は親友です。

その翌日，僕は初めて職員室へ行ってあなたと話すことを楽しみました。僕はもっと英語を話したくて，それから僕は何度もあなたを訪問しました。あなたはいつも微笑んで，僕が英語で話すことを助けてくれました。その結果，僕の英語はより良くなりました。

今では，ハルカと僕は毎日一緒に英語を練習し，僕たちはときどきあなたにまた会うためにあなたの国，アメリカを訪れることについて話します。僕はあなたの授業に本当に感謝します。あなたにすぐに会えると良いと思います。

敬具，
カズオ

(1)　1.「カズオはホワイト先生の授業をどれくらい楽しんだか」 ①「1カ月」(×)　②「半年」(×)　③「1年」 第1段落最終文参照。(○)　④「3年」(×)　2.「カズオは夏休みに彼の友だちと一緒に何をしたか」 ①「彼はたくさんの写真を撮った」(×)　②「彼は川を掃除した」第5段落第3文・第7文参照。(○)　③「彼は一緒に英語を練習した」(×)　④「彼はホワイト先生に会いにアメリカを訪れた」(×)

(2)「僕の心の中で何かが変わり，僕はあなたの授業で英語を話そうと決めました」「あなたの授業で英語を話そうと決め」たきっかけは，ホワイト先生が「日本語を話そうとし，間違うことを恐れなかった」(第4段落第5文)のを見たことである。このことから，カズオは間違いを恐れずに外国語を話す姿勢を学び，授業中に英語を話そうと決めたのである。

(3)　本文に書かれている順は，エ「カズオはとても緊張して授業中に英語を話さなかった(第2段落第1文)」→イ「カズオは英語で彼の夏休みについて話した(第5段落第3文・第7文」→ア「カズオとハルカは親友になった(第5段落最終文)」→ウ「カズオは彼女と話したかったのでしばしばホワイト先生を訪ねた(第6段落第2文)」である。

(4)

> カズオ様
> お手紙をありがとう。あなたがハルカと$_{あ}$毎日英語を練習すると知って，私はとてもうれしいです。今では，間違いをすることは構わない，とあなたは知っています。あなたは英語を話すとき，緊張しないで！

①「毎日英語を練習する」 最終段落第1文参照。(○) ②「英語を話すのにまだ緊張する」(×) ③「ときどき川を掃除する」(×) ④「あなたのクラスメイトが英語を勉強するのを手伝う」(×)

3 **(長文読解・論説文：語句補充，語句整序，内容吟味)**

(全訳) あなたはより早く走ったりより長く走ったりしたいか。①何か特別なことをすることによって走るためのあなたの能力を改善するための方法がある，とあなたは思うか。明確に，あるのだ。それはあるジュースだ。

あなたはビートを知っているか。それは野菜の一種だ。それは赤い色をした丸い根と緑の葉を持つ。それはI形の点ではかぶに少し似ている。「ビートジュース」はビートの根から作られ，私たちをより早い走者にすることができる。

私たちが走るとき，心臓から筋肉に酸素を運ぶ私たちの体の能力はより良くなる。驚くべきことに，ビートジュースを飲むと，私たちは同じ経験をすることができる。研究者たちは8人の男性を自転車に乗せ，2杯のビートジュースを飲む前後数日で，彼らの体がどれくらい少なく酸素を使うかを調べた。その結果がすごかった。彼らは両日で同じ距離を進んだが，2日目には19%少ない酸素を使った。研究者たちはペダルをこぎ始めた後，男性たちがとても疲れるのにどれくらい時間がかかるのかも調べた。この「とても疲れた状態になるまでの」時間は583から675秒にII延ばされた。男性たちの体は2日目には運動により効率的でより強くなった。何人かの人々は水に潜り，水の中にどれくらいの時間いることができたか調べた。休憩の後，彼らはビートジュースを飲んで，また潜った。彼らは水の中にいて約30秒ア多く彼らの息を止めることができた。

オリンピック選手がオリンピックの間にビートジュースを飲むことができない，とあなたは思うか。私たちをより速くするビートの中のものは多くの他の野菜，特に緑の葉野菜にもあるので，答えは「いいえ」だ。この世に野菜がイあまりにも多い。

ビートの中の重要な成分は硝酸塩だ。もし私たちが野菜を食べれば，たくさんの硝酸塩が私たちの血液に入る。私たちが走った後，硝酸塩は一酸化窒素に変わる。この一酸化窒素は私たちの血管をより広くし，それから私たちの血流をより速くすることができる。

また，硝酸塩は私たちをより速く読ませることができる。それは私たちの脳の学習のためのとても重要な部分を活性化する。私たちは英語と日本語の両方の文をウずっと速く読むことができる。さらに，私たちはより難しく複雑な質問に答えることができる。

あなたが今朝，ほうれん草のような緑の葉野菜を食べたり，偶然ビートジュースを飲んだりしたら良いと思う。ご存じのように，今日は清林館高校の入学試験だ。今では，野菜がどのように私たちの体と私たちの脳に影響を与えるか，あなたは理解することができる。もしあなたが運動会で簡単に良い結果を得たいなら，運動会の朝にいくらかの野菜を食べるのは良い考えだろう。しかしながら，もしあなたが清林館高校の生徒になれば，それは難しいかもしれない。あなたは間もなくなぜか知るだろう。

基本 (1) 〈ア〉 ビートジュースを飲むと体は「運動により効率的でより強くな」るのだから(空欄IIの直後の1文)，「水の中」で「息を止める」(第3段落最終文)時間は「多く」なるのである。

〈イ〉 〈too +形容詞〉「あまりにも～」 〈ウ〉 比較級の形容詞・副詞を強調する場合は much

を使う。直後の faster は fast「速い」の比較級。

重要 (2) (Do you think there is a way to) improve your ability to run by doing something special(?) 不定詞〈to ＋動詞の原形〉の文。ここでは「～するための」という意味の形容詞的用法で用いられている。to improve「改善するための」は名詞の way「方法」を，to run「走るための」は名詞の ability「能力」をそれぞれ修飾している。by「～によって」は前置詞。前置詞の目的語に動詞が来る場合，その動詞は原則として動名詞〈動詞の原形＋ ing〉となる。—thing という代名詞は後ろに形容詞をつける。

(3) (Ⅰ) ①「サラダ」(×) ②「(球技の)サーブ」(×) ③「形」(○) ④「陰」(×)
(Ⅱ) ① excuse「～の言い訳をする」の過去分詞形。(×) ② extend「～を延ばす」の過去分詞形。直前にbe動詞 was があり，「～される」の意味になるから，〈be動詞＋動詞の過去分詞形〉の形をとる受動態になっている。(○) ③ pass「～を過ごす」の過去分詞形。(×) ④ spend「～を過ごす」の過去分詞形。(×)

(4) ① 第2段落第3文参照。 ② 第3段落第1文～第2文参照。「酸素を運ぶ」のである。 ③ 第5段落参照。 ④ 最終段落第1文～第3文参照。

4 **(正誤問題：前置詞，分詞，間接疑問文，受動態，比較，不定詞)**

やや難 (1) ① ある1日を指す場合，前置詞は on を用いる。in ではなく on とするのが適切。(×)
② the man を修飾する現在分詞 studying を使った文。「図書館で英語を勉強している男性はスミスだ」の意味。is studying ではなく studying とするのが適切。(×) ③ 〈as ＋主語A＋動詞B～，主語C＋動詞D…〉の形で「Aが～BだからCが…D」という意味になる。practice —ing で「～する練習をする」の意味。「練習する」の意味の practice は「～すること」という表現が目的語になる場合は動名詞しか使えない。〈have[has]＋動詞の過去分詞形〉の形をとる現在完了の継続の用法の文。ここでは「改善している」の意味。little by little で「少しずつ」の意味。(○) ④ 間接疑問文では〈疑問詞＋主語(＋助動詞)＋動詞～〉の順で並べる。should we ではなく we should とするのが適切。(×)

重要 (2) ① 〈be動詞＋動詞の過去分詞形〉の形で「～される」という意味の受動態になる。called は call の過去分詞形。ここでは疑問詞を用いた疑問文なので what を文頭に置き，be動詞を主語の前に出す。this food is ではなく is this food とするのが適切。(×) ② in があることから比較級ではなく最上級の文だとわかる。最上級を使った文は〈(the ＋)形容詞[副詞]の最上級＋ in[of] ～〉の形で「～の中で一番…だ」という意味。longer ではなく longest とするのが適切。(×) ③ let は使役動詞で，普通，〈使役動詞＋目的語＋原形不定詞〉の形をとり，〈(目的語)に～させる〉の意味。to play ではなく play とするのが適切。(×) ④ 〈take ＋A＋ to ＋(場所)〉で「Aを(場所)へ連れていく」の意味。(○)

★ワンポイントアドバイス★

不定詞・動名詞・分詞など，動詞の語形変化を伴う単元はしっかりと復習しておくことが大切だ。複数の問題集を使うなどして，正誤問題でも迷わないように確実に身につけよう。

＜理科解答＞

1 (1) 1 ⑤　(2) 2 ④　(3) 3 ①[③]　(4) 4 ③　(5) 5 ②
(6) 6 ②　(7) 7 ①

2 (1) 8 ⑤　(2) 9 ⑥　(3) 10 ⑤　(4) 11 ①　(5) 12 ⑥
(6) 13 ①　(7) 14 ⑤

3 (1) 15 ①　(2) 16 ③　(3) 17 ⑥　(4) 18 ④　(5) 19 ①
(6) 20 ⑦　(7) 21 ④

4 (1) 22 ⑥　(2) 23 ②　(3) 24 ①　(4) 25 ④　(5) 26 ③
(6) 27 ①　(7) 28 ④　(8) 29 ①

○推定配点○
1 (1)，(2) 各1点×2　他 各2点×5　2 (1)，(2) 各1点×2　他 各2点×5
3 (1)，(2) 各1点×2　他 各2点×5　4 (1)，(2) 各1点×2　他 各2点×6
計50点

＜理科解説＞

1 (地学総合―地震の波，大気中の水蒸気)

(1) 地下で地震が発生した点を(ア)震源といい，その真上の地表の点を(イ)震央という。地震の揺れの大きさを表す数値が(ウ)震度であり，日本の気象庁では，0，1，2，3，4，5弱，5強，6弱，6強，7の(エ)10階級としている。なお，地震のエネルギーを示す数値がマグニチュードであり，小数の値もあって階級ではない。

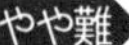

(2) P波の速さが7km/sで，S波の速さが4km/sだから，例えば震源から28km地点であれば，P波が伝わるのにかかる時間が28÷7＝4(秒)，S波が伝わるのにかかる時間が28÷4＝7(秒)であり，初期微動継続時間は7－4＝3(秒間)である。初期微動継続時間と震源距離は比例するので，その比は，3秒：28kmとなり，④が正しい。2秒の場合は3：28＝2：xで，x＝18.6…なので，①②は合わない。5秒の場合は3：28＝5：yで，y＝46.6…なので，⑤⑥は合わない。

(3) 地震は断層が動くと発生し，1回の地震で引っ張られる場所と押される場所の両方が必ず出現する。図1の場所では初動が下向きであり，この場所が震源から引っ張られたことがわかる。もちろん別の場所では，初動が上向きで，震源から押された場所もある。本問では，断層と図1の場所との位置関係も不明であり，本問の条件だけでは震源にかかった力が引っ張りなのか圧縮なのかは判断できない。実際には地図上に引きの場所と押しの場所の分布をプロットし，断層の向きと合わせて判断するものである。選択肢の図では，断層に引っ張りの力がかかった場合，上側のブロックがずり落ちるので①が正しく④は誤りである。また，断層に圧縮の力がかかった場合，上側のブロックがずり上がるので③が正しく②は誤りである。よって，ありうるのは①と③である。

(4) 問題の状況を図3に描くと次ページの図のようになる。できた直角三角形は，辺の長さが5：12：13の直角三角形だから，震源の深さは10kmとなる。

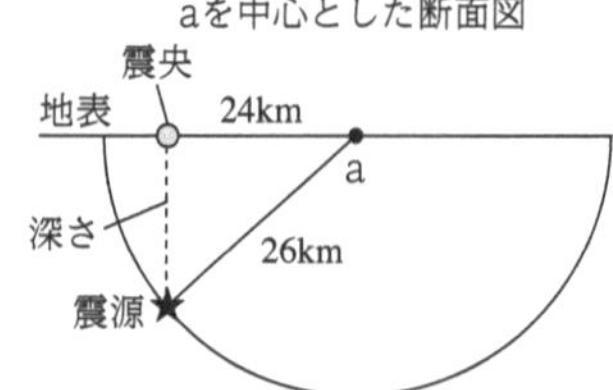

(5)　上昇気流が起こるのは，前線付近で暖かい空気が冷たい空気の上にはい上がるとき(②が正しく①は誤り)や，低気圧の中心部(③は誤り)，地表が温められて空気が軽くなったとき(④は誤り)，山の斜面を風がのぼるときなどである。

基本 (6)　湿度は，4.8÷17.3×100＝27.7…で，四捨五入により28％である。

(7)　露点は，空気を冷やしていったときにはじめて水蒸気から水滴ができる温度である。③は沸点，④は融点である。

2 （物理総合―滑車を使った仕事，モノコードの出す音）

(1)　100gのおもりにはたらく重力は1.0Nなので，実験Ⅰで静かに持ち上げるのに必要な力も1.0Nである。

重要 (2)　図2の左下の滑車は，おもりとともに動く動滑車である。動滑車を使うと，引く長さは10cmの2倍の20cmとなり，引く力の大きさは1.0Nの半分の0.5Nとなる。

(3)　4つの滑車のうち，おもりとともに動く動滑車は，cとdである。その2つの滑車の両側の計4か所の糸に力がかかる。よって，力の大きさは1.0÷4＝0.25Nである。

重要 (4)　実験Ⅰに比べ，実験Ⅱでは，引く力の大きさは2分の1だが，引く長さは2倍である。実験Ⅲでは，引く力の大きさは4分の1だが，引く長さは4倍である。よって，力の大きさと引く長さを掛け算した仕事はどれも同じになる。このように，道具を使っても仕事は変わらないことを，仕事の原理という。

基本 (5)　音は，鉄棒でも水中でも伝わる。つまり，固体，液体，気体のどれも伝わる。

重要 (6)　実験Ⅴは実験Ⅳと同じ装置を使っているので，音程が同じで振動数は同じである。つまり，0.0125秒間で5回振動する。ただし，強くはじくので，大きな音となり，振幅は大きくなる。①が正解で，同じ音程で大きな音である。②は同じ音程で小さな音，③は高い音程で同じ大きさの音，④は低い音程で同じ大きさの音，⑤は低い音程で大きな音である。

(7)　図6を図5と見比べると，実験Ⅵのモノコードが2回振動するのと同じ時間に，実験Ⅳでは5回振動している。振動数の比は2：5である。よって，実験Ⅵのモノコードが100回振動するのと同じ時間には，実験Ⅳでは2：5＝100：x　より，x＝250回振動する。

3 （化学総合―中和，炭酸水素ナトリウムの分解）

(1)　BTB液は，酸性では(ア)黄色になり，アルカリ性では青色になる。また，アルカリ性の水溶液では，(イ)赤色リトマス紙が(ウ)青色になる。

重要 (2)　水酸化バリウム水溶液(B液)の100cm^{3}の中には，A液が25cm^{3}含まれている。これを中和するのにうすい硫酸が40cm^{3}必要だったので，A液とうすい硫酸が反応するときの体積の比は，25cm^3：40cm^{3}である。A液が15cm^{3}の場合は，25：40＝15：x　より，うすい硫酸はx＝24cm^{3}必要である。

(3)　水酸化バリウム水溶液には，バリウムイオンBa^{2+}と水酸化物イオンOH^-が含まれている。これにうすい硫酸を加えると，水素イオンH^+と硫酸イオン$SO_4{}^{2-}$が入ってくる。水酸化物イオンOH^-は水素イオンH^+と結びついて水H_2Oになる。バリウムイオンBa^{2+}は硫酸イオン$SO_4{}^{2-}$と結びついて硫酸バリウム$BaSO_4$となって沈殿する。そのため，Ba^{2+}とOH^-は減少していきやがて0になる。また，H^+と$SO_4{}^{2-}$は中和が終わるまでは0のままであり，中和が終わった40cm^{3}から増え始める。イオンの総数は，中和までは減っていき，やがて0になって中和が終わると，その後は増えていく。温度は，中和点の40cm^{3}のとき最も高い。

(4)　a：正しい。　b：誤り。中和が起こると水溶液中のイオンが減るために，電流が減る。中和が終わるとうすい硫酸を入れた分だけイオンが増えていくので，電流が増える。

c：誤り。BTB液の色は，青色(アルカリ性)→緑色(中性)→黄色(酸性)の順に変わる。

d：正しい。中和によって硫酸バリウム$BaSO_4$の白い沈殿ができて濁る。

c：誤り。アルカリ性ではpHは大きい数値で，中性が7であり，酸性では小さくなる。

(5)　ガラス管を石灰水から抜かずにガスバーナーの火を消すと，試験管内の気体が冷えて収縮し，ガラス管から石灰水が逆流してしまう。すると，高温のガラスに冷たい石灰水が触れて，割れる恐れがある。

基本 (6)　炭酸水素ナトリウムは，加熱されると分解が起こり，炭酸ナトリウムと水と二酸化炭素になる。炭酸ナトリウムは水によく溶けアルカリ性を示す。

(7)　a：正しい。化学変化では原子の組合せが変わるだけで，原子そのものは変わらない。

b：誤り。原子の種類によって質量は異なっており，水素Hが最も軽い原子である。

c：誤り。原子がいくつか集まってできたものが分子である。

4　(生物総合―ヒトのからだ，ホウセンカの花のはたらき)

(1)　図1は呼吸に関する組織や器官を示しているので，食道や消化管はあてはまらない。aは空気が通る気管，bは肺を守るろっ骨，cは空気が入る肺，dは平らな筋肉の横隔膜である。

(2)　息を吸うときは，②のようにbのろっ骨が上がり，dの横隔膜が下がって，cの肺がふくらむ。息をはくときは，③のようにbのろっ骨が下がり，dの横隔膜が上がって，cの肺が縮む。

(3)　全身から大静脈を通って心臓に戻ってきた血液は，左心房a，左心室bを通って，肺に向かい二酸化炭素を放出して酸素を吸収する。その後，右心房c，右心室dを通って，大動脈から全身へ送られる。

やや難 (4)　①：正しい。図3から，体重75kgのヒトの血液の質量は75×0.08＝6(kg)である。血液1Lが1kgだから，6kgの血液の体積は6Lにあたる。

②：正しい。図3から，体重65kgのヒトの血液の質量は65×0.08＝5.2(kg)である。表2から，そのうち腎臓に含まれる血液は，5.2×0.20＝1.04(kg)である。

③：正しい。図3から，体重65kgのヒトの血液の質量は65×0.08＝5.2(kg)である。表2から，そのうち脳に含まれる血液は，5.2×0.15＝0.78(kg)で，これは0.78Lつまり780mLである。表1から，含まれる赤血球の数は，450万×780＝351000万(個)，つまり，35億1000万個である。

④：誤り。図と表からは，赤血球と白血球の1個当たりの質量は比較できない。

(5)　ア：誤り。aの胃から出る胃液で分解するのはタンパク質である。炭水化物を分解するのは，だ液，すい液と，小腸の壁に含まれる酵素である。

イ：誤り。aの胃の内部の表面は粘膜である。柔毛があるのは小腸の内部の表面である。

ウ：正しい。タンパク質が分解されてできた有毒な物質はアンモニアである。アンモニアはbの肝臓で毒性の低い尿素につくり変えられる。

エ：誤り。bの肝臓でできる消化液は胆汁であり，胆のうにためられたあと消化管に出されるが，消化酵素を含まない。胆汁には脂肪を小さな粒にするはたらきがある。

オ：誤り。cはすい臓である。一方，文の仕組みは腎臓のことである。

カ：誤り。cはすい臓であり，食物は通らない。また，胆汁がつくられるのはbの肝臓である。すい臓では脂肪を分解する消化酵素が出される。胆汁によって小さな粒になった脂肪は，すい臓から出された消化酵素によって，脂肪酸とモノグリセリドに分解される。

(6)　水が通る道管は，図5の横断面のような位置にあるので，縦断面では2か所に現れる。

(7)　めしべの子房の中にある胚珠は，受粉，受精のあと種子になる。なお，やくはおしべにあって花粉をつくるところ，柱頭はめしべの先端である。

やや難 (8)　観察記録によると，Yは先端に花粉がたくさん入ったつくりがあるので，おしべである。また，Xの中にある緑色の粒が種子になるので，Xはめしべである。このことから，ホウセンカの花では，開花直後はめしべXのまわりをおしべYが取り巻いており，やがて7日程度でおしべYがとれて，中にあっためしべXが出てくることがわかる。

★ワンポイントアドバイス★

どの分野でも，ことばや文だけでなく図をよくみて理解し，できるだけ多く問題練習をしておこう。

＜社会解答＞

1	(1) 1 ③	(2) 2 ①	(3) 3 ①	(4) 4 ③	(5) 5 ④
	(6) 6 ⑤	(7) 7 ②	(8) 8 ④		
2	(1) 9 ②	(2) 10 ③	(3) 11 ④	(4) 12 ②	(5) 13 ①
	(6) 14 ③	(7) 15 ④	(8) 16 ①	(9) 17 ④	
3	(1) 18 ②	(2) 19 ①	(3) 20 ②	(4) 21 ③	(5) 22 ③
	(6) 23 ①	(7) 24 ④	(8) 25 ①		

○推定配点○

1　各2点×8　　2　各2点×9　　3　各2点×8　　計50点

＜社会解説＞

1　（地理―日本と世界の地形・気候，諸地域の特徴，産業，交通・貿易，地形図）

(1)　この地図はメルカトル図法である。この図法では地図上の2点を結んだ直線上では，経線に対して常に同じ角度になるので，昔は航海図として利用されていた。つまり，方角は正確であるが方位は誤差がある。したがって，真西の位置にある都市はBではなくCとなる。

(2)　Aのニュージーランドは南半球にあるため，日本と気候が逆になるが，基本的には温帯に属し，冬と夏の気温・降水量の差が少ない西岸海洋性気候である。

(3)　オーストラリアもニュージーランドも，かつて，イギリスの植民地であった。

(4)　①は木材，②は肉類，③はコンピュータ部品，④は衣類である。

(5)　縮尺25000分の1地形図上の3cmの実際の距離は，25000×3＝75000cm＝750mである。

重要 (6)　日本の川の特徴は，世界の川に比べて急流であることである。日本は南北に長い島国で，中央には標高1,000～3,000mもの山々が連なり，川を通して日本海側と太平洋側に分かれて流れている。そして，平地が少ないため，川の流れは急で，水源地から河口までの距離も短い。そのため，梅雨や台風などで大雨が降ると水量は一気に増え，洪水の危険にさらされる。

(7)　①は輸送用機械が1番多いので愛知県である。②は金属製品が1番多いので大阪府である。③は輸送用機械のほか，電気機械や印刷が多いので，東京都となる。④は食料品が多いので北海道である。

(8)　①は畜産が1番多いのでD鹿児島県である。②は畜産が2番目に多いのでB熊本県である。③は野菜が1番多いのでC宮崎県である。④は農業産出額が1番少ないのでA福岡県となる。

2　(日本と世界の歴史―各時代の特色，政治・外交史，社会・経済史，日本史と世界史の関連)

(1)　大化の改新で活躍した中大兄皇子が天智天皇となり，天智天皇が亡くなると，皇位をめぐって壬申の乱が起きた。

(2)　Ⅱ建武の新政(1333年)→Ⅰ足利尊氏が征夷大将軍となる(1338年)→Ⅲ南北朝の統一(1392年)。

(3)　①は鎌倉時代，②は室町時代，③は安土桃山時代，④は江戸時代，それぞれの様子をあらわした文章である。

(4)　イギリスの産業革命は18世紀に起きている。それ以外の選択肢の出来事はすべて19世紀に起きている。

(5)　この狂歌は，松平定信の寛政の改革に対する不満をあらわしたものである。

(6)　この資料は，板垣退助らが政府に提出した「民撰議院設立の建白書」であり，③の時期が該当する。

やや難　(7)　Ⅱ下関条約で台湾が日本の植民地になった(1895年)→Ⅲ満鉄設立(1906年)→Ⅰシベリア出兵(1918年)。

(8)　1920年代にラジオ放送が開始された。当時の作家としては芥川龍之介が有名である。

基本　(9)　55年体制とは，1955年から38年間続いた日本の政党政治の体制のことである。自由民主党(自民党)が与党となる一党支配が続き，野党第1党の日本社会党がこれに対立するという図式ができあがったのが1955年だった。

3　(公民―憲法，政治のしくみ，経済生活，その他)

基本　(1)　大日本帝国憲法では国民を臣民として，その権利は法律で制限されていた。

(2)　アは，自由権の「経済活動の自由」における制限例である。イは，自由権の「集会・結社の自由」における制限例である。ウは，社会権の「労働基本権」における制限例である。

重要　(3)　現在，選挙権年齢は，平成27年の法改正により満18歳以上である。衆議院議員総選挙では，小選挙区比例代表並立制がとられている。資料を注意深く分析すると，20歳代と60歳代の投票率の差が1番大きいことがわかる。

(4)　③は「必要ない」というところが「必要である」の誤りである。

(5)　個人情報は，いかなる場合でも公開しないのが大原則であるので，③が誤りとなる。

(6)　好景気の時の政府の財政政策は，市場に出回っている貨幣量を少なくするために増税を行うので，①は減税というところが誤りとなる。

(7)　インフォームドコンセントとは，患者が病状や治療について十分に理解し，また，医療職も患者がさまざまな状況や説明内容をどのように受け止めたか，どのような医療を選択するか，患者，医療職，ソーシャルワーカーなど関係者と互いに情報共有し，皆で合意するプロセスである。バリアフリーは，高齢者や障がい者が生活をする上で障壁となるものを排除しようという考え方である。ワークライフバランスは，「仕事と私生活の両方を充実させること」を意味する。

やや難　(8)　「個人負担の割合を増やす→税金や年金保険料が増える」，「国・地方公共団体の負担の割合を増やす」→「財政赤字が増える」それぞれにつながっていく。

★ワンポイントアドバイス★

1 (8)　宮崎県の宮崎平野では，晴天の日が多い冬の温暖な気候を利用して野菜の促成栽培が盛んである。2 (2)　南北朝を統一したのは室町幕府第3代将軍足利義満である。義満は尊氏の孫にあたる。

＜国語解答＞

一 (一) 1 ①　2 ①　(二) 3 ③　(三) 4 ②　(四) 5 ①
(五) 6 ②　(六) 7 ④　(七) 8 ①　9 ③　(八) 10 ②

二 (一) 11 ③　12 ①　(二) 13 ①　(三) 14 ③　(四) 15 ④
(五) 16 ③　(六) 17 ①　(七) 18 ④　(八) 19 ②　(九) 20 ③

○推定配点○

一 各3点×10　二 各2点×10　計50点

＜国語解説＞

一 （論説文－漢字，文脈把握，内容吟味，要旨，脱文補充）

(一) ㋐ 基づいた　① 基礎　② 規則　③ 起床　④ 元気
㋑ 警戒　① 警察官　② 計算　③ 経験　④ 敬語

やや難 (二) 直後に「どこまでが分かっていて，どこからは分かっていないことなのか，きちんと説明できるのが本当の専門家だ」「科学である程度『分かっている』と言える領域の外には，広大な“未知領域”が実際には存在している」と説明されている。「広大な“未知領域”」の存在を考慮していない点が「信用するに足らない」とする文脈なので，「実証にもとづいて事実を認識する科学者の良心の不足を表しているから」とする③が適切。

(三) 直後に「UFOや超能力や地底人だって，将来的に科学になる可能性はないのだろうか？」とある。現在は科学的に実証されていない「UFOや超能力や地底人」が「この世に存在しないことを意味しない」という文脈なので，「この世に存在していないとは言えない」とする②が適切。

(四) 直後に「現在，科学の支配が及んでいない未知な領域にも，間違いなく“この世の真実”は存在している。実際，科学の最先端で試されている仮説の数々も，そういった未知領域に存在しているとも言えるし，……東洋医学なんかも部分的にはそうだろう」とある。科学的に実証できるものを科学とする，とはいうものの，実際には「未知領域」に存在しているものとも関わってきた経緯を「厄介な問題」としているので，「未知のものを認識することで発達してきた科学の歩みと矛盾するため」とする①が適切。実証できないとされてきたものの中にも「この世の真実」は存在しているという事実によって科学は発達してきたのである。

(五) 直後に「『科学的に実証されたものだけを信用すべき』という考え方をとり，それが科学者のとるべき態度のように評されることが多い」とある。「科学的に実証されたもの」の説明にあてはまるものとしては，②の「最新の顕微鏡で見た微生物」が適切。

(六) ④は，直後に，筆者の意見として「どこか違和感を持ってしまう方ではあるが」とあることと合致しない。「『科学的に実証されたものだけを信用すべき』という考え方」に対する違和感を「石鹸の香り漂うような，清涼感溢れる」考え方と皮肉っているのである。

(七) 1 直前の5段落に「『科学』とも『非科学』ともつかない“未知領域”は，この世にかなり広大に広がっているし，そこには有象無象の海のものとも山の物ともつかないようなものたちが蠢いている」とあり，直後の6段落冒頭で「この難問」としているので，①の「どこまでが『科学』か」が適切。また，「考察」として「科学と似非科学を分けること」とあることにも着目する。　2 「科学と似非科学の境界線」については，10段落に「もし，科学と似非科学の間に境界線が引けるとするなら，それは何を対象としているかではなく，実はそれに関わる人間の姿勢によるのみなのではないかと私は思う」とあるので，「科学と似非科学は，それに携わる人間の姿勢によって分けられる」とする③が適切。

やや難 (八) 「似非科学」については，4段落に「『似非科学』と非難めいた名称で呼ばれる」とあり，続く5段落で「そういった『科学』とも『非科学』ともつかない，“未知領域”」と言い換えられている。「『科学』とも『非科学』ともつかない“未知領域”」を「似非科学」と表現しているので，「科学」と「未知領域・非科学」を分けている②が適切。

二 (古文―語句の意味，文脈把握，口語訳，内容吟味，脱語補充，係り結び，主題，文学史)

〈【文章Ⅰ】の口語訳〉 丹後守保昌が任国へ下向して行った時，与謝の山で白髪の武士一騎に会った。その武者は木の下に少し寄って，笠を傾けて立っていたので，保昌の従者が「この老翁，なぜ馬から下りないのだ。けしからん。厳しくとがめて馬から下ろそう」と言う。その時，この国司は「一騎当千の武者の馬の立て方だ。ただ者ではない。そんなことをしてはならぬ」と制して過ぎて行くと，おくれること三町ばかり，大矢右衛門尉致経が，多くの従者を従えてやって来るのと出会った。弓を取り直して，国司の保昌に挨拶をして，致経は「ここに老翁が一人，お会い申し上げたのではないでしょうか。あれは我が愚父平大夫致頼でございます。まったくの田舎者で，作法を知りません。きっと無作法をいたしたことでございましょう」と言った。致経が去ったあと，国司は，「やはり，そうだった。致頼であった」と言った。

この武士たちは，源頼信，藤原保昌，平維衡，平致頼といって，世にすぐれた四人の勇士といわれていた者たちである。武芸に優れた者同士がともに戦えば，激しい戦いの末に二人とも死んでしまう。保昌は，彼のふるまいを聞いても(怒らず)侮らなかった。(とがめようとする)従者を止めて，無事であった。(死者を出さなかったのは)すばらしい手腕である。

〈【文章Ⅱ】の口語訳〉 昔，袴垂といってすごい盗人の頭がいた。(中略)

こうして何度も，あれこれといろいろやってみるが，少しも騒ぐ様子がない。珍しい人ぞと思って，十余町ほどついて行く。そうかといって，このままおめおめと引き下がれるかと思って，刀を抜いて走りかかった時に，今度は笛を吹きやめて，振り返って，「何者だ」と聞いてきたので，気も心もぼうっとなって，思わずかがみこんでしまった。また，「なにやつぞ」と聞くので，今となっては逃げようとしてもよもや逃がすまいと思われたので，「追いはぎです」と言うと，「何者だ」と聞く。「袴垂と言われております」と答えると，「そういう者がいるとは聞いているぞ。物騒なとんでもないやつだ」と言って，「いっしょについて来い」と声をかけて，また同じように笛を吹いて行く。

この人の様子は，今はもう逃げようとしても，よもや逃がすまいと思われたので，まるで鬼に魂を取られたような気持ちで，いっしょに行くと，家に着いた。いったいどこかと思うと，摂津前司保昌という人(の家)であった。袴垂を家の中に呼び入れて，綿の厚い着物を一枚くださって，「衣服のいり用な時は参って申せ。理解できていない相手におそいかかって，おまえ，過ちを犯すな」と言われたが，全くもう何とも言えず気味悪く恐ろしかった。

(一) ㋐ 「あまた」は，数多く，大勢，という意味なので，③が適切。 ㋑ 「さればこそ」は，予想通りの結果になるなどして，思った通りだ，やっぱりそうであったか，という意味なので，①が適切。

(二) 直前の「白髪の武士」を指し，「老翁」と言い換えられている。この「白髪の武士」については，後に「あれは愚父平五大夫にて候ふ」とある。大矢右衛門尉致経の父である「平五大夫」については，「さればこそ。致頼にてありけり」とあるので，①が適切。

(三) この「老翁」の態度については，後に「『ここに老翁や一人，あひ奉りて候ひつらむ。……堅固の田舎者にて，子細を知らず。さだめて無礼をあらはし候ふらむ』」と事情が説明されているので，「田舎者で挨拶をする作法をわきまえていなかったから」とする③が適切。

やや難 (四) 「ともに死せずといふことなし」は，両方とも死なないということがない＝両方とも死んでしまう，という意味になるので，「二人とも死んでしまう」とする④が適切。

（五） 直前に「かれが振舞を見知りて，さらに侮らず，郎党をいさめて，無事なり」と，理由が染めされている。馬から下りて挨拶をしなかった老翁をこらしめようとした従者たちを止めて，その場を無事にやりすごした手腕を「すぐれた高名」としているので，③が適切。

やや難 （六） 「心も知らざらん人(＝理解できていない相手)」は，【文章Ⅰ】では「子細を知らず」と言い換えられており，ここでは，冒頭に登場する「白髪の武士(老翁＝平致頼)」を指すので，①が適切。

（七） 前に係助詞の「こそ」があるので，係り結びの法則により，文末は已然形の「しか」で結ばれる。

やや難 （八） 【文章Ⅰ】【文章Ⅱ】ともに，登場人物は「保昌」。【文章Ⅰ】は，馬から下りて挨拶をしないという「老翁」を「ただものにあらず」と見抜いたことで争いを回避したという話，【文章Ⅱ】は，「いみじき盗人」の「袴垂」に襲われそうになっても落ち着いて対応し，袴垂を自邸へ招いて着物を与えて帰し難を逃れたという話なので，「相手を馬鹿にするものではない」とするA，「人を見抜く力」とするDはあてはまる。

（九） 『十訓抄』は鎌倉時代に成立した説話。『源氏物語』は平安時代中期に成立した紫式部による長編物語。『枕草子』は平安時代中期に成立した清少納言による随筆。『平家物語』は鎌倉時代に成立した軍記物語。『伊勢物語』は平安時代前期に成立した歌物語なので，鎌倉時代に成立した③の『平家物語』が適切。

★ワンポイントアドバイス★

現代文の読解は，文脈を丁寧に追って内容を的確にとらえることを心がけよう！
古文は，長めの文章に読み慣れ，注釈を参照しながら口語訳し大意を把握力できるをつけよう！

2022年度

★★★★★★★★★★★★★★★★★★★★★★★★

入　試　問　題

2022年度

清林館高等学校入試問題

【数　学】（40分）　＜満点：50点＞

【注意】問題文中の ア などの □ には，特別に指示がない限り数値または符号（－）が入ります。

次の方法で解答欄にマークしなさい。

①問題文のア・イ・ウ‥‥の一つ一つは，それぞれ０から９までの数字，または符号（－）のいずれか一つに対応します。

その解答を解答欄ア・イ・ウ‥‥にそれぞれマークしなさい。

（例）問題(1)の アイ に－２と答えたいとき

（1）	ア	●	⓪	①	②	③	④	⑤	⑥	⑦	⑧	⑨
	イ	⊖	⓪	①	●	③	④	⑤	⑥	⑦	⑧	⑨

②分数形で解答が求められているときは既約分数で答えなさい。

符号は分子につけ，分母にはつけてはいけません。

（例）問題(2)の $\frac{\text{ウエ}}{\text{オ}}$ に $-\frac{4}{3}$ と答えたいとき

（2）	ウ	●	⓪	①	②	③	④	⑤	⑥	⑦	⑧	⑨
	エ	⊖	⓪	①	②	③	●	⑤	⑥	⑦	⑧	⑨
	オ	⊖	⓪	①	②	●	④	⑤	⑥	⑦	⑧	⑨

1 次の(1)～(5)の問題に答えなさい。

(1) 次の式を計算しなさい。

$13-5\times(-2)^2=$ アイ

(2) 次の式を因数分解しなさい。

$x^2-x-56=(x+$ ウ $)(x-$ エ $)$

(3) 次の式を簡単にしなさい。

$\sqrt{50}+\sqrt{18}-\sqrt{32}=$ オ $\sqrt{\text{カ}}$

(4) 二次方程式 $\frac{1}{4}x^2-\frac{1}{2}x-\frac{5}{4}=0$ の解は，$x=$ キ $\pm\sqrt{\text{ク}}$ である。

(5) 連立方程式 $\begin{cases} x+2y=1 \\ 4x-3y=15 \end{cases}$ の解は，$x=$ ケ ，$y=$ コサ である。

2 次の(1)～(4)の問題に答えなさい。

(1) Ａ君の家から駅までの距離はＢ君の家から駅までの距離より400m近い。ある日，Ａ君とＢ君は同時にそれぞれの家を出て駅に向かった。Ａ君は分速40m，Ｂ君は分速50mで歩いたとき，Ａ君の方が４分早く駅に着いた。このとき，Ａ君の家から駅までの距離は アイウ m，Ｂ君の家から駅までの距離は [エオカキ] mである。

(2) 10％の食塩水と２％の食塩水を混ぜたら８％の食塩水が400ｇできた。このとき，10％の食塩水は [クケコ] ｇ，2％の食塩水は [サシス] ｇである。

(3) 大小２つのサイコロを投げる。大きいサイコロの出た目を a，小さいサイコロの出た目を b とするとき，二次方程式 $x^2 + ax + b = 0$ の解が整数である目の出方は [セ] 通りである。

(4) 円錐の形をした空の容器に図のように全体の $\frac{1}{2}$ の深さまで水を入れたところ，水の体積は 4π ㎤であった。この容器には一杯になるまであと [ソタ] π ㎤の水を入れることができる。

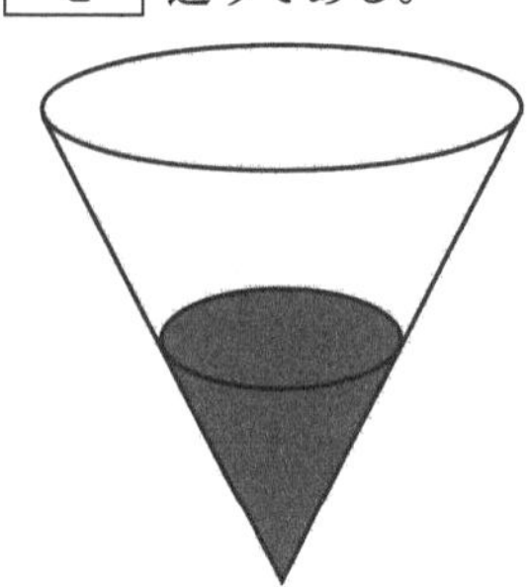

3 図のように∠Ａ＝90°である直角三角形ＡＢＣがある。辺の長さはそれぞれＡＢ＝12，ＢＣ＝13，ＣＡ＝５である。また，中心Ｏが辺ＢＣ上にあり，辺ＡＢ，辺ＣＡに接する円がある。辺ＢＣと円の２つの交点をＢに近い方から順にＤ，Ｅとする。次の(1)，(2)の問題に答えなさい。

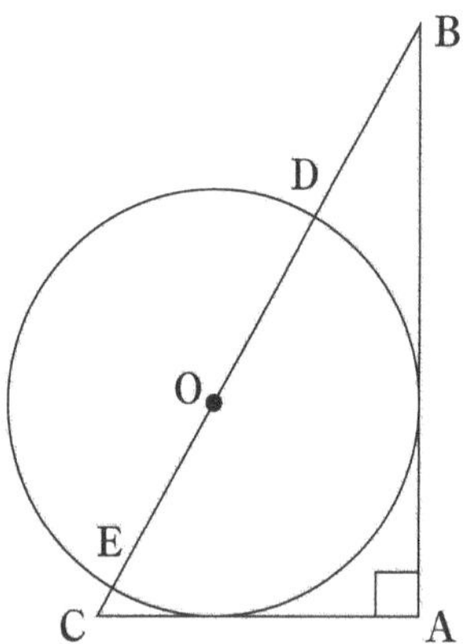

(1) 円の半径は $\frac{[アイ]}{[ウエ]}$ である。

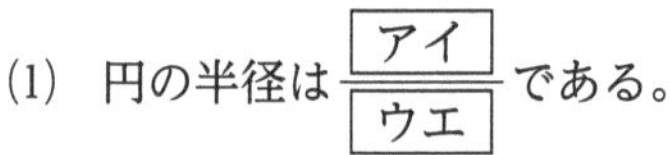

(2) ＣＥの長さは $\frac{[オ]}{[カキ]}$ である。

4 図のように辺ＡＢの長さが10㎝，辺ＡＤの長さが30㎝の長方形ＡＢＣＤがある。点Ｐは辺上をＡからＢを通ってＣまで秒速２㎝の速さで動き，点Ｑは辺上をＡからＤまで秒速４㎝の速さで動く。点Ｐと点Ｑが同時にＡを出発するとき，次の(1)，(2)の問題に答えなさい。

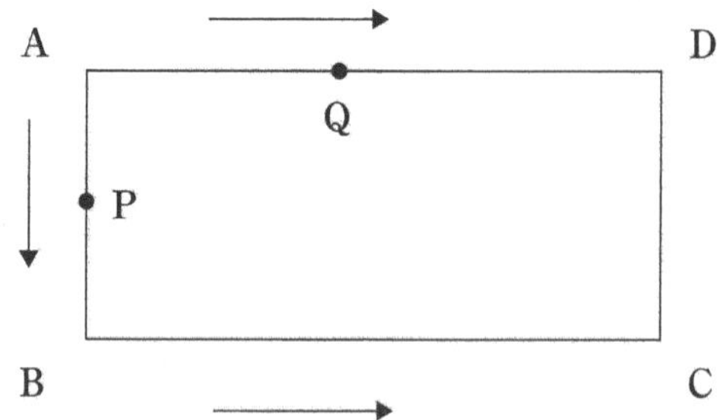

(1) ２つの点が出発してから x 秒後の△ＡＰＱの面積を y ㎠とする。５秒後までの三角形ＡＰＱの面積について y を x の式で表すと $y =$ [ア] x^2 である。

(2) ２つの点が出発してから７秒後の四角形ＡＢＰＱの面積は [イウエ] ㎠である。

5 図のように，関数 $y = x^2$ のグラフと傾きが正である直線のグラフがある。２つの交点のうち x 座標が負のものをA，正のものをBとする。Aの y 座標が１のとき，次の(1)，(2)の問題に答えなさい。

(1) 点Aの座標はA（ アイ ，１）である。

(2) 直線と x 軸の交点をC，Aから x 軸へおろした垂線と x 軸の交点をD，Bから x 軸へおろした垂線と x 軸の交点をEとする。三角形ACDと四角形ADEBの面積の比が１：15であるとき，直線の傾きは ウ ，切片は エ である。

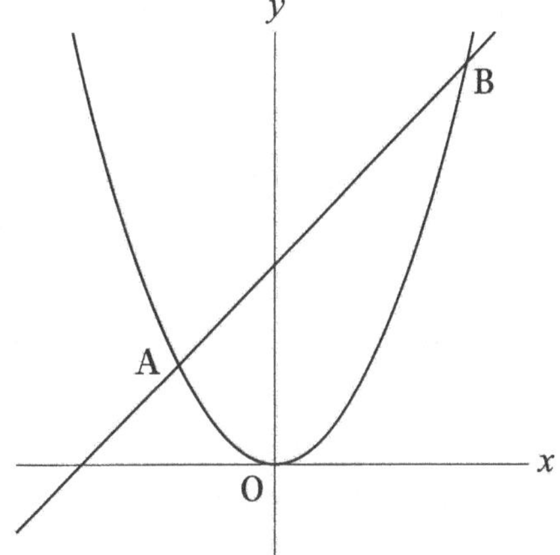

6 次の(1)，(2)の問題に答えなさい。

(1) 容積がそれぞれ10L，７L，３Lである３つの容器A，B，Cがある。今Aの容器に水が10L入っている。A，B，Cの３つの容器を使って，この水から５Lの水をとりわけるとき，最短で ア 回でできる。ただし，この容器には目盛りが入っていない。また，１回の操作とは一方の容器から他方の容器に水を移し替えることを表し，途中の作業で水を捨ててはいけない。

(2) 以下のａからｄの数式・文章のうち内容が正しいものは イ 個ある。

ａ： ｎ角形の内角の和は180°×（ｎ－２）である。ただし，ｎは３以上の整数。

ｂ： $-1^2 = 1$

ｃ： 二次方程式 $x^2 - x = 0$ を解くと，$x = 1$ である。

ｄ： 正の整数を小さい順に５つ並べると０，１，２，３，４である。

【英　語】（40分）　＜満点：50点＞　※リスニングテストの音声は弊社HPにアクセスの上，音声データをダウンロードしてご利用ください。

1 次の会話文を読んで，あとの(1)～(5)の問いに答えなさい。

クラスメイト同士のハルト（Haruto）とミオ（Mio）が教室で会話をしています。

Mio: Hi, Haruto. What are you doing here?
Haruto: Hey, Mio! As you can see, I have been reading books [ア] four o'clock.
Mio: Do you like reading books?
Haruto: Yes, I love reading books, and I can read 90 pages in three days.
Mio: Oh, that means you can read [イ] pages in three weeks, right?
Haruto: You're right. I want to be able to read a lot of books very quickly. By the way, your house is a candy shop, isn't it?
Mio: Yes. I helped [ウ] lollipops yesterday.
Haruto: How many lollipops did you sell?
Mio: I sold 200 for $0.5 each, and a half of that is profit.
Haruto: How much profit did you make yesterday?
Mio: [エ].
Haruto: I don't know if I should think of it as a lot or a little.
Mio: It's not bad.
Haruto: I see. It's got dark, so let's go home together.
Mio: OK!

（注） as you can see　見ての通り　be able to ～　～できる　by the way　ところで
candy shop　お菓子屋さん　lollipop(s)　棒付きキャンディ　profit　利益
if ～　～かどうか　dark　暗い

(1) [ア] に入るものとして最も適当なものを，次の①～④の中から１つ選んで，その番号をマークしなさい。解答番号は [1] です。

① for　② at　③ when　④ since

(2) [イ] に入るものとして最も適当なものを，次の①～④の中から１つ選んで，その番号をマークしなさい。解答番号は [2] です。

① 30　② 270　③ 540　④ 630

(3) [ウ] に入るものとして最も適当なものを，次の①～④の中から１つ選んで，その番号をマークしなさい。解答番号は [3] です。

① sells　② to sell　③ selling　④ sold

(4) [エ] に入るものとして最も適当なものを，次の①～④の中から１つ選んで，その番号をマークしなさい。解答番号は [4] です。

① $50　② $100　③ $200　④ $400

(5) 会話文の内容に一致するものを，次のページの①～④の中から１つ選んで，その番号をマークしなさい。解答番号は [5] です。

① Mio was reading books.
② Haruto can read more than 90 pages in a week.
③ Mio sells many kinds of sweets.
④ Haruto knew the profit which Mio made yesterday was not good.

2 高校生の Mei が書いた次の日記を読んで，あとの(1)～(5)の問いに答えなさい。

Wednesday, January 12th, 2022, cloudy

It was a very bad day for me today! I got up late this morning. I couldn't finish my homework for classes today. Moreover, I left my smartphone on the train this morning. I realized Ⓐ it when I arrived at school. It made me so sad. I can't live without my smartphone. All my memories such as pictures are in Ⓑ it. Every night, I talk with ① Kaito on LINE. I also like watching movies on YouTube. They make me happy. (Actually, that was why I got up late today.)

Now, I am worried because I don't know tomorrow's school timetable. Usually, I ask my friends on LINE. Oh, I am going to go on a date with Kaito next Saturday. I should decide a good place for our date and the meeting time. Anyway, I hope my smartphone will be returned.

Saturday, January 15th, 2022, sunny

Today, I went out with Kaito. We went to a zoo. Although we decided the meeting time and place in advance, it was hard to meet each other without my smartphone. We enjoyed (ア. see) beautiful birds, a powerful performance by elephants, and lunch. At first, I felt so bad because I couldn't take pictures. Then, Kaito said to me, "Taking pictures is important to keep our memories, but we can also keep them in our brains. I want you to remember that we can have a great time without smartphones. I'm really happy now because I can be with you." He gave me courage.

Sunday, January 16th, 2022, sunny

I am the happiest person in the world! Today, I got a phone call from a member of station staff. He said, "Is this Mei Yamaoka? Your smartphone was (イ. find) in our station!" I was really glad to hear that. Tomorrow, I will go to the station and get Ⓒ it.

Although I made a big mistake, I was able to learn an important thing. I have depended on my smartphone too much. If I don't have a smartphone, I can contact my friends more directly. I can work on things which I should do. (Actually, I have finished my homework for tomorrow!) Of course, a smartphone is useful, but Ⓓ it is too small to keep all of my precious memories. They are always in my heart.

（注） smartphone スマートフォン　LINE メッセージアプリのひとつ
that is why そういうわけで　be worried 悩む　school timetable 時間割
go on a date with ～ ～とデートをする　meeting time 待ち合わせ時間
although ～ ～だけれども　in advance 事前に　make a mistake 失敗をする

(1) 下線部①の人物は筆者とどのような関係にありますか。最も適当なものを，次の①～④の中から１つ選んで，その番号をマークしなさい。解答番号は 6 です。
① 兄　② 父親　③ 恋人　④ 先生

(2) （ア．see）と（イ．find）を正しいかたちに変化させたものの組み合わせとして最も適当なものを，次の①～④の中から１つ選んで，その番号をマークしなさい。解答番号は 7 です。
① ア．to see　イ．finding　② ア．seeing　イ．finding
③ ア．to see　イ．found　④ ア．seeing　イ．found

(3) 下線部Ⓐ～Ⓓの it のうち，表している内容が他の３つと異なっているものを，次の①～④の中から１つ選んで，その番号をマークしなさい。解答番号は 8 です。
① Ⓐ　② Ⓑ　③ Ⓒ　④ Ⓓ

(4) 次の文の下線部に当てはまるものとして最も適当なものを，次の①～④の中から１つ選んで，その番号をマークしなさい。解答番号は 9 です。
Mei got her smartphone back on ______________.
① Monday　② Wednesday　③ Friday　④ Sunday

(5) 本文の内容に一致するものを，次の①～④の中から１つ選んで，その番号をマークしなさい。解答番号は 10 です。
① Mei talked with Kaito on LINE to know the next day's school timetable.
② Mei wanted to take pictures at the zoo.
③ Mei was really happy because she got courage from a station staff.
④ Mei couldn't finish her homework for next Monday.

3 次の英文を読んで，あとの(1)～(5)の問いに答えなさい。

Some scientists say that breakfast is the most important meal of the day. Many people agree 〈 ア 〉 this, but some students skip breakfast. They say that they don't have enough time to eat. They are sleepy in the morning and often stay in bed until the last minute. Actually, some scientists say that (better scores / students who don't / get / students who / than / on their tests / eat breakfast), so they should eat breakfast for better results. In spite of this fact, many students don't eat breakfast every morning. They often fall asleep in their classes, and even behave more badly in their school. Why does this happen?

It is because their cycle is out of order. Students do a lot of things in a cycle of twenty-four hours. They get up at 7 a.m. and eat breakfast. They leave home and get to school at 8:20 a.m. They spend about seven hours there and then go back home. They eat dinner, take a bath and then go to bed at 11 p.m. The next day, maybe they do the same things with the same timing if it's a weekday.

But if they don't eat breakfast, they can't do the things in the same cycle.

If we don't eat breakfast, our cycle will be (Ⅰ) twenty-four hours. Eating breakfast can keep the cycle exactly twenty-four hours. Therefore, if we eat breakfast, we will want to sleep in the evening and go to bed naturally. But, if we don't eat it, we won't want to sleep at the time which we should. We won't be able to get up at seven because we are sleepy, and we won't have enough time to eat. This is the start of a bad cycle.

To avoid this situation, 〈 イ 〉 course, we should eat breakfast every day. In addition to this, we should eat a well-balanced breakfast. It is not good to eat only a piece of bread, or a rice ball. We should also have miso soup, salad, and another side dish 〈 ウ 〉 grilled fish. In addition, we shouldn't eat a breakfast that is too small. If we eat a small breakfast, our cycle won't be changed enough, and we'll want to eat too much dinner that evening. Too much dinner makes the quality of our sleep bad, and it can even lead to eating a small breakfast the next morning. It is for these reasons that the quality, timing, and (Ⅱ) of our meals are very important.

If your body is in a bad cycle, how about getting up earlier and having a big breakfast? Then you should be sleepy enough at the end of the day to go to bed at the right time. If you continue doing this for several days, your cycle will be like the hands of a clock and turn around steadily every twenty-four hours.

(注) meal 食事　skip ～ ～を抜く　until the last minute 最後の最後まで　score(s) 得点
in spite of ～ ～にも関わらず　fall asleep 眠りに落ちる　behave badly 素行が悪い
cycle 周期，サイクル　out of order 乱れている　timing タイミング
exactly ちょうど　therefore それゆえに　naturally 自然に　avoid 避ける
in addition (to ～) (～に) 加えて　well-balanced バランスの良い　side dish おかず
quality 質　lead 導く　the hands of a clock 時計の針　steadily 着実に

(1) 〈ア〉～〈ウ〉に当てはまる前置詞の組み合わせとして最も適当なものを，右の①～④の中から１つ選んで，その番号をマークしなさい。解答番号は 11 です。

	〈 ア 〉	〈 イ 〉	〈 ウ 〉
①	to	in	like
②	with	in	in
③	with	of	like
④	to	of	in

(2) 下線部 ( ) 内の語 (句) を本文の内容に合うように正しい順序に並べ替えたとき，２番目と７番目にくるものの組み合わせとして最も適当なものを，右の①～④の中から１つ選んで，その番号をマークしなさい。解答番号は 12 です。

	２番目	７番目
①	get	students who
②	get	on their tests
③	eat breakfast	students who don't
④	better scores	eat breakfast

(3) （Ⅰ）（Ⅱ）に当てはまるものとして最も適当な語（句）を，次の①～④の中から１つ選んで，その番号をマークしなさい。解答番号は（Ⅰ）が 13 と（Ⅱ）が 14 です。

Ⅰ：① more short than ② the shortest in
③ longer than ④ the longest in

Ⅱ：① ancient ② arrest ③ amount ④ angle

(4) 本文の内容に一致しないものを，次の①～④の中から１つ選んで，その番号をマークしなさい。解答番号は 15 です。

① 夕食の量が多すぎると睡眠の質が悪くなり，翌日の朝食の量にまで影響が及ぶことがある。
② 朝食を抜くことで，体内にある24時間の周期が狂い始める。
③ 朝食を毎朝食べない生徒は，授業中眠りに落ちることにより学業成績や素行が悪くなることがある。
④ 体の周期が悪い状態にあっても，早起きして朝食をたくさん食べ続けることにより，体は日時計のように24時間周期で動き出す。

4 文法的に誤りが無い文を，次の①～④の中から１つ選んで，その番号をマークしなさい。解答番号は(1)が 16 ，(2)が 17 です。

(1) ① Would you like to me carry your bag?
② I will can speak English someday.
③ I can show you how to use this computer.
④ Everyone know who he is.

(2) ① I'm going to tell my classmates about my club activities today.
② It is important of me to be understood the problem.
③ My house is the most beautiful of the ten houses of this area.
④ Have you already finishing to take a shower?

英語　聞き取り

次の(1)～(3)については，それぞれ会話文を聞き，その内容についての質問の答えとして，最も適当なものをａ～ｄの中から１つずつ選びなさい。(4)と(5)については，それぞれ説明文を聞き，その内容についての質問の答えとして最も適当なものを，ａ～ｄの中から１つずつ選びなさい。会話文，会話文に対する問いと答え，説明文，説明文に対する問いと答えは，それぞれ２回読まれます。必要があればメモをとってもかまいません。問いに対する答えについて正しいものはマークシートの「正」の文字を，誤っているものはマークシートの「誤」の文字をそれぞれマークしなさい。

正しいものは，各問いについて，１つしかありません。

メモ欄（必要があれば，ここにメモをとってもよろしい。）

【理　科】（40分）　＜満点：50点＞

1　次のA，Bの各問いに答えなさい。

A　次の図1はある地域の地形，図2は図1のa～e地点のボーリングをもとにつくった柱状図である。また，この地域の地質について分かっていることについて述べている。あとの(1)～(3)の各問いに答えなさい。

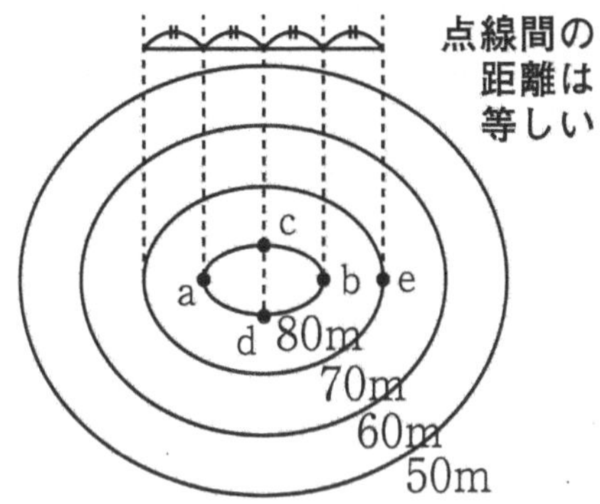

図1

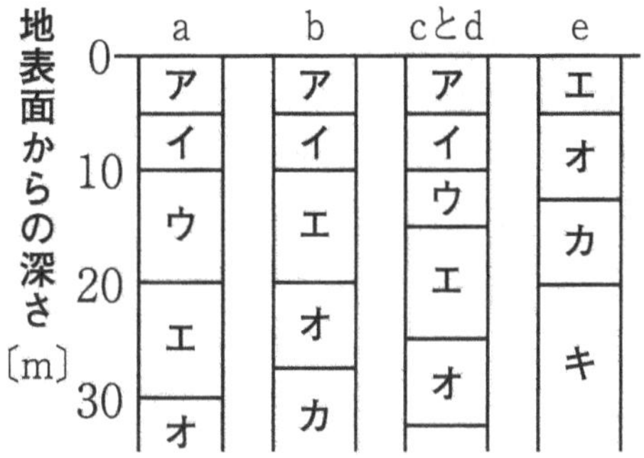

地表面からの深さ〔m〕
0
10
20
30
a：ア　イ　ウ　エ　オ
b：ア　イ　エ　オ　カ
cとd：ア　イ　ウ　エ　オ
e：エ　オ　カ　キ

図2

【この地域の地質について分かっていること】
・それぞれ1つの地層における，厚さや傾きは一定である。
・断層は見当たらず，地層の逆転もない。
・c地点とd地点の柱状図はまったく同じである。
・**ア**層は砂岩でできておりアンモナイトの化石が含まれていた。**イ**層はれき岩，**ウ**層は石灰岩でできており，フズリナの化石が含まれていた。**エ**層は凝灰岩，**オ**層は泥岩，**カ**層は石灰岩，**キ**層は火成岩でできている。

(1)　**ウ**層ができた年代と，同じ時代に繁栄していた生物の組み合わせとして最も適当なものを，次の①～⑥の中から1つ選んで，その番号をマークしなさい。解答番号は［1］です。

	ウ層ができた年代	生物
①	古生代	リンボク，サンヨウチュウ
②	古生代	イチョウ，サンヨウチュウ
③	中生代	リンボク，ティラノサウルス
④	中生代	イチョウ，ティラノサウルス
⑤	新生代	リンボク，ナウマンゾウ
⑥	新生代	イチョウ，ナウマンゾウ

(2)　次のページのⅠ～Ⅳは，この地域の過去のできごとを示している。古いものから順に並べたものとして，最も適当なものを，あとの①～⑥の中から1つ選んで，その番号をマークしなさい。

解答番号は [2] です。

Ⅰ　**カ**層の上に**オ**層が堆積した。

Ⅱ　**イ**層の上に**ア**層が堆積した。

Ⅲ　いったん隆起が起こり，地表面が侵食され，その後沈降した。

Ⅳ　地殻変動によって**エ**層を含む一連の地層が傾いた。

①　Ⅰ，Ⅱ，Ⅲ，Ⅳ　　②　Ⅰ，Ⅱ，Ⅳ，Ⅲ　　③　Ⅰ，Ⅲ，Ⅱ，Ⅳ

④　Ⅰ，Ⅲ，Ⅳ，Ⅱ　　⑤　Ⅰ，Ⅳ，Ⅱ，Ⅲ　　⑥　Ⅰ，Ⅳ，Ⅲ，Ⅱ

(3)　地層の上下が逆転していないことを知る手がかりとして，**適当でない**ものを，次の①～⑤の中から１つ選んで，その番号をマークしなさい。解答番号は [3] です。

①　**ア**層に見られる二枚貝の産状　　②　**ア**層に見られる斜めに交わったすじ模様

③　**イ**層に見られるれきの大きさによる並び方　　④　**エ**層に見られる火山灰の粒子の形

⑤　**オ**層に見られる古生物の巣穴

B　図３は，日本のある地点における，寒冷前線が通過する前後の気温，気圧および露点の測定記録である。あとの(4)～(6)の各問いに答えなさい。

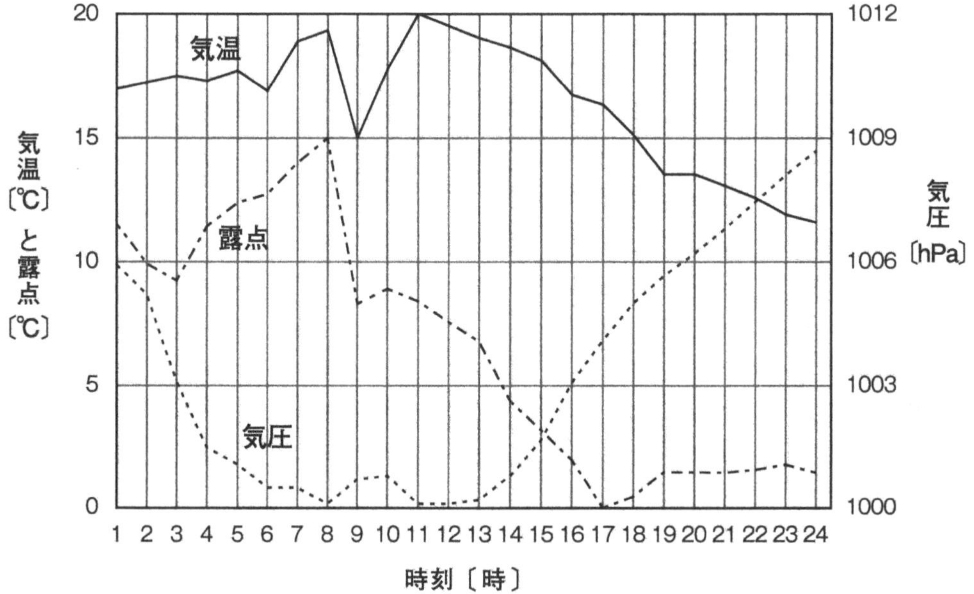

図３

出典：気象庁「気象データ　気温・露点・気圧調査」をもとに本校が作成

(4)　寒冷前線の通過にともなって，雨が降った。このときの様子について，正しく説明したものはどれか。最も適当なものを，次の①～④の中から１つ選んで，その番号をマークしなさい。解答番号は [4] です。

①　広い範囲に，激しい雨が降った。　　②　せまい範囲に，激しい雨が降った。

③　広い範囲に，おだやかな雨が降った。　　④　せまい範囲に，おだやかな雨が降った。

(5) 図４は前のページの図３における９時の観測地点付近の天気図である。観測地点はどの位置か。最も適当なものを，あとの①～④の中から１つ選んで，その番号をマークしなさい。解答番号は 5 です。

① ア　② イ　③ ウ　④ エ

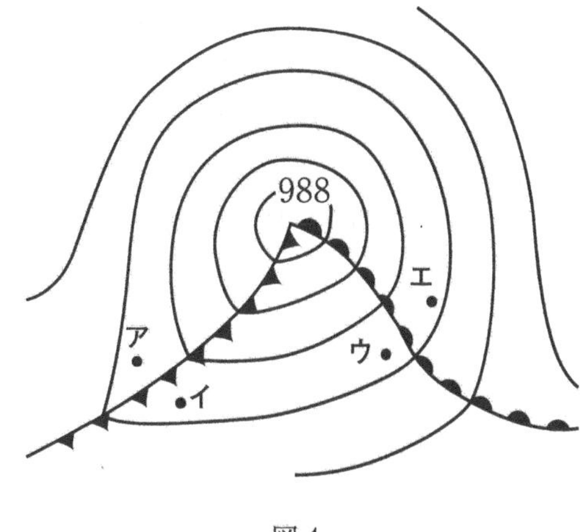

図４

(6) この日の８時から16時の中で，湿度が最も高くなるのは何時ごろか。最も適当なものを，次の①～⑤の中から１つ選んで，その番号をマークしなさい。解答番号は 6 です。

① 8時　② 10時　③ 12時　④ 14時　⑤ 16時

2 次のA，Bの各問いに答えなさい。

A セキツイ動物のからだのつくりに関する次の文章を読み，あとの(1)～(6)の各問いに答えなさい。

ニワトリを利用して，骨格標本を作成した。手羽先や手羽元と呼ばれる部位（翼の部分）の肉や脂を除去して骨のみを乾燥させ，接着剤を用いて組み立てたところ，図１の標本が完成した。この標本には第１指，第２指，第３指がみられ，それぞれヒトの親指，人差し指，中指に相当する。このように，ニワトリの翼にはヒトの手・腕と共通する構造がみられるため，ニワトリの翼とヒトの前肢（手・腕）は同じものからそれぞれ進化したと考えられる。また，図２はクジラの胸びれの骨格を示している。

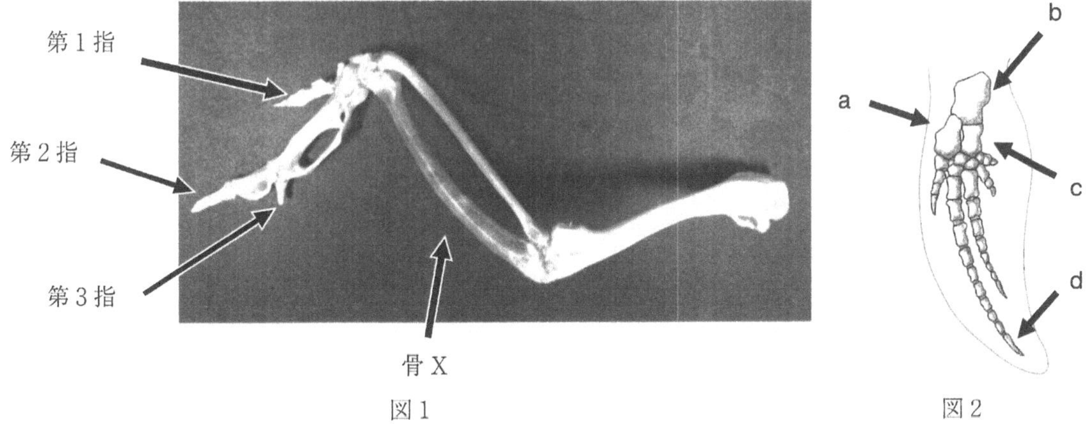

図１　図２

(1) ヒトが鶏肉（タンパク質）を消化するときに，はたらく消化酵素とその消化酵素を分泌する消化器官の組み合わせはどれか。最も適当なものを，次の①～④の中から１つ選んで，その番号をマークしなさい。解答番号は 7 です。

① アミラーゼ・口腔　② マルターゼ・小腸　③ ペプシン・胃　④ リパーゼ・小腸

⑵ 骨Xに相当する部位は図２のａ～ｄのどれか。最も適当なものを，次の①～④の中から１つ選んで，その番号をマークしなさい。解答番号は 8 です。

① a　② b　③ c　④ d

⑶ 手羽先を手に取り，口に運ぶという動作では多くの筋肉が連動して動いている。その中でもヒトのひじの関節が曲がるときに縮む筋肉を正しく示しているものはどれか。最も適当なものを，次の①～④の中から１つ選んで，その番号をマークしなさい。解答番号は 9 です。

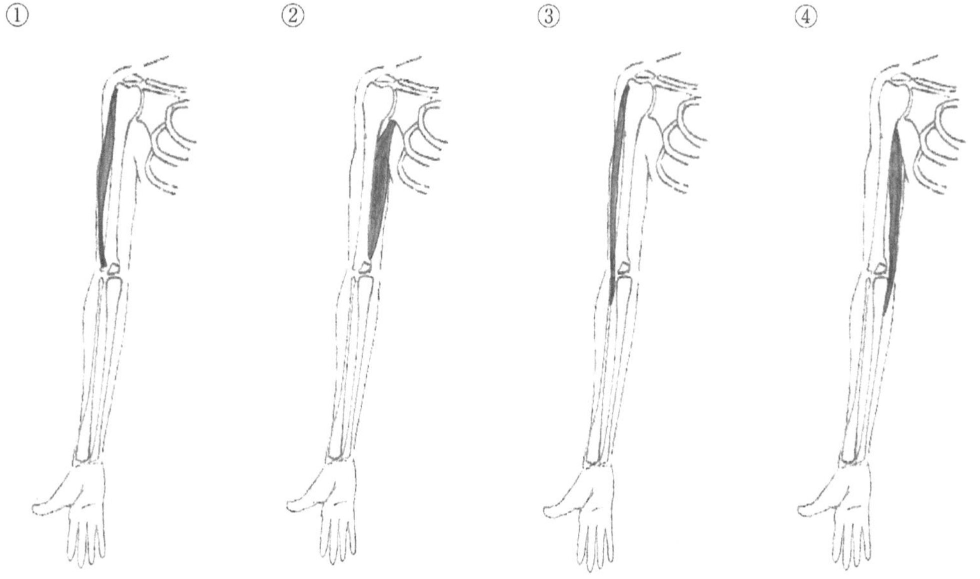

⑷ 現在の形や働きは異なるが，起源は同じであったと考えられるものの名称を何というか。最も適当なものを，次の①～④の中から１つ選んで，その番号をマークしなさい。解答番号は 10 です。

① 合同器官　② 相同器官　③ 相似器官　④ 感覚器官

⑸ 私たちセキツイ動物は，ナメクジウオという動物の仲間から進化してきたと考えられている。ナメクジウオには背骨はないが，それに類する脊索（せきさく）という構造をもっている。次の表１は動物Ⅰ～Ⅵの特徴を比較して作製されたものである。

特徴	Ⅰ	Ⅱ	Ⅲ	Ⅳ	Ⅴ	Ⅵ
脊索をもつ時期がある	－	○	○	○	○	○
肺で呼吸する時期がある	－	○	○	－	－	○
体温を一定に保つことが可能	－	○	－	－	－	○
子を産む	－	○	－	－	－	－
背骨をもつ	－	○	○	○	－	○

○：その特徴がある。－：その特徴がない

表１

次の生物**ア**～**ケ**のうち，動物Ⅲに該当する生物を正しく選択しているものはどれか。最も適当なものを，あとの①～⑤の中から１つ選んで，その番号をマークしなさい。解答番号は 11 です。

ア イノシシ　**イ** ウナギ　**ウ** イセエビ　**エ** オオカミ　**オ** カブトムシ
カ イモリ　**キ** ヤモリ　**ク** ワニ　**ケ** イルカ

① **ア**，**エ**　② **ウ**，**オ**　③ **カ**，**ク**　④ **カ**，**キ**，**ク**　⑤ **ア**，**エ**，**ケ**

(6) セキツイ動物は長い年月をかけ，魚類から鳥類やホニュウ類に進化してきたが，ニワトリの翼やコウモリの羽など異なるグループの間で，前肢のはたらきが似ているものがある。このような現象が生じる原因として最も適当なものを，次の①～④の中から１つ選んで，その番号をマークしなさい。解答番号は 12 です。

① 共通の祖先から進化したため。
② 生息する環境に適応しながら進化したため。
③ すべての生物種が同様に進化をしたため。
④ 他種間の交配により生じた個体であるため。

B　鳥類は受精の際に子の性が決定するが，同じ卵生である一部のハチュウ類には卵がふ化する温度で性が決定するものがある。図３は４種類のハチュウ類の卵を，いろいろな温度でふ化させたときのオスの出現率を示したものである。次のページの図４は，あるハチュウ類（X種）の卵を用い，卵のいろいろな段階で温度（実験１では30℃と26℃，実験２では26℃と20℃）を変えて，オスの出現率を調べた結果を示したものである。なお，通常自然界ではこれらの種のオスとメスの比率はほぼ等しいものとする。また，図４において卵が生まれてからふ化するまでの期間を４つに分け，順に前期，中期，後期，終期とした。あとの(7)，(8)の各問いに答えなさい。

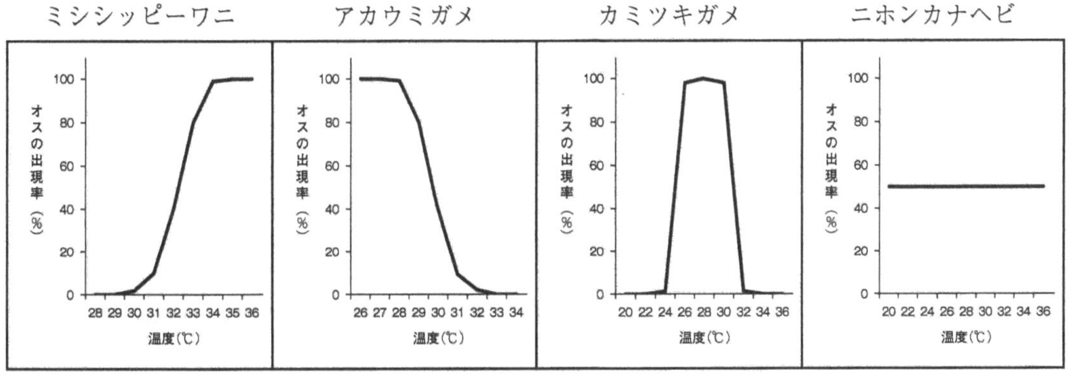

図３

<table>
<tr><th></th><th>前期</th><th>中期</th><th>後期</th><th>終期</th><th>オスの出現率</th></tr>
<tr><td rowspan="5">実験1</td><td colspan="2">30℃</td><td colspan="2">26℃</td><td>0%</td></tr>
<tr><td>30℃</td><td colspan="3">26℃</td><td>75%</td></tr>
<tr><td colspan="4">26℃</td><td>100%</td></tr>
<tr><td colspan="3">26℃</td><td>30℃</td><td>60%</td></tr>
<tr><td colspan="2">26℃</td><td colspan="2">30℃</td><td>0%</td></tr>
</table>

<table>
<tr><td rowspan="5">実験2</td><td>20℃</td><td colspan="3">26℃</td><td>60%</td></tr>
<tr><td colspan="2">20℃</td><td colspan="2">26℃</td><td>10%</td></tr>
<tr><td colspan="4">20℃</td><td>0%</td></tr>
<tr><td colspan="2">26℃</td><td colspan="2">20℃</td><td>90%</td></tr>
<tr><td colspan="3">26℃</td><td>20℃</td><td>100%</td></tr>
</table>

※すべての卵は正常にふ化した

図4

(7) 次の**ア**～**ク**の文章のうち，図3と図4から考察できることを選んだ組み合わせとして最も適当なものを，あとの①～⑤の中から1つ選んで，その番号をマークしなさい。解答番号は 13 です。

ア 卵の温度を29℃に保ってふ化させたミシシッピーワニは，ほとんどがオスとなる。

イ 卵の温度を32℃に保ってふ化させたアカウミガメは，ほとんどがメスとなる。

ウ カミツキガメで，ふ化した子がすべてメスになることはない。

エ カミツキガメとニホンカナヘビは卵のときの温度に左右されず，性が決定する。

オ 実験1で前期または終期のどちらか一方を30℃におくと，必ずメスが生じる。

カ 実験2で前期または終期のどちらか一方を20℃におくと，必ずオスが生じる。

キ 実験1で前期と中期の全期間を30℃におくと，必ずメスが生じる。

ク 実験2で中期と後期の全期間を20℃におくと，必ずオスが生じる。

① **ア，ク**　② **イ，キ**　③ **ウ，カ**　④ **ア，エ，キ**　⑤ **イ，オ，ク**

(8) 実験1と実験2の結果から，X種の性決定の型は図3のどの種の型と同じであると考えられるか。最も適当なものを，次の①～④の中から1つ選んで，その番号をマークしなさい。解答番号は 14 です。

① ミシシッピーワニ　② アカウミガメ　③ カミツキガメ　④ ニホンカナヘビ

3 次のA，Bの各問いに答えなさい。

A 電気分解における化学変化を調べるために，次の実験を行った。あとの(1)～(4)の各問いに答えなさい。なお，実験時の室温と大気圧は常に一定であり，水素と酸素は水に溶けないものとする。

・実験の手順

【実験Ⅰ】

次のページの図1のように，うすい水酸化ナトリウム水溶液で満たした電気分解装置を用意し，電極**ア**を電源装置の＋極に，電極**イ**を－極につなぎ，６Ｖの電圧を加えて３分間電流を流した。

【実験Ⅱ】

実験Ⅰに続き，管**ウ**，管**エ**の中に気体が集まったままの状態で，電極**ア**を電源装置の－極に，電極**イ**を＋極につなぎ変えた。６Ｖの電圧を加えて１分間電流を流した。

【実験Ⅲ】

実験Ⅱを行った後に，管**ウ**の中に集まった気体に点火した。

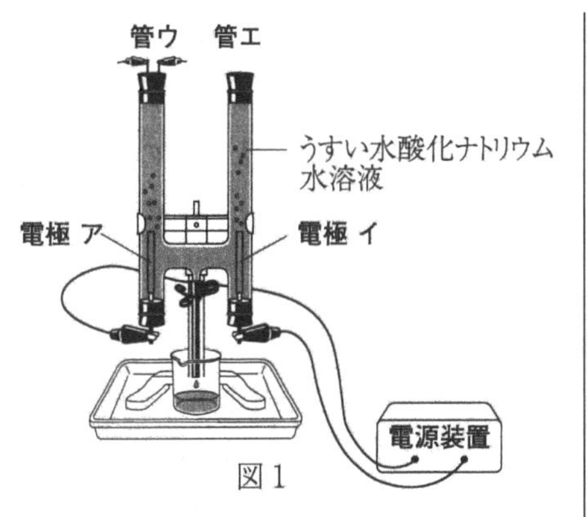

図１

・実験結果

実験Ⅰ	管**ウ**の中に酸素が3.0cm^3，管**エ**の中に水素が6.0cm^{3}集まった。
実験Ⅱ	管**ウ**の中の気体の体積が2.0cm^{3}増加した。
実験Ⅲ	爆発音がして完全に反応した。また，管**ウ**の内部には気体が残った。

(1) 水の電気分解のように，１種類の物質が２種類以上の物質に分かれる化学変化が起こるのは次のうちのどれか。最も適当なものを，次の①～④の中から１つ選んで，その番号をマークしなさい。解答番号は 15 です。

① 酸化銀を加熱する。　② ドライアイスを放置すると気体となる。
③ 氷を加熱すると水になる。　④ 鉄粉を空気中で加熱する。

(2) 電流を流し続けると，うすい水酸化ナトリウム水溶液の濃度はどうなっていくか。最も適当なものを，次の①～④の中から１つ選んで，その番号をマークしなさい。解答番号は 16 です。

① 薄くなる　② 変わらない　③ 濃くなる　④ 一度濃くなった後に薄くなる。

(3) 実験Ⅱにおける試験管内の気体の様子を図示したものとして最も適当なものを，次の①～⑧の中から１つ選んで，その番号をマークしなさい。解答番号は 17 です。

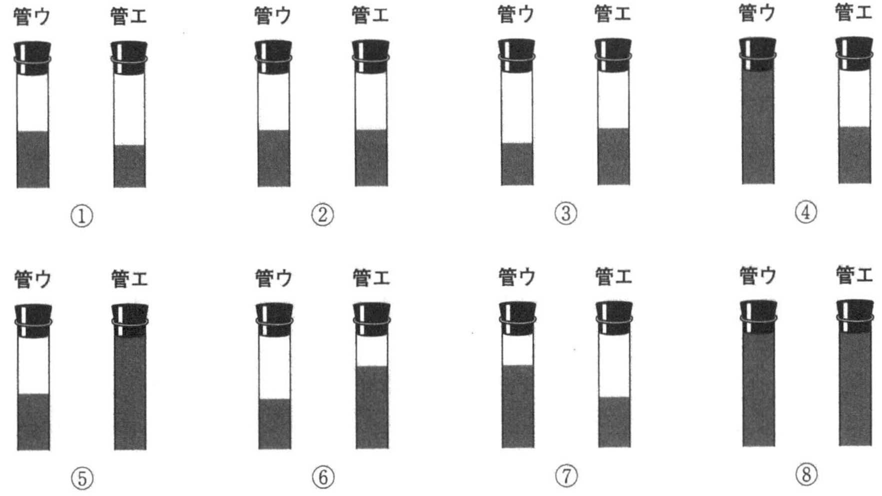

(4) 実験Ⅲにおいて，反応後に残った気体とその体積の組み合わせはどれか。最も適当なものを，右の①～④の中から１つ選んで，その番号をマークしなさい。解答番号は 18 です。

	残った気体	体積
①	酸素	$1cm^3$
②	酸素	$2cm^3$
③	水素	$1cm^3$
④	水素	$2cm^3$

B　水溶液**ア**～**オ**は，食塩水，砂糖水，アンモニア水，うすい硫酸，水酸化ナトリウム水溶液のいずれかであることが分かっている。これらの水溶液に対して行った実験について，理科研究会のヒロツグさんと顧問のオク先生の対話を読んで，あとの(5)～(7)の各問いに答えなさい。

オク先生：まず，青色リトマス試験紙に付けて色の変化を調べてみよう。
ヒロツグ：**ア**の水溶液では赤色に変化したけど，それ以外の水溶液で変化は見られませんでした。
オク先生：これから考えると**ア**の水溶液は［　Ⅰ　］ということが分かるね。
ヒロツグ：その他はまだ分かりませんね。何か調べる方法はないでしょうか？
オク先生：それでは，**イ**～**オ**の水溶液に電流を流してみよう。
ヒロツグ：**イ**，**ウ**，**エ**は電流が流れたけれど，**オ**は電流が流れませんでした。
オク先生：**イ**，**ウ**，**エ**のように水に溶けたとき，その水溶液に電流が流れる物質のことを［　Ⅱ　］と言うね！このことから考えると**オ**の水溶液は［　Ⅲ　］と言えるね。
ヒロツグ：(試験管の上部を手であおぐようにしてにおいをかいだところ…)
うん？**ウ**の水溶液は刺激臭がします。ということは，**ウ**の水溶液はアンモニア水かな。
ヒロツグ：それでは，**イ**と**エ**がまだ分かっていないのだけれど，あと何を調べればいいかな？
オク先生：［　Ⅳ　］

(5) ⅠとⅢの水溶液の組み合わせとして最も適当なものを，次の①～⑥の中から１つ選んで，その番号をマークしなさい。解答番号は 19 です。

	Ⅰ	Ⅲ
①	食塩水	うすい硫酸
②	食塩水	水酸化ナトリウム水溶液
③	水酸化ナトリウム水溶液	砂糖水
④	水酸化ナトリウム水溶液	食塩水
⑤	うすい硫酸	砂糖水
⑥	うすい硫酸	食塩水

(6) Ⅱにあてはまる語句はどれか。最も適当なものを，次の①～⑤の中から１つ選んで，その番号をマークしなさい。解答番号は 20 です。

①　化合物　　②　単体　　③　混合物　　④　電解質　　⑤　非電解質

(7) Ⅳにあてはまる文章として最も適当なものを，次のページの①～④の中から１つ選んで，その番号をマークしなさい。解答番号は 21 です。

① BTB溶液を入れて色の変化を調べてみよう。
② 塩化コバルト紙につけてみよう。
③ 溶液を氷水で冷却してみよう。
④ ヨウ素液を加えてみよう。

4 次のA，Bの各問いに答えなさい。

A 図1のように天井からばねをつり下げ，そこに1個30gのおもりを数を変えながらつるし，ばねの長さを測定した。その結果，表1のようになった。あとの(1)～(3)の各問いに答えなさい。ただし，質量100gの物体にはたらく重力の大きさを1Nとする。

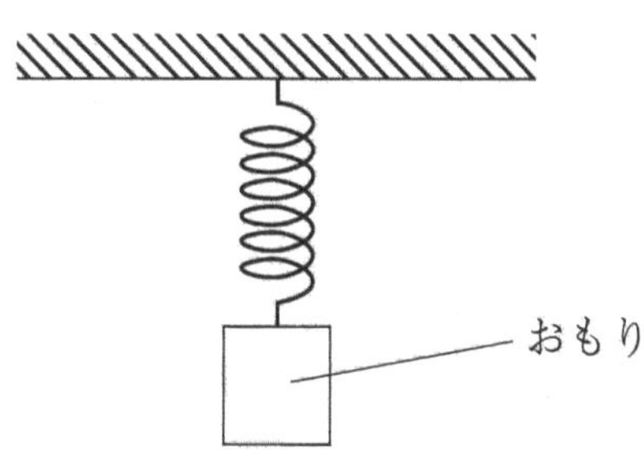

図1

おもりの数〔個〕	0	1	2	3	4
ばねの長さ〔cm〕	8	11	14	**ア**	20

表1

(1) 表1の**ア**にあてはまる数値はどれか。最も適当なものを，次の①～⑤の中から1つ選んで，その番号をマークしなさい。解答番号は 22 です。

① 15　② 16　③ 17　④ 18　⑤ 19

(2) おもり1個にはたらく重力の大きさは何Nか。最も適当なものを，次の①～⑤の中から1つ選んで，その番号をマークしなさい。解答番号は 23 です。

① 0.3N　② 0.6N　③ 0.9N　④ 1.2N　⑤ 1.5N

(3) 次に，図2のようにおもりを3個つなげ，すべてを水中に沈めたところ，ばねの長さは15cmになった。浮力の大きさは何Nか。最も適当なものを，あとの①～⑥の中から1つ選んで，その番号をマークしなさい。解答番号は 24 です。

① 0.05N　② 0.1N　③ 0.2N
④ 0.4N　⑤ 0.7N　⑥ 1.0N

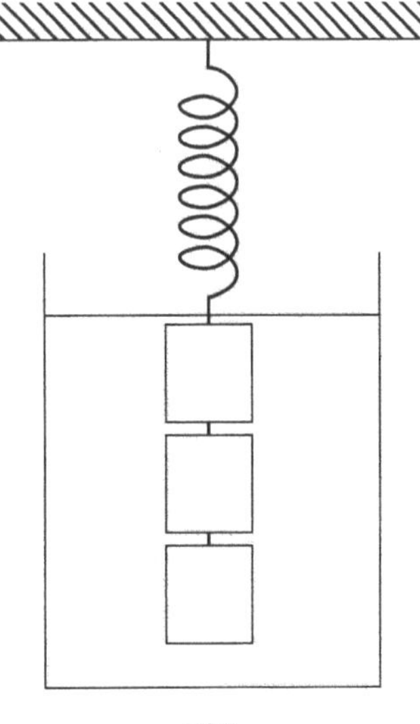

図2

B　長さが１ｍで，断面積が$0.01mm^2$，$0.02mm^2$，$0.05mm^2$，$0.10mm^2$，$0.20mm^2$，$0.25mm^2$の６本の金属線を用意した。これらの金属線に５Ｖの電圧をかけたところ，流れる電流の大きさは表２のようになった。あとの(4)～(7)の各問いに答えなさい。ただし，この実験はすべて同じ温度で行い，この実験で使用する金属線はすべて同じ金属とする。

金属線の断面積〔mm^2〕	0.01	0.02	0.05	0.10	0.20	0.25
電流の大きさ〔A〕	0.5	1.0	2.5	5.0	10.0	12.5

表２

(4)　金属線の断面積が$0.02mm^2$のとき，金属線の抵抗の大きさはいくらか。最も適当なものを，次の①～④の中から１つ選んで，その番号をマークしなさい。解答番号は［25］です。

①　2.5Ω　　②　5.0Ω　　③　7.5Ω　　④　10.0Ω

(5)　２種類の金属線ａ，ｂと５Ｖの電源を図３のように接続したところ，点アを流れる電流の大きさは2.0Ａであった。金属線ａの断面積が$0.20mm^2$のとき，金属線ｂの断面積はいくらか。最も適当なものを，あとの①～⑥の中から１つ選んで，その番号をマークしなさい。解答番号は［26］です。

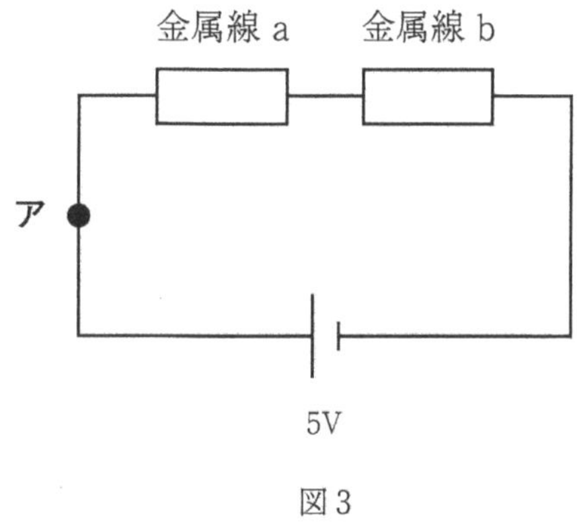

図３

①　$0.01mm^2$　　②　$0.02mm^2$　　③　$0.05mm^2$　　④　$0.10mm^2$　　⑤　$0.20mm^2$　　⑥　$0.25mm^2$

(6)　次の文章は，金属線のつなぎ方と抵抗値について述べたものである。文中の（　）にあてはまる数値として最も適当なものを，次の①～⑥の中から１つ選んで，その番号をマークしなさい。
解答番号は［27］です。

図３の２種類の金属線ａ，ｂを，図４のように並列つなぎに変える。これは，５Ｖの電源に断面積（　　）mm^2の金属線を一本接続したときと回路全体として同じ抵抗値をもつことになる。

①　0.01　　②　0.02　　③　0.05
④　0.10　　⑤　0.20　　⑥　0.25

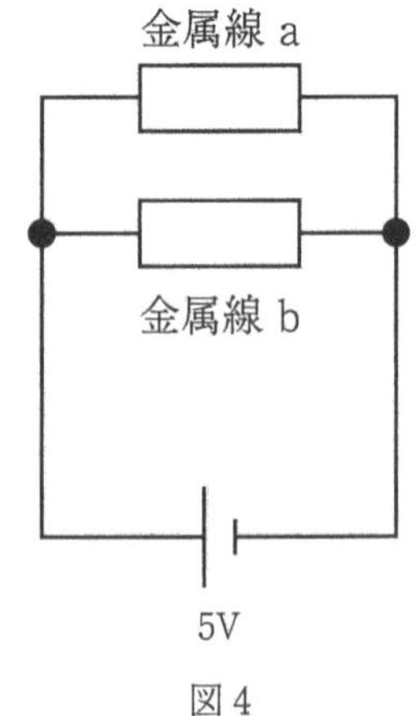

図４

(7) 断面積0.02mm^{2}の金属線ｃと，長さ１ｍで断面積のわからない金属線ｄを図５のように接続したところ，点**イ**を流れる電流の大きさは5.0Ａであった。金属線ｄの断面積はいくらか。最も適当なものを，①～⑥の中から１つ選んで，その番号をマークしなさい。解答番号は 28 です。

① 0.03mm^2　② 0.04mm^2　③ 0.07mm^2
④ 0.08mm^2　⑤ 0.11mm^2　⑥ 0.13mm^2

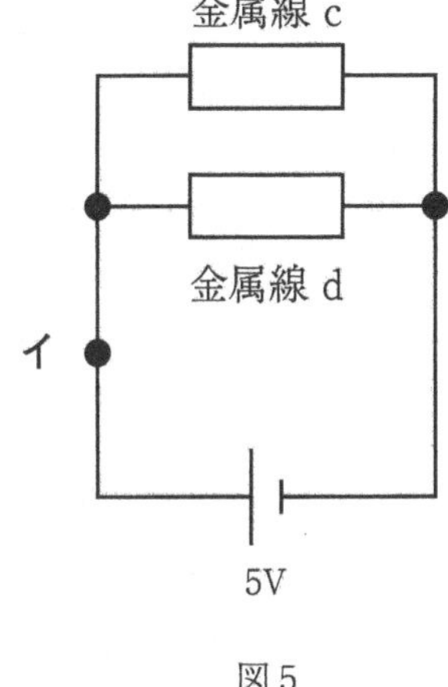

図５

【社　会】（40分）　＜満点：50点＞

1　次の(1)～(8)の問いに答えなさい。

(1) 次の表は，成田国際空港からロサンゼルス国際空港までの航空機の時刻表である。表を見て，成田国際空港からロサンゼルス国際空港までの所要時間として最も適当なものを，下の①～④の中から１つ選んで，その番号をマークしなさい。なお，ロサンゼルス国際空港は西経120度とする。解答番号は［1］です。

成田国際空港発　３月１日　午後５時　　ロサンゼルス国際空港着　３月１日　午前10時

①　７時間　　②　８時間　　③　９時間　　④　10時間

(2) 次の表は，名古屋とロンドンの気温を示している。名古屋と比較したロンドンの気候について述べた下の文の空欄（ア）～（ウ）にあてはまる語句の組み合わせとして最も適当なものを，下の①～⑧の中から１つ選んで，その番号をマークしなさい。解答番号は［2］です。

都市	平均気温（℃）				
	12月	1月	2月	3月	全年
名古屋	7.0	4.5	5.2	8.7	15.8
ロンドン	5.7	5.8	6.2	8.0	11.8

（「理科年表 2021」をもとに作成）

ロンドンは名古屋よりも緯度が（　ア　）が，暖流の北大西洋海流上の空気を運んでくる（　イ　）の影響で，冬でも比較的温かい。このような気候を（　ウ　）という。

①　ア　高い　　イ　季節風　　ウ　西岸海洋性気候
②　ア　高い　　イ　季節風　　ウ　地中海性気候
③　ア　高い　　イ　偏西風　　ウ　西岸海洋性気候
④　ア　高い　　イ　偏西風　　ウ　地中海性気候
⑤　ア　低い　　イ　季節風　　ウ　西岸海洋性気候
⑥　ア　低い　　イ　季節風　　ウ　地中海性気候
⑦　ア　低い　　イ　偏西風　　ウ　西岸海洋性気候
⑧　ア　低い　　イ　偏西風　　ウ　地中海性気候

(3) 次のページの地図のＡ国について述べた下の文ａ～ｄについて，正しいものの組み合わせを，下の①～④の中から１つ選んで，その番号をマークしなさい。解答番号は［3］です。

ａ　コーヒー豆の生産量は世界第２位である（2019年）。
ｂ　米の輸出量は世界第２位である（2019年）。
ｃ　最も多くの人々に信仰されている宗教はイスラム教である。
ｄ　最も多くの人々に信仰されている宗教は仏教である。

①　ａ・ｃ　　②　ａ・ｄ　　③　ｂ・ｃ　　④　ｂ・ｄ

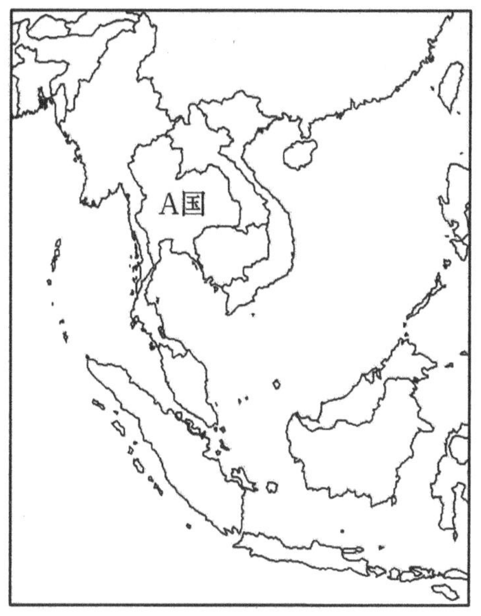

(4) 次の表Ⅰ・表ⅡのA～Dは，原油，天然ガス，石炭，鉄鉱石のいずれかをあらわしている。表Ⅰはこれらの産出量・産出高・生産量の上位4か国が占める割合を示し，表Ⅱはこれらの日本の輸入相手国の上位4か国が占める割合を示している。このうち鉄鉱石に該当するものを，下の①～④の中から1つ選んで，その番号をマークしなさい。解答番号は 4 です。

表Ⅰ （石炭産出高・鉄鉱石生産量・天然ガス生産量は2018年，原油産出量は2020年）

	産出高・産出量・生産量（上位4か国）
A	中国（54.4%），インド（10.7%），インドネシア（8.1%），オーストラリア（6.0%）
B	オーストラリア（36.7%），ブラジル（19.3%），中国（13.8%），インド（8.3%）
C	アメリカ合衆国（21.9%），ロシア（18.7%），イラン（5.7%），カナダ（4.6%）
D	アメリカ合衆国（15.1%），ロシア（13.7%），サウジアラビア（12.3%），カナダ（5.5%）

（「日本国勢図会 2021/22年版」をもとに作成）

表Ⅱ （2020年）

	日本の輸入相手国（上位4か国）
A	オーストラリア(59.6%)，インドネシア(15.9%)，ロシア(12.5%)，アメリカ合衆国(5.4%)
B	オーストラリア(57.9%)，ブラジル(26.9%)，カナダ(6.0%)，南アフリカ共和国(3.1%)
C	オーストラリア(39.1%)，マレーシア(14.2%)，カタール(11.7%)，ロシア(8.2%)
D	サウジアラビア(40.1%)，アラブ首長国連邦(31.5%)，クウェート(9.0%)，カタール(8.3%)

（「日本国勢図会 2021/22年版」をもとに作成）

① A　② B　③ C　④ D

(5) 次の地図（兵庫県美方郡香美町）について述べた下の文ａ～ｄについて，正しいものの組み合わせを，下の①～④の中から１つ選んで，その番号をマークしなさい。解答番号は 5 です。

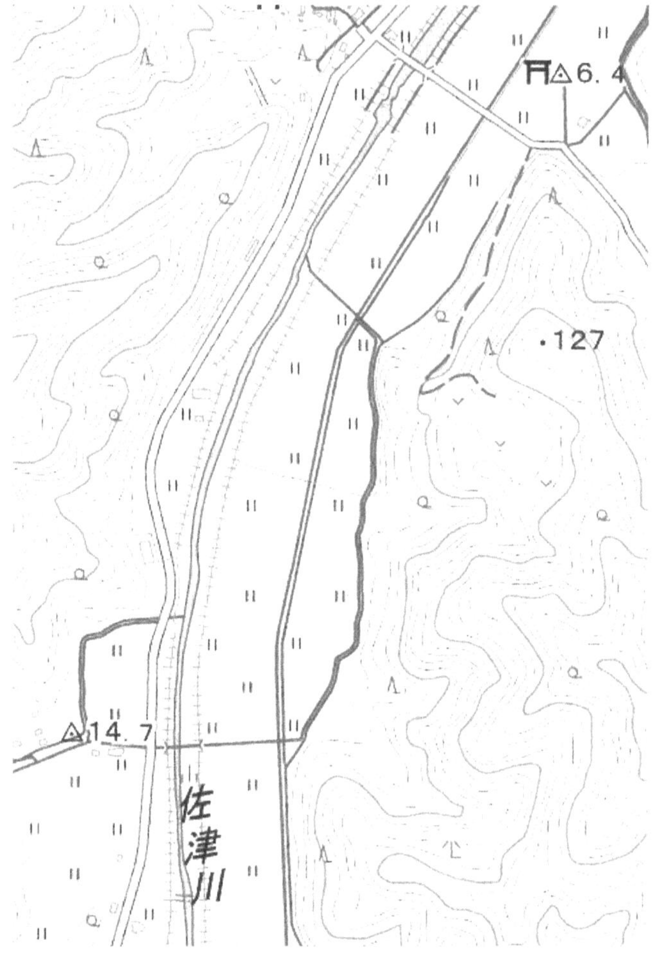

（国土地理院「地理院地図/GSI Maps」より作成）

ａ 「佐津川」の東には田が広がっており，寺院がある。

ｂ 「佐津川」の東には田が広がっており，山沿いに畑もある。

ｃ 「佐津川」は北から南に向かって流れている。

ｄ 「佐津川」は南から北に向かって流れている。

① ａ・ｃ　② ａ・ｄ　③ ｂ・ｃ　④ ｂ・ｄ

(6) 関東地方の農業について述べた次の文ａ～ｄについて，正しいものの組み合わせを，下の①～④の中から１つ選んで，その番号をマークしなさい。解答番号は 6 です。

ａ 近郊農業が盛んで，新鮮な野菜などを出荷している。

ｂ シラスにおおわれた台地で，畑作や畜産が行われている。

ｃ 大規模経営の農家が多く，大型機械を用いて作業の効率化を図っている。

ｄ 夏でも涼しい高冷地では，抑制栽培が盛んに行われている。

① ａ・ｃ　② ａ・ｄ　③ ｂ・ｃ　④ ｂ・ｄ

(7)　次の地図のＢ県について述べた文として最も適当なものを，下の①～④の中から１つ選んで，その番号をマークしなさい。解答番号は［ 7 ］です。

①　さくらんぼや洋なしは，全国でも有数の生産量となっている。
②　三陸海岸のリアス海岸の湾内では，養殖業が盛んである。
③　夏には，やませと呼ばれる冷たく湿った風がふき，冷害をまねくことがある。
④　北西部にある白神山地は，世界自然遺産に登録されている。

(8)　次の表は，愛知県，岐阜県，三重県，静岡県の人口についてまとめたものである。この表から読み取れる内容として最も適当なものを，下の①～④の中から１つ選んで，その番号をマークしなさい。解答番号は［ 8 ］です。

（2019年）

	人口（人）	65歳以上の人口の割合（%）	人口増減率（%）	在留外国人数（人）
愛知県	7,552,239	25.1	0.21	281,153
岐阜県	1,986,587	30.1	－0.51	60,206
三重県	1,780,882	29.7	－0.58	56,590
静岡県	3,643,528	29.9	－0.43	100,148

※人口増減率は2018年～2019年の増減率

（「データでみる県勢 2021年版」をもとに作成）

①　人口密度が最も低いのは岐阜県である。
②　65歳以上の人口が最も多いのは静岡県である。
③　愛知県は人口が増加してるが，年間の増加数は２万人未満である。
④　総人口に占める在留外国人の割合が最も低いのは三重県である。

2 次の年表を見て，あとの(1)～(9)の問いに答えなさい。

世紀	日本のできごと
3	卑弥呼が魏に使いを送る ……………………… (A)
8	平安京に都を移す ……………………………… (B)
13	弘安の役 …………………………………………
	↕ (あ)
14	鎌倉幕府がほろぶ ………………………………
16	豊臣秀吉が全国を統一する …………………… (C)
19	天保の改革 ……………………………………… (D)
	民撰議院設立の建白書 …………………………
	↕ (い)
	第１回帝国議会の開会 …………………………
	↕ ①
20	大逆事件
	↕ ②
	関税自主権を回復する
	第１次護憲運動がおこる
	↕ ③
	普通選挙法の成立
	↕ ④
	満州事変がおこる
	日中戦争が始まる ………………………………
	↕ (う)
	太平洋戦争が始まる ……………………………

(1) 年表中の（A）に関連して，この時代について述べた文として最も適当なものを，次の①～④の中から１つ選んで，その番号をマークしなさい。解答番号は 9 です。

① 巨大な前方後円墳が近畿地方を中心に造られた。

② 食べ物の残りかすなどを捨てた貝塚ができた。

③ 煮炊きに使う甕（かめ）など実用的な土器が使われた。

④ 和同開珎などの貨幣が発行された。

(2) 年表中の（B）に関連して，これを行った天皇として最も適当なものを，次の①～④の中から１つ選んで，その番号をマークしなさい。解答番号は 10 です。

① 桓武天皇　② 聖武天皇　③ 白河天皇　④ 天智天皇

(3) 年表中の（あ）の期間に幕府が出した法令の内容として最も適当なものを，あとの①～④の中から１つ選んで，その番号をマークしなさい。解答番号は 11 です。

① 「諸国の守護の職務は，京都の御所の警備と，謀反や殺人などの犯罪人の取りしまりに限る。」

② 「諸国の城は，たとえ修理する場合であっても，必ず幕府に届け出ること。」

③ 「領地の質入れや売買は，御家人たちの生活が苦しくなる原因であるので，今後は禁止する。」

④ 「和を大切にして，人に逆らうことのないようにこころがけよ。」

(4) 年表中の（C）に関連して，豊臣秀吉が全国を統一したときの政策について述べた次の文a～dについて，正しいものの組み合わせを，下の①～④の中から１つ選んで，その番号をマークしなさい。解答番号は 12 です。

a キリスト教を保護した。

b キリスト教の布教を禁止した。

c ポルトガル人・スペイン人との貿易を進めた。

d ポルトガル人・スペイン人の来航を禁止した。

① a・c ② a・d ③ b・c ④ b・d

(5) 年表中の（D）に関連して，この改革について述べた文として最も適当なものを，次の①～④の中から１つ選んで，その番号をマークしなさい。解答番号は 13 です。

① 株仲間を解散させて，物価の引き下げをはかった。

② 昌平坂学問所をつくって，武士たちに朱子学を学ばせた。

③ 生類隣みの令を出して，違反した者をきびしく罰した。

④ 目安箱を設けて，民衆の意見を政治の参考にした。

(6) 年表中の（D）に関連して，このできごとと同じ時期におこった世界のできごととして最も適当なものを，次の①～④の中から１つ選んで，その番号をマークしなさい。解答番号は 14 です。

① アメリカの独立戦争が始まる。 ② 清でアヘン戦争が始まる。

③ フランス革命が始まる。 ④ ロシア革命が始まる。

(7) 年表中の（い）の期間について述べた次の文Ⅰ～Ⅲについて，古いものから年代順に正しく配列したものを，下の①～⑥の中から１つ選んで，その番号をマークしなさい。解答番号は 15 です。

Ⅰ 伊藤博文が初代内閣総理大臣に就任した。

Ⅱ 大阪で国会の開設を求める国会期成同盟が結成された。

Ⅲ 天皇が国民にあたえるという形式で大日本帝国憲法が発布された。

① Ⅰ－Ⅱ－Ⅲ ② Ⅰ－Ⅲ－Ⅱ ③ Ⅱ－Ⅰ－Ⅲ

④ Ⅱ－Ⅲ－Ⅰ ⑤ Ⅲ－Ⅰ－Ⅱ ⑥ Ⅲ－Ⅱ－Ⅰ

(8) 次の資料が雑誌『中央公論』に発表された時期として最も適当なものを，年表中の①～④の中から１つ選んで，その番号をマークしなさい。解答番号は 16 です。

‥‥民主主義といえば，社会民主党などというときのように，「国家の主権は人民にあり」という危険なる学説と混同されやすい。また平民主義といえば，平民と貴族とを対立させ，貴族を敵にして平民に味方する意味に誤解されるおそれがある。‥‥政治において，一般民衆を尊重し，その差別をせず，しかも国体が君主制か共和制かに関係なく，広く通用する主義であるから，民本主義という用語がいちばん適当であるかと思う。 （部分要約）

(9) 年表中の（う）の期間のできごとについて述べた次の文a～dについて，正しいものの組み合わせを，下の①～④の中から1つ選んで，その番号をマークしなさい。解答番号は 17 です。

a 国家の改造をめざす陸軍の青年将校たちが，二・二六事件をおこした。

b 日ソ中立条約を結び，北方の安全を確保した。

c 国家総動員法を定め，資源と国民を，議会の承認なしで戦争に動員できるようにした。

d 徴兵が猶予されていた文科系の大学生が軍隊に召集される学徒出陣が行われた。

① a・c　② a・d　③ b・c　④ b・d

3 次の(1)～(8)の問いに答えなさい。

(1) 日本国憲法に定められている天皇の国事行為として最も適当なものを，次の①～④の中から1つ選んで，その番号をマークしなさい。解答番号は 18 です。

① 国会の召集　② 条約の締結　③ 条例の公布　④ 内閣総理大臣の指名

(2) 経済活動の自由を保障する日本国憲法の条文として最も適当なものを，次の①～④の中から1つ選んで，その番号をマークしなさい。解答番号は 19 です。

①「学問の自由は，これを保障する。」

②「財産権は，これを侵してはならない。」

③「集会，結社及び言論，出版その他一切の表現の自由は，これを保障する。」

④「何人も，いかなる奴隷的拘束も受けない。」

(3) 国会について述べた文として最も適当なものを，次の①～④の中から1つ選んで，その番号をマークしなさい。解答番号は 20 です。

① 国会は違憲審査権を持っている。

② 国会は国政調査権を持っている。

③ 衆議院は，参議院より議員数が多く，任期が長い。

④ 衆議院と参議院は，内閣不信任の決議を行うことができる。

(4) 地方自治に関連して述べた次の文X～Zについて，その正誤の組み合わせとして正しいものを，下の①～⑥の中から1つ選んで，その番号をマークしなさい。解答番号は 21 です。

X 市（区）町村長と都道府県知事の被選挙権は，ともに25歳以上と憲法に定められている。

Y 住民には，首長の解職請求を行う直接請求権が認められている。

Z 依存財源には，教育や道路の整備といった特定の仕事の費用を国が一部負担する国庫支出金などがある。

① X－正　Y－正　Z－誤　② X－正　Y－誤　Z－正

③ X－正　Y－誤　Z－誤　④ X－誤　Y－正　Z－正

⑤ X－誤　Y－正　Z－誤　⑥ X－誤　Y－誤　Z－正

(5) 株主について述べた文として**適当でないもの**を，次の①～④の中から1つ選んで，その番号をマークしなさい。解答番号は 22 です。

① 株主は，経営方針を決めたり，経営者を選んだりする株主総会に出席しなければならない。

② 株主は，所持している株式の数に応じて，配当を受け取ることができる。

③ 株式会社が倒産したとき，株主は出資した金額以上の負担を負わない。

④ 株式を売買する差額で利益を得ようとする株主がいる。

(6) 次の文の空欄（ア）・（イ）にあてはまる語句の組み合わせとして正しいものを，下の①～④の中から１つ選んで，その番号をマークしなさい。解答番号は 23 です。

日本銀行は通貨の量を調節して，景気や物価の安定をはかる金融政策を行っている。例えば好景気が続くと，物価が上がり続ける（　ア　）がおこりやすくなる。そこで日本銀行は，景気の過熱を抑えるために国債を（　イ　）する。

① ア インフレーション　イ 一般の銀行から購入
② ア インフレーション　イ 一般の銀行に売却
③ ア デフレーション　イ 一般の銀行から購入
④ ア デフレーション　イ 一般の銀行に売却

(7) 円高が日本の経済に与える影響について述べた次の文ａ～ｄについて，正しいものの組み合わせを，下の①～④の中から１つ選んで，その番号をマークしなさい。解答番号は 24 です。

ａ　日本の輸出が活発になる。
ｂ　日本で外国の製品が安く買える。
ｃ　日本を訪れる外国人の旅行者が増える。
ｄ　海外に進出する日本企業が増える。

①　ａ・ｃ　②　ａ・ｄ　③　ｂ・ｃ　④　ｂ・ｄ

(8) 消費税について述べた次の文Ｘ～Ｚについて，その正誤の組み合わせとして正しいものを，下の①～⑥の中から１つ選んで，その番号をマークしなさい。解答番号は 25 です。

Ｘ　消費税は，商品を購入する時にその価格に直接課税されるので，直接税に属する。
Ｙ　日本では，消費税で徴収した税収は，その大部分が地方公共団体の財政運営に充(あ)てられる。
Ｚ　消費税は，商品やサービスの購入に対してすべての購入者に同じ比率で課税されるため，所得が少ない人ほど所得に占める税金の割合が高くなる。

①　Ｘ－正　Ｙ－正　Ｚ－誤　②　Ｘ－正　Ｙ－誤　Ｚ－正
③　Ｘ－正　Ｙ－誤　Ｚ－誤　④　Ｘ－誤　Ｙ－正　Ｚ－正
⑤　Ｘ－誤　Ｙ－正　Ｚ－誤　⑥　Ｘ－誤　Ｙ－誤　Ｚ－正

③　A：僧　B：魚　C：母　D：院
④　A：僧　B：母　C：魚　D：母

(八)　E・F　には同じ言葉が入る。空欄に入る言葉として最も適当なものを、次の①～④の中から一つ選んで、その番号をマークしなさい。解答番号は19です。

①　哀れに　②　奇妙に　③　愚かに　④　忽ちに

(九)　X・Y　について、X　は【文章Ⅱ】を、Y　は【文章Ⅲ】をそれぞれ想起しながら話した言葉が入る。その言葉の組み合わせとして最も適当なものを、次の①～④の中から一つ選んで、その番号をマークしなさい。解答番号は20です。

①　文章Ⅱ：氷の上に魚を得　文章Ⅲ：冬の天に筍も得たる
②　文章Ⅱ：氷の上に雀を得　文章Ⅲ：冬の天に筍も得たる
③　文章Ⅱ：天の上に魚を得　文章Ⅲ：冬の天に竹も得たる
④　文章Ⅱ：天の上に雀を得　文章Ⅲ：冬の天に竹も得たる

(十)　次の会話は、【文章Ⅰ】～【文章Ⅲ】を読んだ生徒たちの話し合いである。話し合いの中で、生徒Eは本文の内容に即した発言をしている。その発言として最も適当なものを、次の①～④の中から一つ選んで、その番号をマークしなさい。解答番号は21です。

生徒A　この文章から考えると、この時代の人たちってすごく大変な生活をしていたんだね。僕には想像もつかないよ。

生徒B　やっぱり「殺生禁断」なんて無理があったんだよ。人間は肉も野菜もバランスよく食べないと生きていけないからね。

生徒C　今回の件で自分の作った法令の限界を感じたんじゃないかなあ。自分が作ったルールのせいで人々が苦しんじゃったんだもんね。

生徒D　でもさあ、今回の件以外にもこのルールを破る人はたくさんいたと思うんだよ。なんで白河院は最後にこんな判断をしたんだろう。

生徒E　［　　　　　　］

①　僧の行動が自分のためではなく、世の中の人のためであった点に白河院は感動したんだよね。だから許してあげたんじゃないかなあ。

②　母を思いやる僧の気持ちに白河院は感動したんだね。でも、罪を犯したことに変わりないから、僧をこの国から追放したんだなあ。

③　僧は国の決まり事よりも、母親の命を第一に考えて行動していたよね。そんな行動に白河院は感動して解放してあげたんだろうなあ。

④　親子そろって生きるために、僧は必死に行動してたよね。その事情を聞いて感動したから白河院はこの国の漁を解禁したんだろうなあ。

(一) ——線部㋐「重科」とあるが、この「科」と同じ意味で用いられているものとして最も適当なものを、次の①～④の中から一つ選んで、その番号をマークしなさい。解答番号は12です。

① 外科　② 科目　③ 前科　④ 科学

(二) ——線部㋑「年たけ」を意味する二字熟語として最も適当なものを、次の①～④の中から一つ選んで、その番号をマークしなさい。解答番号は13です。

① 青年　② 老年　③ 若年　④ 新年

(三) ——線部ⓐ「世間に売り買はぬ事なれば」とあるが、なぜ世の中で売買されていなかったのか。その理由について述べたものとして最も適当なものを、次の①～④の中から一つ選んで、その番号をマークしなさい。解答番号は14です。

① 季節が冬であったので魚がなかなか捕れなかったから。
② 魚を食べてはならないと決められていたから。
③ 魚は高級品で世の中になかなか出回らなかったから。
④ 当時の一般的な国民は魚を食べる習慣がなかったから。

(四) ——線部ⓑ「桂河にて、取りも慣はぬ魚をとらんとする」とあるが、なぜ僧は魚を捕ろうとしたのか。その理由について述べたものとして最も適当なものを、次の①～④の中から一つ選んで、その番号をマークしなさい。解答番号は15です。

① 当時は魚を食べる習慣がなく、自分自身で食べてみたいと考えたから。
② 世間では高級品となっている魚を売って、大金を得たいと考えたから。
③ 魚がなければ食事をしない母のために、魚を用意してあげたいと考えたから。
④ 今まで魚を捕ったことはなかったが、白河院に献上したいと考えたから。

(五) ——線部ⓒ「参りにけり」の主語として最も適当なものを、次の①～④の中から一つ選んで、その番号をマークしなさい。解答番号は16です。

① 山寺の僧　② 山寺の僧の母　③ 白河院　④ 官人

(六) ——線部ⓓ「この悪行」とあるが、その内容について具体的に述べたものとして最も適当なものを、次の①～④の中から一つ選んで、その番号をマークしなさい。解答番号は17です。

① 自分の身を犠牲にしてまでも、冬の冷たい桂河で魚を捕ろうとしたこと。
② 白河院に献上すること以外の漁は禁止されているのに、自分のために魚を捕ったこと。
③ 僧の身分でありながら漁師のまねごとをして魚を捕り、白河院に献上したこと。
④ 魚などを捕ることが禁止されているにもかかわらず、僧の身分で魚を捕ったこと。

(七) [A]・[B]・[C]・[D]に入る言葉の組み合わせとして最も適当なものを、次の①～④の中から一つ選んで、その番号をマークしなさい。解答番号は18です。

① A：官　B：魚　C：母　D：院
② A：僧　B：母　C：魚　D：院

二　次の【文章Ⅰ】は『沙石集』の一節である。また、【文章Ⅱ】・【文章Ⅲ】は、【文章Ⅰ】で白河院が想起している、中国の昔の話について述べられた『蒙求』の一節である。これらの文章を読んで、あとの㈠～㈩の問いに答えなさい。

【文章Ⅰ】

※1白河院の御時、天下、殺生禁断せられて（殺生を禁止されて）、自ら犯す者あれば、㋐重科に当たりける比、ある山寺の僧、母の㋑年たけて、世間貧しくして（生活が貧しくて）、物も食はず煩ひけるが（苦しんでいたが）、魚なんどなき外は（魚などがないと）、すべて物も食はぬ癖ありけり。ⓐ世間に売り買はぬ事なれば、如何にすべしとも覚えず（わからない）。忽ちに母の命の絶えなん事、悲しく覚えける（思われて）ままに、心の行くかたと（心の赴くままに）、ⓑ桂河にて、取りも慣はぬ魚をとらんとする程に、然るべき事にや（そうなる運命だったのか）、少々取り得たるを、官人見付けて、引き立てて、※2院の御所へ具して（連れて）ⓒ参りにけり。

「天下の殺生禁断、その隠れなき（明白な）上、法師の形として、袈裟衣を着ながら、ⓓこの悪行を企つる事、返々不思議なり（理解できない）」とて、重科に行はるべかりける（されようとした）を、この［A］申しけるは、「老母が命を助けて、暫くも添ひ候ふかと（ところ）思ひて、我が身如何なる科にも行はれ候へ、［B］が命、少し延びん事、本意に候ふ。この［C］、今はとても助かるまじきにて候へば（生き返るはずもない状態なので）、是を［D］が許へ遣はし候ひて、一口も物食ひ候ふ由を承り候ひて（一口でも食べましたことを聞きましたら）、いかなる御戒めにも当たり侍らば、本より存じ設けたる事なり（もともと覚悟の上です）。恨みも候ふまじ（何の恨みもありません）」と奏して（申し上げて）、涙を流しければ、事の体を［E］思食て（お思いになって）、「母の有りけるこそ、昔も、［ X ］、［ Y ］ためしあり（故事がある）。［F］こそ覚ゆれ」とて、放ちにけり。

【文章Ⅱ】

母嘗て生魚を欲す。時に天寒くして水凍る。祥衣を解き（衣服をぬぎ）、将に氷を割（体温で氷を溶かし）いて之を求めんとす（割ってこれを手に入れようとした）。氷忽ち自ら解け、雙鯉（二匹の鯉）踊り出づ。母又※3黄雀の炙を思ふ。復黄雀数十有りて、飛んで其の幕に入る（仕掛けた幕の中に入る）。郷里驚嘆して（郷里の人々が驚いて）、以て孝感の致す所と為す。

【文章Ⅲ】

宗の母筍を嗜む（好物であった）。冬節将に至らんとし（ある冬寒さに向かおうとするとき）、時に筍尚未だ生ぜず。宗、竹林に入り哀歎す（嘆き悲しんだ）。而るに筍之が為に出で、以て母に供する（食べさせることができた）を得たり。皆以て至孝の感ずる所と為す。

（注）※1　白河院……第七二代天皇。
※2　院の御所……白河院が住んでいるところ。
※3　黄雀の炙……すずめを焼いたもの。

③ 「プロフェッショナルの矜持」について、筆者は様々な事実に基づいてその実像を明確に示し、言葉を選びつつ、読者の理解を促している。

④ 「プロフェッショナルの矜持」について、筆者はここでそのあるべき姿を示しつつ、それが必ずしも実現してはいないことを暗示している。

(七) B に共通して当てはまる最も適当な言葉を次の①～④の中から一つ選んで、その番号をマークしなさい。解答番号は9です。

① いっしょに考えて
② 市民を信頼して
③ 専門性を発揮して
④ ともに生きて

(八) 筆者の意見をもとに考えると、社会ではどのような力が必要だと言えるか。最も適当なものを次の①～④の中から一つ選んで、その番号をマークしなさい。解答番号は10です。

① あらゆる分野において才能を発揮する力。
② 部下に対して的確な指示を出す力。
③ 他の人に働きかけ互いに助け合う力。
④ 人前に立ってチームを引っ張っていく力。

(九) 下の資料はある市の計画書の一部である。本文を参考にして、空欄abに当てはまる組み合わせとして最も適当なものを次の①～④の中から一つ選んで、その番号をマークしなさい。解答番号は11です。

① a まちづくり専門家の選定
　b まちづくりの主体としての意識
② a まちづくりに関する企画の決定権
　b まちづくり専門家の選定
③ a まちづくりの主体としての意識
　b まちづくりへの意見を把握
④ a まちづくりへの意見を把握
　b まちづくりに関する企画の決定権

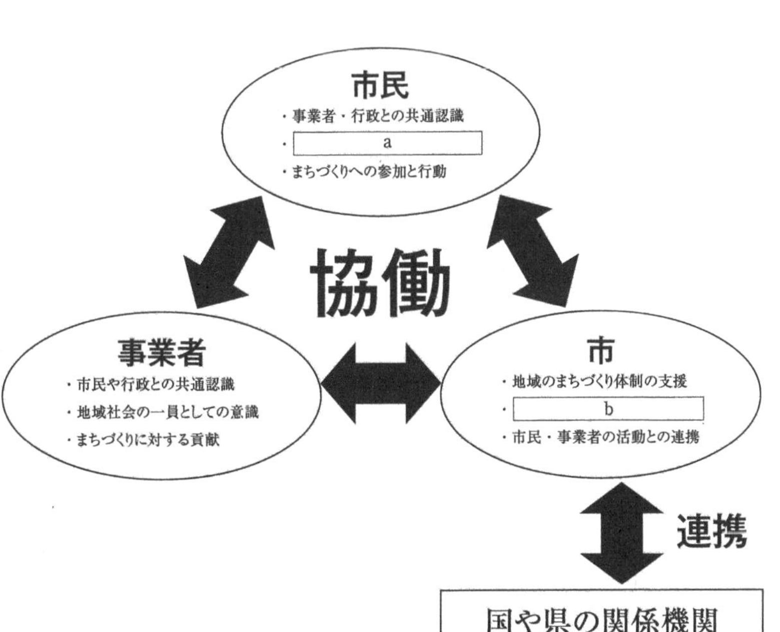

で、その番号をマークしなさい。解答番号は4です。

① 例外　② 相対　③ 一時　④ 部分

(四) ――線部ⓐ「『トランスサイエンス』的な問題」とあるが、トランスサイエンスの具体例として誤っているものを次の①～④の中から一つ選んで、その番号をマークしなさい。解答番号は5です。

① 遺伝子組み換え作物を導入するべきかしないべきか。
② 店に並ぶ外国産の安い牛肉は安心できるかできないか。
③ 冥王星は惑星としての条件を満たしているかいないか。
④ クローン技術で同じ羊を増やすことは良いか悪いか。

(五) ――線部ⓑ「賢者」とあるが、これについて以下の問いに答えなさい。

1．「賢者」とは、ここではどのような意味で用いられているか。最も適当なものを次の①～④の中から一つ選んで、その番号をマークしなさい。解答番号は6です。

① 極めて広い学問領域について、専門家同様の深い知識をもっている者。
② 専門外の学問領域に対しても意識を向け、取り入れることができる者。
③ 他の専門領域の相手に対し、自らの優位性を主張することができる者。
④ 様々な専門領域について、その時有効な専門知を的確に判断できる者。

2．「賢者」がすべきことの具体例はどのようなことか。その組み合わせとして最も適当なものを次の①～④の中から一つ選んで、その番号をマークしなさい。解答番号は7です。

A ゲームの著作権に関わる裁判を担当する裁判官が知人のプログラマーに相談する。
B 建築士が店の設計以外の宣伝や集客については分からないとして何も言わない。
C 画家が市役所の職員と一緒になって作品展の開催を成功させるための判断を下す。
D レストランのオーナーが法律、経理、広報などの領域についても専門家になる。
E 農家が気象、市場価格、消費者の好みなどについて注意しながら生産を行う。
F 自動車修理工場が依頼の修理をするだけでなくタイヤの空気圧なども確認する。

① ＡＣＥ　② ＡＢＥ　③ ＢＣＦ　④ ＡＢＤ

(六) ――線部ⓒ「プロフェッショナルの矜持とはおそらくそのようなものであるはずだろう」とあるが、この部分の説明として最も適当なものを次の①～④の中から一つ選んで、その番号をマークしなさい。解答番号は8です。

① 「プロフェッショナルの矜持」について、筆者は自分の答えを示しつつ、自分の専門外についても通用する話であるか、自信をもてないでいる。
② 「プロフェッショナルの矜持」について、筆者は専門的知識を用いて導き出した上で、専門知識のない読者に対しても同意を求めている。

さらには一人の画家の仕事をまとめ展覧会を開こうとするとき、法律や経理、調達や広報といった別のプロフェッショナルたちとしっかり組まなくてはならない。さらに、別領域のプロフェッショナルとおなじ一つの課題に共同で取り組むことができるためには、じぶんの専門的知見[※5ちけん]について、別の専門家（つまりそれについてのまったくの素人）に関心をもってもらえるよう、そして正しく理解してもらえるよう、みずからの専門についてイメージ豊かに説明することがまずは必要であろう。彼らにその気にならせないと何も始まらないからだ。そしてさらにそのためには、日頃から、異なる分野のプロフェッショナルたちのこだわりをよく理解し、また深く刺激するような訴えかけをしておかねばならない。別のプロの、じぶんとは異なった視線、異なった関心をそれとして理解しようとせず、みずからの専門領域の内輪の符丁[※6ふちょう]で相手を抑え込もうとするひとは、そもそもプロフェッショナルとして失格なのである。

あるフォーラムで、科学哲学を専攻する小林傳司が市民たちにこんな問いを向けた。

「どんな専門家がいい専門家ですか？」

返ってきた答えはごくシンプルで、高度な知識をもっているひとでも、責任をとってくれるひとでもなく、「 B くれるひと」というものだった。市民に代わって正しい答えを出してくれるひとではないのである。ちなみに、原発の推進にかかわった工学者たちも、文系の研究者にも B ほしかったと語ったそうだ。

この場合、「 B くれる」とはいったいどういうことなのか。

（『しんがりの思想』鷲田清一による）

語注　※1　微細…非常に細かいこと。
※2　凌駕…他のものを上回ること。
※3　俯瞰…高いところから見下ろすこと。ここでは広い視野をもって物事を認識すること。
※4　矜持…自分の能力を信じていだく誇り。プライド。
※5　知見…見聞きなどを通して得られた知識のこと。
※6　符丁…当事者だけに本当の意味がわかるようにしてある記号や言葉。

㈠　＝＝線部㋐・㋑のカタカナの部分の漢字と同じ漢字を用いるものを、それぞれ次の①～④の中から一つ選んで、その番号をマークしなさい。解答番号は㋐が1、㋑が2です。

㋐　措チ
①　地方自チが進む。
②　現チに集合する。
③　利害が一チする。
④　机の位チを変える。

㋑　フク合
①　フク習が大切だ。
②　フク袋を買う。
③　フク雑な論理。
④　フク痛に苦しむ。

㈡　 I ・ II に入る言葉の組み合わせとして最も適当なものを次の①～④の中から一つ選んで、その番号をマークしなさい。解答番号は3です。

①　I　ところで　II　さらに
②　I　たとえば　II　そして
③　I　なぜなら　II　もし
④　I　そして　II　だから

㈢　 A に当てはまる最も適当な言葉を次の①～④の中から一つ選ん

【国　語】（四〇分）〈満点：五〇点〉

一　次の文章を読んで、あとの㈠～㈨の問いに答えなさい。

現代の専門研究者は、ごく限定された領域の研究者なのであって、他の生活領域については一般のひととおなじ程度に無知である。［ I ］、情報端末の微細※1な回路設計を専門とする技術者がいるとする。その彼は、超微細な回路を実現するためには、それを可能にするような材料の専門家と組まねばならない。どんな機能をどんなふうに載せるかについてシステム設計の専門家と組まねばならない。さらに、それを新製品として実現するためには、さらに別のプロ、たとえば消費者とじかにつながっている営業のプロ、広報のプロ、そしてもちろんコスト計算をしてくれる会計のプロとも組まねばならない。

ここで注意を要するのは、これら協同するプロたちにとって、組む相手はいずれもじぶんの専門領域からすればアマチュアだということである。当然のことだが、じぶんもまた相手からすれば素人にほかならない。ある筋のプロは、具体的な事業の場では、［ A ］的な専門家、いいかえると「特殊な素人」にほかならないのである。

ところが他方で、原子力発電から公衆衛生や健康、［ II ］環境問題まで、科学によって問うことはできるが、科学によって答えることのできない問題群が、現代社会には満ちあふれている。そしてある技術装置について、事故発生の確率がきわめて低いという科学者の合意があっても、だから事故発生は想定しがたいと考える者もいれば、事故発生がありうる以上、対策をとらねばならないと結論づける者もいることは、今回の原発事故でもあきらかになった。ここで求められる判断は、科学だけでは決定できないもの、個別専門領域の研究を凌駕※2するもの、つまりは「トランスサイエンス」的なそれをめぐるものである。そこでは何よりも、社会運営における価値の選択が問われる。そしてこの選択は国家・国際政策的な措㋐チにつながる。その場合に、政治家・官僚が科学的見識を尊重しなかったり、科学者がここからの判断は政治の領域ですと判断を放棄したり、市民が「その判断は専門家におまかせします」と言ったりすれば、問題の解決は遠のくばかりである。ⓐ「トランスサイエンス」的な問題を専門とする研究者など存在しないからである。

とすれば、㋑フク合的な要因によって発生している問題の解決のために知識と技術の適切な配置ができる者はいったいだれか。いうまでもなく、すべての知識と技術を俯瞰※3できるような知者が別のどこかにいるわけではない。そうしたことはありえず、むしろ専門家自身が「ⓑ賢者」でもあるべく求められているのである。専門的見地から確かに言えることを述べつつ、同時にフク合的な問題の全体につねに視点を拡げておく、そしてそのうえで専門外のひとたちとともにある最終判断を下し、その判断にもとづいて専門家としてのみずからの責務をさらに果たしてゆく……。ⓒプロフェッショナルの矜持※4とはおそらくそのようなものであるはずだろう。

このとき専門研究者たちが深く心に留めておくべきは、プロフェッショナルがその専門性を十分に活かすためには、専門領域の知識だけではどうにもならないということだ。なぜなら、一つの専門性は他の専門性とうまく編まれることがないと、現実の世界でみずからの専門性を全うすることができないからである。一つのアイディアを制度として定着させようとするとき、一つの発見を医療の現場で活かそうとするとき、

2022年度

解　答　と　解　説

《2022年度の配点は解答欄に掲載してあります。》

＜数学解答＞

1 (1) ア － イ 7 (2) ウ 7 エ 8 (3) オ 4 カ 2
(4) キ 1 ク 6 (5) ケ 3 コ － サ 1

2 (1) ア 8 イ 0 ウ 0 エ 1 オ 2 カ 0 キ 0
(2) ク 3 ケ 0 コ 0 サ 1 シ 0 ス 0 (3) セ 7
(4) ソ 2 タ 8

3 (1) ア 6 イ 0 ウ 1 エ 7 (2) オ 5 カ 1 キ 7

4 (1) ア 4 (2) イ 1 ウ 6 エ 0

5 (1) ア － イ 1 (2) ウ 1 エ 2

6 (1) ア 8 (2) イ 1

○推定配点○

1 (1) 2点 (2)～(5) 各3点×4 2 各3点×4 3 各3点×2 4 各3点×2
5 各3点×2 6 各3点×2 計50点

＜数学解説＞

基本 1 （式の計算，因数分解，平方根，2次方程式，連立方程式）

(1) $13-5\times(-2)^2=13-5\times4=13-20=-7$

(2) $x^2-x-56=(x+7)(x-8)$

(3) $\sqrt{50}+\sqrt{18}-\sqrt{32}=5\sqrt{2}+3\sqrt{2}-4\sqrt{2}=4\sqrt{2}$

(4) $\frac{1}{4}x^2-\frac{1}{2}x-\frac{5}{4}=0$　両辺を4倍して$x^2-2x-5=0$　解の公式より，
$x=\frac{-(-2)\pm\sqrt{(-2)^2-4\times1\times(-5)}}{2\times1}=\frac{2\pm\sqrt{4+20}}{2}=\frac{2\pm\sqrt{24}}{2}=\frac{2\pm2\sqrt{6}}{2}=1\pm\sqrt{6}$

(5) $x+2y=1$…①，$4x-3y=15$…②とする。①を変形して$x=1-2y$…③とし，②に③を代入すると$4(1-2y)-3y=15$　$4-8y-3y=15$　$-11y=11$　$y=-1$　さらに，③に$y=-1$を代入して$x=1-2\times(-1)=1+2=3$　よって，$x=3$，$y=-1$

2 （方程式の利用，食塩水，場合の数，円錐の体積）

重要 (1) A君の家から駅までの距離をxmとすると，B君の家から駅までの距離は$x+400$(m)と表せる。また，A君は分速40m，B君は分速50mで歩くので，A君が家を出て駅に着くまでの時間は$\frac{x}{40}$(分) B君が家を出て駅に着くまでの時間は$\frac{x+400}{50}$(分)と表せる。さらに，A君の方が4分早く駅に着いたので，$\frac{x}{40}+4=\frac{x+400}{50}$　両辺を200倍して$\frac{x}{40}\times200+4\times200=\frac{x+400}{50}\times200$　$5x+800=4(x+400)$　$5x+800=4x+1600$　$x=800$　よって，A君の家から駅までの距離は800m，B君の家から駅までの距離は$800+400=1200$(m)

重要 (2) 10%の食塩水の重さをxg，2%の食塩水の重さをygとすると，食塩の重さについて，$x\times\frac{10}{100}+y\times\frac{2}{100}=400\times\frac{8}{100}$　両辺を50倍して$5x+y=1600$…①　食塩水の重さについて，$x+y=400$…②　①の両辺から②の両辺を引いて$4x=1200$　$x=300$　さらに，②に$x=300$を代入して$300+y=400$　$y=100$　よって，10%の食塩水は300g，2%の食塩水は100g

やや難 (3) $1\leqq a\leqq 6$の自然数aと$1\leqq b\leqq 6$の自然数bについて，$a=m+n$，$b=mn$となるような自然数m，nをつくって$x^2+ax+b=0$に代入すると，$x^2+(m+n)x+mn=0$　$(x+m)(x+n)=0$　$x=-m$，$-n$となり，二次方程式$x^2+ax+b=0$は整数の解$-m$，$-n$を持つ。このとき，次表のように，2つのサイコロの目の出方は7通りとなる。なお，$b=6=6\times1$のとき，$a=7=6+1$より$x^2+7x+6=0$は整数解$x=-6$，-1を持つが，これは$1\leqq a\leqq 6$の条件を満たさない。

$b=m\times n$	$a=m+n$	$x^2+ax+b=0$	$(x+m)(x+n)=0$	x
$1=1\times1$	$2=1+1$	$x^2+2x+1=0$	$(x+1)(x+1)=0$	$x=-1$
$2=2\times1$	$3=2+1$	$x^2+3x+2=0$	$(x+3)(x+2)=0$	$x=-3,\ -2$
$3=3\times1$	$4=3+1$	$x^2+4x+3=0$	$(x+3)(x+1)=0$	$x=-3,\ -1$
$4=4\times1$	$5=4+1$	$x^2+5x+4=0$	$(x+4)(x+1)=0$	$x=-4,\ -1$
$4=2\times2$	$4=2+2$	$x^2+4x+4=0$	$(x+2)(x+2)=0$	$x=-2$
$5=5\times1$	$6=5+1$	$x^2+6x+5=0$	$(x+5)(x+1)=0$	$x=-5,\ -1$
$6=3\times2$	$5=3+2$	$x^2+5x+6=0$	$(x+3)(x+2)=0$	$x=-3,\ -2$

(4) 円錐の形をした空の容器と，容器に入れた水は相似な円錐となる。空の容器全体の$\frac{1}{2}$の深さまで水を入れたとき，空の容器の円錐と容器に入れた水の円錐の相似比は2：1となるので，体積比は$2^3:1^3=8:1$となる。このとき，容器に入れた水の円錐の体積は4π cm^{3}なので，空の容器の円錐の体積は$4\pi\times8=32\pi$(cm^3)となる。よって，$32\pi-4\pi=28\pi$より，あと28π cm^{3}の水を入れることができる。

重要 3 （相似の利用）

(1) 点Oから辺ABにおろした垂線と辺ABの交点を点F，点Oから辺CAにおろした垂線と辺CAの交点を点Gとすると，線分OF，線分OGはそれぞれ円の半径なので，OF＝OG　さらに，∠AFO＝∠FAG＝∠AGO＝90°なので，四角形AFOGは正方形となる。ここで，円の半径を$r(r>0)$とすると，OF＝OG＝AF＝AG＝r，FB＝AB－AF＝$12-r$と表せる。さらに，△ABCと△FBOにおいて，共通な角なので∠ABC＝∠FBO，∠CAB＝∠OFB＝90°となり，2組の角がそれぞれ等しいので，△ABC∽△FBO　このとき，CA：OF＝AB：FBとなり，CA＝5，OF＝r，AB＝12，FB＝$12-r$より，$5:r=12:(12-r)$　$12r=5(12-r)$　$12r=60-5r$　$17r=60$　$r=\frac{60}{17}$　よって，円の半径は$\frac{60}{17}$

(2) △ABCと△GOCにおいて，共通な角なので∠ACB＝∠GCO，∠CAB＝∠CGO＝90°となり，2組の角がそれぞれ等しいので，△ABC∽△GOC　このとき，AB：GO＝BC：OCとなり，AB＝12，GOは円の半径なのでGO＝$\frac{60}{17}$，BC＝13より，$12:\frac{60}{17}=13:\mathrm{OC}$　$12\mathrm{OC}=\frac{60}{17}\times13$　$\mathrm{OC}=\frac{65}{17}$　さらに，OEは円の半径なので，$\mathrm{CE}=\mathrm{OC}-\mathrm{OE}=\frac{65}{17}-\frac{60}{17}=\frac{5}{17}$

4 (1次関数の利用，図形の面積)

(1) 点Pは秒速2cmの速さで動くので，点Aを出発してから5秒後には$2\times5=10$(cm)移動して，点Bに到達する。また，点Qは秒速4cmの速さで動くので，点Aを出発してから5秒後には$4\times5=20$(cm)移動して，辺AD上にある。よって，2つの点P，Qが点Aを出発してから5秒後まで，点Pは辺AB上にあり，点Qは辺AD上にある。ここで，2つの点P，Qが点Aを出発してからx秒後の△APQの面積を$y$cm²とすると，x秒後のAPの長さは$2x$cm，x秒後のAQの長さは$4x$cmと表せるので，△APQの面積は$y=2x\times4x\times\frac{1}{2}=4x^2$となる。

重要 (2) 点Pは秒速2cmの速さで動くので，点Aを出発してから7秒後には$2\times7=14$(cm)移動する。このとき，辺ABの長さが10cmなので，点Pは辺BC上の点Bから4cmの位置にある。また，点Qは秒速4cmの速さで動くので，点Aを出発してから7秒後には$4\times7=28$(cm)移動するが，辺ADの長さは30cmなので，点Qは辺AD上の点Aから28cmの位置にある。したがって，2つの点P，Qが点Aを出発してから7秒後の四角形ABPQの各辺の長さは，辺ABの長さが10cm，辺BPの長さが4cm，辺AQの長さが28cmとなり，四角形ABPQはAQ//BPの台形なので，その面積は$(4+28)\times10\div2=160$(cm²)となる。

5 (2次関数，1次関数，グラフと図形)

基本 (1) 点Aは関数$y=x^2$のグラフ上の点なので，$y=x^2$に$y=1$を代入して$1=x^2$　$x=\pm1$　このとき，点Aのx座標は負の数なので，$x=-1$となり，点Aの座標はA$(-1,\ 1)$

重要 (2) △ACDと△BCEにおいて，共通な角なので∠ACD＝∠BCE，∠ADC＝∠BEC＝90°となり，2組の角がそれぞれ等しいので，△ACD∽△BCEとなる。また，△BCEを直線ADで分割してできた図形が△ACDと四角形ADEBなので，△BCEの面積は△ACDの面積と四角形ADEBの面積の合計に等しい。このとき，△ACDと四角形ADEBの面積の比が1：15なので，△ACDと△BCEの面積比は$1:(1+15)=1:16=1^2:4^2$となり，△ACDと△BCEの相似比は1：4となる。さらに，点Aのy座標が1であることから線分ADの長さが1となり，AD：BE＝1：4より1：BE＝1：4となるので，線分BEの長さが4となり，点Bのy座標は4となる。ここで，点Bは関数$y=x^2$のグラフ上の点なので，$y=x^2$に$y=4$を代入して$4=x^2$　$x=\pm2$　このとき，点Bのx座標は正なので，$x=2$となり，点Bの座標はB$(2,\ 4)$　よって，直線ABの傾きは$\frac{4-1}{2-(-1)}=\frac{3}{3}=1$　次に，直線ABの式を$y=x+k$(kは定数)として，点Aの座標を代入すると，$1=-1+k$　$k=2$　よって，直線ABの切片は2

6 (水の移し替え，正誤問題)

(1) AからBに水を移し替えることをA→Bのように表すと，右表のように最短で8回の操作により，Bの容器に5Lの水をとりわけることができる。

操作回数	操作	A(10L)	B(7L)	C(3L)
最初	—	10	0	0
1	A→B	3	7	0
2	B→C	3	4	3
3	C→A	6	4	0
4	B→C	6	1	3
5	C→A	9	1	0
6	B→C	9	0	1
7	A→B	2	7	1
8	B→C	2	5	3

(2) aについて，n角形の1つの頂点から引ける対角線は$n-3$(本)で，それによりn角形は$n-2$(個)の三角形に分けることができるので，n角形の内角の和は$180°\times(n-2)$と表せる。したがって，aは正しい。bについて，$-1^2=-1\times1=-1$なので，$-1^2=1$とはならず，bは正しくない。cについて，$x^2-x=0$

$x(x-1)=0$　$x=0, 1$なので，$x^2-x=0$を解くと$x=1$にはならず，cは正しくない。dについて，0は正の数でも負の数でもなく，正の整数を小さい順に5つ並べると1，2，3，4，5となるので，0，1，2，3，4にはならず，dは正しくない。よって，a，b，c，dのうち，正しいものはaの1個。

★ワンポイントアドバイス★
クイズを解くような柔軟性と発想力を必要とする問題も出題されており，過去問の出題内容がとても参考になる。発想の豊かさは解法の知識の多さが与えてくれるものでもあるので，幅広い分野の問題に取り組もう。

＜英語解答＞

〈聞き取り〉

Q1　b　　Q2　b　　Q3　a　　Q4　c　　Q5　c

〈筆記〉

1　(1)　④　(2)　④　(3)　②　(4)　①　(5)　②
2　(1)　③　(2)　④　(3)　①　(4)　①　(5)　②
3　(1)　③　(2)　③　(3)　13　③　14　③　(4)　③
4　(1)　③　(2)　①

○推定配点○

〈聞き取り〉　各2点×5　〈筆記〉　1　各2点×5　2　各2点×5　3　各2点×5
4　各5点×2　計50点

＜英語解説＞

（聞き取り）

Number 1
A：Hey Paul, What did you do during the last winter holiday?
B：Hello Charlie. I went to Hokkaido with my family.
A：Really? How did you like it?
B：The sea food there was really delicious!
Question Number 1　What is Charlie going to say next?
a　Oh! I need to buy some food.
b　That's great! Now I want to eat seafood.
c　How were the animals in the Zoo?
d　Wow! I would like to go to Okinawa someday.

Number 2
A：What were you doing, Lucas?
B：I was doing my homework. How about you, Makoto?
A：I was watching the Olympics games on television. I've already done my homework.
B：That's good. I have to finish my math homework today because we have school

tomorrow.

Question Number 2　What is Makoto going to say next?

a　Are you going to school now?

b　Do you need my help?

c　I'm doing my homework now.

d　Will you help me with my homework, please?

Number 3

A：You didn't come to the party yesterday. What happened to you, Joe?

B：Hi Alex. I was in a car accident three days ago.

A：Oh no! Are you okay?

B：No, I'm not. I broke my arm.

Question Number 3　What is Alex going to say next?

a　I'm sorry to hear that.

b　You are a lucky boy.

c　You shouldn't say sorry.

d　You did a great job.

Number 4

Today is a busy day for me. After I eat breakfast, I have to take my children to the school. At 1o'clock, I'm going to have lunch and then go shopping for my grandmother's birthday present. Around dinner time, I am going to visit her house with the present. I am looking forward to seeing her so much.

Question Number 4　When is the man going to go shopping?

a　Tonight.

b　In the morning.

c　In the afternoon.

d　In the evening.

Number 5

I'm the coach of a Volleyball team. I like my job very much. We had a big game three days ago, but our best player was sick and did not play. The other players did their best, however we lost the game. I was so sad.

Question Number 5　Why was the coach sad?

a　Because he didn't like his job.

b　Because he did not play volleyball.

c　Because his team lost the game.

d　Because his volleyball was stolen.

1番

A：やあ，ポール，この前の冬休みの間に君は何をしたんだい。

B：こんにちは，チャーリー。僕は僕の家族と北海道へ行ったよ。

A：本当かい。それはどうだった。

B：そこの魚介類はとてもおいしかったよ。

問題1　チャーリーは次に何を言うだろうか。

a.　ああ。僕は食べ物を買う必要があるな。

b. それはすばらしい。こうなると，僕も海鮮が食べたいな。

c. 動物園の動物は元気だったかい。

d. ああ，僕はいつか沖縄へ行きたいな。

2番

A：君は何をしていたんだい，ルーカス。

B：僕は僕の宿題をしていたんだ。君はどうだい，マコト。

A：僕はテレビでオリンピックを見ていたよ。僕はもう僕の宿題をしてしまったんだ。

B：それは良いね。僕たちには明日，学校があるから，今日，僕の数学の宿題を終わらせなくてはならないんだ。

問題2　マコトは次に何と言うだろうか。

a. 君は今，学校へ行くつもりかい。

b. 君には僕の助けが必要かい。

c. 僕は今，僕の宿題をしているよ。

d. 僕の宿題のことで僕を手伝ってくれるかい。

3番

A：君は昨日のパーティーに来なかったね。君に何かあったのかい，ジョー。

B：やあ，アレックス。僕は3日前に自動車事故にあったんだ。

A：まさか。君は大丈夫かい。

B：いや，大丈夫ではないよ。僕は僕の腕を折ったんだ。

問題3　アレックスは次に何と言うだろうか。

a. お気の毒に。

b. 君は幸運な人だよ。

c. 君は，ごめんなさい，と言うべきではないよ。

d. 君は良くやったよ。

4番

今日は私にとって忙しい日だ。朝食をとった後，私は私の子供たちを学校へ連れて行かなくてはならない。1時に，私は昼食をとり，それから私の祖母の誕生日プレゼントを買いに買い物に行くつもりだ。夕食時間の頃，私はプレゼントを持って彼女の家を訪れるつもりだ。私は彼女に会うのをとても楽しみにしている。

問題4　男性はいつ買い物に行くつもりか。

a. 今夜。　b. 午前中に。　c. 午後に。　d. 夕方に。

5番

私はバレーボールチームのコーチだ。私は私の仕事が大好きだ。3日前に私たちには大きな試合があったが，私たちの最も良い選手は病気で試合に参加しなかった。他の選手たちは彼らの最善を尽くしたが，私たちはその試合に負けた。私はとても悲しかった。

問題5　コーチはなぜ悲しかったか。

a. 彼は彼の仕事が好きではなかったから。

b. 彼はバレーボールをしなかったから。

c. 彼のチームが試合に負けたから。

d. 彼のバレーボールが盗まれたから。

〈筆記〉

1 （長文読解・会話文：語句補充，内容吟味）

（全訳） ミオ　：あら，ハルト。あなたはここで何をしているの。

ハルト：やあ，ミオ。見ての通り，僕は4時$_{ア}$<u>から</u>本を読んでいるんだ。

ミオ　：あなたは本を読むことが好きなの。

ハルト：そうだよ。僕は本を読むことが大好きで，3日で90ページ読むことができるんだ。

ミオ　：あら，それは，あなたは3週間で$_{イ}$<u>630</u>ページ読むことができる，ということよね。

ハルト：その通り。僕はたくさんの本をとても速く読むことができるようになりたいんだ。ところで，君の家はお菓子屋さんだよね。

ミオ　：そうよ。私は昨日，棒付きキャンディ$_{ウ}$<u>を売るの</u>を手伝ったの。

ハルト：君は何本の棒付きキャンディを売ったんだい。

ミオ　：私は1本0.5ドルで200本売って，その半分が利益よ。

ハルト：君は昨日はいくらの利益を出したんだい。

ミオ　：$_{エ}$<u>50ドル</u>。

ハルト：僕はそれを多いと考えるべきか少ないと考えるべきかどうか，わからないな。

ミオ　：それは悪くないわ。

ハルト：なるほどね。暗くなったから，一緒に家へ帰ろう。

ミオ　：そうね。

(1)　①「～の間」(×)　②「～時に」(×)　③「～のとき」(×)　④「～から」(○)〈have [has]＋動詞の過去分詞形〉の形をとる現在完了の文。「ずっと～している」の意味の継続用法で「～から」というときは since を用いるのが適切。

(2)　ハルトは「3日で90ページ読むことができる」(ハルトの2番目の発言)のだから，3週間では90÷3×7×3＝630ページである。

重要 (3)「手伝う」の意味の help は目的語に動名詞をとれないので helping ではなく to help を使うのが適切。

(4)「1本0.5ドルで200本売って，その半分が利益」(ミオの5番目の発言)だから，0.5×200÷2＝50ドルである。

(5)　①「ミオは本を読んでいた」(×)　ハルトの1番目の発言最終文参照。本を読んでいたのはハルトである。　②「ハルトは週に90ページよりも多く読むことができる」(○)　ハルトは「3日で90ページ読むことができる」(ハルトの2番目の発言)から，1週間で90÷3×7＝210ページ読むことができる。　③「ミオはたくさんの種類のお菓子を売る」(×)　ミオの4番目の発言最終文参照。棒付きキャンディだけである。　④「ハルトはミオが昨日出した利益が良くない，と知っていた」(×)　ハルトの6番目の発言参照。わからなかったのである。

2 （長文読解・日記：内容吟味，語句補充，指示語）

（全訳） 2022年1月12日，水曜日，曇り

今日は私にとってとても悪い日だった。私は今朝，遅く起きた。私は今日の授業の私の宿題を終わらせることができなかった。さらに，私は今朝，私のスマートフォンを電車に置き忘れた。学校に着いたとき，私は$_{A}$<u>そのこと</u>に気づいた。そのことは私を悲しませた。私は私のスマートフォンなしで生活することができない。写真のような私の全ての思い出は$_{B}$<u>それ</u>の中にある。毎晩，私はラインで$_{①}$<u>カイト</u>と話す。私はユーチューブで映画を見ることが好きでもある。それらは私を幸せにする。(実は，そのせいで私は今日，遅くまで起きていたのだ。)

今，私は明日の学校の時間割がわからないので悩む。普通は，私はラインで私の友だちに尋ねる

のだ。ああ，私は次の土曜日にカイトとデートをする予定だ。私は私たちのデートのために良い場所と待ち合わせ時間を決めなくてはならない。ともかく，私は私のスマートフォンが戻ってくると良いと思う。

2022年1月15日，土曜日，晴れ

今日，私はカイトと外出した。私たちは動物園へ行った。私たちは事前に待ち合わせ時間と場所を決めたが，スマートフォンなしでお互いに会うことは難しかった。私たちは美しい鳥や象による力強い演技を$_{ア}$見ることや，昼食を楽しんだ。最初，写真を撮ることができなかったので，私はとても残念に思った。その時，カイトが私に言った。「僕たちの思い出を残しておくために写真を撮ることは重要だけれど，僕たちは僕たちの頭にそれらをとっておくこともできる。僕は君に，僕たちがスマートフォンなしですばらしい時間をすごすことができる，と覚えておいてほしいな。僕は君といることができるから，今，とてもうれしいよ」彼は私を勇気づけてくれた。

2022年1月16日，日曜日，晴れ

私は世界で最も幸せな人だ。今日，駅員の1人から電話をもらった。彼は「ヤマオカ・メイさんですか。あなたのスマートフォンが私たちの駅で$_{イ}$見つけられました」と言った。私はそれを聞いて本当にうれしかった。明日，私はその駅へ行って$_{C}$それをもらってくるつもりだ。

大きな失敗をしたけれど，私は重要なことを学ぶことができた。私は私のスマートフォンに依存しすぎていた。もしスマートフォンを持っていなくても，私はもっと直接的に私の友だちと連絡を取ることができる。私は私がするべきことに取り組むことができる。(実は，私は明日のための宿題を終えてしまった。)もちろん，スマートフォンは役に立つが，$_{D}$それは小さすぎて私の全ての大切な思い出をとっておくことはできない。それらはいつも私の心の中にある。

(1) 12日の第2段落第3文参照。

(2) ア．enjoy －ing「～するのを楽しむ」。「～すること」という表現が enjoy の目的語になる場合は動名詞しか使えない。 イ．直前にbe動詞 was があり，「～される」の意味になるから，〈be動詞＋動詞の過去分詞形〉の形をとる受動態にする。found は find の過去分詞形。

(3) ①は「私のスマートフォンを電車に置き忘れた」(下線部Aの直前の1文)ことを，②，③，④は「スマートフォン」を指している。

(4) 「メイは(　　　)に彼女のスマートフォンを取り戻す」 ① 「月曜日」(○) 「16日，日曜日」に「明日，私はその駅へ行って」「もらってくるつもりだ」(下線部Cの1文)とあるから，月曜日である。 ② 「水曜日」(×) ③ 「金曜日」(×) ④ 「日曜日」(×)

(5) ① 「メイは次の日の学校の時間割を知るために，カイトとラインで話す」(×) 12日の第2段落第1文・第2文参照。友だちに尋ねるのである。 ② 「メイは動物園で写真を撮りたかった」(○) 15日の第5文参照。 ③ 「駅員から勇気をもらったので，メイは本当にうれしかった」(×) 15日の最終文参照。勇気づけたのはカイトである。 ④ 「メイは次の月曜日のための彼女の宿題を終えることができなかった」(×) 16日の第2段落第5文参照。終えたのである。

3 **(長文読解・論説文：語句補充，語句整序，内容吟味)**

(全訳) 朝食は1日の中で最も大切な食事だ，と言う科学者たちがいる。たくさんの人々がこれ$_{ア}$に同意するが，朝食を抜く生徒もいる。彼らには食べるための十分な時間がない，と彼らは言う。彼らは朝には眠くて，しばしば最後の最後までベッドにいる。実は，朝食をとる生徒たちはとらない生徒たちよりも彼らのテストで良い得点をとる，と言う科学者たちもいるので，彼らはより良い結果のために朝食をとるべきだ。この事実にも関わらず，たくさんの生徒たちが毎日は朝食をとらない。彼らはしばしば彼らの授業中に眠りに落ちて，彼らの学校でより素行が悪くさえなる。これはなぜ起こるのか。

それは彼らの周期が乱れているからだ。生徒たちは24時間の周期でたくさんのことをする。彼らは午前7時に起きて朝食をとる。彼らは家を出発して午前8時20分に学校に着く。彼らはそこで約7時間過ごし，それから家へ帰る。彼らは夕食をとって風呂に入り，午後11時に寝る。その翌日，もし平日なら，彼らは同じタイミングで同じことをするかもしれない。しかし，もし朝食をとらないと，彼らは同じ周期で物事をすることができない。

もし私たちが朝食をとらないと，私たちの周期は24時間<u>Ⅰよりも長くな</u>るだろう。朝食をとることは周期をちょうど24時間に保つことができる。それゆえに，もし朝食をとれば，私たちは夜に眠りたくなり，自然に寝るだろう。しかし，それをとらないと，私たちは私たちがするべき時間に眠りたくならないだろう。眠いので，私たちは7時に起きることができず，私には食べるための時間がないだろう。これが悪い周期の始まりだ。

この状況を避けるために，もちろん，私たちは毎日，朝食をとるべきだ。これに加えて，私たちはバランスの良い朝食をとるべきだ。パン1切れやおにぎり1個しか食べないのは良くない。私たちは味噌汁やサラダ，焼き魚<u>ウのような</u>別のおかずも食べるべきだ。加えて，私たちは少なすぎる朝食をとるべきではない。もし私たちが少なすぎる朝食をとれば，私たちの周期は十分には変わらず，その夜，夕食をとりすぎたくなるだろう。多すぎる夕食は私たちの睡眠の質を悪くし，それはその翌朝の少ない朝食を食べることさえ導きうる。私たちの食事の質やタイミング，<u>Ⅱ量</u>がとても重要なのは，これらの理由のためだ。

もし私たちの体が悪い周期であれば，より早く起きてたくさんの朝食をとるのはどうか。それから，1日の終わりに正確な時間に寝るのに十分眠くなるべきだ。もしこれを数日間し続ければ，あなたの周期は時計の針のようになり，着実に24時間ごとに回るだろう。

基本 (1) ア agree with ～「～に同意する」 イ of course「もちろん」 ウ like ～「～のような」

(2) (Actually, some scientists say that) students who eat breakfast get better scores on their tests than students who don't (, ～) 比較の文は比較級と than の間に名詞を入れ，〈形容詞[副詞]の比較級＋名詞＋ than ～〉の形で用いることができる。better は good「良い」の比較級。on their tests「彼らのテストで」は「(良い点を)取る」を修飾しているので〈get ＋目的語〉の直後に置く。who don't の後には eat breakfast が省略されている。students get better scores on their tests than students と they eat breakfast と they don't(eat breakfast)をつなげた文を作る。2つの they はそれぞれ who になっている。

(3) Ⅰ 「周期」と「24時間」の長さを比較しているのだから，ここでは比較級を用いるのが適切。long「長い」の比較級は longer で，short「短い」の比較級は shorter であるから，more short としている①は文法的に不適切。 Ⅱ ①「古代人」(×) ②「逮捕」(×) ③「量」(○) 「私たちの食事」(空欄Ⅱ直前部)についての内容である。 ④「角度」(×)

(4) ① 第4段落最後から2文目参照。 ② 第2段落第2文・最終文参照。 ③ 第1段落最後から2文目参照。授業中に眠ることと素行が悪くなることとの間の因果関係の記述はない。 ④ 最終段落参照。

4 (正誤問題：不定詞，助動詞，文型，語い，比較，現在完了)

(1) ① 〈would like ＋人＋ to ＋動詞の原形〉で「(人)に～していただきたいのですが」と丁寧な依頼を表す。to me ではなく me to とするのが適切。 ② can ＝ be able to ～ で「～できる」の意味。「～できるだろう」と未来の内容にするときは〈will be able to ＋動詞の原形〉を使う。 ③ show は〈show ＋A＋B〉という文型を作り，「(主語)がAにBを教える(見せる)」の意味になる。ここではBが〈how to ＋動詞の原形〉で「～の仕方」という意味の不定詞を使った表現になっている。 ④ 主語の everyone は単数扱いなので，現在時制なら know ではなく

knows とするのが適切。

(2) ① tell には一般に伝える相手が必要であるから，〈tell＋人〉の形をとる。 ② 〈It is ～ of A to …〉の形を用いるのは，〈It is ～ for A to …〉構文のうち「～」部(形容詞)がAの性格を示す言葉である場合である。important「重要な」は性格を表す語ではないので，of ではなくfor を用いるのが適切。また，「私がその問題を理解することが重要だ」の意味になるから，受動態の be understood ではなく能動態の understand とするのが適切。 ③ 最上級を使った文では，後に名詞の単数形が来る比較の範囲を言う場合 of ではなく in を用いるのが適切。 ④ 現在完了は〈have[has]＋動詞の過去分詞形〉の形になるから，finishing ではなく過去分詞形の finished を用いるのが適切。また，finish は目的語に動名詞をとるから，to take ではなく taking とするのが適切。現在完了の完了用法の疑問文・否定文で「まだ[もう]」の意味を表すときは already ではなく yet を文尾に置いて用いるのが適切。

★ワンポイントアドバイス★

語句整序問題は，1語目から並べていくことにこだわらず，構文や熟語，不定詞などの文法事項や文型に注目し，小さいまとまりを作っていくことから始めるとよい。

＜理科解答＞

[1] (1) [1] ① (2) [2] ⑥ (3) [3] ④ (4) [4] ② (5) [5] ①
(6) [6] ①

[2] (1) [7] ③ (2) [8] ③ (3) [9] ③ (4) [10] ② (5) [11] ④
(6) [12] ② (7) [13] ② (8) [14] ③

[3] (1) [15] ① (2) [16] ③ (3) [17] ① (4) [18] ② (5) [19] ⑤
(6) [20] ④ (7) [21] ①

[4] (1) [22] ③ (2) [23] ① (3) [24] ③ (4) [25] ② (5) [26] ③
(6) [27] ⑥ (7) [28] ④

○推定配点○

[1] 各2点×6 [2] 各2点×8 [3] 各2点×7 [4] (1) 2点 (2)～(7) 各1点×
計50点

＜理科解説＞

[1] (地層と岩石・天気の変化)

重要 (1) フズリナはその地層ができた時代を表す化石で示準化石と呼ばれる。フズリナがみられる地層は古生代につくられた。古生代に生息していた動植物には，リンボク，サンヨウチュウなどがある。

基本 (2) カ層の上にオ層が堆積したことが最も古く，イ層の上にア層が堆積したことが最も新しい。エ層の分布により，Ⅳが2番目に古いことがわかるので，⑥が最も適当な選択肢である。

重要 (3) 火山灰の粒子の形は地層の上下が逆転している証拠にはならない。

重要 (4) 寒冷前線が通過するときは，その地域に積乱雲が通過するので，狭い範囲に激しい雨が降る。

(5) 8時から9時にかけて気温が急激に低下しているので，観測地点は，寒冷前線が通過したアであることがわかる。

(6)　露点が最も高い8時が，最も湿度が高いと考えられる。

2　(動物の体のしくみ)

重要　(1)　タンパク質を消化する場所は胃で，タンパク質を消化する消化酵素はペプシンである。

(2)　骨Xに相当する部分はcである。

重要　(3)　腕を曲げるとき縮むのは上腕部である。上腕部の筋肉は肩と手側の長い骨の関節に近い部分とつながっている。よって，①ではなく③が正解である。

重要　(4)　現在の形や働きは異なるが，起源が同じ器官を相同器官という。

(5)　動物Ⅲは，背骨を持ち肺で呼吸する時期があり，変温動物で卵生の生物なので，選択肢の中では，イモリ，ヤモリ，ワニが当てはまる。

(6)　異なるグループでも役割が似ている現象は，生物が生息する環境に適応しながら進化したためである。

(7)　ア　卵の温度を29℃に保ってふ化させたミシシッピーワニは，ほとんどメスになるので，アは間違いである。　イ　卵の温度を32℃に保ってふ化させたアカウミガメは，ほとんどメスになるので，イは正しい。イが正しいので，あとはオとキとクが正しいかどうかを調べればよい。オとキとクを読み比べると，キだけ正しいので，②が正解となる。

やや難　(8)　X種は，26℃で育てると100％オスが産まれ，20℃や30℃で育てると100％メスが産まれるので，カミツキガメと同じ型である。

3　(電気分解とイオン)

重要　(1)　1種類の物質が2種類以上の物質に分かれる化学変化は，選択肢の中では①だけである。

重要　(2)　水に溶けた(電離した)水酸化ナトリウムは電気分解されない。よって，電流を流し続けると水が少なくなっていくので，水酸化ナトリウム水溶液は濃くなる。

重要　(3)　水の電気分解の反応式は，$2H_2O \rightarrow 2H_2 + O_2$なので，管エの方に多くの気体が集まる①が最も適当である。

やや難　(4)　実験Ⅱで，管ウには酸素が3.0cm^3，水素が2.0cm^{3}たまった状態になっている。水素の燃焼反応は，$2H_2 + O_2 \rightarrow 2H_2O$なので，水素の体積：酸素の体積が2：1で燃焼する。水素2.0cm^{3}が燃焼するのに必要な酸素は，1.0cm^{3}なので，実験Ⅲの後に残った気体は，酸素2.0cm^{3}である。

重要　(5)　Ⅰ　アは青色リトマス紙を赤色にしたので，酸性である。ア～オの水溶液の中で酸性なのは，うすい硫酸である。　Ⅲ　オは電流が流れないので，砂糖水である。

重要　(6)　電流が流れる水溶液のことを電解質という。

基本　(7)　アルカリ性か中性かを調べればよいので，BTB溶液を使用すればよい。

4　(力・電流と電圧)

重要　(1)　おもりが1つ増えるたびにばねの長さは3cmずつ伸びているので，アは14＋3＝17である。

重要　(2)　質量100gの物体にはたらく重力の大きさを1Nとしているので，質量30gのおもりにはたらく重力の大きさは0.3Nである。

基本　(3)　ばねは0.3Nで3cm伸びる。図2にしたところばねの伸びは，15(cm)－8(cm)＝7(cm)なので，ばねにはたらく重力の大きさは0.3(N)：3(cm)＝x(N)：7(cm)より，0.7Nである。おもりは3つ吊り下げているので水がなければ，ばねに0.3(N)×3＝0.9(N)の力がはたらく。よって，おもりにはたらく浮力は0.9(N)－0.7(N)＝0.2(N)である。

重要　(4)　5(V)＝x(Ω)×1.0(A)より，5.0Ωである。

基本　(5)　回路の合成抵抗は，5(V)＝x(Ω)×2.0(A)より，2.5Ωである。表2から金属線aの抵抗は，5(V)＝x(Ω)×10.0(A)より，0.5Ωなので，金属線bの抵抗は2.0Ωとなる。2.0Ωの抵抗は表2から5(V)

$=2.0(\Omega)\times x(\mathrm{A})$より，2.5Aの電流が流れるので，金属線bの断面積は$0.05\mathrm{mm}^2$であることがわかる。

やや難 (6) 図4の合成抵抗は，$\frac{1}{0.5(\Omega)}+\frac{1}{2.0(\Omega)}=\frac{1}{0.4(\Omega)}$より，0.4Ωである。0.4Ωの抵抗は表2から$5(\mathrm{V})=0.4(\Omega)\times x(\mathrm{A})$より，12.5Aの電流が流れるので，図4の合成抵抗は断面積$0.25\mathrm{mm}^2$の金属線と同じ抵抗であることがわかる。

やや難 (7) 断面積$0.02\mathrm{mm}^2$の金属線cの抵抗は，(1)から5.0Ωである。図5の回路の合成抵抗は，$5(\mathrm{V})=x(\Omega)\times 5.0(\mathrm{A})$より，1.0Ωである。よって，$\frac{1}{5.0(\Omega)}+\frac{1}{x(\Omega)}=\frac{1}{1.0(\Omega)}$より金属線dは1.25Ωである。1.25Ωの抵抗に5Vの電圧をかけると，$5(\mathrm{V})=1.25(\Omega)\times x(\mathrm{A})$より，4.0Aの電流が流れる。表2より，4.0Aの電流が流れるのは，断面積が$0.05\mathrm{mm}^2$の金属線と$0.10\mathrm{mm}^2$の金属線の間である。よって，④が最も適当であると考えられる。

★ワンポイントアドバイス★

問題文と表や説明文を読み比べ，整理して考えよう。

＜社会解答＞

1	(1) 1 ④	(2) 2 ③	(3) 3 ④	(4) 4 ②	(5) 5 ④
	(6) 6 ②	(7) 7 ①	(8) 8 ③		
2	(1) 9 ③	(2) 10 ①	(3) 11 ③	(4) 12 ③	(5) 13 ①
	(6) 14 ②	(7) 15 ③	(8) 16 ③	(9) 17 ③	
3	(1) 18 ①	(2) 19 ②	(3) 20 ②	(4) 21 ④	(5) 22 ①
	(6) 23 ②	(7) 24 ④	(8) 25 ⑥		

○推定配点○

1 各2点×8　　2 各2点×9　　3 各2点×8　　計50点

＜社会解説＞

1 （地理―日本と世界の地形・気候，諸地域の特徴，産業，交通・貿易，地形図）

やや難 (1) 成田空港とロサンゼルス空港の経度差は135度＋120度＝255度である。時差は255÷15＝17時間である。成田空港が3月1日午後5時の時，ロサンゼルス空港は，それより17時間前であるから，3月1日午前0時である。したがって，ロサンゼルス空港において，3月1日午前0時から同日午前10時までかかっていることになるので，所要時間は10時間ということになる。

(2) 同じ緯線が，ヨーロッパと日本のどこを通るか地図帳で確認すると，北海道を通る緯線が，イタリア北部やフランス南部を通っていることがわかる。したがって，ロンドンは名古屋よりも緯度が高い。西ヨーロッパは高緯度のわりには比較的温暖で，雨も年間を通して毎月平均的に降る。これは北大西洋海流（暖流）と偏西風の影響である。このような気候を西岸海洋性気候という。

(3) A国はタイである。タイは米づくりが盛んで，仏教徒の多い国である。

(4) 日本は，鉄鉱石を主にオーストラリアとブラジルから輸入している。

重要 (5) 地形図では，方位記号がないときは右が東，左が西，上が北，下が南である。佐津川に東の平地には田の地図記号があり，山沿いでは畑の地図記号も確認できる。北にある三角点よりも南にある三角点の方が数値が高いので，佐津川は南から北に流れていることになる。

(6) 近郊農業とは，大都市(消費地)に近いメリットを生かして野菜や草花を生産することであり，神奈川県(三浦半島)や千葉県など東京都に近いところがさかんである。抑制栽培とは，主に春に出来る野菜を時期外れの夏に出荷することで，群馬県にある嬬恋村のキャベツ(高原野菜)が特に有名である。近郊農業と抑制栽培は関東地方の農業の特徴となっている。

(7) B県は山形県である。山形県は，さくらんぼと洋なしの生産量は，ともに全国1位である。

(8) 愛知県の増加数は7552239人×0.21％＝15859.701で約15860人となり，2万人未満である。

2 (日本の歴史―各時代の特色，政治・外交史，社会・経済史，日本史と世界史の関連)

(1) 卑弥呼の邪馬台国が栄えていたのは弥生時代である。したがって，弥生土器を説明した③が正解となる。①は古墳時代，②は縄文時代，④は奈良時代，それぞれの説明である。

基本 (2) 平安京遷都は桓武天皇によって行われた。

(3) 鎌倉幕府は，元寇後，生活が苦しくなった御家人を救うために徳政令を出した。徳政令とは，日本の中世，鎌倉時代から室町時代にかけて，幕府などが土倉などの債権者・金融業者に対して，債権放棄(債務免除)を命じた法令である。

(4) キリスト教政策については，信長は保護，秀吉は迫害・禁止であった。秀吉はキリスト教を禁止したが，南蛮貿易については積極的に推進した。

(5) 水野忠邦は，天保の改革で，株仲間を解散させるなどの政策を行ったが，失敗に終わった。②は寛政の改革(松平定信)の政策，③は徳川綱吉の政策，④は享保の改革(徳川吉宗)の政策である。

やや難 (6) 天保の改革は1841年から始まっている。したがって，1840年から始まったアヘン戦争と同時期となる。アメリカ独立戦争(1775～1783)，フランス革命(1789～1799)，ロシア革命(1917～1923)である。

(7) 国会期成同盟(1880年)→伊藤が初代首相となる(1885年)→大日本帝国憲法発布(1889年)。

(8) 設問の資料は，吉野作造の民本主義についての文章である。この考え方は大正デモクラシーの代表的な思想であるので，③の時期に発表されたのである。

(9) 太平洋戦争開戦(1941年12月7日)前に，日本は，国家総動員法(1938年4月)を定め，直前になってソ連と日ソ中立条約(1941年4月)を結んだ。

3 (公民―憲法，政治のしくみ，経済生活，国際経済，その他)

基本 (1) 国会の召集は天皇の国事行為である。

(2) 自由権の中で，財産権は「経済活動の自由」に属する。学問の自由，集会・結社及び言論・出版，表現の自由は「精神の自由」に属する。奴隷的拘束を受けない，は「身体の自由」に属する。

(3) 国会の仕事の1つに国政調査権がある。①は国会が裁判所の誤り。③は長いが短いの誤り。④は内閣不信任決議ができるのは衆議院のみであるので，誤りとなる。

(4) 市(区)町村長の被選挙権は25歳以上であるが，都道府県知事の被選挙権は30歳以上である。したがって，Xは誤りである。

(5) 株主は，株主総会に出席する権利があるのであり，必ずしも出席しなければならないということではない。また，取締役会が設置されてる場合は，経営方針を決めるのは，株主総会ではなく取締役会でもよいことになる。

重要 (6) 好景気が続き，物価上昇のインフレーションが起こりやすくなると，日本銀行は，景気過熱を抑えるため，市中にある貨幣の量を少なくする必要がある。そこで，国債を一般の銀行に売却し，貨幣を回収する。

(7)　円高が進むと，海外だけでなく国内においても安価な海外製品が流入し，相対的に国内製品が売れなくなり，外国製品が安く買える。国内企業は競争力を強化するため，生産拠点を海外に移転することを検討するようになる。

(8)　消費税においては，納税者は生産者や販売者であるにもかかわらず，実際に税金を負担するのは消費者なので間接税である。また，それは，国に納められる国税でもある。

★ワンポイントアドバイス★

1 (6)　近郊農業でつくられる農産物は，生鮮野菜のような良い鮮度が求められるものが多いのが特徴である。3 (4)　依存財源の中で，使い道が地方公共団体に任されているのが地方交付税交付金である。

＜国語解答＞

一　(一)　1　④　　2　③　　(二)　3　②　　(三)　4　④　　(四)　5　③
　　(五)　6　②　　7　①　　(六)　8　④　　(七)　9　①　　(八)　10　③
　　(九)　11　③

二　(一)　12　③　　(二)　13　②　　(三)　14　②　　(四)　15　③　　(五)　16　④
　　(六)　17　④　　(七)　18　④　　(八)　19　①　　(九)　20　①　　(十)　③

○推定配点○

一　1～4・9・10　各2点×6　　他　各3点×5　　二　14・15・20　各3点×3　　他　各2点×7
計50点

＜国語解説＞

一　(論説文―漢字の読み書き，脱文・脱語補充，接続語，文脈把握，内容吟味，要旨)

(一)　ア　措置　①　自治　②　現地　③　一致　④　位置
　　　イ　複合　①　復習　②　福袋　③　複雑　④　腹痛

(二)　Ⅰ　直前に「現代の専門研究者は，……」とあり，直後に「情報端末の微細な回路設計を専門とする技術者がいたとする……」と，「現代の専門研究者」の具体例が示されているので，例示を表す「たとえば」が入る。　Ⅱ　直前の「原子力発電から公衆衛生や健康」に，直後の「環境問題」を付け加えているので，累加を表す「そして」が入る。

(三)　直前に「協同するプロたちにとって，組む相手はいずれもじぶんの専門領域からすればアマチュアだということである。……じぶんもまた相手からすれば素人にほかならない」とある。「専門領域」だけのプロという意味なので，「部分(的な専門家)」とするのが適切。プロといわれる人たちは，専門領域に特化した専門家(プロ)であり，専門外のことについては素人(アマチュア)である，とする文脈である。

やや難　(四)　「トランスサイエンス」については，前に「科学だけでは決定できないもの，個別専門領域の研究を凌駕するもの」と説明されているので，専門領域の研究だけで決定が下される例といえる③は，「トランスサイエンス」の例にはあてはまらない。

(五)　1　「賢者」については，直後に「専門的見地から確かに言えることを述べつつ，同時にフク合的な問題全体につねに視野を拡げておく……」と説明されているので，②が適切。

やや難 2 専門外の領域にも視野を拡げる例にあてはまるものとしては，「裁判官がプログラマーに相談する」とあるA，「画家が市役所の職員と一緒になって」とあるC，「農家が気象，市場価格，消費者の好みなどについても注意しながら」とあるEが適切。Bの「分からないとして何も言わない」は，専門領域の知識に留まる例なのであてはまらない。Dの「レストランオーナー」は，「専門家」にはあてはまらない。Fの「タイヤの空気圧」は，「自動車修理」の知識に含まれるのであてはまらない。

(六) 「プロフェッショナルの矜持」とは，直前の「専門的見地から確かに言えることを述べつつ，同時にフク合的な問題全体につねに視野を拡げておく，そしてその上で専門外のひとたちとともにある最終判断を下し，その判断にもとづいて専門家としてもみずからの責務をさらに果たしてゆく」という姿勢を指すが，「～あるはずだろう」という言い方は，「あるはずだが実際はそうではない」という反語表現なので，「それが必ずしも実現してはいないことを暗示している」とする④が適切。

(七) 直前の「高度な知識をもっているひとでも，責任をとってくれるひとでもなく」，直後の「市民に代わって正しい答えを出してくれるひとではない」にあてはまるものとして，「いっしょに考えて(くれるひと)」とするのが適切。専門知識によって指示を出したり，専門性を発揮して自ら解答を出したりするのではなく，自分たちと一緒に考えてくれる人こそが「いい専門家」だというのである。

(八) 筆者の考えは，「とすれば……」で始まる段落以降に「専門的見地から確かに言えることを述べつつ，同時にフク合的な時間の全体につねに視点を拡げておく，そのうえで専門外のひとたちとともに……」「プロフェッショナルがその専門性を十分に活かすためには，専門領域の知識だけではどうにもならないということだ……」と説明されている。これらの内容と合致するものとしては，「他の人に働きかけ互いに助け合う力」とする③が適切。

(九) 図は，「市民」「市」「事業者」という三者の「協働」という考え方を示したものである。aは，「事業者・行政との共通認識」「まちづくりへの参加と行動」と並んで「市民」に求められる内容が入るので，「まちづくりの主体としての意識」が適切。bは，「地域のまちづくり体制の支援」「市民・事業者の活動との連携」と並んで「市」に求められるものが入るので，「まちづくりへの意見を把握」が適切。

二 (古文―語句の意味，文脈把握，情景・心情，主語，指示語，脱文・脱語補充，大意)

〈口語訳〉【文章Ⅰ】白河院の時代に，世間での殺生が禁止され，禁を犯す者があれば重罪が課せられたころ，ある山寺の僧の母が老年になり，生活が貧しくて，食事も十分にとることができず苦しんでいたが，魚などがないと，すべてのものを食べないことがあった。

(魚は)世間で売り買いされていないものなので，どうすればよいのかわからない。今にも母の命が絶えようとしていることが悲しく思われて，心の赴くままに桂川で，取ってはいけない魚を取ろうとしていると，そうなる運命だったのか，(魚を)少し取ったのを官人が見つけて，白河院の御所へ連れて参った。

「天下の殺生禁断，その明白な法師の姿で袈裟衣を着ながら，この悪行を企てるとは，返す返す理解できない」とおっしゃって，重罪にされようとしたところ，この僧が申すには「年老いた母の命を助けて，しばらく寄り添っていようと思い，わが身にはどのような罪が与えられようとも，母の命が少しでも延びることができれば本意です。この魚は，今はとても生き返るはずもない状態なので，これを母の許へ持って行って，一口でも食べましたことを聞きましたら，どんな戒めを受けることも，もともと覚悟の上です。何の恨みもありません」と申し上げて，涙を流したので，(院は)この様子を哀れにお思いになって「母があるからこそ，昔も，氷の上に魚を得，冬の筍も得たる，という故事がある。哀れに思うことだ」とおっしゃって，(僧は)解放された。

【文章Ⅱ】母がかつて魚を欲した。季節は寒く水も凍る。衣服を脱ぎ，体温で氷を溶かし削ってこれを手に入れようとした。氷はたちまち溶けて，二匹の鯉が出て来た。母はまた，すずめを焼いたものを欲しがった。ふたたび，すずめが数十羽あり，飛んで行って仕掛けた幕の中に入る。郷里の人々は驚いて，孝行によるものだと言った。

【文章Ⅲ】宗の母は筍が好物であった。ある冬，寒さに向かおうとするとき，その頃筍はまだ生えていない。宗は，竹林に入り嘆き悲しんだ。すると，それがために筍が出てきて，それで母に食べさせることができた。これらは皆，孝行によるものである。

(一) 「重科」の「科」は，罪・罰という意味。ほかに「科料」「前科」などと使われる。「外科」「科目」の「科」は，分類，区分け，という意味。「科学」の「科」は，生物分類という意味。

(二) 「年たけ」の「たけ」の終止形は「たく(長く)」。「たく(長く)」には，盛りが過ぎる，末になる，という意味があるので，「老年」が適切。

やや難 (三) 本文冒頭に「天下，殺生禁断せられて，自ら犯す者あれば，重科に当たりける」とある。殺生が禁じられていたので，(生き物である魚は)世間で売り買いされていなかった，という文脈なので②が適切。

(四) 前に「母の年たけて，世間貧しくて，物も食はず煩ひけるが，魚なんどなき外は，すべて物も食はぬ癖あり」とあり，直前には「忽ちに母の命絶えなん事，悲しく覚えるままに」とあるので③が適切。魚がない時はほかの物も食べなくなってしまった母を心配し，何とかして魚を食べさせたいと思うあまり，殺生が禁じられているはずの魚を取ろうと川へ入ってしまったのである。

(五) 直前に「官人見付けて」とあるので，「具して」の主語は「官人」。僧が，禁じられている魚を取っているのを見つけた「官人」は，僧を連れて白河院の許へ連れて行ったのである。「参る」は「行く」の謙譲表現で，「白河院」への敬意を表す。

(六) 直前に「天下の殺生禁断，その隠れなき上，法師の形として，袈裟衣を着ながら」とある。ここでいう「殺生」は，「魚をとらんとする」ことを指すので④が適切。袈裟衣を着た法師の身で，禁止されている殺生をしたことを「悪行」と表現している。

(七) A 直後の「『老母が命を助けて，……恨みも候ふまじ』」の話者なので，「老母」の子にあたる「僧」が入る。 B 直後に「命，少し延びん事」とあるので，命が絶えようとしている「母」が入る。 C 直後に「今はとても助かるまじきにて候へば」とあるので，僧が桂河で獲った「魚」が入る。 D 直後に「許へ遣わして，一口も物食ひ候」とあるので，魚を食べさせる相手である「母」が入る。

(八) Eの直前に「涙を流しければ」とある。涙を流して訴える様子を見て感じたことなので「哀れに」が適切。涙を流して母への思いを語る僧の姿，親孝行にまつわる故事への感想に共通する思いである。

やや難 (九) 【文章Ⅱ】に「祥衣を解き，将に氷を割いて之を求めんとす。氷忽ち解け，雙鯉踊り出づ」とあり，【文章Ⅲ】には「冬節将に至らんとし，時に筍尚未だ生ぜず。宗，竹林に入り哀歎す。而るに筍之が為に出で」とあるので，これらに対応する内容として，Xは「氷の上に魚を得」，Yは「冬の天に筍も得たる」が適切。

やや難 (十) ①は「世の中の人のため」が合致しない。僧は，母のために禁を犯して魚を獲ろうとしたのである。②は，「僧をこの国から追放」と言う部分が合致しない。本文には「放ちにけり」とあり，(僧を)解放した，という意味である。③は合致する。僧は，母に食べさせるために禁を犯して魚を獲ろうとし，白河院はその思いに感動して僧を解放したのである。④は，「漁を解禁した」

という記述は本文にないので適切でない。

★ワンポイントアドバイス★

現代文は，具体例にあてはまるか，筆者の意図の説明，といった深い読解力をつけよう！　古文は，長めの文章や複数の文章を読みこなす力をつけておこう！

大切なことはメモしておこうネ！

T.G

2021年度

★★★★★★★★★★★★★★★★★★★★★★★★

入　試　問　題

2021年度

清林館高等学校入試問題

【数　学】（40分）　＜満点：50点＞

【注意】 問題文中の［ア］などの［　］には，特別に指示がない限り数値または符号（－）が入ります。

次の方法で解答欄にマークしなさい。

①問題文のア・イ・ウ……の一つ一つは，それぞれ０から９までの数字，または符号（－）のいずれか一つに対応します。

その解答を解答欄ア・イ・ウ……にそれぞれマークしなさい。

（例）問題(1)の［アイ］に－２と答えたいとき

（1）	ア	●	⓪	①	②	③	④	⑤	⑥	⑦	⑧	⑨
	イ	⊖	⓪	①	●	③	④	⑤	⑥	⑦	⑧	⑨

②分数形で解答が求められているときは既約分数で答えなさい。

符号は分子につけ，分母にはつけてはいけません。

（例）問題(2)の $\dfrac{\boxed{ウエ}}{\boxed{オ}}$ に $-\dfrac{4}{3}$ と答えたいとき

（2）	ウ	●	⓪	①	②	③	④	⑤	⑥	⑦	⑧	⑨
	エ	⊖	⓪	①	②	③	●	⑤	⑥	⑦	⑧	⑨
	オ	⊖	⓪	①	②	●	④	⑤	⑥	⑦	⑧	⑨

1 次の(1)～(5)の問題に答えなさい。

(1) 次の式を計算しなさい。

$-4^2+(-2)^3=\boxed{アイウ}$

(2) 次の式を因数分解しなさい。

$x^2+9x-52=(x+\boxed{エオ})(x-\boxed{カ})$

(3) 次の式を簡単にしなさい。

$\sqrt{8}+5\sqrt{2}-\sqrt{32}=\boxed{キ}\sqrt{\boxed{ク}}$

(4) 二次方程式 $\dfrac{1}{6}x^2-\dfrac{5}{3}x+\dfrac{7}{2}=0$ の解は，$x=\boxed{ケ}$，$\boxed{コ}$ である。

（ただし，$\boxed{ケ}<\boxed{コ}$ である。）

(5) 連立方程式 $\begin{cases} x+5y=1 \\ 2x-y=-9 \end{cases}$ を解くと，$x=\boxed{サシ}$，$y=\boxed{ス}$ である。

2 ある中学校の昨年のバレーボール部の部員は，男女合わせて60人だった。今年は，昨年に比べて男子が10%，女子が20%それぞれ増加し，男女合わせて70人になった。このとき，昨年の男子の部員は［アイ］人，女子の部員は［ウエ］人である。

3 1周5㎞の池がある。この池の周りのある地点をスタート地点とし，A君は徒歩で右回り，B君は自転車でA君とは逆回りで同時にスタートした。A君は時速4.5㎞で歩き，B君は自転車で時速15㎞で走る。このとき，A君が池の周りを1周するまでに2人は［ア］回すれ違う。

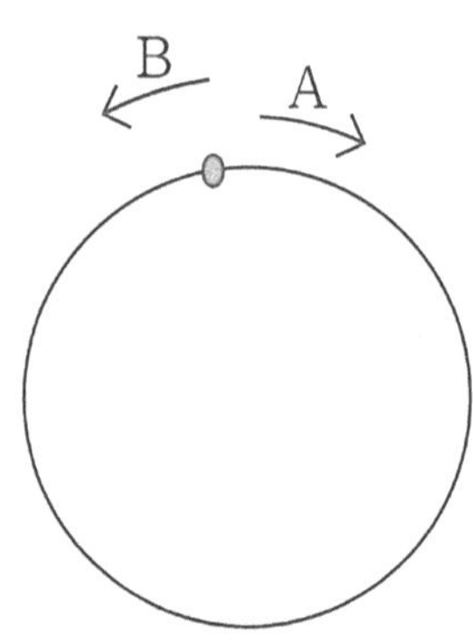

4 A君，B君はカードを出し合い，じゃんけんを行う。1度使ったカードは2度使えないものとし，すべてのカードを使い切った後じゃんけんの勝利数が多いほうが勝ちとする。このとき，次の問題に答えなさい。

⑴ A君がグー1枚，チョキ1枚，B君がグー1枚，パー1枚のカードを持っているとき，A君が勝つ確率は$\dfrac{\boxed{ア}}{\boxed{イ}}$である。

⑵ A君がグー4枚，チョキ1枚，B君がグー4枚，パー1枚のカードを持っているとき，A君が勝つ確率は$\dfrac{\boxed{ウ}}{\boxed{エ}}$である。

5 次の⑴，⑵の問題に答えなさい。

⑴ 下の図のように，正五角形ABCDEにおいて，点Aを通る直線と，直線CDの交点をFとする。$\angle x$の値は［アイ］°である。

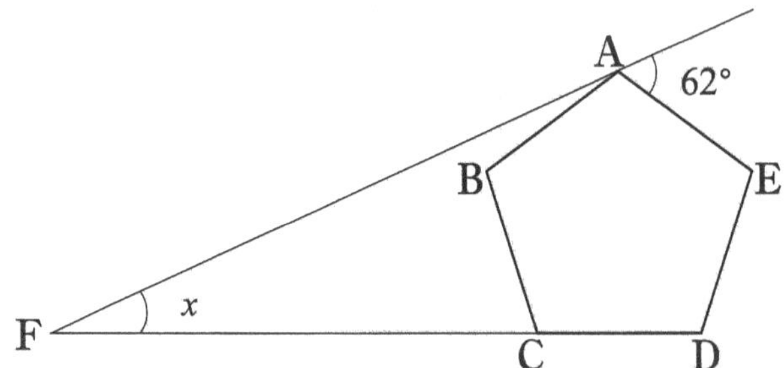

⑵ 右の図で線分AE，HI，IF，GC，HD，EI，IG，BFはすべて長さが等しく，線分AE，HF，GCは互いに平行であり，また，線分HD，EG，BFは互いに平行である。

このとき，$\angle x+\angle y+\angle z=$［ウエオ］°である。

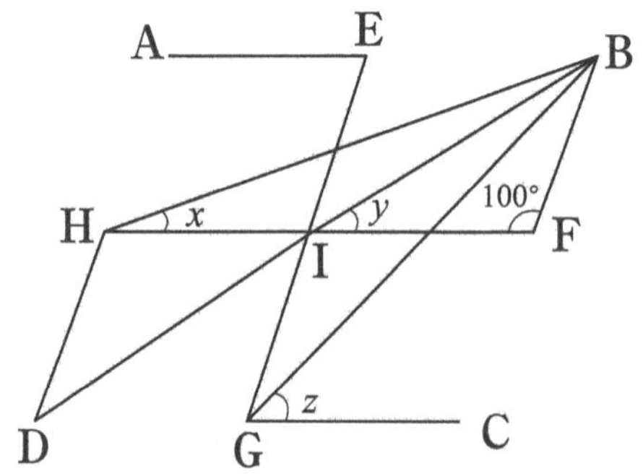

6 下の図のように，２つの関数 $y = ax^2$…①，$y = -\frac{5}{2}x$ …②のグラフがある。点Aは①，②のグラフの交点で，点Aの x 座標は－10である。点Bは①のグラフ上にあり，点Bの x 座標は８である。また，点Cは点Bを通る直線と②のグラフとの交点で，点Cの x 座標は－４である。あとの問題に答えなさい。

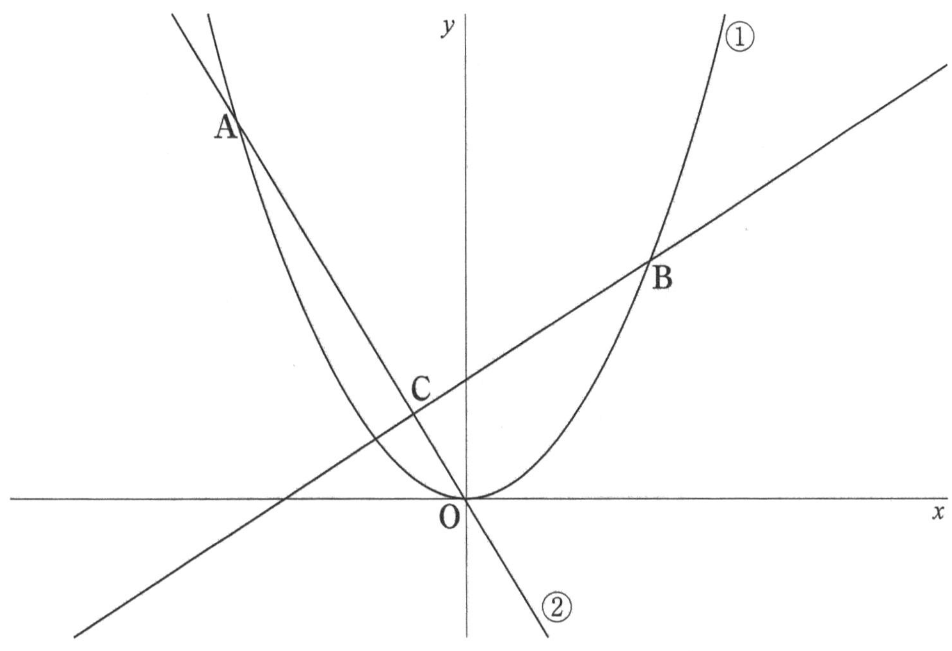

⑴ ①は $y = \frac{\boxed{ア}}{\boxed{イ}}x^2$ である。

⑵ 線分BC上に２点B，Cとは異なる点Pをとり，点Pの x 座標を t とする。また，点Pから x 軸に引いた垂線と x 軸の交点をQとする。

(i) △BPQの面積を t を使った式で表すと，$\frac{\boxed{ウエ}}{\boxed{オ}}t^2 - \boxed{カ}\,t + \boxed{キク}$ と表せる。

(ii) △BPQの面積が△COPの面積と等しくなるとき，$t = \boxed{ケコサ} + \boxed{シ}\sqrt{\boxed{スセ}}$ である。

【英　語】（40分）　＜満点：50点＞　　**※リスニングテストの音声は弊社HPにアクセスの上，音声データをダウンロードしてご利用ください。**

1 次の会話文を読んで，あとの(1)から(5)の問いに答えなさい。

クラスメイト同士の健（Ken）と亜美（Ami）が教室で会話をしています。

Ami: Hello, Ken. What did you do last weekend?
Ken: Hi, Ami. Actually, I was supposed to go to a concert, but I couldn't.
Ami: Why not?
Ken: Because of COVID-19.
Ami: [①] How much was the ticket?
Ken: It cost 7,500 yen per person.
Ami: Can you get a refund?
Ken: Yes, but we can get only 80% of the original price. I was supposed to go there with my mother, so we will get [②] in total.
Ami: That makes sense. I hope things get better soon. By the way, do you know how to go to the post office?
Ken: Of course, I do. Here is a map. It's next to SEIRIN station.
Ami: Thank you! I need to send this parcel to my aunt [③] in Okinawa today. I'm going to go there to see her next weekend.
Ken: That sounds wonderful! Have you ever been there before?
Ami: [④] I have been there twice.
Ken: Great! Have a safe trip.

（注）last weekend　先週末　　be supposed to　するつもりである
COVID-19　新型コロナウイルス感染症　　ticket　チケット　　cost　（費用が）かかる
per　につき　　refund　返金　　that makes sense　なるほどね　　by the way　ところで
next to　の隣　　parcel　小包　　aunt　叔母

(1) [①] に入る亜美（Ami）の返事として最も適当なものを，次の①～④の中から１つ選んで，その番号をマークしなさい。解答番号は [1] です。

① That's great!　② I see.　③ No, thank you.　④ So do I.

(2) [②] に入るものとして最も適当なものを，次の①～④の中から１つ選んで，その番号をマークしなさい。解答番号は [2] です。

① 15,000 yen　② 6,000 yen　③ 12,000 yen　④ 7,500 yen

(3) [③] に入るものとして最も適当なものを，次の①～④の中から１つ選んで，その番号をマークしなさい。解答番号は [3] です。

① living　② lived　③ live　④ lives

(4) [④] に入る亜美（Ami）の返事として最も適当なものを，次の①～④の中から１つ選んで，その番号をマークしなさい。解答番号は [4] です。

① No, I don't.　② No, I haven't.　③ Yes, I do.　④ Yes, I have.

(5) 会話文の内容に一致するものを，あとの①～④の中から１つ選んで，その番号をマークしなさい。解答番号は 5 です。

① The concert was not held.
② Ami is going to be given a parcel.
③ Because of COVID-19, Ken has already got a refund.
④ It is going to be the first trip for Ami to visit Okinawa.

2 次の文章を読んで，あとの(1)から(5)の問いに答えなさい。

Taro is a junior high school student. One day, his class had to choose the leader for the school festival. The leader was very busy every year. Nobody raised their hands to be the leader. ①Taro didn't raise his hand, either. So the leader was not chosen, and they had to have another meeting.

That night, Taro was still thinking about the meeting. In fact, he was interested in being the leader, but he thought he could not do it well. When he was in his room, his grandfather came in and talked to him. He was 70 years old. He already retired from his job but continued to work as a volunteer tour guide for foreign tourists. He said, "Do you have anything to do tomorrow? I will work as a guide. It's a lot of fun. Do you want to come with me?" Taro had nothing to do, so he decided to go.

The next day, Taro went to see his grandfather. He was working very hard. His English was not so good, but he (②). So the tourists understood his English and enjoyed the tour. His grandfather liked playing the *sanshin* and gave them a performance. They were happy to see it. During lunch Taro asked him, "Your work looks hard, but you look so happy! Why?" "Because I can meet new people. Now I really enjoy my life. Every day is a new day. Taro, you should try new things. If you do so, you will find that life is beautiful. Such experiences will give you a lot of wonderful things." Taro's grandfather said and smiled.

Then, one of the tourists talked to Taro's grandfather. The tourist was a young girl. She said, "Thank you very much for today. I enjoyed the tour very much. I came from China to learn more about the world. At first, I was so nervous to come to Japan, but I wanted to visit this city. My parents came here and recommended it. It's so exciting to be here." Taro watched his grandfather and the girl. They looked very happy and were not afraid of new experiences. Taro felt that they taught him ③an important thing. He said to them, "I want to try something new and change myself." He thought about what he would do at the next meeting.

The next week, Taro's class had a meeting again. Taro raised his hand and said, "I will be the leader for the school festival." His classmates were surprised and gave him a big hand. After the meeting, one of his classmates asked Taro, "Why did you decide to be the leader?" Taro answered the question with a big smile.

Four months later, Taro felt so happy at the end of the school festival. As the leader, Taro worked very hard for the class. His classmates said, "Thank you, Taro. We had a wonderful school festival. We will always remember it." He was glad to hear that.

（注） leader リーダー　nobody 誰も～ない　raise を挙げる　in fact 実際
retire 退職する　guide 案内人　tourist (s) 旅行者　decide to することに決める
sanshin 三線（沖縄の弦楽器）　nervous 緊張する　parent (s) 親　recommend 勧める
give ～ a big hand ～に盛大な拍手を送る

⑴ 下線部①の理由として最も適当なものを，次の①～④の中から１つ選んで，その番号をマークしなさい。解答番号は 6 です。
① 祖父と話をして決めたかったから
② また次の話し合いがあると思ったから
③ うまくやれないと思ったから
④ 週末に祖父との予定があったから

⑵ 空所（②）に入れるものとして最も適当なものを，次の①～④の中から１つ選んで，その番号をマークしなさい。解答番号は 7 です。
① tried to speak hard as a tour guide
② tried to show the map with the help of Taro
③ tried to look for another tour guide
④ tried to ask a question in Japanese

⑶ 下線部③の内容を示したものとして最も適当なものを，次の①～④の中から１つ選んで，その番号をマークしなさい。解答番号は 8 です。
① 周りに何を言われようと自分の趣味を続けること
② 新しいことに恐れず挑戦すること
③ 能力にかかわらず，一生懸命に働くこと
④ ガイドができるほど英語を勉強すること

⑷ 次の問いに対する答えとして最も適当なものを，次の①～④の中から１つ選んで，その番号をマークしなさい。解答番号は 9 です。
問）Why did Taro decide to be the leader?
答）Because ____________________.
① his grandfather recommended him to be the leader
② his classmate recommended him to be the leader
③ he was not interested in being the leader but his experience changed his mind
④ he wanted to try something new and change himself

⑸ 本文の内容に一致するものを，あとの①～④の中から１つ選んで，その番号をマークしなさい。解答番号は 10 です。
① Taro's grandfather worked as a tour guide and got money.
② Taro wanted to talk with many foreign tourists as a leader.

③ The tourists enjoyed Taro's grandfather playing the *sanshin*.
④ The boy from China came to Taro's school to study Japanese.

3 次の文章を読んで，あとの(1)から(5)の問いに答えなさい。

Many people have told a lie more than one time. Most of them don't like (A. tell) a lie by someone, but it's sometimes necessary to do that if you want to make your goal come true. Is telling a lie good or bad?

First, I'll show you some examples of telling a good lie. One of them is about the presence of Santa Claus. Parents try to make children think that Santa Claus is real because they want their children 〈 ア 〉 have a good memory and feel happy. It is similar to celebrating friends. When we want to have a surprise party for them, we often tell a lie to prepare for the best situation. Another example is about Disneyland. It is known 〈 イ 〉 'A Dream World'. Disney cast members become performers to show people a good time. Many children ①(same / is / as / the / think / the real / it / world). This is also a kind of lie. These examples show that telling a lie seems to be good if it works well for people's happiness.

Next, you will see some examples of telling a bad lie. An example of a bad lie is when someone exaggerates his or her academic background in front 〈 ウ 〉 another person. Another example is when some companies show their customers the wrong data to attract them. People often tell bad lies to protect themselves. The last example happens when you use SNS (for example, Twitter, Instagram, and so on). If you write a message without checking, it may create a bad feeling. Casual messages may give someone an unpleasant feeling. These days, any person can send any message anywhere. When we use SNS, we should be more careful not to hurt someone 〈 エ 〉 telling a lie.

Of course, it is often difficult to decide when telling a lie is good or bad. Imagine when you go shopping with your friend to buy some clothes. When he or she finds a T-shirt and asks you "How do I look?", will you tell him or her your true opinion? If yes, you may sometimes hurt your friend or make him or her angry. However, if your friend wants to hear the true opinion, it is better not to tell a lie.

There is no simple answer to ②the question of the first part. Not "the act" of telling a lie, but we should think about "the reason" and "the result" of doing that. Even if you don't plan to hurt other people, they may have an unpleasant feeling. But telling a lie can be very useful when we think about the feelings of others.

（注） tell a lie 嘘をつく　someone だれか　sometimes ときどき　the presence of の存在
feel 感じる　celebrating 祝うこと　situation 状況
Disney cast member ディズニーランドのキャスト　happiness 幸せ　exaggerate 誇張する

academic background　学歴　　data　データ　　message　メッセージ　　without　なしで
feeling　気持ち　　casual　何気ない　　unpleasant　不快な　　hurt　傷つける　　act　行為
result　結果

⑴　(A．tell) を文法的に正しく変化させたものとして最も適当なものを，次の①～④の中から1つ選んで，その番号をマークしなさい。解答番号は 11 です。

①　telling　②　told　③　be told　④　being told

⑵　〈ア〉～〈エ〉に当てはまる前置詞の組み合わせとして最も適当なものを，次の①～④の中から1つ選んで，その番号をマークしなさい。解答番号は 12 です。

	〈 ア 〉	〈 イ 〉	〈 ウ 〉	〈 エ 〉
①	to	as	of	by
②	to	by	as	of
③	of	by	to	as
④	of	as	by	to

⑶　下線部①が本文の内容に合うように，【訳】を参照して (　　) 内の語（句）を正しい順序に並べ替えたとき，2番目と5番目にくるものの組み合わせとして最も適当なものを，次の①～④の中から1つ選んで，その番号をマークしなさい。解答番号は 13 です。

【訳】（子供たちは）ディズニーランドが本当の世界と同じだと思い込む。

①　the / the real　②　it / world　③　it / same　④　the / as

⑷　下線部②の内容を示したものとして最も適当なものを，次の①～④の中から1つ選んで，その番号をマークしなさい。解答番号は 14 です。

①　嘘をつくことは必要なのかという問い
②　嘘をつくことは良いことか悪いことかという問い
③　嘘をつくことで人を幸せにすることができるのかという問い
④　嘘をついたことが今までにあるかという問い

⑸　本文の内容に一致するものを，次の①～④の中から1つ選んで，その番号をマークしなさい。解答番号は 15 です。

①　We should stop telling a lie because it is not useful for anything.
②　The writer has told a lie more than one time.
③　When we think about others, telling a lie can be helpful.
④　Parents hurt their children by telling a lie about the presence of Santa Claus.

4　次の英文の中で，文法的に誤りが無い文章がそれぞれ1つずつあります。その英文を選んで，番号をマークしなさい。

⑴　解答番号は 16 です。

①　The boy reading a newspaper over there like my daughter.
②　I will go with you after I will finish to do my homework.
③　My brother has practiced soccer for he was five years old.

④ My mother says to me, “There is a lot of water in this bottle.”

⑵ 解答番号は 17 です。

① The Nile is the longest river of the world.

② I would like to go to abroad in the future if I can speak English.

③ The letter written by my boyfriend was read by many people.

④ One of my friends plays baseball in this park every Sundays.

英語　聞き取り

次の⑴～⑶について，それぞれ会話文を聞き，その内容についての質問の答えとして，最も適当なものをａ～ｄの中から１つずつ選びなさい。⑷⑸については，1つの会話文を聞き，その内容についての質問の答えとして最も適当なものをａ～ｄの中から１つずつ選びなさい。会話文，問い，問いに対する答えは，それぞれ２回読まれます。必要があればメモをとっても構いません。問いに対する答えについて正しいものはマークシートの「正」の文字を，誤っているものはマークシートの「誤」の文字をそれぞれマークしなさい。

正しいものは，各問いについて，１つしかありません。

メモ欄（必要があれば，ここにメモをとってもよろしい。）

【理　科】（40分）　＜満点：50点＞

1　次のA，Bの各問いに答えなさい。

A　次の図1は日本付近のプレートの分布を示したものである。あとの⑴～⑶の各問いに答えなさい。

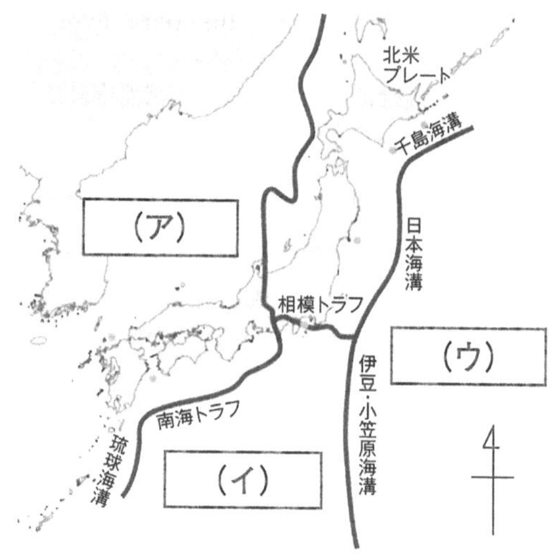

図1

⑴　プレート（ア）～（ウ）の名称の組み合わせとして最も適当なものを，次の①～④の中から1つ選んで，その番号をマークしなさい。解答番号は［1］です。

	（ア）	（イ）	（ウ）
①	日本海プレート	太平洋プレート	フィリピン海プレート
②	日本海プレート	フィリピン海プレート	太平洋プレート
③	ユーラシアプレート	太平洋プレート	フィリピン海プレート
④	ユーラシアプレート	フィリピン海プレート	太平洋プレート

⑵　日本付近のプレート（イ）の運動方向として最も適当なものを，次の①～④の中から1つ選んで，その番号をマークしなさい。解答番号は［2］です。

①　北西　②　北東　③　南西　④　南東

⑶　伊豆・小笠原海溝付近の島々の地質を調べ，プレート（ウ）が移動した距離を調べたところ，約100万年で約80㎞移動していることが分かった。プレート（ウ）の，1年間に移動しか距離の平均値として最も適当なものを，次の①～⑥の中から1つ選んで，その番号をマークしなさい。解答番号は［3］です。

①　8㎜　②　8㎝

③　8m　④　80m

⑤　800m　⑥　8㎞

B　次の文章と表1，表2について，あとの(4)～(7)の各問いに答えなさい。

水蒸気を含んだ空気が上昇や下降をすると，温度や湿度が変化して雲が発生することがある。気流が生じて㋐地上付近の㋑空気のかたまりが高さ1000mの山の斜面にそって上昇したとき，ある高さから雲ができ始めた。地上で乾湿計を見ると，乾球温度計は17℃を示し，湿球温度計は15℃を示していた。

空気のかたまりの上昇および下降にともなう温度変化は，雲が発生していないときは100m毎に1℃，雲が発生してからは100m毎に0.5℃であり，高さによる露点の変化はないものとする。表1は湿度表，表2はそれぞれの温度の空気1 m³中に含まれる飽和水蒸気量を示している。

		乾球と湿球の示度の差〔℃〕						
		0.0	1.0	2.0	3.0	4.0	5.0	6.0
乾球の示度〔℃〕	19	100	90	81	72	63	54	46
	18	100	90	80	71	62	53	44
	17	100	90	80	70	61	51	43
	16	100	89	79	69	59	50	41
	15	100	89	78	68	58	48	39
	14	100	89	78	67	57	46	37
	13	100	88	77	66	55	45	34
	12	100	88	76	65	53	43	32
	11	100	87	75	63	52	40	29

表1　湿度表

気温〔℃〕	0	1	2	3	4	5	6	7	8	9
飽和水蒸気量〔g/m³〕	4.8	5.2	5.6	5.9	6.4	6.8	7.3	7.8	8.3	8.8
気温〔℃〕	10	11	12	13	14	15	16	17	18	19
飽和水蒸気量〔g/m³〕	9.4	10.0	10.7	11.4	12.1	12.8	13.6	14.5	15.4	16.3

表2　気温と飽和水蒸気量の関係

(4)　下線部㋐の地上での湿度として最も適当なものを，次の①～⑤の中から1つ選んで，その番号をマークしなさい。解答番号は［4］です。

①　61%　　②　70%　　③　80%　　④　90%　　⑤　100%

(5)　下線部㋐の地上での空気1 m³中に含まれている水蒸気量として最も適当なものを，次の①～⑤の中から1つ選んで，その番号をマークしなさい。解答番号は［5］です。

①　10.2 g　　②　11.6 g　　③　12.0 g　　④　12.8 g　　⑤　14.5 g

(6)　下線部㋑について，雲ができ始める高さとして最も適当なものを，あとの①～⑤の中から1つ選んで，その番号をマークしなさい。ただし，山の斜面にそって上昇した空気1 m³中に含まれる水蒸気量は，地上付近の空気と変わらないものとする。解答番号は［6］です。

① 100m以上300m未満　② 300m以上500m未満　③ 500m以上700m未満
④ 700m以上900m未満　⑤ 900m以上

(7) この山は，雲ができ始めたところから上の部分がすべて雲の中に入っていた。地上から800mの高さにおける上昇してきた空気のかたまりの温度として最も適当なものを，次の①～⑤の中から１つ選んで，その番号をマークしなさい。解答番号は [7] です。

① 9℃　② 11℃　③ 13℃　④ 15℃　⑤ 17℃

2 次のA，Bの各問いに答えなさい。

A 次の文章と図１，図２について，あとの(1)～(4)の各問いに答えなさい。

ヒトのほおの内側の細胞と赤血球について，観察実験を行った。

図１は㋐ヒトのほおの内側の細胞を酢酸カーミンで染色して，光学顕微鏡で観察した写真である。

ヒトの赤血球に関しては，採取した血液に生理食塩水を加えて体積を200倍にして希釈し，希釈液中の赤血球の数を計測するために，血球計算盤（細胞計算盤）を用いて赤血球を数えた。

血球計算盤は，一定の間隔で直交する格子線が引かれており，中に入れた希釈液中の細胞の数を数えることができる実験器具である。

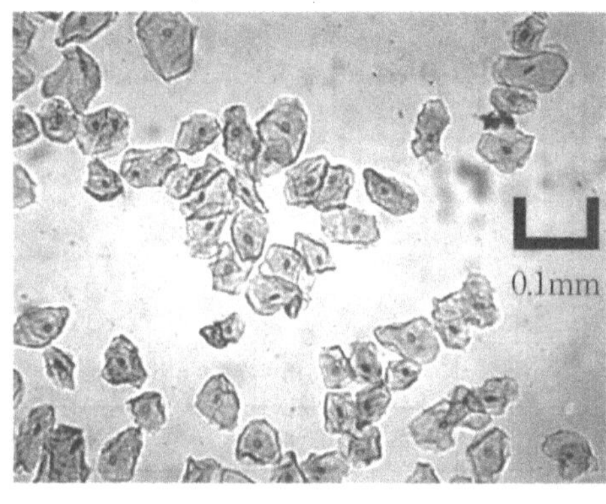

図１

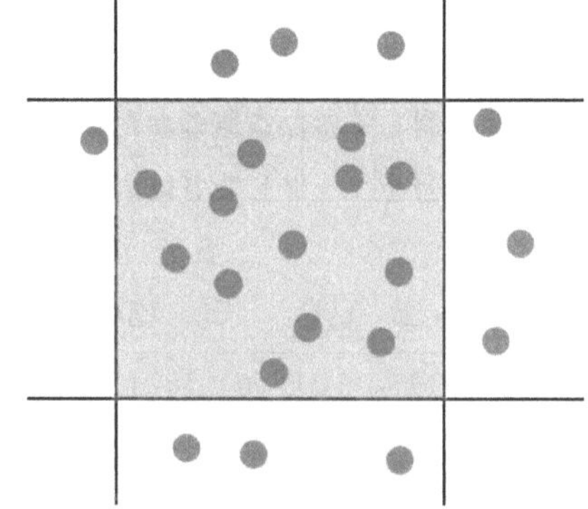
図２

(1) 下線部㋐について，ヒトのほおの内側の細胞の採取方法として，最も適当なものを，次の①～④の中から１つ選んで，その番号をマークしなさい。解答番号は [8] です。

① ほおの内側をピンセットで強くえぐり取る。
② ほおの内側をピンセットでやさしくこすり取る。
③ ほおの内側を綿棒で強くえぐり取る。
④ ほおの内側を綿棒でやさしくこすり取る。

(2) 図１について，ヒトのほおの内側の細胞とヒトの他の細胞の大きさを，小さいものから順に並べたものとして最も適当なものを，次の①～④の中から１つ選んで，その番号をマークしなさい。解答番号は [9] です。

① 赤血球，卵，ほおの内側の細胞　② 卵，赤血球，せきずいの細胞
③ 赤血球，ほおの内側の細胞，卵　④ ほおの内側の細胞，卵，赤血球

⑶ ヒト（1.6m）を5000倍に拡大するとヒマラヤ山脈（8000m）程度の高さになる。図1のヒトのほおの内側の細胞を5000倍に拡大したとき，最も近い大きさになるものを，次の①～⑥の中から1つ選んで，その番号をマークしなさい。解答番号は 10 です。

① 3階建て学校の校舎　② 軽自動車　③ バスケットボール
④ 硬式野球ボール　⑤ 大豆　⑥ タラコの卵一粒

⑷ 図2の網掛けで示した部分の体積を0.5㎣とする。採取した希釈する前の血液1mL中に含まれる赤血球の個数として最も適当なものを，次の①～⑥の中から1つ選んで，その番号をマークしなさい。ただし，1mL＝1000㎣とする。解答番号は 11 です。

① 26000個　② 260000個　③ 2600000個
④ 52000個　⑤ 520000個　⑥ 5200000個

B 次の文章と図3について，あとの⑸～⑺の各問いに答えなさい。

ツバキの葉を採取し，カミソリ刃を使って薄い切片を作った。切片の中から最も薄いものを選び出し，スライドガラスにのせ，細胞壁を染色するサフラニンという染色液を数滴加え，カバーガラスをかけて，㋑プレパラートを作成した。太い葉脈が図の中心のAであり，葉脈には㋒維管束が観察できた。

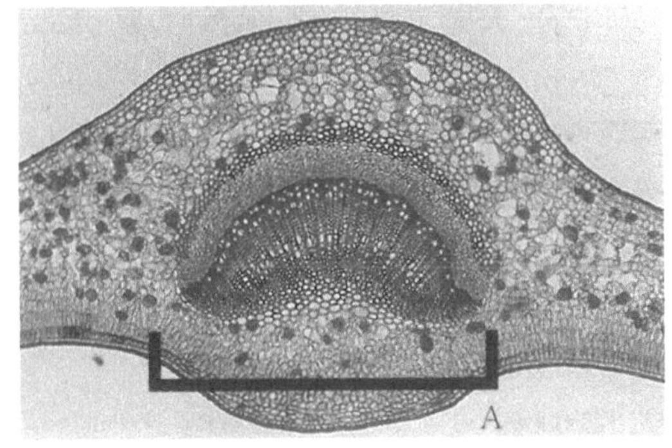

図3

⑸ 下線部㋑について，顕微鏡観察中にプレパラートが乾いた際の対処として最も適当なものを，次の①～④の中から1つ選んで，その番号をマークしなさい。解答番号は 12 です。

① 水をカバーガラスの横からスポイトで静かに加える。
② 水をカバーガラスの上からスポイトで静かに加える。
③ サフラニンをカバーガラスの横からスポイトで静かに加える。
④ サフラニンをカバーガラスの上からスポイトで静かに加える。

⑹ 下線部㋒について，道管，師管のそれぞれのはたらきや構造について説明した文章として，**適当でないもの**はどれか。次の①～④の中から1つ選んで，その番号をマークしなさい。解答番号は 13 です。

① 道管は，根から吸収された無機塩類（肥料分など）の通り道である。
② 師管は，葉でつくられた養分の通り道である。
③ 双子葉類の茎では道管が内側，師管が外側と規則正しく並んでいる。
④ 単子葉類の茎では道管，師管がそれぞればらばらに散らばっている。

⑺ 植物の細胞と動物の細胞に共通する構造の組み合わせとして最も適当なものを，次の①～④の中から１つ選んで，その番号をマークしなさい。解答番号は 14 です。

ａ細胞膜　ｂ　細胞壁　ｃ　葉緑体　ｄ核

①　ａとｂ　②　ａとｄ　③　ｂとｃ　④　ｃとｄ

3 次のＡ，Ｂの各問いに答えなさい。

Ａ　図１のように，なめらかな斜面上に台車をのせて，静かに手をはなした。このときの台車の運動を，１秒間に60回打点する記録タイマーで調べた。図２は記録されたテープを表したものである。あとの⑴～⑷の各問いに答えなさい。

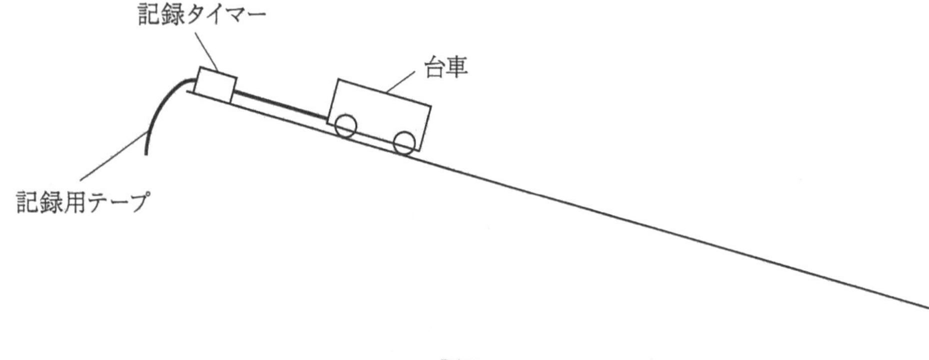

図１

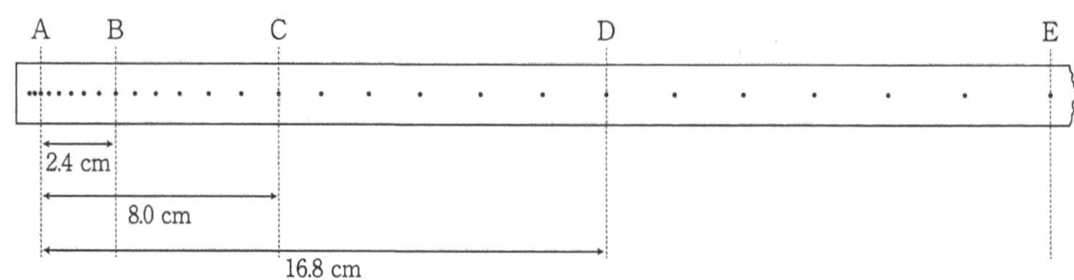

図２

⑴ 記録タイマーによって，図２のＡの位置に打点されてから，Ｂの位置に打点されるまでにかかった時間として最も適当なものを，次の①～⑤の中から１つ選んで，その番号をマークしなさい。解答番号は 15 です。

①　0.017秒　②　0.1秒　③　１秒　④　６秒　⑤　60秒

⑵ 図２のBC間における台車の平均の速さとして最も適当なものを，次の①～⑧の中から１つ選んで，その番号をマークしなさい。解答番号は 16 です。

①　4.0㎝/秒　②　5.2㎝/秒　③　5.6㎝/秒　④　8.0㎝/秒

⑤　40㎝/秒　⑥　52㎝/秒　⑦　56㎝/秒　⑧　80㎝/秒

⑶ 記録タイマーが，Ａの位置に打点してから，Ｅの位置に打点するまでに，台車が移動した距離

として最も適当なものを，次の①～④の中から１つ選んで，その番号をマークしなさい。ただし，その間，台車は斜面上を運動し続けていたものとする。解答番号は［17］です。

① 28.8cm　② 32cm　③ 39.2cm　④ 48cm

(4) 台車が斜面上を運動し始めてからの時間と，台車の移動した距離との関係をグラフで表したものとして最も適当なものを，次の①～④の中から１つ選んで，その番号をマークしなさい。解答番号は［18］です。

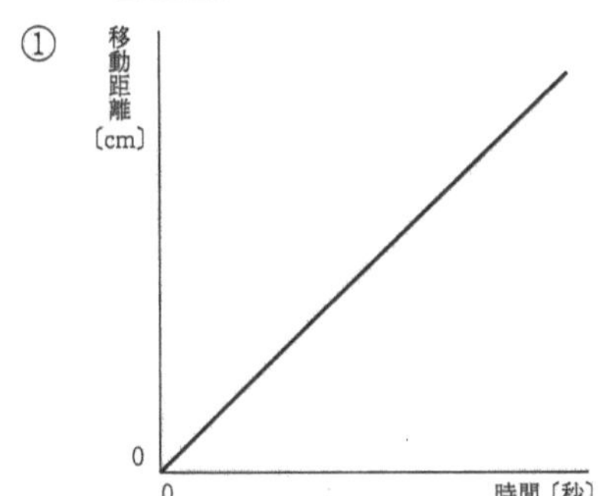

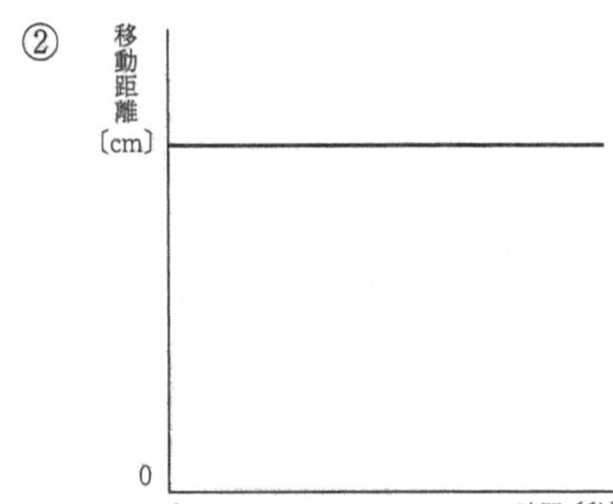

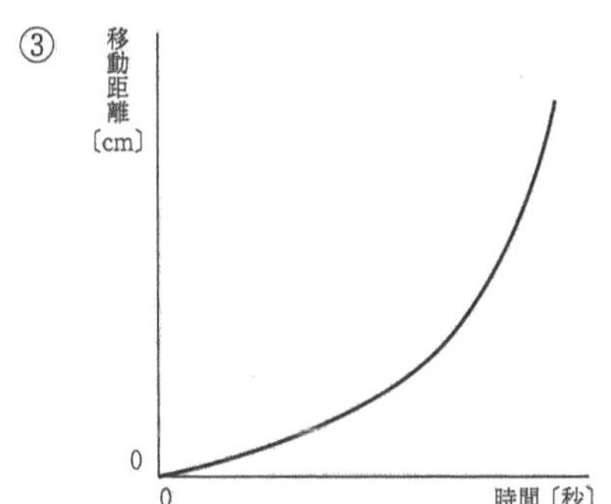

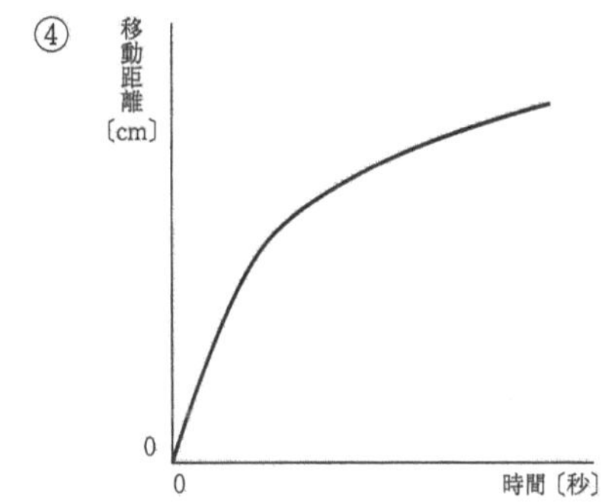

B 図３のように，円形のコイルを水平に置き，その中心に向かって棒磁石の高さを変化させるように動かし，コイルに流れる電流を測定した。図４は，コイルと棒磁石の距離と時間の関係を表している。そして０～0.1秒の間を区間A，0.1～0.2秒の間を区間B，0.2～0.3秒の間を区間C，0.3～0.4秒の間を区間Dとする。あとの(5)，(6)の各問いに答えなさい。

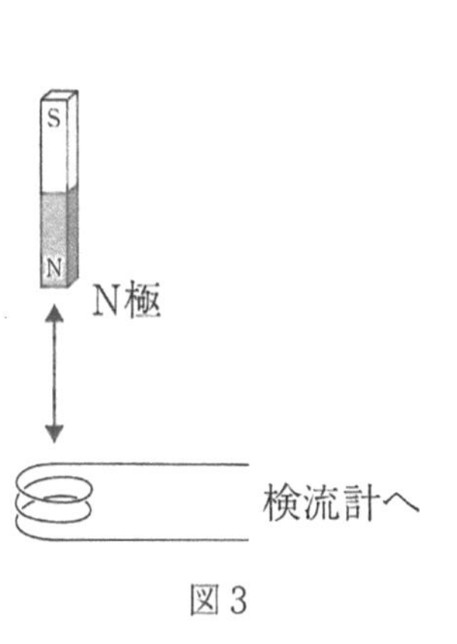

図３

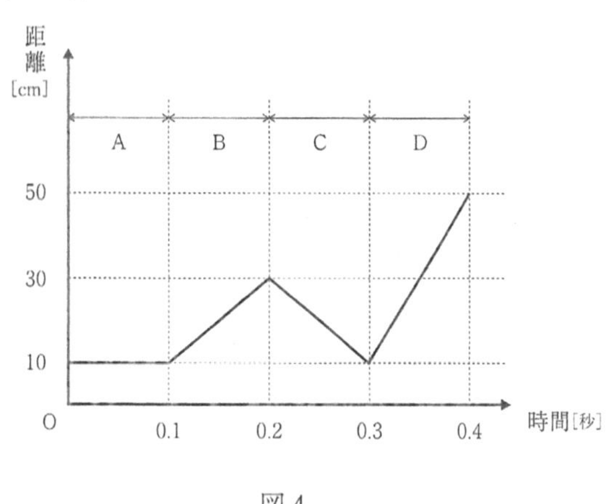

図４

⑸ 0.1～02秒の間（区間B）および0.2～0.3秒の間（区間C）について述べた文章として最も適当なものを，次の①～⑤の中から1つ選んで，その番号をマークしなさい。解答番号は 19 です。

① Bではコイルに電流が流れたが，Cではコイルに電流が流れなかった。

② Bではコイルに電流が流れなかったが，Cではコイルに電流が流れた。

③ BとCは，コイルに同じ向きに電流が流れた。

④ BとCでは，コイルに違う向きに電流が流れた。

⑤ BとCは，いずれもコイルに電流が流れなかった。

⑹ 0.1～0.2秒の間（区間B）および0.3～0.4秒の間（区間D）における電流の向きと大きさについて述べたものの正しい組み合わせとして最も適当なものを，次の①～⑥の中から1つ選んで，その番号をマークしなさい。解答番号は 20 です。

	電流の向き	電流の大きさ
①	BとDは，同じ向き	BとDは，同じ大きさ
②	BとDは，同じ向き	Bの方が大きい
③	BとDは，同じ向き	Dの方が大きい
④	BとDでは，異なる向き	BとDは，同じ大きさ
⑤	BとDでは，異なる向き	Bの方が大きい
⑥	BとDでは，異なる向き	Dの方が大きい

4 次のA，Bの各問いに答えなさい。

A 炭酸水素ナトリウムの熱分解について調べるために，実験を行い，その手順と結果を以下に示した。あとの⑴～⑷の各問いに答えなさい。

<実験手順>

手順1 炭酸水素ナトリウム1.0 gをはかりとり，乾いた試験管に入れた。

手順2 手順1の試験管全体の重さをはかって記録した後，図1（次のページ）のように試験管を加熱した。

手順3 ガラス管からはじめに出てきた気体を試験管1本分ほど集めて捨てた後，ガラス管からさらに出てくる(a)気体を試験管に集め，水中でゴム栓をした。

手順4 ガラス管から気体が出てこなくなるまで十分に試験管を加熱した後，ガラス管を水そうから取り出し，ガスバーナーの火を消した。

手順5 加熱していた試験管からゴム栓をはずして，試験管を十分に乾燥させた後，試験管全体の重さをはかり記録した。

手順6 手順1の炭酸水素ナトリウムの質量を2.0 g，3.0 g，4.0 gにかえて，手順2～手順5の操作をそれぞれ行い，結果を表（次のページ）にまとめた。

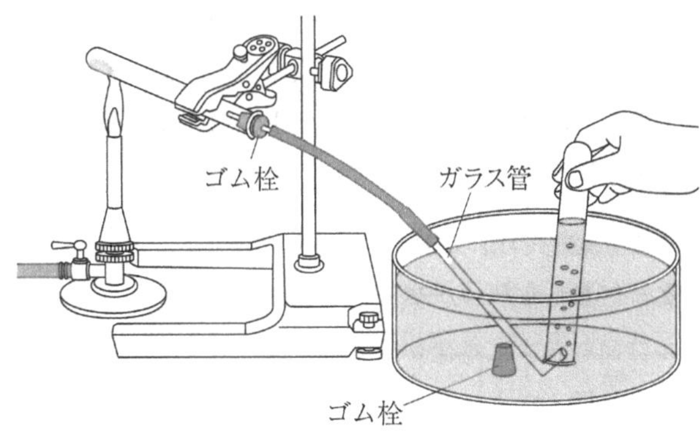

図1

炭酸水素ナトリウムの質量〔g〕	1.0	2.0	3.0	4.0
加熱前の試験管の質量〔g〕	25.6	26.6	27.6	28.6
加熱後の試験管の質量〔g〕	25.3	25.8	26.6	27.2

表1

(1) ガスバーナーの点火方法Ⅰ～Ⅵを正しい順番に並べたとき，3番目と5番目に行う操作の組み合わせとして最も適当なものを，あとの①～⑥の中から1つ選んで，その番号をマークしなさい。解答番号は 21 です。

Ⅰ 空気調節ねじを開く。
Ⅱ ガス調節ねじを開く。
Ⅲ ガスの元栓を開く。
Ⅳ ガスバーナーのコックを開く。
Ⅴ ガスに点火する。
Ⅵ ガスの調節ねじなどが閉まっていることを確認する。

	①	②	③	④	⑤	⑥
3番目	Ⅱ	Ⅱ	Ⅲ	Ⅲ	Ⅳ	Ⅳ
5番目	Ⅰ	Ⅴ	Ⅰ	Ⅴ	Ⅰ	Ⅴ

(2) 下線部(a)の気体の性質について述べた文章として最も適当なものを，次の①～⑤の中から1つ選んで，その番号をマークしなさい。解答番号は 22 です。

① 火のついた線香を入れると激しく燃えた。
② 火のついた線香を入れると火が消えた。
③ マッチの火を近づけると音を立てて燃えた。
④ 水にぬらした赤色リトマス紙を入れると青色に変色した。
⑤ 水にぬらした赤色リトマス紙を入れると脱色した。

⑶ 手順4を終えたとき，加熱していた試験管の口の内側には液体が付着していたため，この液体が水であるかどうかを調べることにした。次の文章のア，イにあてはまる語句の組み合わせとして最も適当なものを，あとの①～⑥の中から1つ選んで，その番号をマークしなさい。
解答番号は 23 です。

加熱していた試験管の口の内側に付着した液体に，乾いた（ ア ）をつけ，（ イ ）に変化すると，付着した液体が水であることがわかる。

	ア	イ
①	赤色リトマス紙	赤色
②	赤色リトマス紙	青色
③	青色リトマス紙	赤色
④	青色リトマス紙	青色
⑤	塩化コバルト紙	赤色
⑥	塩化コバルト紙	青色

⑷ 表1をもとに，炭酸水素ナトリウムの質量と，加熱後の試験管の中に残った白い固体の質量の関係をグラフにした。そのグラフとして最も適当なものを，次の①～④の中から1つ選んで，その番号をマークしなさい。解答番号は 24 です。

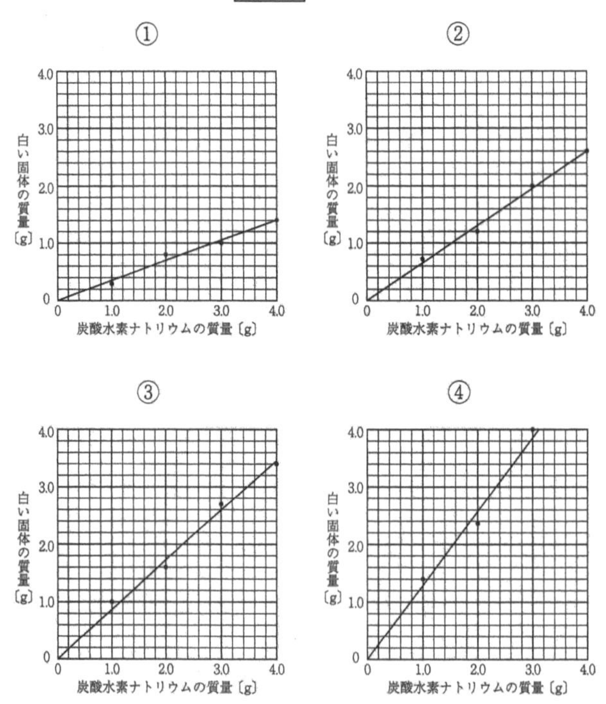

B プラスチックを用いて次の実験を行った。あとの⑸，⑹の各問いに答えなさい。
実験1 プラスチック片を加熱した。

実験２　50.0mLの水を入れたメスシリンダーに12.8ｇのプラスチック片を完全に沈めて，体積の変化を調べた。

⑸　実験１でプラスチック片を加熱したところ，燃えて炭になった。このように加熱すると黒く焦げて炭になったり，燃えて二酸化炭素が発生したりする物質を有機物という。次のＡ～Ｆの物質から有機物を選んだものの組み合わせとして最も適当なものを，あとの①～⑦の中から１つ選んで，その番号をマークしなさい。解答番号は［25］です。

Ａ　食塩　　Ｂ　鉄　　Ｃ　ガラス　　Ｄ　砂糖　　Ｅ　真ちゅう　　Ｆ　ポリエチレン

①　ＡとＣ　　②　ＡとＥ　　③　ＢとＣ　　④　ＢとＤ　　⑤　ＤとＥ

⑥　ＤとＦ　　⑦　ＥとＦ

⑹　実験２でプラスチック片を沈めた後のメスシリンダーの目盛は62.0mLを示した。このプラスチック片の密度として最も適当なものを，次の①～⑥の中から１つ選んで，その番号をマークしなさい。解答番号は［26］です。

①　0.21 g/cm^3　　②　0.26 g/cm^3　　③　1.07 g/cm^3

④　3.91 g/cm^3　　⑤　154 g/cm^3　　⑥　744 g/cm^3

【社　会】（40分）　＜満点：50点＞

1　次の(1)～(9)の問いに答えなさい。

(1)　次の地図に関連して述べた下の文X～Zについて，その正誤の組み合わせとして正しいものを，下の①～⑥の中から１つ選んで，その番号をマークしなさい。解答番号は　1　です。

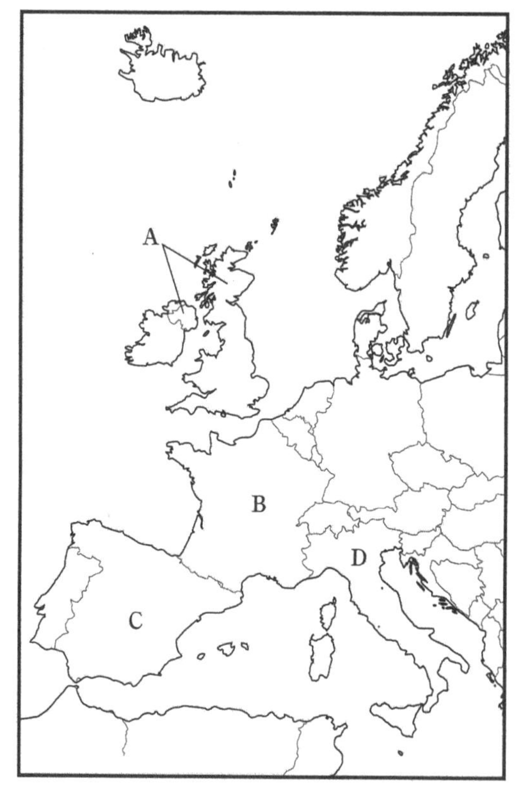

X　A国では，共通通貨であるユーロが導入されている。
Y　B国では，キリスト教が広く信仰されている。
Z　アルプス山脈には，B国とC国との国境線が走っている。

①	X 正	Y 正	Z 誤	②	X 正	Y 誤	Z 正
③	X 正	Y 誤	Z 誤	④	X 誤	Y 正	Z 正
⑤	X 誤	Y 正	Z 誤	⑥	X 誤	Y 誤	Z 正

(2)　(1)の地図のD国の北西部に位置するロンバルディア州（北緯45度）とほぼ同緯度にある都道府県を，次の①～④の中から１つ選んで，その番号をマークしなさい。解答番号は　2　です。

①　石川県　　②　鹿児島県　　③　福岡県　　④　北海道

(3)　次のページの地図のE国について述べた文として最も適当なものを，あとの①～④の中から１つ選んで，その番号をマークしなさい。解答番号は　3　です。

①　世界最長であるナイル川が流れている。
②　赤道直下の国の一つである。
③　人口や国内総生産（GDP）はアフリカ第１位である。

④　長い間アパルトヘイトとよばれる人種隔離政策が採られた。

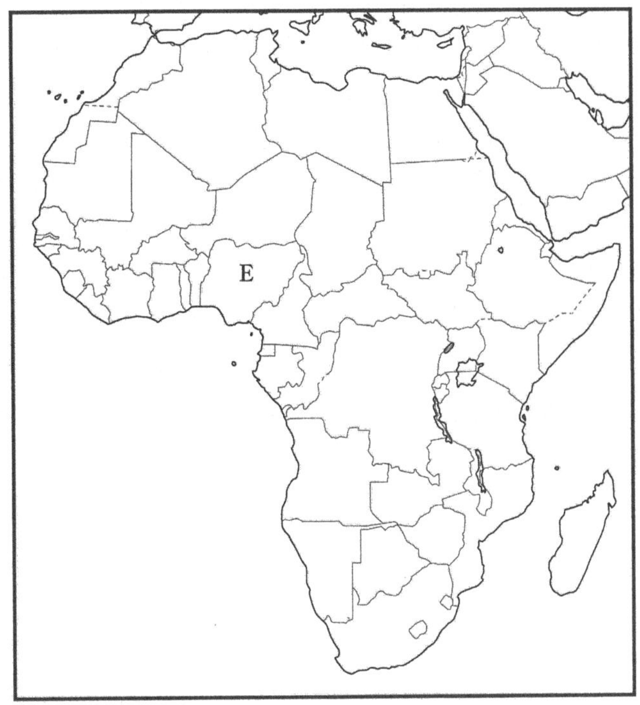

⑷　南アメリカに関連して述べた次の文ａ～ｄについて，正しいものの組み合わせを，下の①～④の中から１つ選んで，その番号をマークしなさい。解答番号は 4 です。

ａ　大陸西部には南北にロッキー山脈が連なっている。

ｂ　流域面積が世界最大であるアマゾン川が流れている。

ｃ　シリコンバレーには，インターネットに関連した会社が集まっている。

ｄ　パンパでは，小麦，とうもろこし，大豆の栽培が盛んである。

①　ａ・ｃ　　②　ａ・ｄ　　③　ｂ・ｃ　　④　ｂ・ｄ

⑸　次の表は，インド，カナダ，フランス，ロシアの発電量とその内訳を示している。このうちフランスに該当するものを，表中の①～④の中から１つ選んで，その番号をマークしなさい。解答番号は 5 です。

（2017年）

国	発電量（億kWh）	発電量の内訳（％）				
		水力	火力	原子力	風力	太陽光
①	15 322	9.3	83.2	2.5	3.3	1.7
②	10 943	17.1	64.2	18.6	0.0	0.1
③	6 584	59.6	20.1	15.4	4.4	0.5
④	5 621	9.8	13.0	70.9	4.4	1.7

（「世界国勢図会 2020／21年版」をもとに作成）

⑹　次の表は，東京港，名古屋港，成田国際空港，横浜港のいずれかの輸出品もしくは輸入品の輸出額もしくは輸入額に占める割合を示している。このうち成田国際空港に該当するものを，表中の①～④の中から１つ選んで，その番号をマークしなさい。解答番号は［６］です。

（2019年）

港	輸出品もしくは輸入品（割合の多い順に４品目）
①	通信機（13.7%），医薬品（12.3%），コンピュータ（8.8%），集積回路（8.4%）
②	衣類（8.9%），コンピュータ（5.3%），肉類（4.6%），魚介類（4.5%）
③	石油（12.0%），液化ガス（4.5%），アルミニウム（3.5%），衣類（3.3%）
④	自動車（26.3%），自動車部品（16.7%），内燃機関（4.3%），金属加工機械（3.9%）

（「日本国勢図会 2020/21年版」をもとに作成）

⑺　次の写真に関連して述べた文として最も適当なものを，下の①～④の中から１つ選んで，その番号をマークしなさい。解答番号は［７］です。

①　この写真のような三角州は水はけが良く，稲作に適した地形である。
②　この写真のような三角州は水はけが悪く，果樹園に適した地形である。
③　この写真のような扇状地は水はけが良く，果樹園に適した地形である。
④　この写真のような扇状地は水はけが悪く，稲作に適した地形である。

⑻　次の表は，仙台市，高松市，名古屋市，松江市のいずれかの気温と降水量を示している。このうち松江市に該当するものを，表中の①～④の中から１つ選んで，その番号をマークしなさい。解答番号は［８］です。

都市	気温（℃）			降水量（mm）		
	1月	7月	年平均	1月	7月	全年
①	1.6	22.2	12.4	37.0	179.4	1254.1
②	4.3	25.3	14.9	147.2	252.4	1787.2
③	4.5	26.4	15.8	48.4	203.6	1535.3
④	5.5	27.0	16.3	38.2	144.1	1082.3

（「理科年表 2020」をもとに作成）

⑼　次の表は，近畿地方の府県について示したものである。このうち表中のCに該当する府県を下の①～④の中から１つ選んで，その番号をマークしなさい。解答番号は［9］です。

府県	人口（千人）	面積（km^2）	海岸線距離（km）	製造品出荷額等（億円）	耕地（田）面積（ha）	耕地（畑）面積（ha）
A	8 809	1 905	233	173 490	9 020	3 810
B	5 466	8 401	848	157 988	67 400	6 320
C	2 583	4 612	315	58 219	23 600	6 690
D	1 781	5 774	1 091	105 552	44 700	14 200
E	1 414	4 017	0	78 229	47 700	3 960
F	1 330	3 691	0	21 181	14 500	6 020
G	925	4 725	650	26 913	9 520	22 900

※人口･面積は2019年, 製造品出荷額等は2017年, 耕地面積は2018年

（「日本国勢図会 2020/21年版」「理科年表 2020」「データでみる県勢 2020年版」をもとに作成）

①　京都府　　②　滋賀県　　③　三重県　　④　和歌山県

2　次のページの年表を見て，あとの⑴～⑽の問いに答えなさい。

⑴　年表中の（A）に関連して，中大兄皇子が行った政策について述べた文として最も適当なものを，次の①～④の中から１つ選んで，その番号をマークしなさい。解答番号は［10］です。

①　百済や伽耶地方の国々と結んで，高句麗や新羅と戦った。

②　皇族や豪族が支配していた土地と人民を，国家が直接支配できるようにした。

③　藤原京から奈良盆地北部の平城京に都を移した。

④　仏教や儒教の考え方を取り入れた十七条の憲法を定めて，役人の心構えを示した。

⑵　年表中の（B）に関連して，この時期の文化について述べた文として最も適当なものを，次の①～④の中から１つ選んで，その番号をマークしなさい。解答番号は［11］です。

①　安土城や大阪城の内部は，狩野永徳らのえがいた障壁画でかざられた。

②　遣唐使とともに唐に渡って仏教を学んだ最澄は，帰国後に天台宗を開いた。

③　源平の争乱で平氏に焼かれた東大寺が再建された。

④『古事記』や『日本書紀』などの歴史書がつくられた。

⑶　年表中の（C）に関連して，室町時代の社会のようすについて述べた次の文a～dについて，正しいものの組み合わせを，下の①～④の中から１つ選んで，その番号をマークしなさい。解答番号は［12］です。

a　金・銀・銭の貨幣を交換する両替商が増えた。

b　土倉とよばれる質屋や酒屋が高利貸しを営んで栄えた。

c　商人が株仲間という同業者の組合をつくり，幕府の許可を得て営業を独占した。

d　陸上交通では馬借・車借とよばれる運送業者が活躍した。

①　a・c　　②　a・d

③　b・c　　④　b・d

世紀	日本のできごと
7	大化の改新 ……………………………… (A)
9	坂上田村麻呂が蝦夷を攻撃 ……………… (B)
14	足利尊氏が征夷大将軍となる ……………… (C)
	↕ ①
15	勘合貿易が始まる
	↕ ②
	応仁の乱
	↕ ③
16	室町幕府がほろびる
	↕ ④
	豊臣秀吉が全国を統一する
18	徳川吉宗が征夷大将軍となる ……………… (D)
19	日米修好通商条約 ………………………
	↕ (あ)
	戊辰戦争 ………………………………
20	日露戦争 ……………………………… (E)
	米騒動 …………………………………
	↕ (い)
	普通選挙法の成立 ……………………… (F)
	金融恐慌
	国際連合に加盟 ………………………… (G)

(4) 次の資料が出された時期として最も適当なものを，年表中の①～④の中から１つ選んで，その番号をマークしなさい。解答番号は 13 です。

> 一　今川氏の家臣の者は，自分勝手に他国から嫁をもらったり，婿をむかえたり，娘を嫁にやることは，今後禁止する。
>
> （『今川仮名目録』より一部要約）
>
> 一　けんかについては，どちらがよいか悪いかにかかわらず処罰する。
>
> （『甲州法度之次第』より一部要約）

(5) 年表中の（D）に関連して，徳川吉宗が行った政策について述べた文として最も適当なものを，あとの①～④の中から１つ選んで，その番号をマークしなさい。解答番号は 14 です。

① 異国船打払令を出して，外国船を撃退するよう命じた。

② 公事方御定書という法令集をつくって，裁判の基準とした。

③ 長崎での貿易を活発にするために，俵物の輸出をうながした。

④　旗本や御家人の生活安定のために，借金を帳消しにした。

⑹　年表中の（あ）の期間について述べた次の文Ⅰ～Ⅲについて，古いものから年代順に正しく配列したものを，下の①～⑥の中から１つ選んで，その番号をマークしなさい。解答番号は［15］です。

Ⅰ　坂本龍馬らの仲介により，薩長同盟が成立した。

Ⅱ　尊王攘夷をとなえた吉田松陰が安政の大獄で処刑された。

Ⅲ　長州藩が朝廷を動かして，幕府に攘夷の実行を約束させた。

①　Ⅰ－Ⅱ－Ⅲ　　②　Ⅰ－Ⅲ－Ⅱ　　③　Ⅱ－Ⅰ－Ⅲ

④　Ⅱ－Ⅲ－Ⅰ　　⑤　Ⅲ－Ⅰ－Ⅱ　　⑥　Ⅲ－Ⅱ－Ⅰ

⑺　年表中の（Ｅ）に関連して，日露戦争後のできごととして最も適当なものを，次の①～④の中から１つ選んで，その番号をマークしなさい。解答番号は［16］です。

①　台湾を領有した。

②　日英同盟を結んだ。

③　南満州鉄道株式会社（満鉄）を設立した。

④　領事裁判権（治外法権）の撤廃に成功した。

⑻　年表中の（い）の期間の世界のできごとについて述べた文として最も適当なものを，次の①～④の中から１つ選んで，その番号をマークしなさい。解答番号は［17］です。

①　アメリカがニューディールという政策を始めた。

②　イギリスがインドのムガル帝国をほろぼした。

③　ソビエト社会主義共和国連邦（ソ連）が成立した。

④　ドイツのヒトラー政権が一党独裁体制をしいた。

⑼　年表中の（Ｆ）に関連して述べた次の文ａ～ｄについて，正しいものの組み合わせを，下の①～④の中から１つ選んで，その番号をマークしなさい。解答番号は［18］です。

ａ　普通選挙法は，加藤高明内閣のときに成立した。

ｂ　普通選挙法は，原敬内閣のときに成立した。

ｃ　普通選挙法で，選挙権は満25歳以上の男性のみに与えられた。

ｄ　普通選挙法で，選挙権は満20歳以上の男女に与えられた。

①　ａ・ｃ　　②　ａ・ｄ　　③　ｂ・ｃ　　④　ｂ・ｄ

⑽　年表中の（Ｇ）に関連して，日本の国際連合加盟が実現した理由として最も適当なものを，次の①～④の中から１つ選んで，その番号をマークしなさい。解答番号は［19］です。

①　佐藤栄作内閣が日韓基本条約を結んだ。

②　田中角栄内閣が日中共同声明を発表した。

③　鳩山一郎内閣が日ソ共同宣言に調印した。

④　吉田茂内閣が日米安全保障条約を結んだ。

3　次の⑴～⑹の問いに答えなさい。

⑴　グローバル化に関連して述べた文として**適当でないもの**を，あとの①～④の中から１つ選んで，その番号をマークしなさい。解答番号は［20］です。

①　人，もの，お金，情報などが国境をこえて移動することで，世界の一体化が進むことをグロー

バル化という。

② グローバル化により，一国では解決できない地球規模の問題を解決するために，国際協力の必要性が増大している。

③ グローバル化により，それぞれの国が競争力のある得意な産業に力を入れ，不得意な産業については外国から輸入することで成り立つ国際競争が加速している。

④ グローバル化により，多文化社会（多文化共生社会）を実現する必要性がますます高まっている。

⑵ 次の文は，日本国憲法の改正の発議について述べたものである。空欄（ア）・（イ）にあてはまる語句の組み合わせとして最も適当なものを，下の①～④の中から１つ選んで，その番号をマークしなさい。解答番号は 21 です。

憲法を改正するには，まず衆議院と参議院それぞれの（ア）の３分の２以上の賛成で（イ）が憲法改正案を国民に発議し，国民投票が行われる。

① ア 出席議員　イ 国会
② ア 出席議員　イ 内閣
③ ア 総議員　イ 国会
④ ア 総議員　イ 内閣

⑶ 日本国憲法が保障する社会権として**適当でないもの**を，次の①～④の中から１つ選んで，その番号をマークしなさい。解答番号は 22 です。

① 教育を受ける権利　② 勤労の権利　③ 財産権　④ 生存権

⑷ 日本の選挙と政党政治に関連して述べた次の文X・Yの正誤の組み合わせとして最も適当なものを，下の①～④の中から１つ選んで，その番号をマークしなさい。解答番号は 23 です。

X 一つの選挙区から二人以上選出する大選挙区制では小政党の議席も確保され多党制が進み，比例代表制では政党中心の選挙となり二大政党制になりやすい。

Y 55年体制の下では，自由民主党と日本社会党が衆議院の議席のほとんどを占め，この二つの政党が交互に政権を担当する二大政党制であった。

① X－正　Y－正
② X－正　Y－誤
③ X－誤　Y－正
④ X－誤　Y－誤

⑸ 日本の裁判・裁判官に関連して述べた文として最も適当なものを，次の①～④の中から１つ選んで，その番号をマークしなさい。解答番号は 24 です。

① 裁判官を辞めさせるかどうかについて裁判する弾劾裁判所は，最高裁判所に設けられている。

② 裁判官の国民審査の対象には，下級裁判所の裁判官が含まれる。

③ 罪刑法定主義のもとでは，何が処罰の対象となるのかが，あらかじめ法律によって定められている必要がある。

④ 国民が裁判官とともに裁判員として刑事裁判に参加するのは，第一審と第二審においてである。

(6) 日本の議院内閣制とアメリカの大統領制について述べた次の文X・Yの正誤の組み合わせとして最も適当なものを，下の①～④の中から１つ選んで，その番号をマークしなさい。

解答番号は 25 です。

X　日本の議院内閣制では，衆議院で内閣不信任の決議が可決されると，内閣は衆議院を解散するか，総辞職をしなければならない。

Y　アメリカの大統領制では，議会に大統領不信任の決議権がなく，大統領にも議会の解散権がない。

① X－正　Y－正　　② X－正　Y－誤

③ X－誤　Y－正　　④ X－誤　Y－誤

(九) 【文章Ⅱ】は、【文章Ⅰ】の帝の行動を『枕草子』の中で高く評価している文章である。B ～ D に当てはまる言葉の組み合わせとして最も適当なものを、次の①～④の中から一つ選んで、その番号をマークしなさい。解答番号は22です。

① B うねべ　C めでたけれ　D 人麻呂
② B うねべ　C わびしけれ　D 帝
③ B 人々　C めでたけれ　D 人麻呂
④ B 人々　C わびしけれ　D 帝

自分にとって好みの男性ではなかったから。

(三) ――線部ⓑ「世に経まじき心地しければ」とあるが、これ以上生きていけないと感じたのはなぜか。その理由について述べたものとして最も適当なものを、次の①～④の中から一つ選んで、その番号をマークしなさい。解答番号は⑯です。

① 自分が素晴らしい容貌であるがゆえに、毎日色々な男性から言い寄られており、断ることに罪の意識を感じているから。

② 愛する男性は、自分に興味がないようであり、お仕えしていても毎日その男性と顔を合わせなくてはならないから。

③ 何回断っても言い寄ってくる男性と、毎日宮中で顔を合わせなくてはならず、耐えきれなくなってしまったから。

④ 自分を愛してくれる男性の存在はうれしいが、自分はその気にはなれず、毎日顔を合わせるのは気の毒だから。

(四) ――線部ⓒ「みそかにいでて」の主語として最も適当なものを、次の①～④の中から一つ選んで、その番号をマークしなさい。解答番号は⑰です。

① うねべ　② 人麻呂　③ 人々　④ 帝

(五) ――線部ⓓ「人の奏しければ」とあるが、ある人は何を帝に申し上げたのか。その内容として最も適当なものを、次の①～④の中から一つ選んで、その番号をマークしなさい。解答番号は⑱です。

① うねべの容貌はとても美しく清らかで、たくさんの人が結婚を申し込んだということ。

② うねべは帝のことを、このうえなくおめでたいお方だと思っているということ。

③ うねべが周りに知られないように抜け出して、猿沢の池に身を投げたということ。

④ 人麻呂は和歌の名手であり、最初に和歌をよむのに適した人物であるということ。

(六) ――線部ⓔ「かきのもとの人麻呂」は歌人として有名な人物である。この人物と関連の深い作品として最も適当なものを、次の①～④の中から一つ選んで、その番号をマークしなさい。解答番号は⑲です。

① 徒然草　② 宇治拾遺物語　③ 万葉集　④ 古今著聞集

(七) [A] には形容詞「かなし」を活用させたものが入る。最も適当なものを、次の①～④の中から一つ選んで、その番号をマークしなさい。解答番号は⑳です。

① かなしく（連用形）　② かなし（終止形）
③ かなしき（連体形）　④ かなしけれ（已然形）

(八) ――線部ⓕ「墓せさせたまひて」とあるが、帝が墓をつくらせなさったのはなぜか。その理由として最も適当なものを、次の①～④の中から一つ選んで、その番号をマークしなさい。解答番号は㉑です。

① 自分に冷たくした後悔から死を選んだ女のことがかわいそうに思われたので供養してやりたいと思ったから。

② うねべに結婚の申し出を断られた男のことがかわいそうだと思われたので供養してやりたいと思ったから。

③ 自分を思ううねべのことを和歌によんでくれた人麻呂に感謝の気持ちを込めて供養してやりたいと思ったから。

④ 自分を思ううねべの一途な気持ちに気づくことができなかったのでせめて供養してやりたいと思ったから。

におほみゆき[※2]したまひて、人々に歌よませたまふ。ⓔかきのもとの人麻呂、

わぎもこがねくたれ髪を猿沢の池の玉藻（たまも）と見るぞ　A
（あのいとしい乙女の寝みだれた髪を、猿沢の池の藻と思って見るのは悲しいことです）

とよめる時に、帝、

猿沢の池もつらしなわぎもこが玉藻かづかば水ぞひなまし
（猿沢の池も恨めしいことだなあ。あのいとしい乙女が、池に沈んで、藻の下になったら、水が乾いてしまえば良かったのに）

とよみたまひけり。さて、この池にⓕ墓（はか）せさせたまひてなむ、かへらせおはしましけるとなむ。

【文章Ⅱ】

〈原文〉

猿沢の池、　B　の投げけるを聞（きこ）しめして、行幸（ぎやうかう）などありけむこそ、いみじう　C　。「寝くたれ髪を」と、　D　がよみけむほど、言ふもおろかなり。

〈口語訳〉

猿沢の池、　B　が身を投げたのを帝がお聞きになって、行幸などがあったというのこそ、たいへんすばらしいことだ。「寝くたれ髪を」と、　D　がよんだという折など、そのすばらしさは、表現しようにも言葉が足りないほどだ。

（注）
※1　うねべ……采女（うねめ）。主として帝の食事に奉仕した下級の女官。
※2　おほみゆき……行幸。天皇が外出すること。

㈠　――線部㋐「心憂し」・㋑「あはれがり」の意味として最も適当なものを、次の①～④の中から一つ選んで、その番号をマークしなさい。解答番号は㋐が13、㋑が14です。

㋐「心憂し」
①　つらい　　②　うれしい
③　みっともない　　④　いとおしい

㋑「あはれがり」
①　趣深いと思い　　②　興味深いと思い
③　腹立たしいと思い　　④　かわいそうに思い

㈡　――線部ⓐ「あはざりけり」とあるが、なぜ「人々」や「殿上人」と結婚しなかったのか。その理由について述べたものとして最も適当なものを、次の①～④の中から一つ選んで、その番号をマークしなさい。解答番号は15です。

①　うねべは、帝からの求婚を断ることができず、他の男性に言い寄られても行動に移せなかったから。
②　うねべには、昔から結婚を約束していた男がいたので、その男を裏切ることはできなかったから。
③　うねべは、帝のことを愛していたため、他の男性に言い寄られてもその気にはなれなかったから。
④　うねべに言い寄ってきた男性は、優しさに欠けるところがあり、

じようなものだよね。

生徒B　そうだよね、私もそう思う。だからリンゴが落ちるのを見て「不思議だな」と思ったニュートンは、実は物理学者ではなかったということだよね。

生徒C　なんかさ、本文中の「〈子ども〉」というのは、〔資料〕でいう、「それを『あたりまえ』と思わない人」と同じような意味だよね。

生徒D　それよりさ、私たち愛知県民はみんな哲学をしているよね。だって「フィロソフィア」の意味が「知ることを愛し求めること」で、「知を愛す」と書いて「愛知県」だから。

生徒E　それは的外れなんじゃないかな。なんだか哲学にとても興味がわいてきた。筆者の言う通り、カントやソクラテスの本を読んで哲学を学んでみよう。

生徒F　ところで、僕は昔、なぜ生き物はせっかく生まれてきたのに死んでしまうのか、親に聞いたことがあるんだ。今でも不思議でたまらないってことは、僕も大人になったということか。

生徒G　もしFさんの親が、問いの意味そのものが理解できていない大人だったらさ、「寿命だからだよ」って、たてまえを教えたんだろうね。

①ＡＢＤ　②ＣＤＦ
③ＢＣＧ　④ＡＣＥ
⑤ＡＣＧ　⑥ＢＥＦ

二　次の【文章Ⅰ】は『大和物語』の一節である。また、【文章Ⅱ】は、【文章Ⅰ】に出てくる「猿沢の池」について述べられている『枕草子』の一節である。これらの文章を読んで、あとの㈠～㈨の問いに答えなさい。

【文章Ⅰ】

むかし、ならの帝（みかど）に仕（つか）うまつるうねべ※1ありけり。顔かたちいみじう清らにて、人々よばひ、殿上人（てんじやうびと）などもよばひけれど、〔人々がいいより、また殿上人などもいいよったが、〕ⓐあはざりけり。そのあはぬ心は、帝をかぎりなくめでたきものになむ思ひたてまつりける。帝召（め）してけり。〔帝が采女をお召しになった。〕さてのち、またも召さざりければ、〔二度とお召しがなかったので、〕かぎりなく㋐心憂（こころう）しと、思ひけり。夜昼、心にかかりておぼえたまひつつ、〔采女は帝のことが心にかかってお忘れになるときがなく、〕恋しう、わびしうおぼえたまひけり。帝は召ししかど、こともおぼさず。〔べつにどうともお思いにならない〕さすがに、〔そうはいってもやはり、〕つねには見えたてまつる。〔采女は帝にお目にかかっている〕なほⓑ世に経（ふ）まじき心地しければ、夜、ⓒみそかにいでて、猿沢の池に身を投げてけり。かく〔このように〕投げつとも、帝はえしろしめさざりけるを、〔ご存じになることができなかったが、〕ことのついでありて、ⓓ人の奏（そう）しければ、聞（きこ）しめしてけり。いといたう㋑あはれがりたまひて、池のほとりを、次の①～④の中から一つ選んで、その番号をマークしなさい。解答番号は7です。

① 歴史の授業中に、過去の偉人たちの功績が現在にまで多大な影響を与えていることに驚き、何気なく受けていた授業をもっと真剣に受け、たくさんのことを学ぶべきだということに気づく。

② 一日一人で家の留守番をしているときに、料理の手順や電化製品の扱い方がまるでわからずに、自分が親に甘えて生活を送っていたと心の中で考え、いままでの自分の生活を改めようと反省する。

③ 海外旅行で飛行機に乗り、隣の席の父親に飛行機が空を飛ぶ原理を教えてもらったが説明が難しくて理解できず、考えてもわからないから着いた先の国のことを考えようと気持ちを切り替える。

④ スポーツの大会で優勝し、周囲の人々に賞賛の声を寄せられたが、自分はまだまだ新しい技術や考え方を学んでいかねばならないことがあるので、さらに精進しなければならないと謙遜(けんそん)する。

(七) ――線部ⓓ「子どもはだれでも哲学をしているはずである」とあるが、これはなぜか。最も適当なものを、次の①～④の中から一つ選んで、その番号をマークしなさい。解答番号は8です。

① 子どもは世の中で生きることを求めているから。
② 子どもは全てを知っていると思い込んでいるから。
③ 子どもはわからないことがわからないから。
④ 子どもは知ることを愛し求めているから。

(八) D に共通して当てはまる最も適切な言葉を、次の①～④の中から一つ選んで、その番号をマークしなさい。解答番号は9です。

① 条件　② 目的　③ 限界　④ 前提

(九) ――線部ⓔ「大人になってもまだ〈子ども〉だ」とあるが、ここでいう「〈子ども〉」の意味として最も適当なものを、次の①～④の中から一つ選んで、その番号をマークしなさい。解答番号は10です。

① 年齢が十歳未満で行動面や精神面においても幼く、身体も未成熟な人。
② 自分の知らないことに対して「知りたい」と思う子どもの心を持った人。
③ 自分の知らないことに対してなんの疑問も持たない、心身ともに成熟した人。
④ 自分の知らないことに対して「知りたい」と思う幼稚園児や小学生。

(十) 次の文が当てはまる最も適当な場所を文中の【ア】～【エ】の中から選び、対応する番号をマークしなさい。解答番号は11です。

> むしろ、大人とは、世の中になれてしまって、わかっていないということを忘れてしまっているひとたちのことだ、とも言えるだろう。

① ア　② イ　③ ウ　④ エ

(土) 次の会話は本文および〔資料〕を読んだ生徒たちの話し合いである。本文の主張に沿った発言をしているのは誰か。三人選んで、正しい組み合わせとして最も適当なものを、あとの①～⑥の中から一つ選んで、その番号をマークしなさい。解答番号は12です。

生徒A　私、気づいたんだけど、本文の筆者が考える「哲学する」ということは、〔資料〕の「ふしぎ」を追究していくことと同

㋐ 確シン

① 議事のシン行が遅れる。
② 人からのシン頼を得る。
③ シン重な発言が目立つ。
④ シン配も愛情の一種だ。

イ ソ朴

① 元ソ記号を全て覚える。
② 過ソは重大な地域問題だ。
③ 基ソから勉強をし直す。
④ 仏教の教ソはブッダだ。

(二) ――線部ⓐ「そういうやり方で、哲学の神髄に触れることは、絶対にできない」とあるが、これはどういうことか。最も適当なものを、次の①～④の中から一つ選んで、その番号をマークしなさい。解答番号は[3]です。

① 自分自身の興味や考えを重視した勉強の仕方では、哲学者たちの難解な理論を理解することはけっしてできないということ。
② ソクラテスなどの西洋哲学史上の人物の書いたものを読んで理解するのでは、哲学の最も大切な精神を知ることは不可能であるということ。
③ 有名な哲学者の中に自分によく似た人を見つけ、その哲学者の見た夢の研究を理解することと、哲学をすることは、違う種類の仕事だということ。
④ 哲学は何のお手本もなく自分一人で学ぶ必要があり、そのためにはカントなどの哲学者について知る必要があるということ。

(三) ――線部ⓑ「他人の哲学なんて、たいていの場合、つまらないのがあたりまえなのだ」とあるが、これはなぜか。最も適当なものを、次の①～④の中から一つ選んで、その番号をマークしなさい。解答番号は[4]です。

① 「他人の哲学」は世界に対する疑問を追究し続けているが、たいていの人は世界に対して興味などほとんどないから。
② 「他人の哲学」は学問上の重大な問題として哲学を追究しているが、たいていの人は学問に対して興味がないから。
③ 「他人の哲学」は他人の疑問を学問として追究しているが、たいていの人は他人の疑問に対して興味がないから。
④ 「他人の哲学」はかつては真実を発見したと思われたが、現在の視点では的外れ（まとはず）なものになってしまっているから。

(四) [A] に当てはまる最も適当な言葉を、次の①～④の中から一つ選んで、その番号をマークしなさい。解答番号は[5]です。

① はだか一貫　② 根掘り葉掘り
③ 三度目の正直　④ 一寸先は闇

(五) [B]・[C] に当てはまる言葉の組み合わせとして最も適当なものを、次の①～④の中から一つ選んで、その番号をマークしなさい。解答番号は[6]です。

① B：わかっている　C：わかっている
② B：わかっている　C：わかっていない
③ B：わかっていない　C：わかっている
④ B：わかっていない　C：わかっていない

(六) ――線部ⓒ「無知の知」とあるが、この具体例として適当でないものである。「雨はなぜ降るの」、「せみはなぜ鳴くの」あるいは、少し手がこんできて、飛行機は飛んで行くうちにだんだん小さくなっていくけど、なかに乗っている人間はどうなるの、などというのもある。これらの「はてな」に対して、大人に答を聞いたり、自分なりに考えたりして、子どもは、自分の知識を貯え、人生観を築いていく。

六歳の子ども、おおたにまさひろ君の詩につぎのようなものがある。

おとうさんは
こめややのに
あさ　パンをたべる

こんなのを見ると、「人間てふしぎなもんだな」と思ったりする。日常の「あたりまえ」の世界に、異なる角度から照らす光源ができて、それによって今まで見過ごしてきたことに注意を向けられたり、関心を寄せたりする。子どもの「ふしぎ」に対して、大人は時に簡単に答えられるけれど、一緒になって「ふしぎだな」とやっていると、自分の生活がそれまでより豊かになったり、面白くなったりする。

子どもは「ふしぎ」と思う事に対して、大人から教えてもらうことによって知識を吸収していくが、時に自分なりに「ふしぎ」な事に対して自分なりの説明を考えつくときもある。子どもが「なぜ」ときいたとき、すぐに答えず、「なぜでしょうね」と問い返すと、面白い答が子どもの側から出てくることもある。

「お母さん、せみはなぜミンミン鳴いてばかりいるの」と子どもがたずねる。

「なぜ、鳴いてるんでしょうね」と母親が応じると、

「お母さん、お母さんと言って、せみが呼んでいるんだね」と子どもが答える。そして、自分の答に満足して再度質問しない。これは、子どもが自分で「説明」を考えたのだろうか。

それは単なる外的な「説明」だけではなく、何かあると「お母さん」と呼びたくなる自分の気持もそこに込められているのではなかろうか。だからこそ、子どもは自分の答に「納得」したのではなかろうか。そのときに、母親が「なぜって、せみはミンミンと鳴くものですよ」とか、「せみは鳴くのが仕事なのよ」とか、答えたとしても「納得」はしなかったであろう。たとい、せみの鳴き声はどうして出てくるかについて「正しい」知識を供給しても、同じことだったろう。そのときに、その子にとって納得のいく答というものがある。

「そのときに、その人にとって納得がいく」答は、「物語」になるのではなかろうか。せみの声を聞いて、「せみがお母さん、お母さんと呼んでいる」というのは、すでに物語になっている。外的な現象と、子どもの心のなかに生じることとがひとつになって、物語に結晶している。

（『物語とふしぎ』河合隼雄による）

㈠　＝＝線部㋐・㋑のカタカナの部分の漢字と同じ漢字を用いるものを、それぞれあとの①～④の中から一つ選んで、その番号をマークしなさい。解答番号は㋐が[1]、㋑が[2]です。

ロソフィア」とは、知ることを愛し求めることを意味する。これが、哲学という言葉（英語ではフィロソフィ）の語源だ。

だとすれば、ⓓ子どもはだれでも哲学をしているはずである。子どもは、たしかに、自分が知らないということを知っている。ただ、子どもはソクラテスとちがって、たいていの場合、大人たちもほんとうはわかっていないのに、わかっていないということがわからなくなってしまっているだけだ、ということを知らない。そして、「大人になれば自然にわかる」とかなんとか教えられ、そう信じ込まされて、わかっていないということがわからない大人へと成長していくのだ。【 イ 】

大人だって、対人関係とか、世の中の不公平さとか、さまざまな問題を感じてはいる。しかし大人は、世の中で生きていくということの D となっているようなことについて、疑問をもたない。子どもの問いは、その D そのものに向けられているのだ。世界の存在や、自分の存在。世の中そのものの成り立ちやしくみ。過去や未来の存在。宇宙の果てや時間の始まり。善悪の真の意味。生きていることと死ぬこと。それに世の習いとしての倫理（たとえば、知っている人に会ったらあいさつするとか）の不思議さ。などなど。こうしたすべてのことが、子どもにとっては問題である。【 ウ 】

子どもは、ときに、こうした疑問のいくつかを、大人に向けて発するだろう。だが、たいていの場合、大人は答えてはくれない。答えてくれないのは、問いの意味そのものが、大人には理解できないからである。かりに答えてくれたとしても、その答えはまとはずれに決まっている。せいぜいよくて、世の中で通用しているたてまえを教えてくれるか、何だか知らないがそうなっているのだよ、と率直に無知を告白してくれるか、そんなところだろう。子どもは、問うてみても無駄な問いがあることをさとることになる。【 エ 】

つまり、大人になるとは、ある種の問いが問いでなくなることなのである。だから、それを問い続けるひとは、ⓔ大人になってもまだ〈子ども〉だ。そして、その意味で〈子ども〉であるということは、そのまま、哲学をしている、ということなのである。

（『〈子ども〉のための哲学』永井均による）

語注

※1　ソクラテス　古代ギリシャの哲学者。

※2　プラトン　古代ギリシャの哲学者。

※3　デカルト　十七世紀に活躍した哲学者。合理主義哲学の祖。

※4　カント　十八世紀に活躍した哲学者。ドイツ古典主義哲学の祖。

※5　ハイデガー　二十世紀に活躍した哲学者。存在論で知られる。

※6　ウィトゲンシュタイン　二十世紀に活躍した哲学者。言語哲学で知られる。

※7　識者　見識のある人。ここでは、ソクラテスの哲学の中にある、ある分野に関して深い理解を持ち、そのことで他の物事に対してもそのような深い理解をもっていると思い込んでいる人のことを指す。

〔資料〕

子どもの世界は「ふしぎ」に満ちている。小さい子どもは「なぜ」を連発して、大人に叱られたりする。しかし、大人にとってあたりまえのことは、子どもにとってすべて「ふしぎ」と言っていいほど

【国　語】（四〇分）〈満点：五〇点〉

一　次の文章および［資料］を読んで、あとの㈠～㈩の問いに答えなさい。

哲学といえば、たいていのひとは、ソクラテス[※1]やプラトン[※2]からデカルト[※3]、カント[※4]をへて、ハイデガー[※5]、ウィトゲンシュタイン[※6]にいたる西洋哲学史上の人物を思い浮かべるようだ。そして、哲学を学ぶとは、そういうひとたちの書いたものを読んで、理解することだと思っているひとが多い。しかし、ⓐそういうやり方で、哲学の真髄（しんずい）に触れることは、絶対にできない。少なくとも、ぼくはそう㋐確シンしている。

本人にとってはどんなに興味深い、重大な意味をもつものであっても、他人の見た夢の話を聞くことは、たいていの場合、退屈なものだ。それと同じように、他人の哲学を理解することは、しばしば退屈な仕事である。そして、どんなによく理解できたところで、しょせんは何かまとはずれな感じが残る。ほんとうのことを言ってしまえば、ⓑ他人の哲学なんて、たいていの場合、つまらないのがあたりまえなのだ。おもしろいと思うひとは、有名な哲学者の中に、たまたま自分によく似たひとがいただけのことだ、と思ったほうがいい。いずれにしても、他人の哲学を研究し理解することは、哲学をするのとはぜんぜんちがう種類の仕事である。

哲学というものは、最初の第一歩から、つまり哲学なんてぜんぜん知らないうちから、何のお手本もなしに、自分ひとりではじめるのでなければ、けっしてはじめることができないものなのだ。つまり、哲学の勉強をしてしまったら、もうおそいのだ。勉強は哲学の大敵である。

そんなことをいっても、何の手だてもなしに、自分ひとり、［Ａ］で、哲学をはじめるなんてことが、ほんとうにできるものなのだろうか？と、こう思うひとも多いにちがいない。だが、できるのだ。ぼくが読者の方々に伝授したいやりかたは、とてもかんかんなものだ。大人になるまえに抱（いだ）き、大人になるにつれて忘れてしまいがちな疑問の数々を、つまり子どものときに抱く㋑ソ朴な疑問の数々を、自分自身がほんとうに納得がいくまで、けっして手放さないこと、これだけである。

子どもとは何だろう。そして、子どもが大人になるとは、どういうことだろう。思うに、それはこうだ。子どもは、まだこの世の中のことをよく知らない。それがどんな原理で成り立っているのか、まだよくわかっていない。では、大人はわかっているのだろうか。ある程度はそうだ。大人はわかっている。しかし、全面的にわかっているわけではない。

【　ア　】

ソクラテスはかつて、こんなことを言った。世の識者[※7]たちは、自分がだいじなことを知らないということに気づいていない。つまり、［Ｂ］ということを忘れてしまっている。それに対して、自分は、知らないということを知っている。つまり、わかっていないということを忘れていない。この点で、世の識者たちよりも自分のほうがものごとがよく［Ｃ］、と言えるだろう、と。

「知らないということを知っている」ことを「ⓒ無知の知」という。知っていると思い込んでいるひとは、もう知ろうとしないだろうが、知らないとわかっているなら、なお知ろうとしつづけるだろう。知ることを求めつづけるこのありかたを「フィロソフィア」という。「フィロ」とは愛し求めることであり、「ソフィア」とは知ることである。つまり、「フィ

2021年度

解　答　と　解　説

《2021年度の配点は解答欄に掲載してあります。》

＜数学解答＞

1 (1) ア － イ 2 ウ 4 (2) エ 1 オ 3 カ 4
(3) キ 3 ク 2 (4) ケ 3 コ 7 (5) サ － シ 4 ス 1

2 ア 2 イ 0 ウ 4 エ 0

3 ア 4

4 (1) ア 1 イ 2 (2) ウ 1 エ 5

5 (1) ア 2 イ 6 (2) ウ 1 エ 2 オ 0

6 (1) ア 1 イ 4 (2) (i) ウ － エ 1 オ 4 カ 4 キ 4
ク 8 (ii) ケ － コ 2 サ 0 シ 4 ス 3 セ 1

○推定配点○

1 各3点×5　2・3 各4点×2　4 (1) 3点 (2) 4点　5 (1) 3点
(2) 4点　6 (1) 3点 (2) (i) 5点 (ii) 5点　計50点

＜数学解説＞

基本 1 （式の計算，因数分解，平方根，2次方程式，連立方程式）

(1) $-4^2+(-2)^3=-16+(-8)=-24$

(2) $x^2+9x-52=(x+13)(x-4)$

(3) $\sqrt{8}+5\sqrt{2}-\sqrt{32}=2\sqrt{2}+5\sqrt{2}-4\sqrt{2}=3\sqrt{2}$

(4) $\frac{1}{6}x^2-\frac{5}{3}x+\frac{7}{2}=0$　両辺を6倍して$x^2-10x+21=0$　$(x-3)(x-7)=0$　$x=3,\ 7$

(5) $x+5y=1$…①，$2x-y=-9$より$y=2x+9$…②　①に②を代入して，$x+5(2x+9)=1$　$x+10x+45=1$　$11x=-44$　$x=-4$　これを②に代入して，$y=-8+9=1$　よって，$x=-4,\ y=1$

重要 2 （連立方程式の利用）

昨年の男子の部員数をx(人)，昨年の女子の部員数をy(人)とすると，昨年の男女合わせた部員数は60人だったので，$x+y=60$…①　また，今年は昨年に比べて男子が10%，女子が20%それぞれ増加し，男女合わせて70人になったので，$x\times\frac{10}{100}+y\times\frac{20}{100}=70-60$　$10x+20y=1000$　$x+2y=100$…②　②－①より$y=40$　これを①に代入して，$x+40=60$　$x=20$　よって，昨年の男子の部員は20人，女子の部員は40人。

やや難 3 （1次方程式の利用）

A君は時速4.5kmで歩くので，池の周りを1周するのに$5\div4.5=5\div\frac{9}{2}=5\times\frac{2}{9}=\frac{10}{9}$(時間)かかる。ここで，A君がスタートしてから池の周りを1周するまでに歩いた時間をt(時間)$\left(0\leqq t\leqq\frac{10}{9}\right)$とすると，A君は時速4.5kmで歩き，B君は時速15kmで走るので，t時間後の2人の移動距離の合計は$4.5t+15t=19.5t$(km)と表せる。また，2人がすれ違うのは，2人の移動距離の合計が池の1周の距離5kmの倍数となるときである。合計が5kmのとき，$19.5t=5$　$195t=50$　$t=\frac{50}{195}=\frac{10}{39}$　合計が10kmのとき，$19.5t=10$　$195t=100$　$t=\frac{100}{195}=\frac{20}{39}$　合計が15kmのとき，$19.5t=15$　$195t=150$　$t=\frac{150}{195}=\frac{30}{39}$　合計が20kmのとき，$19.5t=20$　$195t=200$　$t=\frac{200}{195}=\frac{40}{39}$　合計が25kmのとき，$19.5t=25$　$195t=250$　$t=\frac{250}{195}=\frac{50}{39}$　ここで，$\frac{40}{39}<\frac{10}{9}<\frac{50}{39}$となることから，A君が池の周りを1周するまでに2人がすれ違うのは，合計が5km，10km，15km，20kmのときである。よって，A君が池の周りを1周するまでに2人は4回すれ違う。

4 (確率)

重要 (1)　1回ずつのじゃんけんの勝敗について，勝ちは○，負けは×，あいこは△として，2回のじゃんけんの結果をまとめると，右表のようになる。A君が勝つのは全4通り中2通りなので，A君が勝つ確率は$\frac{2}{4}=\frac{1}{2}$

	1回目のカード	1回目の勝敗	2回目のカード	2回目の勝敗	勝利数が多い方
A君	グー	△	チョキ	○	A君
B君	グー	△	パー	×	
A君	グー	×	チョキ	×	B君
B君	パー	○	グー	○	
A君	チョキ	×	グー	×	B君
B君	グー	○	パー	○	
A君	チョキ	○	グー	△	A君
B君	パー	×	グー	△	

やや難 (2)　(1)より，A君が勝つためには，B君がパーを出すときに合わせてチョキを出さなければならないことがわかる。B君がパーを出すのは5回のじゃんけんのうちの1回なので，A君が勝つ確率は$\frac{1}{5}$

5 (多角形と角)

重要 (1)　正五角形の1つの内角は，$180-(360\div5)=180°$　$\angle FAB=180-(62+108)=10$　$\angle FCB=180-108=72$　よって，$\angle AFC=108-(10+72)=26$

やや難 (2)　問題の条件より，四角形AEIH，EBFI，HIGD，IFCGは合同なひし形となる。平行線の錯角は等しいので$\angle BHF=\angle ABH=x$　同様に$\angle BFI=\angle BCG=100$　さらに，△ABHと△CBGにおいて，AB＝CB，AH＝CG，ひし形の対角は等しいので$\angle BAH=\angle BCG=100$となり，2組の辺とその間の角がそれぞれ等しいので，△ABH≡△CBGとなり，$\angle ABH=\angle CBG=x$となる。△BCGにおいて$x+z+100=180$　$x+z=80$　また，△BFIはBF＝IFの二等辺三角形なので，$y=(180-100)\div2=40$　よって，$x+y+z=80+40=120$

6 (2次関数，1次関数，グラフと図形)

基本 (1)　点Aは関数$y=-\frac{5}{2}x$…②のグラフ上の点なので，$y=-\frac{5}{2}x$に$x=-10$を代入して$y=-\frac{5}{2}\times(-10)=25$より，点Aの座標はA$(-10,\ 25)$　さらに，点Aは関数$y=ax^2$…①のグラフ上の点なので，$y=ax^2$に$x=-10$，$y=25$を代入して$25=a\times(-10)^2$　$25=100a$　$a=\frac{25}{100}=\frac{1}{4}$　よって，①は$y=\frac{1}{4}x^2$

重要 (2) (ⅰ) 点Bは関数$y=\frac{1}{4}x^2$…①のグラフ上の点なので，$y=\frac{1}{4}x^2$に$x=8$を代入して$y=\frac{1}{4}\times8^2=16$より，点Bの座標はB(8, 16)　また，点Cは関数$y=-\frac{5}{2}x$…②のグラフ上の点なので，$y=-\frac{5}{2}x$に$x=-4$を代入して$y=-\frac{5}{2}\times(-4)=10$より，点Cの座標はC(−4, 10)　さらに，直線BCの式を$y=bx+c$(b, cは定数)とおくと，点Bはこのグラフ上の点なので，$16=8b+c$…③ 点Cもこのグラフ上の点なので，$10=-4b+c$…④　③−④より，$6=12b$　$b=\frac{1}{2}$　これを③に代入して$16=8\times\frac{1}{2}+c$　$c=12$　よって，直線BCの式は$y=\frac{1}{2}x+12$　ここで，点Pは線分BC上の点であり，x座標が$t(-4\leqq t\leqq8)$なので，$y=\frac{1}{2}x+12$に$x=t$を代入して$y=\frac{1}{2}t+12$より，点Pの座標は$\mathrm{P}\left(t,\ \frac{1}{2}t+12\right)$と表せる。このとき，点Pから$x$軸に引いた垂線と$x$軸の交点が点Qなので，点Qの座標をQ($t$, 0)と表せることから，線分PQの長さは$\frac{1}{2}t+12$と表せる。さらに，△BPQを線分PQが底辺の三角形ととらえると，高さは点Bのx座標と点P(または点Q)のx座標の差となるので，$8-t$となる。よって，△BPQの面積は$\left(\frac{1}{2}t+12\right)\times(8-t)\times\frac{1}{2}=-\frac{1}{4}(t+24)(t-8)=-\frac{1}{4}(t^2+16t-192)=-\frac{1}{4}t^2-4t+48$　(ⅱ) 線分BCとy軸の交点を点Dとすると，点Dの座標はD(0, 12)で，線分DOの長さは12となる。ここで，$0\leqq t\leqq8$のとき，△COPを△CODと△PODに分割して，それぞれをDOが底辺の三角形ととらえると，△CODの高さは4，△PODの高さはtとなるので，$\triangle\mathrm{COP}=\triangle\mathrm{COD}+\triangle\mathrm{POD}=12\times4\times\frac{1}{2}+12\times t\times\frac{1}{2}=24+6t$…⑤　また，$-4\leqq t<0$のとき，△COPを△CODから△PODを除いた形と考え，△CODと△PODのそれぞれをDOが底辺の三角形ととらえると，△CODの高さは4，△PODの高さは$-t$となるので，$\triangle\mathrm{COP}=\triangle\mathrm{COD}-\triangle\mathrm{POD}=12\times4\times\frac{1}{2}-12\times(-t)\times\frac{1}{2}=24+6t$…⑥　さらに，⑤，⑥より，$-4\leqq t\leqq8$において$\triangle\mathrm{COP}=24+6t$と表せるので，△BPQの面積が△COPの面積と等しくなるとき，$-\frac{1}{4}t^2-4t+48=24+6t$　$-\frac{1}{4}t^2-10t+24=0$　$t^2+40t-96=0$　解の公式より，$t=\frac{-40\pm\sqrt{40^2-4\times1\times(-96)}}{2\times1}=\frac{-40\pm\sqrt{1600+384}}{2}=\frac{-40\pm\sqrt{1984}}{2}=\frac{-40\pm8\sqrt{31}}{2}=-20\pm4\sqrt{31}$ ここで，$-20-4\sqrt{31}<-4$より，$t=-20-4\sqrt{31}$は$-4\leqq t\leqq8$を満たさない。また，$(4\sqrt{31})^2=496$より，$22^2=484$，$23^2=529$と比較して，$22<4\sqrt{31}<23$となることから，$2<-20+4\sqrt{31}<3$となり，$t=-20+4\sqrt{31}$は$-4\leqq t\leqq8$を満たす。よって，$t=-20+4\sqrt{31}$

★ワンポイントアドバイス★

基本に忠実な内容の出題が大多数ではあるが，中には一筋縄ではいかない問題も含まれているので，それなりの気構えで取り組まなければならない。動点問題や確率など，苦手を減らすような準備を心がけよう。

＜英語解答＞

〈聞き取り〉

Q1 a　Q2 d　Q3 c　Q4 a　Q5 b

〈筆記〉

1 (1) ②　(2) ③　(3) ①　(4) ④　(5) ①
2 (1) ③　(2) ①　(3) ②　(4) ④　(5) ③
3 (1) ④　(2) ①　(3) ③　(4) ②　(5) ③
4 (1) ④　(2) ③

○推定配点○

〈聞き取り〉 各2点×5　〈筆記〉 1～3 各2点×15　4 各5点×2　計50点

＜英語解説＞

〈聞き取り〉

Number 1
A：I just finished watching a DVD. It was so nice.
B：Really? Sounds good!
A：I think that it is good for you. I think you should watch it.
Question Number 1 What is the man going to say next?
a. Can I borrow it?
b. The curry is delicious.
c. Can you buy it?
d. I want to rent a DVD.

Number 2
A：Excuse me. Do you have a black shirt?
B：No, we don't. How about a red shirt?
A：I think it's good, but it's too big.
B：Oh, I'm sorry.
Question Number 2 What is the man going to say next?
a. It is 2,000 yen.
b. It's interesting.
c. I don't bring a red coat.
d. I would like to see the smaller one.

Number 3
A：Have you ever been to a foreign country?
B：Never. How about you?
A：Only twice. I've been to China and Canada.
B：That's nice. I'm planning to go to India next year.
A：How long are you going to stay there?
Question Number 3 What is the woman going to say next?
a. I am going to see a famous park.
b. For 50,000 kilometers.

c. For five days.
d. Going abroad is fun.

Number 4, 5

Woman : Hello, I am Hanako Yamada. I am going to stay at this hotel from today.
Man : Yes, Ms. Yamada. A single room for three nights?
Woman : No, I am going to stay in a single room for two nights.
Man : Oh, please wait··· Sorry, it was my mistake. 203 is your room. Here you are.
Woman : Thank you. Where is the restaurant to have dinner?
Man : You can have dinner at the Star restaurant. It is in the next building. You can walk there. Also you can enjoy some drinks until dinner is ready.
Woman : Wow! I'll do that. What time can I have dinner?
Man : At 6 p.m. But breakfast starts at 7 a.m in the Forest restaurant, so please be careful.
Woman : All right. Thank you so much.
Man : You're welcome. Enjoy your stay.

Question Number 4 What is the woman going to do?
a. She is going to walk to the next building.
b. She is going to sell a single room.
c. She is going to cook dinner.
d. She is going to have lunch.

Question Number 5 What time can the woman have breakfast?
a. At 6 a.m. b. At 7 a.m. c. At 6 p.m. d. At 7 p.m.

1番
A：私はちょうどDVDを見終わったところよ。それはとても良かったわ。
B：本当かい。良さそうだな。
A：それはあなたにも良いと私は思うわ。あなたはそれを見るべきだと私は思う。
問題1 男性は次に何を言うだろうか。
a. それを借りても良いかい。
b. そのカレーはおいしいよ。
c. 君はそれを買うことができるかい。
d. 僕はDVDを1枚借りたいな。

2番
A：すみません。黒いシャツはありますか。
B：いいえ，ありません。赤いシャツはどうですか。
A：それは良いと思いますが，大きすぎます。
B：ああ，ごめんなさい。
問題2 男性は次に何を言うだろうか。
a. それは2000円です。
b. それは面白いです。
c. 私は赤いコートを持って来ません。
d. 私はもっと小さいそれを見たいです。

3番

A：あなたは外国に行ったことがあるの。

B：ないわ。あなたはどうなの。

A：2回だけ。私は中国とカナダに行ったことがある。

B：それは良いわね。私は来年，インドへ行くつもりなの。

A：そこにどのくらい滞在するつもりなの。

問題3　女性は次に何を言うだろうか。

a.　私は有名な公園を見るつもりよ。

b.　50000kmよ。

c.　5日間よ。

d.　外国へ行くことは面白いわ。

4番と5番

女性：こんにちは，ヤマダハナコです。今日からこのホテルに滞在する予定です。

男性：はい，ヤマダ様。シングルルームに3晩ですね。

女性：いいえ，シングルルームに2晩滞在するつもりです。

男性：ああ。お待ちください…すみません，私の間違いです。203があなたの部屋です。はい，どうぞ。

女性：ありがとう。夕食をとるレストランはどこですか。

男性：スター・レストランで夕食をとることができます。それは隣の建物です。そこへは歩いて行くことができます。また，夕食の準備ができるまで，飲み物を楽しむことができます。

女性：ああ，そうします。何時に夕食をとることができますか。

男性：午後6時です。でも，朝食はフォレスト・レストランで午前7時なので，気をつけてください。

女性：わかりました。ありがとうございます。

男性：どういたしまして。滞在をお楽しみ下さい。

問題4

女性は何をするつもりか。

a.　彼女は隣の建物へ歩くつもりだ。

b.　彼女はシングルルームを売るつもりだ。

c.　彼女は夕食を作るつもりだ。

d.　彼女は昼食をとるつもりだ。

問題5

女性は何時に朝食をとることができるか。

a.　午前6時に　　b.　午前7時に　　c.　午後6時に　　d.　午後7時に

〈筆記〉

1　**(長文読解・会話文：語句補充，内容吟味)**

(全訳)　亜美：こんにちは，健。あなたは先週末何をしたの。

健　：やあ，亜美。実は，コンサートに行くつもりだったのだけれど，行かれなかったんだ。

亜美：なぜ行かれなかったの。

健　：新型コロナウイルス感染症のせいだよ。

亜美：①なるほどね。そのチケットはいくらだったの。

健　：1人につき7,500円かかったよ。

亜美：あなたは返金を受け取れるの。

健　：うん，でも僕たちは元の値段の80％しか受け取れないんだ。僕は僕の母とそこへ行くつもりだったから，僕たちは合計で②12,000円受け取れる予定だよ。

亜美：なるほどね。事態がすぐに良くなると良いなと思うわ。ところで，あなたは郵便局への行き方を知っている。

健　：もちろん，知っているよ。ここに地図がある。それはセイリン駅の隣だよ。

亜美：ありがとう。私は今日，この小包を沖縄に③住んでいる私の叔母に送る必要があるのよ。私は来週，彼女に会うためにそこへ行くつもりなの。

健　：それは素晴らしそうだね。君は以前にそこへ行ったことがあるのかい。

亜美：④うん，あるわ。私はそこへ2回行ったことがある。

健　：良いね。気をつけてね。

(1)　①「それは素晴らしい」(×)　②「なるほどね」(○)　③「いいえ，結構よ」(×)　④「私もそうよ」(×)

(2)「1人につき7,500円」(健の3番目の発言)で「母とそこへ行くつもりだった」(健の4番目の発言第2文)，つまり2人分である。返金は「元の値段の80％」(健の4番目の発言第1文)だから，受け取れる金額は合計で7,500×2×0.8＝12,000円である。

やや難 (3)　my aunt を分詞以下が修飾している文。my aunt は「(沖縄に)住んでいる」ので，現在分詞 living を使うのが適切。

(4)　直前の健の発言で現在完了形を用いて質問しているので，現在完了形で答えるのが適切。また，空欄4の直後で亜美は「2回行ったことがある」と言っているから，Yes, I have. と答えたと考えるのが適切。

(5)　①「コンサートは開催されなかった」(○)　健の1番目の発言最終文参照。　②「亜美は小包を与えられる予定だ」(×)　亜美の5番目の発言第2文参照。亜美が叔母に贈るのである。
③「新型コロナウイルス感染症のせいで，健はもう返金を受けてしまった」(×)　健の4番目の発言最終文参照。受ける予定なのである。　④「亜美が沖縄を訪れるのは初めてになるだろう」(×)　亜美の最後の発言最終文参照。すでに2回行ったことがあるのである。

2 **(長文読解・物語分：内容吟味，語句補充)**

(全訳)　タロウは中学生だ。ある日，彼のクラスでは文化祭のリーダーを決めなくてはならなかった。リーダーは毎年とても忙しい。リーダーになるために誰も彼らの手を挙げなかった。①タロウも彼の手を挙げなかった。それで，リーダーは選ばれず，彼らはもう1回会議をしなければならなかった。

その夜，タロウはその会議についてまだ考えていた。実際，彼はリーダーになることに興味があったが，彼はそれをうまくすることができない，と思った。彼が彼の部屋にいたとき，彼の祖父が入ってきて彼に話しかけた。彼は70歳だった。彼はもう彼の仕事を退職していたが，外国人旅行者のためのボランティアの旅行案内人として働き続けた。「お前は明日，何かすることがあるかい。私は案内人として働く予定だよ。それはとても面白い。お前は私と一緒に来たいかい」と彼は言った。タロウは何もすることがなかったので，行くことに決めた。

次の日，タロウは彼の祖父に会いに行った。彼はとても一生懸命に働いていた。彼の英語はあまり上手ではなかったが，彼は②旅行案内人として一生懸命に話そうとした。それで，旅行者は彼の英語を理解し，その旅を楽しんだ。彼の祖父は三線を弾くことが好きで，彼らに演技を行った。彼らはそれを見てうれしかった。昼食の間に，タロウは彼に尋ねた。「あなたの仕事は大変そうだけれど，あなたはとても幸せそうだね。どうして」「私は新しい人々に出会えるからだよ。今，私は私の人生を本当に楽しんでいるんだ。毎日が新しい日だ。タロウ，お前は新しいことをやってみるべきだ。もしお前がそうすれば，人生は美しいとわかるだろう。そのような経験はお前にたくさんの素晴らしい物をくれるだろうよ」タロウの祖父は言って微笑んだ。

それから，旅行者の1人がタロウの祖父に話しかけた。その旅行者は幼い少女だった。「今日はどうもありがとうございました。私は旅行をとても楽しみました。私は世界についてより多くを学ぶために中国から来ました。最初は，日本に来てとても緊張しましたが，私はこの都市を訪れたかったのです。私の両親はここに来て，それを勧めました。ここにいるととてもわくわくします」と彼女は言った。タロウは彼の祖父とその少女を見た。彼らはとても幸せそうで，新しい経験を恐れていなかった。彼らは彼に③重要なことを教えた，とタロウは感じた。彼は彼らに「僕は何か新しいことに挑戦して僕自身を変えたいな」と言った。彼が次の会議ですることについて彼は考えた。

次の週，タロウのクラスではまた会議があった。タロウは彼の手を挙げて言った。「僕が文化祭のリーダーになります」彼のクラスメイトは驚いて，彼に盛大な拍手を送った。会議の後，彼のクラスメイトの1人がタロウに「なぜ君はリーダーになることに決めたんだい」と尋ねた。タロウは微笑んで質問に答えた。

4ヶ月後，文化祭の終わりに，タロウはとても幸せだった。リーダーとして，タロウはクラスのために一生懸命に働いた。彼のクラスメイトは「ありがとう，タロウ。私たちには素晴らしい文化祭になったわ。私たちはそれを忘れない」と言った。彼はそれを聞いてうれしかった。

(1) 第2段落第2文参照。

(2) ①「旅行案内人として一生懸命に話そうとした」(○) 空欄②の直後にある so は因果関係を示す接続詞で，〈原因＋ , so ＋結果〉の形となる。「旅行者は彼の英語を理解し」た，という結果が生じたのは，「彼は旅行案内人として一生懸命に話そうとした」という原因があったからである。 ②「タロウの助けのある地図を見せようとした」(×) ③「別の旅行案内人を探そうとした」(×) ④「日本語で質問をしようとした」(×)

(3) 下線部②の直前の1文参照。

(4) 問)「なぜタロウはリーダーになろうと決めたのか」 ①「彼の祖父が彼にリーダーになることを勧めた(から)」(×) 祖父がリーダーについて言及している記述はない。 ②「彼のクラスメイトが彼にリーダーになることを勧めた(から)」(×) クラスメイトが勧めている，という記述はない。 ③「彼はリーダーになることに興味がなかったが，彼の経験が彼の意見を変えた(から)」(×) 第2段落第2文参照。興味があったのである。 ④「彼は何か新しいことに挑戦して，彼自身を変えたかった(から)」(○) 下線部③の直後の1文参照。

(5) ①「タロウの祖父は旅行案内人として働き，お金を得た」(×) 第2段落第5文参照。ボランティアということはお金を得ていないということである。 ②「タロウはリーダーとしてたくさんの外国人旅行者と話したかった」(×) 第1段落第2文参照。学校の文化祭のリーダーになるのである。 ③「旅行者は三線を弾くタロウの祖父を楽しんだ」(○) 第3段落第5文・第6文参照。 ④「中国出身の少年は日本語を勉強するためにタロウの学校に来た」(×) 第4段落参照。少女であり，世界についてより多くを学ぶために日本に来たが，タロウの学校には来ていない。

3 **(長文読解・論説文：語句補充，語句整序，内容吟味)**

(全訳) 多くの人々が1回より多く嘘をついたことがある。彼らのほとんどは誰かに嘘をAつかれることが好きではないが，もしあなたがあなたの目標を実現させたいなら，ときどきそれをすることは必要である。嘘をつくことは良いのか悪いのか。

まず，良い嘘をつくことのいくつかの例をあなたに示そう。それらの1つはサンタクロースの存在についてである。親たちは彼らの子どもたちに良い思い出と幸せな気持ちを持ってほしいので，サンタクロースは本当だ，と子どもたちに思わせようとする。それは友だちを祝うことと似ている。私たちが彼らのためのサプライズ・パーティをしたいとき，最も良い状況を準備するためにしばしば嘘をつく。別の例はディズニーランドについてだ。それは「夢の国」イとして知られる。ディズニーランドのキャストは人々に良い時間を見せるために演者になる。多くの子どもたちは①それが本当の世界と同じだと思い込む。これも嘘の1種だ。もしそれが人々の幸せのために良く作用すれば，嘘をつくことは良いことであるようだ，とこれらの例は示す。

次に，あなた方は悪い嘘をつくことの例を知るだろう。悪い嘘の例は，他の人の前で誰かが彼や彼女の学歴を誇張するときだ。別の例は，ある会社が彼らの顧客に彼らをひきつける間違ったデータを示すときだ。人々はしばしば彼ら自身を守るために悪い嘘をつく。あなた方がSNS(例えば，ツイッターやインスタグラムなど)を使うとき，最後の例は起こる。もしあなた方がチェックすることなしにメッセージを書けば，それは悪い気持ちを作り出すかもしれない。何気ないメッセージは誰かに不快な気持ちを与えるかもしれない。最近は，どんな人でもがどこででもどんなメッセージでも送ることができる。私たちがSNSを使うとき，嘘をつくことエによって誰かを傷つけないようにもっと注意するべきだ。

もちろん，いつ嘘をつくことが良いのか悪いのか決めることはしばしば難しい。衣服を買うためにあなたの友だちと買い物に行くときを想像しなさい。彼か彼女がTシャツを見つけて「どう見える」とあなたに尋ねるとき，あなたは彼か彼女に本当の意見を言うだろうか。もしそうなら，あなたは時にはあなたの友だちを傷つけたり，彼か彼女を怒らせたりするかもしれない。しかしながら，もしあなたの友だちが本当の意見を聞きたいなら，嘘をつかないことがより良い。

②最初の部分の問いに答えるための単純な答えはない。嘘をつくことの「行為」ではなく私たちはそれをすることの「理由」と「結果」について考えるべきだ。あなたが他の人々を傷つけるつもりではなくても，彼らは不快な気持ちを持つかもしれない。しかし，私たちが他人の気持ちについて考えるとき，嘘をつくことはとても役に立ちうるのだ。

(1) 「～すること」の意味になるのは〈動詞＋ —ing〉の形をとる動名詞，または〈to ＋動詞の原形〉の形をとる不定詞。「～される」の意味になるのは〈be動詞＋動詞の過去分詞形〉の形をとる受動態である。told は tell の過去分詞形。

基本 (2) ア 〈want ＋A＋ to ＋動詞の原形〉「Aに～してほしい」 イ as「～として」 ウ in front of ～「～の前で」 エ by ～「～によって」

(3) (Many children) think it is the same as the real world(.) think の後に「～ということ」の意味の that が省略されている。that でくくられた意味のかたまりは1組の主語－述語を含む。the same as ～「～と同じ」

(4) 「最初の部分の問い」，つまり本文に書かれた最初の問い，「嘘をつくことは良いのか悪いのか」(第1段落最終文)である。

(5) ① 「それは何の役にも立たないので，私たちは嘘をつくのをやめるべきだ」(×) 最終段落最終文参照。他人の気持ちを考えるとき，嘘をつくことは役に立つのである。 ② 「筆者は1回より多く嘘をついたことがある」(×) 筆者自身についての記述はない。 ③ 「私たちが他人について考えるとき，嘘をつくことは役に立ちうる」(○) 最終段落最終文参照。 ④ 「両親はサンタクロースの存在について嘘をつくことによって彼らの子どもたちを傷つける」(×) 第2段落第3文・最終文参照。幸せのために作用するのである。

重要 **4** **(正誤問題：接続詞，動名詞，現在完了，比較，分詞)**

(1) ① like は文の主語 the boy に対する動詞だから，3単現の s をつけて likes とするのが適切。 ② after 以下は時を示す副詞節なので，未来の内容でも中の動詞は現在時制を使う。

finish の前の will が不要。また，finish は目的語に動名詞をとる。to do ではなく doing が適切。　③　〈have[has]＋動詞の過去分詞形〉の形をとる現在完了の文。「ずっと～している」の意味の継続用法で「～以来」というときは for ではなく since を用いるのが適切。　④　a lot of「たくさんの」は数えられる名詞，数えられない名詞どちらにもつく。

(2)　①　通常，最上級を使った文では，後に名詞の単数形が来る比較の範囲を言う場合 in を，後に名詞の複数形が来る比較の相手を言う場合 of を使う。　②　abroad は副詞で「海外で」の意味になるので，to を用いない。　③　the letter を「私の男友達によって書かれた」が修飾する，分詞を使った文。written は write の過去分詞。「～される」という意味で〈be動詞＋動詞の過去分詞形〉の形をとる受動態では「～に(よって)」を表すのに by ～ を用いる。文全体では「私の男友達によって書かれた手紙は，多くの人々によって読まれた」の意味。　④　every は原則として単数扱いなので Sundays ではなく Sunday が適切。

★ワンポイントアドバイス★

受動態・不定詞・動名詞など，動詞の語形変化を伴う単元はしっかりと復習しておくことが大切だ。複数の問題集を使うなどして，正誤問題でも迷わないように確実に身につけよう。

＜理科解答＞

1	(1) 1 ④	(2) 2 ①	(3) 3 ②	(4) 4 ③	(5) 5 ②
	(6) 6 ②	(7) 7 ②			
2	(1) 8 ④	(2) 9 ③	(3) 10 ③	(4) 11 ⑥	(5) 12 ①
	(6) 13 ④	(7) 14 ②			
3	(1) 15 ②	(2) 16 ⑦	(3) 17 ①	(4) 18 ③	(5) 19 ④
	(6) 20 ③				
4	(1) 21 ⑥	(2) 22 ②	(3) 23 ⑤	(4) 24 ②	(5) 25 ⑥
	(6) 26 ③				

○推定配点○

1　各2点×7　　2　(3)・(4)　各1点×2　　他　各2点×5　　3　各2点×6　　4　各2点×6　　計50点

＜理科解説＞

1　(大地の動き・天気の変化)

重要　(1)　アはユーラシアプレート，イはフィリピン海プレート，ウは太平洋プレートである。

重要　(2)　フィリピン海プレートは，北西に進んでいる。

やや難　(3)　$\frac{80\times1000\times100(\text{cm})}{100\times10000(\text{年})}=8(\text{cm})$

基本 (4) 乾球温度計が17℃，湿球温度計は15℃なので，その差は2℃である。よって，右図より，湿度は80％である。

		乾球と湿球の示度の差〔℃〕						
		0.0	1.0	2.0	3.0	4.0	5.0	6.0
乾球の示度〔℃〕	19	100	90	81	72	63	54	46
	18	100	90	80	71	62	53	44
	17	100	90	80	70	61	51	43
	16	100	89	79	69	59	50	41
	15	100	89	78	68	58	48	39
	14	100	89	78	67	57	46	37
	13	100	88	77	66	55	45	34
	12	100	88	76	65	53	43	32
	11	100	87	75	63	52	40	29

基本 (5) 17℃のときの飽和水蒸気量は表2から14.5g/m^{3}なので，14.5(g/m^3)×0.8＝11.6(g/m^3)である。

やや難 (6) 飽和水蒸気量が11.6gなのは，表2より気温が13℃から14℃の間である。よって，雲ができ始める高さは，(17(℃)−14(℃))÷$\frac{1(℃)}{100(m)}$＝300(m)から(17(℃)−13(℃))÷$\frac{1(℃)}{100(m)}$＝400(m)の間なので，最も近い②を選ぶ。

やや難 (7) 飽和水蒸気量が最も11.6 g/m^{3}に近いのは13(℃)のときなので，地上から400mの高さで雲ができるとすると，地上から800mの高さの気温は，13(℃)−$\frac{0.5(℃)}{100(m)}$×(800(m)−400(m)＝11(℃)となる。

2 (ヒトの体のしくみ)

重要 (1) ヒトのほおの内側の細胞をとるには，綿棒でやさしくこすりとる。

重要 (2) 赤血球の大きさは約8μm，ヒトのほおの内側の細胞の大きさは約100μm，ヒトの卵の大きさは約140μmである。

基本 (3) 100μm＝0.1mmなので，0.1(mm)×5000＝500(mm)＝0.5(m)なので，バスケットボールが最も近い大きさである。

やや難 (4) 図2から希釈した血液0.5mm^{3}に13個の赤血球があるので，1000mm^{3}では，0.5(mm^3)：13(個)＝1000(mm^3)：x(個)より，26000個ある。しかし，図2は血液を200倍に希釈しているので，実際の赤血球の個数は，26000(個)×200＝5200000(個)である。

重要 (5) プレパラートが乾いたときは，水をカバーガラスの横からスポイトで静かに加える。

重要 (6) 短子葉類の茎では道管，師管はくっついているので，④は間違いである。

重要 (7) 植物細胞，動物細胞に共通なつくりは選択肢の中では，細胞膜と核である。

3 (運動とエネルギー・電磁誘導)

重要 (1) AからBまで6つ打点があるので，$\frac{1}{60}$(秒)×6＝0.1(秒)かかることがわかる。

重要 (2) (8.0(cm)−2.4(cm))÷0.1(秒)＝56(cm/秒)

やや難 (3) 0.1秒間で，AからBまで2.4cm，BからCまで5.6cm，CからDまで8.8cm進むので，1区画ごとに3.2cm台車が移動する距離が長くなっていることがわかる。よってDからEまでは，8.8(cm)＋3.2(cm)＝12(cm)台車が移動するので，点Aからは16.8(cm)＋12(cm)＝28.8(cm)の距離となる。

基本 (4) 台車は0.1秒間で進む距離が3.2cmずつ増えていくので，③のグラフとなる。

基本 (5) Bでは右上にCでは左下に動いているのは，BとCではコイルに違う向きに電流が流れたことを意味している。

基本 (6) BとDは同じ右上に向かってグラフがかかれているので，BとCでは同じ向きに電流が流れていることがわかる。ただし，Dのほうがグラフの伸びが大きいので，電流の大きさはDの方が大きい。

4 （気体の発生とその性質）

重要 (1)　ガスバーナーの点火方法は，Ⅵ→Ⅲ→Ⅳ→Ⅱ→Ⅴ→Ⅰの順である。

重要 (2)　炭酸水素ナトリウムを加熱すると二酸化炭素が発生する。二酸化炭素は不燃性の気体である。

重要 (3)　水であるかどうかを調べるためには，塩化コバルト紙を使って確かめる。塩化コバルト紙が赤色になれば，水であることが確認される。

基本 (4)　炭酸水素ナトリウム1.0gを加熱すると，加熱前と後では0.3gの質量が減っているので，1.0(g)－0.3(g)＝0.7(g)の白い固体が残ることがわかる。同様に，炭酸水素ナトリウムが2.0gのときは1.2g，3.0gのときは2.0g，4.0gのときは2.6gの白い固体が残ることがわかる。よって，②を選ぶ。

基本 (5)　選択肢の中で有機物は砂糖とポリエチレンだけである。

基本 (6)　メスシリンダーの値からプラスチック片12.8gは，62.0(mL)－50.0(mL)＝12.0(mL)である。12.0mLは12.0cm^{3}なので，このプラスチック片の密度は，12.8(g)÷12.0(cm^3)＝1.066…より約1.07g/cm^{3}である。

★ワンポイントアドバイス★

問題文の条件情報を丁寧にメモをするなどして整理しよう。

＜社会解答＞

1 (1) 1 ⑤　(2) 2 ④　(3) 3 ③　(4) 4 ④　(5) 5 ④
(6) 6 ①　(7) 7 ③　(8) 8 ②　(9) 9 ①

2 (1) 10 ②　(2) 11 ②　(3) 12 ④　(4) 13 ③　(5) 14 ②
(6) 15 ④　(7) 16 ③　(8) 17 ③　(9) 18 ①　(10) 19 ③

3 (1) 20 ③　(2) 21 ③　(3) 22 ③　(4) 23 ④　(5) 24 ③
(6) 25 ①

○推定配点○

1 各2点×9　2 各2点×10　3 各2点×6　計50点

＜社会解説＞

1 （地理―日本と世界の地形・気候，諸地域の特徴，産業，交通・貿易）

(1)　A国はイギリスで，EUに加盟していた時期も，現在も共通通貨ユーロは導入されていないので，Xは誤り。B国はフランスで，国民の大部分がキリスト教徒であるので，Yは正しい。C国はスペインで，フランスとスペインの国境はピレネー山脈で区切られているので，Zは誤りとなる。

(2)　同じ緯線が，ヨーロッパと日本のどこを通るか地図帳で確認すると，北海道を通る緯線が，イタリア北部やフランス南部を通っていることがわかる。

(3)　E国はナイジェリアで，原油の輸出によりGDPはアフリカ第1位である。①はエジプト，②の代表的な国はケニア，コンゴなど，④は南アフリカ共和国，それぞれの国に関する文章である。

(4)　ロッキー山脈とシリコンバレーは北アメリカにあるので，a，cは誤りとなる。

(5)　フランスは伝統的に原子力発電量の割合が高い国である。

重要 (6)　成田国際空港は航空輸送であり，それ以外の3つは海上輸送である。重くてかさばる大型機械類や鉱産資源などを輸出するときは海上輸送が利用される。コンピュータや集積回路等軽くて高価なものを運ぶのは航空輸送である。

(7) この写真は，川が山間部から出てきたところにできる扇状地である。扇状地は水はけがよいので，ぶどうなどの果樹園として利用される。

やや難 (8) 設問の市の中で高松市は一年中温暖で降水量の少ない瀬戸内の気候，それ以外の3つの市は，夏に湿った季節風により降水量が多くなる太平洋側の気候である。この3つの中の松江市は，位置からすると日本海側の気候と間違いやすいので注意したい。1月の降水量も多いことから②が松江市となる。①が仙台市，③が名古屋市，④が高松市である。

(9) 人口と製造品出荷額が1番多いAは大阪府，面積が1番大きく人口が2番目に多いBが兵庫県，人口が3番目に多いCが京都府，海岸線距離が1番長いDが三重県，海岸線が0の2つの内陸県のうち面積が大きいEが滋賀県，小さいFが奈良県，耕地(畑)面積が1番大きいGが和歌山県となる。

2 (日本と世界の歴史ー日本の各時代の特色，政治・外交史，社会・経済史，日本史と世界史の関連)

(1) 大化の改新では，これまで豪族が支配していた土地と人々を，公地・公民として国家が直接支配する方針が示された。

(2) 坂上田村麻呂が蝦夷を征伐したのは平安初期であり，この頃，唐にわたって仏教を学び帰国した最澄が天台宗，空海が真言宗を，それぞれ開いている。

基本 (3) 室町時代には土倉や酒屋が高利貸しを営み，物資の陸上輸送をあつかう馬借などが活動していた。両替商や株仲間が活躍するのは江戸時代なので，a，cは誤りとなる。

(4) この資料は戦国大名がつくった分国法である。したがって，応仁の乱以後戦国時代に該当する③の時期が正解となる。

基本 (5) 徳川吉宗は，幕府が財政難の時に享保の改革を行った。質素倹約を進め，上米の制を定めた。人材を登用し，新田開発を進め米の値段の安定につとめた。さらに，公事方御定書という裁判の基準となる法律を定め，庶民の意見を聞く目安箱を設置するなどした。

(6) Ⅱ安政の大獄(1858年)→Ⅲ幕府が攘夷の実行を約束(1863年)→Ⅰ薩長同盟(1866年)。

やや難 (7) 台湾の領有は下関条約(1895年)で決められた。日本は，日露戦争の直前の1902年に日英同盟を結んでいる。日清戦争の直前の1894年7月に領事裁判権の撤廃に成功している。したがって，①，②，④は日露戦争より前の出来事である。

(8) 米騒動(1918年)と普通選挙法成立(1925年)の間に起こったのは，ソビエト社会主義共和国連邦成立(1922年)である。ニューデール政策・ヒトラー政権が一党独裁体制(1933年)，ムガル帝国滅亡(1858年)である。

(9) 1925年，加藤高明内閣は，納税額による制限を廃止して，満25歳以上の男子に選挙権をあたえる普通選挙法を成立させた。

重要 (10) 1956年，鳩山一郎内閣によって日ソ共同宣言が調印され，ソ連との国交が回復した。同年，日本はソ連の支持も受けて国連加盟が実現し，国際社会に復帰することができた。

3 (公民ー憲法，政治のしくみ，国際経済，その他)

(1) ③は国際分業についての文章で，グローバル化とは関係がない。

(2) 「憲法改正の手続，その公布」については第96条に定められている。確認しておこう。

(3) 財産権は自由権の「経済活動の自由」に定められている。

(4) 比例代表制では，小選挙区よりも少数意見も代表されやすいかわりに，議会が小党乱立になることがあるので，Xは誤り。アメリカの冷戦政策を支持する保守勢力は，革新勢力の動きに危機感を抱いて，1955年に自由民主党(自民党)を結成した。自民党は野党第一党の社会党と対立しながら，38年間にわたって政権をとり続けた。これを55年体制というので，Yも誤りとなる。

(5)　犯罪として処罰するためには，何を犯罪とし，これをいかに処罰するかをあらかじめ法律により明確に定めておかなければならない，という刑法上の基本原則を罪刑法定主義という。弾劾裁判所は国会に設けられるので①は誤り。最高裁の裁判官のみが国民審査されるので②も誤り。裁判員裁判は一審のみで行われるので④も誤りとなる。

(6)　もし，内閣の行う行政を信頼できなければ，衆議院は内閣不信任の決議を行う。それが可決されると，内閣は10日以内に衆議院を解散するか，総辞職をしなければならない。アメリカの大統領制では，大統領は独立性が高く，議会に対して法案の拒否権を持っているが議会を解散することはできない。また，議会に，大統領不信任の決議権はない。

★ワンポイントアドバイス★

1(1)現在イギリスは，EUを脱退している。2(7)条約改正は，外相陸奥宗光が1894年に領事裁判権（治外法権）撤廃，外相小村寿太郎が1911年に関税自主権回復，それぞれを達成した。

<国語解答>

一　1 ②　2 ①　3 ②　4 ③　5 ①　6 ③　7 ③　8 ④　9 ④
10 ②　11 ①　12 ⑤

二　13 ①　14 ④　15 ③　16 ②　17 ①　18 ③　19 ③　20 ③
21 ④　22 ①

○推定配点○

一　(一)・(四)・(五)・(八)・(十)　各2点×6　他　各3点×6　二　各2点×10　計50点

<国語解説>

一　（論説文―漢字の読み書き，指示語，文脈把握，内容吟味，脱文・脱語補充，要旨）

(一)　㋐　確信　①　進行　②　信頼　③　慎重　④　心配
㋑　素朴　①　元素　②　過疎　③　基礎　④　教祖

(二)　「そういう」が指すのは，直前の「そういうひとたちの書いたものを読んで理解すること」で，「そういうひと」とは「ソクラテスやプラトン……にいたる西洋哲学史上の人物」のことなので，②が適切。西洋哲学史上の人物が書いたものを読んで勉強しても哲学は理解できない，という文脈である。

(三)　直前に「本人にとってはどんなに興味深い，重大な意味をもつものであっても，他人の見た夢の話を聞くことは，たいていの場合，退屈なものだ。それと同じように，他人の哲学を理解することは，しばしば退屈な仕事である」とあり，直後には「おもしろいと思うひとは，有名な哲学者の中に，たまたま自分によく似たひとがいただけのことだ，と思ったほうがいい」と説明されているので③が適切。他人にとって興味深いテーマであっても，たいていの場合，自分にとっては退屈なものだから，他人の哲学がつまらないのはあたりまえだ，という文脈である。

(四)　直前の「何の手だてもなしに，自分ひとり」と同様の意味の言葉が入るので，自分の体以外何も持っていない，という意味の「はだか一貫」が適切。

(五)　B　直前の「自分がだいじなことを知らないということに気づいていない」を言い換えているので，「わかっていない(ということを忘れてしまっている)」となる。　C　直前の「自分は，知らないということを知っている。つまり，わかっていないということを忘れていない」という内容を説明しているので，「(ものごとがよく)わかっている」となる。

やや難　(六)　直前に「知らないということを知っている」とあり，「知らないとわかっているなら，なお知ろうとしつづけるだろう」と説明されているので，「考えてもわからないから……気持ちを切り替える」とする③はあてはまらない。わからないということを知って，わかろうとすることの具体例なので，「気持ちを切り替え」て，わかろうとすることをやめてしまう，という例はあてはまらない。

(七)　直前に「だとすれば」とあることから，その前に述べられている内容が理由になるとわかる。その前には「『フィロソフィア』とは，知ることを愛し求めることを意味する」とあるので，④が適切。子どもは，知らないことを知ろうとするから「哲学をしているはずだ」とする文脈である。

やや難　(八)　2番目は「Dそのもの」とあり，直後で「世界の存在や，自分の存在。世の中そのものの成り立ちやしくみ。過去や未来の存在。宇宙の果てや時間の始まり。善悪の真の意味。生きていることと死ぬこと。……などなど」と説明されているので，最初のDは，「(世の中で生きていくということの)前提」となる。「前提(ぜんてい)」は，あることがらが成り立つための基となる条件，という意味。

(九)　直前に「それを問い続ける人は」とあり，その前には「大人になるとは，ある種の問いが問でなくなることなのである」とあるので②が適切。大人になっても問い続ける人を「大人になってもまだ〈子ども〉」と表現しているので，①の「身体も未熟」，③の「なんの疑問も持たない」，④の「幼稚園児や小学生」は適切でない。

(十)　脱落文に「大人とは……」とあることに着目する。【ア】の直前に「では，大人はわかっているのだろうか。……」という問いがあるので，【ア】に入る。「大人はわかっているのだろうか」という問いに対して，「むしろ，大人とは，世の中になれてしまって，わかっていないということを忘れてしまっているひとたちのことだ，……」と答える文脈である。

(十一)　Aは，本文で筆者が「哲学をはじめる」ことについて，「子どものときに抱くソ朴な疑問の数々を，自分自身でほんとうに納得がいくまで，けっして手放さないこと」と述べていることと合致する。Cは，「大人だって……」で始まる段落に「子どもの問いは，……。世界の存在や，自分の存在。世の中そのものの成り立ちやしくみ。……などなど，こうしたすべてのことが，子どもにとっては疑問である」とあることと合致する。Gは，「子どもにとっては……」で始まる段落に述べられている内容と合致する。Bの「ニュートンは，実は物理学者ではなかった」，Dの「『愛知県』だから」は適切でない。Eは，本文冒頭に「そういうやり方で，哲学の真髄に触れることは絶対にない。少なくとも，ぼくはそう確シンしている」とあることと合致しない。Fは，本文最後に「つまり，大人になるとは，ある種の問いが問いでなくなることなのである。だから，それを問い続けるひとは，大人になってもまだ，〈子ども〉だ」とあることと合致しない。

二　(古文・和歌ー語句の意味，口語訳，文脈把握，内容吟味，係り結び，脱語補充，心情，文学史)

〈口語訳〉　昔，奈良の帝にお仕え申し上げる采女がいた。容姿がたいそうきれいで，人々がいいより，また殿上人などもいいよったが，なびかなかった。そのなびかぬわけは，帝をこの上なくすばらしい方だとお慕い申し上げていたからであった。(ある時)帝が(采女を)お召しになった。ところがその後，二度とお召しがなかったので，この上もなくつらいと思った。夜昼，采女は帝のことが気にかかってお忘れになるときがなく，恋しく，情けなくお思いになるのだった。帝は(采女を)

お召しになったが，べつにどうともお思いにならない。そうはいってもやはり，采女はいつも帝にお目にかかっている。そしてこれ以上生きて行くことができそうもない心地がしたので，夜ひそかに抜け出して，猿沢の池に身を投げてしまった。このように身を投げてしまったことも，帝はご存じになることができなかったが，ことのついでがあって，ある人が申し上げたので，お聞きになった。たいそうひどくかわいそうにお思いになって，池のほとりに行幸あそばされて，人々に歌を詠ませなさった。柿本人麻呂が，

わぎもこがねくたれ髪を猿沢の池の玉藻と見るぞかなしき(あのいとしい乙女の寝乱れた髪を，猿沢の池の藻と思って見るのは悲しいことです)

と詠んだときに，帝が，

猿沢の池もつらしなわぎもこが玉藻かづかば水ぞひなまし(猿沢の池も恨めしいことだなあ。あのいとしい乙女が，池に沈んで，藻の下になったら，水が乾いてしまえば良かったのに)

とお詠みになった。さてこの池のほとりに墓を作らせなさって，お帰りあそばしたということである。

(一)　ア 「心憂し」には，つらい，情けない，いやだ，などの意味がある。ここでは，帝からのお召しが二度となかったことに対する気持ちなので，①の「つらい」が適切。
イ 「あはれがる」には，感動する，感慨にふける，かわいそうに思う，などの意味がある。ここでは，前に「(采女が)猿沢の池に身を投げてけり」に対する思いなので，④の「かわいそうに思って」が適切。

(二)　理由は，直後に「そのあはぬ心は，帝をかぎりなくめでたきものになむ思ひたてまつりける」と説明されているので③が適切。帝を素晴らしい方だと思う気持ちが強かったので，殿上人たちの求愛を受けることはしなかったのである。

やや難　(三)　直前に「帝は召ししかど，こととものぼさず，さすがに，つねに見えたてまつる(帝はお召しになったけれど，べつにどうともお思いにならない。そうはいってもやはり，采女は帝にお目にかかっている)」とあるので，②が適切。自分のことを何とも思わない男性(帝)と毎日顔を合わせることがつらかったのである。

(四)　冒頭に「帝に仕うまつるうねべありけり」とあり，以降，主語は「うねべ」なので，①が適切。「うねべは」夜こっそり抜け出して，猿沢の池に身を投げた，となる。

(五)　帝に申し上げた内容にあたるのは，前の「(うねめが)夜，みそかにいでて，猿沢の池に身を投げてけり」なので，③が適切。

(六)　「柿本人麻呂」と書く。柿本人麻呂は，7世紀の歌人で，『万葉集』第二期を代表する歌人の一人。

(七)　直前に係助詞「ぞ」があることに着目する。強意を意味する係助詞「ぞ」がある場合は，係り結びの法則により文末は連体形になるので，「かなしき」が入る。

やや難　(八)　直前の歌二首の前に「いといたうあはれがりたまひて，池のほとりにおほみゆきしたまひて」とある。(采女が猿沢の池に身を投げたことを知り)かわいそうに思った帝は，猿沢の池に行幸した，とあるので，④が適切。①の「後悔から死を選んだ」，②の「断られた男のことがかわいそうだと思われた」，③の「人麻呂への感謝の気持ち」は適切でない。

(九)　B 「猿沢の池」に身を投げたのは，帝への思いを募らせ，帝に気にかけてもらえないことを憂えた「うねべ」。　C 前に，係助詞「こそ」があるので，係り結びの法則により，文末は已然形の「めでたけれ」が入る。　D 「ねくたれ髪を猿沢の池の……」と詠んでいるのは，直前に「かきのもとの人麻呂」とあるので，「人麻呂」が入る。

★ワンポイントアドバイス★

現代文，古文ともに，文脈を追いながら要旨をとらえる練習をしよう！
古文は，係り結びなどの表現技法や文法も視野に入れた対策をしておこう！

大切なことはメモしておこうネ！

T・G

2020年度

★★★★★★★★★★★★★★★★★★★★★★★

入　試　問　題

2020年度

清林館高等学校入試問題

【数　学】（40分）　<満点：50点>

【注意】 問題文中の ア などの □ には，特別に指示がない限り数値または符号（－）が入ります。次の方法で解答欄にマークしなさい。

① 問題文のア・イ・ウ……の一つ一つは，それぞれ0から9までの数字，または符号（－）のいずれか一つに対応します。
その解答を解答欄ア・イ・ウ……にそれぞれマークしなさい。
（例） 問題(1)の アイ に－2と答えたいとき

(1)	ア	●	⓪	①	②	③	④	⑤	⑥	⑦	⑧	⑨
	イ	㊀	⓪	①	●	③	④	⑤	⑥	⑦	⑧	⑨

② 分数形で解答が求められているときは既約分数で答えなさい。
符号は分子につけ，分母にはつけてはいけません。
（例） 問題(2)の $\frac{\boxed{ウエ}}{\boxed{オ}}$ に $-\frac{4}{3}$ と答えたいとき

(2)	ウ	●	⓪	①	②	③	④	⑤	⑥	⑦	⑧	⑨
	エ	㊀	⓪	①	②	③	●	⑤	⑥	⑦	⑧	⑨
	オ	㊀	⓪	①	②	●	④	⑤	⑥	⑦	⑧	⑨

1 次の(1)～(5)の問題に答えなさい。

(1) 次の式を計算しなさい。
$-3^3+(-2)^2=$ アイウ

(2) 次の式を因数分解しなさい。
$x^2+2x-48=(x-$ エ $)(x+$ オ $)$

(3) 次の式を簡単にしなさい。
$\sqrt{6}(\sqrt{24}+\sqrt{2})=$ カキ ＋ ク $\sqrt{\boxed{ケ}}$

(4) 二次方程式 $\frac{1}{6}x^2-\frac{5}{3}x+\frac{7}{2}=0$ の解は，$x=$ コ ， サ である。
（ただし， コ ＜ サ である。）

(5) 連立方程式 $\begin{cases} x+5y=1 \\ 2x-y=-9 \end{cases}$ を解くと，$x=$ シス ，$y=$ セ である。

2 $\sqrt{2500-25n}$ が整数になるとき，最小の正の整数 n の値は アイ である。

3 次の⑴，⑵の問題に答えなさい。

⑴ ある施設の入場料は1人あたり500円であるが，21人以上の団体の場合，20人を超えた分については1人あたり300円になる。全員が同じ金額を支払うようにする場合，1人あたり400円支払うことになるのは［アイ］人で入場したときである。

⑵ ある店では，1個120円の品物Aを100個，1個70円の品物Bを150個在庫がある状態で販売を開始した。販売開始1ヶ月で品物Aの売れ行きがよくなかったので，個別で販売するのをやめて品物Aと品物Bをセットとして180円で販売をしたところ，品物Bが完売し，品物Aが10個残り，売上は20700円であった。販売開始1ヶ月で品物Aが売れた個数は［ウエ］個，品物Bが売れた個数は［オカ］個である。

4 2つのさいころを同時に投げるとき，それぞれ出た目の数の積を求めるとする。このとき，次の⑴，⑵の問題に答えなさい。

⑴ 積が24より大きい確率は $\frac{\boxed{ア}}{\boxed{イ}}$ である。

⑵ 積が4の倍数である確率は $\frac{\boxed{ウ}}{\boxed{エオ}}$ である。

5 下の図において，CD＝BF のとき，$\angle x$ の大きさは［アイ］°である。

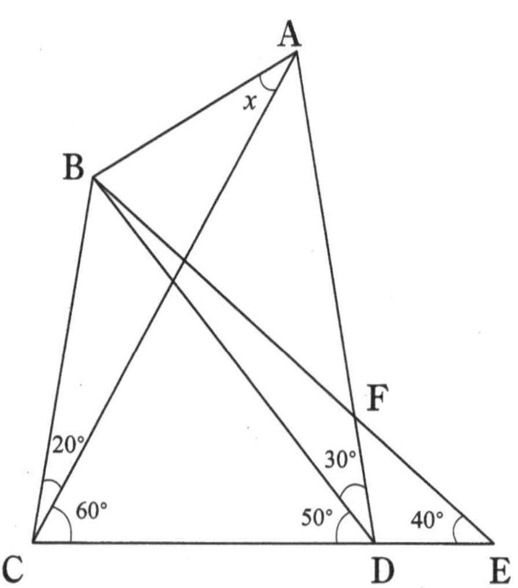

6 2つの式 $n+4=a^2$，$4n+1=b^2$（a，b は正の整数）をともに満たすような整数 n の値は［ア］，［イウ］である。

7 下の図のように，関数 $y = ax^2$ $(a > 0)$ のグラフ上に２点A，Bをとり，Aの x 座標が３であり，Bの x 座標は負で y 座標は32とする。Bを通り直線OAに平行な直線と，$y = ax^2$ のグラフとの交点でBでない方をCとすると，Cの x 座標は７で，OA：BC＝３：11 である。また，線分BC上で BD：DC＝７：４ となる点をDとする。あとの⑴，⑵の問題に答えなさい。

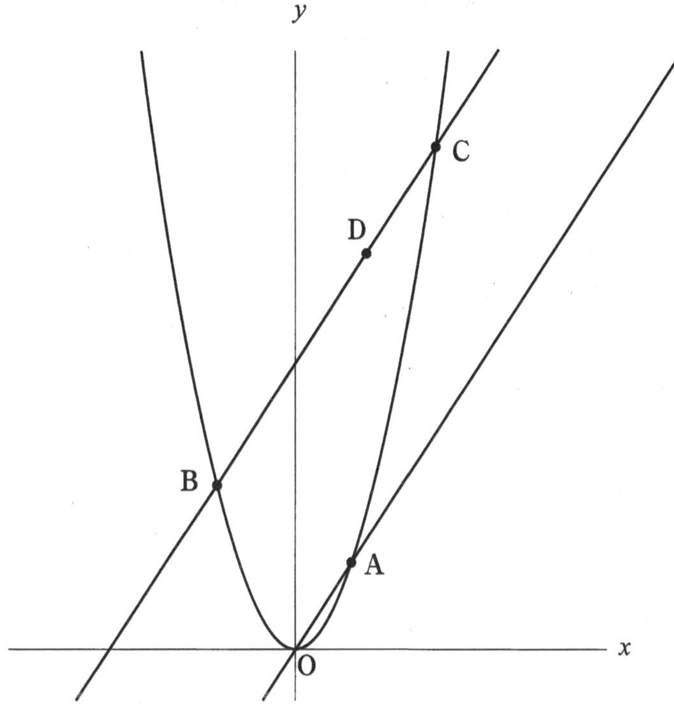

⑴ 点Bの x 座標は［アイ］より，a の値は［ウ］である。

⑵ 点Dを通り台形OACBの面積を２等分する直線の傾きは $\dfrac{\text{エオ}}{\text{カ}}$ である。

【英　語】（筆記：35分／リスニング：10分）
＜満点：50点＞

※リスニングテストの音声は弊社HPにアクセスの上，音声データをダウンロードしてご利用ください。

1　次の会話文を読んで，あとの(1)から(5)の問いに答えなさい。

Danny: Hi, Sakura! You have a nice hat. Where did you buy it?

Sakura: I bought this at the local department store. It was $20, but it was on sale, and I bought it for only $5.

Danny: Wow! That's great. You got it at [①] off the original price. You are a good shopper. I want to get a new sweater. Are the department store sales still on?

Sakura: Yes, they are. You can buy anything at a lower price. I saw a sign. It said, "Buy four get one free."

Danny: It means we can get it at [②] off the original price, doesn't it?

Sakura: Yes, we can get it for four-fifths of the original price.

Danny: Okay. Can you tell me where the department store is?

Sakura: Yes. I'll tell you how to get there from Seirin Station. Go north for one block and turn left. Go straight and turn right at the next corner. You can see the fire station on your right. The department store is next to the city hall.

Danny: I understand. It's very close to the library. Let's study English at the library after I go shopping.

Sakura: Sounds great! Shall we go to the coffee shop next to the post office after we study English?

Danny: Is that the new coffee shop on the corner?

Sakura: Exactly! See you then.

Danny: See you.

(注) hat　帽子　　local　地元の　　shopper　買い物客　　sweater　セーター　　free　無料の
next to ～　～の隣り　　close　近い　　post office　郵便局

(1) [①] に入るものとして最も適当なものを，次の①～④の中から１つ選んで，その番号をマークしなさい。解答番号は [1] です。

①75%　②50%　③25%　④10%

(2) [②] に入るものとして最も適当なものを，次の①～④の中から１つ選んで，その番号をマークしなさい。解答番号は [2] です。

①80%　②75%　③50%　④20%

(3) 次のページの地図において，デパートの位置として最も適当なものを，次の①～④の中から１つ選んで，その番号をマークしなさい。解答番号は [3] です。

①A　②B　③C　④D

【Map】

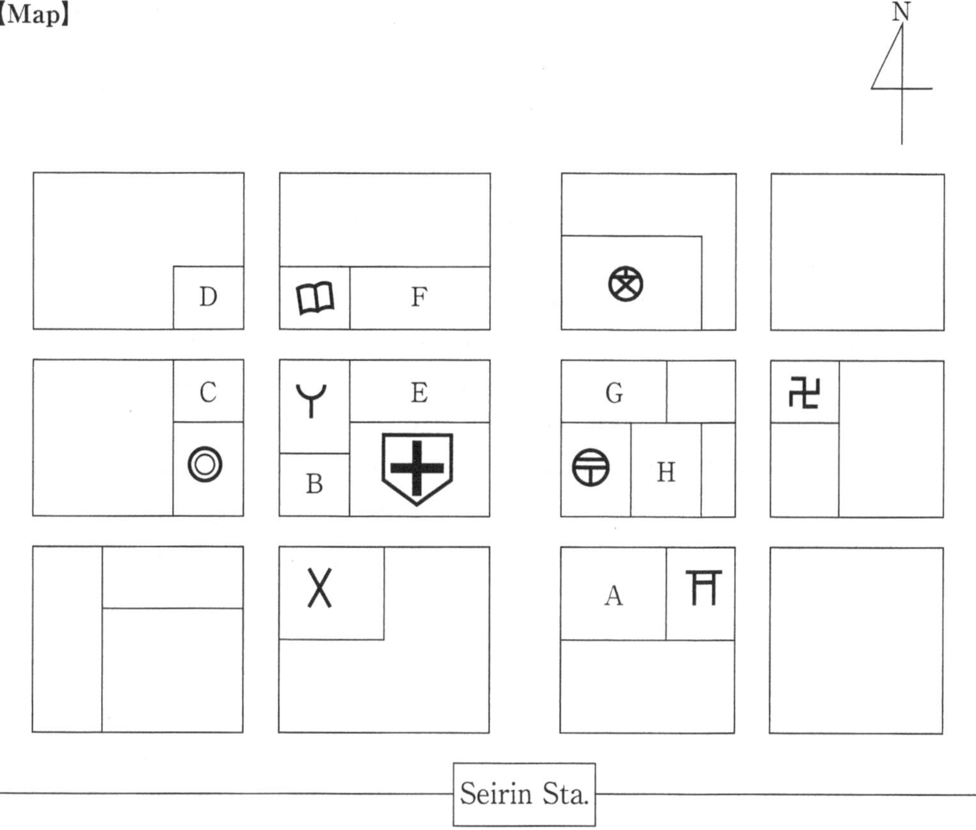

⑷ 地図において，コーヒーショップの位置として最も適当なものを，次の①～④の中から１つ選んで，その番号をマークしなさい。 解答番号は [4] です。

①E　②F　③G　④H

⑸ 会話文の内容に一致するものを，次の①～④の中から１つ選んで，その番号をマークしなさい。解答番号は [5] です。

① Danny bought a nice sweater.

② Danny and Sakura are going to go to the coffee shop.

③ Sakura bought a hat to sell.

④ Sakura went to the post office to send a letter.

2 次の文章を読んで，あとの⑴～⑸の問いに答えなさい。

Maki was in the third year of junior high school. She didn't study very hard. She belonged to the basketball club, but she was not very good. She was always on the bench when her team joined tournaments.

Before the summer vacation, Maki, her teacher, and her mother were in the classroom. [あ] Her teacher asked her, "Have you decided on your high school?" "No," Maki answered. "Do you really want to go to high school?" her teacher asked again. "Well..., of course...," but she didn't answer clearly. "If you don't have anything you want to do, you don't need to go to high school. You have not studied hard. It's OK if you work after graduation," her mother said. Maki's teacher told her that she had to decide on her high school by the next semester.

One day, during the summer vacation, Maki went to her grandparents' house in Nara. It was surrounded by nature and she always felt relaxed when she went there. In the daytime, she helped her grandparents with their work. They grew many vegetables in their field and she helped them to take out the carrots from the ground. While she was taking some out, her grandfather said, "I've heard that you haven't decided on your high school yet." "Yes. I know it is better to go to high school, but I don't know the purpose of studying," she replied. He said, "Of course students study to enter a good high school or a good college, but I think people study to (1) long." <u>She (know / he / was / saying / didn't / what) then.</u> He continued, "I always get up at seven and read the newspaper. This is a part of my way of studying." She said, "Do you mean that you can (1) long because you read the newspaper?" He replied, "Yes. It is my purpose in life. Do you know about the girl who had never studied at all?" She replied, "No. [い] Is it about the girl who couldn't go to school?" He said, "No. [う] I mean it is about the girl who was raised by wolves." She was surprised to hear that. She said, "What happens if people are raised by animals?" He replied, "They can't learn any words at all. [え] They also die at a younger age. What do you think about that?" She couldn't say a word.

After that, my daughter changed a little. She decided on her high school. She started to study hard and even read the newspaper every day. Her mother was happy to know that. Maybe her grandfather changed her. We can learn a lot of things from elderly people. I (2), in the next spring vacation, our family will go to the grandparents' house and tell them about her success.

(注) bench ベンチ　tournaments トーナメント　decide on ～ ～を決める
clearly はっきりと　graduation 卒業　grandparents 祖父母　semester 学期
daytime 昼間　carrot 人参　purpose in life 生きがい　reply 返答する
raise 育てる　wolves wolf「オオカミ」の複数形　elderly 年配の

(1) この文章の筆者を，次の①～④の中から１つ選んで，その番号をマークしなさい。解答番号は [6] です。

① Maki's teacher　② Maki's grandfather
③ Maki's father　④ Maki's daughter

(2) 下線部が本文の内容に合うように（ ）内の語を正しい順に並び替えたとき，２番目と５番目にくるものの組み合わせとして最も適当なものを，次の①～④の中から１つ選んで，その番号をマークしなさい。解答番号は [7] です。

① know / he　② know / was　③ what / he　④ what / was

⑶ （１），（２）に当てはまるものとして適当な英単語の組み合わせを，次の①～④の中から１つ選んで，その番号をマークしなさい。解答番号は 8 です。

①（１）：live　（２）：hope　②（１）：live　（２）：see

③（１）：hope　（２）：live　④（１）：see　（２）：live

⑷ 次の英文が入る場所として適当なものを，次の①～④の中から１つ選んで，その番号をマークしなさい。解答番号は 9 です。

英文 They don't learn written language and even spoken language.

① あ　② い　③ う　④ え

⑸ 本文の内容に一致するものを，次の①～④の中から１つ選んで，その番号をマークしなさい。解答番号は 10 です。

① Maki was a good basketball player.

② Maki wanted to work after graduation.

③ Maki didn't know why people study, but her grandfather gave a hint to her.

④ Maki helped her grandparents to sell their vegetables.

3 次の文章を読んで，あとの⑴～⑸の問いに答えなさい。

Some people like going to see a movie at a theater, and others like to rent a DVD and watch it at home. There are always some good and bad points in anything.

① One (my / of / lot / friends / movies / a / loves). He watches more than five or six every week. He likes watching them on DVD at home better than going to a theater because he doesn't feel comfortable being in a dark place with so many people around him. He cannot concentrate on the film when others are making (②) like eating popcorn, laughing, or talking loudly. If he watches one at home, he can be alone and can watch it quietly and no one bothers him. He says it is the perfect place. He wants to cry and laugh without worrying about other people. He also wants to relax on a big sofa.

I think going to see a movie in a theater is more exciting. A lot of people are attracted to movie theaters because of the big screens, beautiful pictures, and powerful sounds. Seeing a film at a theater is really different from watching one at home. I also think we can enjoy it much more when we laugh, cry, and feel angry together with other people. It creates ③ an atmosphere of togetherness. In this way, people are happier watching fun movies, and they are more scared of horror films.

Also, if you stay home, you may relax too much, and you may not be able to be interested because there is no change in your environment. But if you go to a theater, your environment will be new and very different from home, and you will feel more excited just because of the change. Even if I feel a little sad or angry when I walk into a theater, I don't worry about anything when I walk out. It helps me a lot when I feel tired.

There are also some differences, between myself and my friend about our favorite movies. He likes foreign movies, especially American ones. His English improves a lot by watching them. He wants to study abroad in the near future. He uses his favorite films in order to learn English. He says that American movies have more interesting and exciting scenes, so it motivates him to study harder and harder.

I like Japanese movies much better because they have so many things we can empathize with. There are a lot of differences between Japanese and American ways of communication, not only languages but also cultures. It is important to know more about other countries, but I just feel more comfortable watching Japanese movies because I can understand all of the words and feelings of the characters.

Anyway, we can choose our favorite movies, foreign or Japanese ones, and our favorite places to watch them, a theater or at home. If we just see any kind of movie at any place and enjoy it a lot, we can forget about everything and worry about nothing.

㈲ anything どんなものでも　comfortable 心地よい　being in ～ ～にいること
concentrate on ～ ～に集中する　popcorn ポップコーン　loudly 大声で
bother ～ ～を悩ます　powerful 強力な　horror 恐怖　environment 環境
even if ～ たとえ～であっても　especially 特に　motivate やる気を与える
empathize 共感する

(1) 本文で繰り返し使われている film と同じ意味の単語を，次の①～④の中から１つ選んで，その番号をマークしなさい。解答番号は 11 です。

① theater　② movie　③ place　④ kind

(2) 下線部①が本文の内容に合うように，(　) 内の語を正しい順に並び替えたとき，２番目と４番目にくるものの組み合わせとして最も適当なものを，次の①～④の中から１つ選んで，その番号をマークしなさい。解答番号は 12 です。

① a / movies　② friends / loves　③ my / loves　④ movies / my

(3) (②) に入るものとして最も適当なものを，次の①～④の中から１つ選んで，その番号をマークしなさい。 解答番号は 13 です。

① sounds　② films　③ speeches　④ stories

(4) 下線部③の意味として最も適当なものを，次の①～④の中から１つ選んで，その番号をマークしなさい。解答番号は 14 です。

①連帯感が生まれる環境　②友情ができる環境

③共同作業をする環境　④愛情が満たされる環境

(5) 本文の内容に一致するものを，次の①～④の中から１つ選んで，その番号をマークしなさい。解答番号は 15 です。

① The writer’s friend doesn’t want to go outside.

② The writer wants to say that we should watch Japanese movies, not American ones.
③ The writer's friend doesn't want to meet his friends at a theater.
④ The writer wants to say that enjoying any movie at any place is important.

4 次の質問に対する答えを，理由も含めて15語以上30語程度の英語で述べなさい。ただし，think と because を使用して解答すること。解答番号は 16 です。
Do you think high school students should study at school even during the summer vacation?

英語　聞き取り

次の(1)～(3)について，それぞれ会話文を聞き，その内容についての質問の答えとして最も適当なものをａ～ｄの中から１つずつ選びなさい。(4)(5)については，１つの会話文を聞き，その内容についての質問の答えとして最も適切なものをａ～ｄの中から１つずつ選びなさい。会話文，問い，問いに対する答えは，それぞれ２回読まれます。必要があればメモをとってもかまいません。問いに対する答えについて正しいものはマークシートの「正」の文字を，誤っているものはマークシートの「誤」の文字をそれぞれマークしなさい。正しいものは，各問いについて，１つしかありません。

メモ欄（必要があれば，ここにメモをとってもよろしい。）

【理　科】（40分）　＜満点：50点＞

1　次のＡ，Ｂの各問いに答えなさい。

Ａ　図１は，同じ地震を異なる観測点Ｘ点とＹ点で観測したときの地震計の記録である。縦軸はゆれの大きさ，横軸は時刻を，×印は地震の発生を示している。震源から60km 離れたＸ点は，５時46分57秒から５時47分03秒まで小さなゆれが続いた。また，震源から160km 離れたＹ点は，５時47分18秒から大きなゆれが観測され始めた。あとの(1)～(4)の各問いに答えなさい。

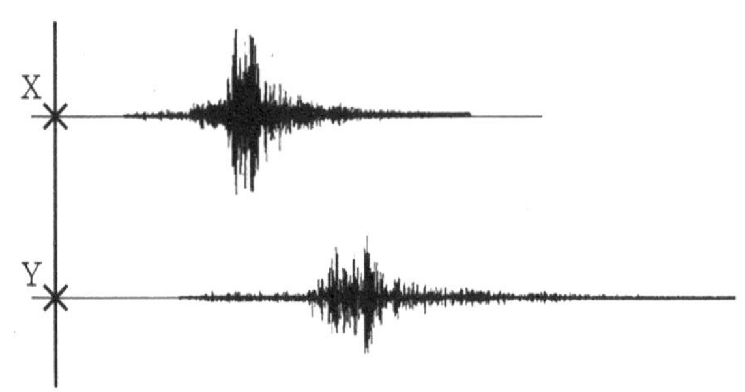

図１

(1)　はじめに小さなゆれが記録される理由は何か。最も適当なものを，次の①～⑤の中から１つ選んで，その番号をマークしなさい。解答番号は　1　です。

①地震が発生すると，まずＰ波のみが発生し，次にＳ波が発生するから。
②地震が発生すると，まずＳ波のみが発生し，次にＰ波が発生するから。
③地震が発生すると，Ｐ波とＳ波は同時に発生するが，Ｐ波の方が速く伝わるから。
④地震が発生すると，Ｐ波とＳ波は同時に発生するが，Ｓ波の方が速く伝わるから。
⑤地震が発生すると，はじめのうちはＰ波とＳ波がお互いにゆれを打ち消しあうから。

(2)　Ｙ点では小さなゆれが何秒間続くか。最も適当なものを，次の①～⑤の中から１つ選んで，その番号をマークしなさい。解答番号は　2　です。

①６秒　②16秒　③26秒　④36秒　⑤46秒

(3)　地震が発生した時刻はどれか。最も適当なものを，次の①～⑤の中から１つ選んで，その番号をマークしなさい。解答番号は　3　です。

①５時46分38秒　②５時46分42秒　③５時46分46秒　④５時46分50秒　⑤５時46分54秒

(4)　地震に関する記述として**誤っているもの**はどれか。最も適当なものを，次の①～⑤の中から１つ選んで，その番号をマークしなさい。解答番号は　4　です。

①地震による災害は津波や土砂崩れのほか，急に地面がやわらかくなる液状化現象が起こることもある。
②地震が発生した場所を震央といい，震央の真上の点を震源という。
③地震の規模の大きさはマグニチュードで表され，数値が１大きくなると，放出されるエネルギーは約32倍大きくなる。
④震度階級で最も小さな震度は，震度０と表される。
⑤地震による地形の変化は，がけくずれや落石のほか，大地がもち上がる隆起や，大地が沈む沈降といった変化もある。

B　日本の気候に関して，次の⑸，⑹の各問いに答えなさい。

⑸　梅雨の時期の気圧配置はどれか。最も適当なものを，次の①～④の中から１つ選んで，その番号をマークしなさい。ただし，図中の「H」は高気圧，「L」は低気圧を表している。解答番号は 5 です。

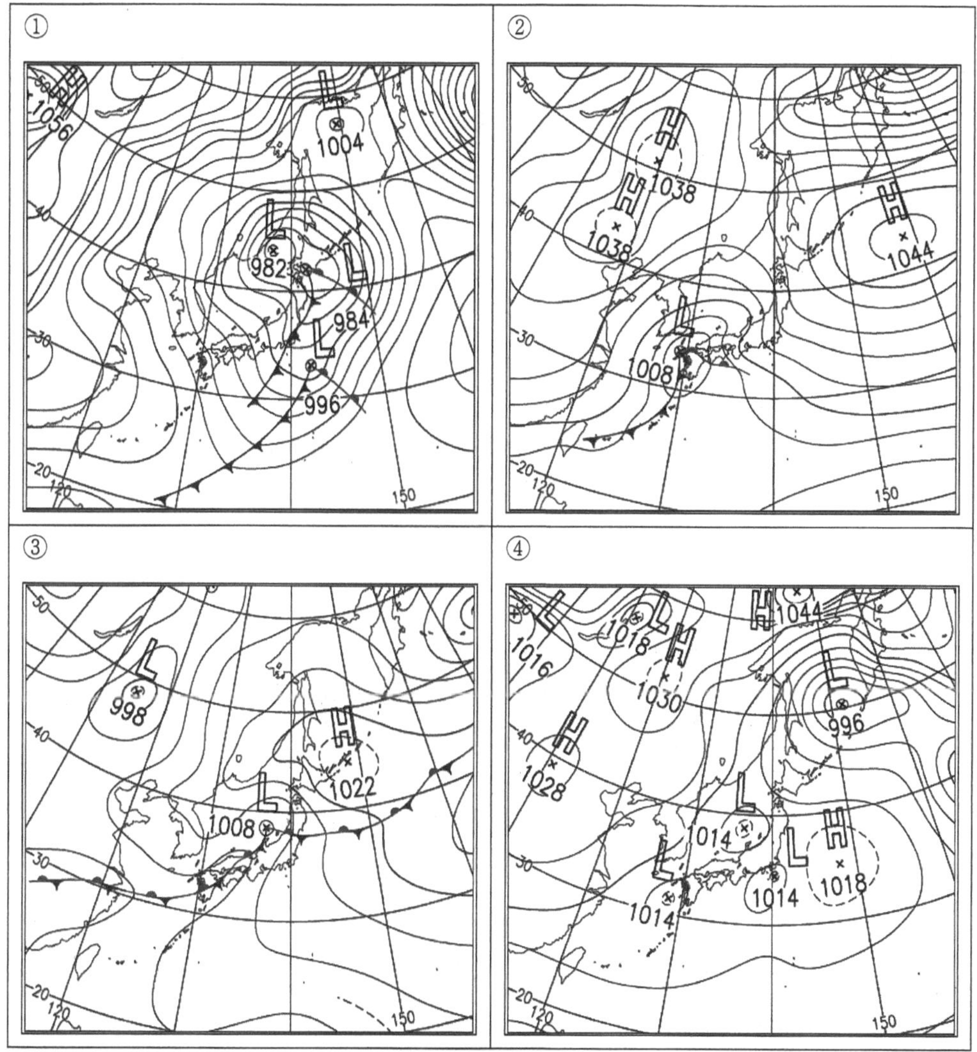

⑹　愛知県の冬の気候について述べた次の文章中の（ア）～（ウ）にあてはまるものはどれか。最も適当な組み合わせを，次のページの①～⑧の中から１つ選んで，その番号をマークしなさい。解答番号は 6 です。

冬にシベリアから日本に吹いてくる風は，日本海上で（　ア　）空気となる。この風が日本の山脈に当たると（　イ　）気流となり，（　ウ　）で雪を降らせる。結果として，愛知県では空気が乾燥することが多い。

	ア	イ	ウ
①	乾いた	上昇	日本海側
②	乾いた	上昇	太平洋側
③	乾いた	下降	日本海側
④	乾いた	下降	太平洋側
⑤	湿った	上昇	日本海側
⑥	湿った	上昇	太平洋側
⑦	湿った	下降	日本海側
⑧	湿った	下降	太平洋側

2 次のA～Cの各問いに答えなさい。

A ヒデキさんたちは，葉の葉緑体の中で，デンプンなどの栄養分をつくりだす働きについて，図1のようにまとめた。あとの(1)～(3)の各問いに答えなさい。

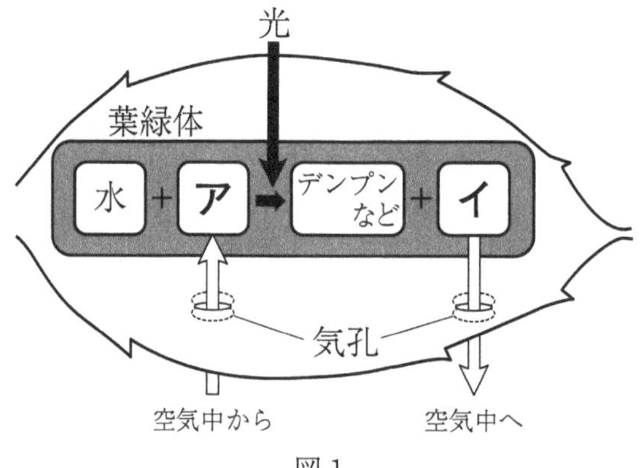

図1

(1) 図1の**ア**，**イ**にあてはまるものはどれか。最も適当な組み合わせを，右の①～④の中から1つ選んで，その番号をマークしなさい。解答番号は 7 です。

	ア	イ
①	酸素	二酸化炭素
②	酸素	酸素
③	二酸化炭素	二酸化炭素
④	二酸化炭素	酸素

(2) 生物の中には葉緑体をもつものと，もたないものが存在する。葉緑体を**もたない**生物は次のうちどれか。最も適当なものを，次の①～④の中から1つ選んで，その番号をマークしなさい。解答番号は 8 です。

①アオカビ　②オオカナダモ　③マツ　④ゼニゴケ

⑶ 生態系において，前のページの図１の仕組みによって自分で栄養分をつくる生物のことを何というか。最も適当なものを，次の①～④の中から１つ選んで，その番号をマークしなさい。解答番号は 9 です。

①消費者　②生産者　③分解者　④捕食者

B ヒデキさんたちは，次のような実験計画を立て，先生に提出した。あとの文章はそのときのヒデキさんと先生の会話である。あとの⑷，⑸の各問いに答えなさい。

実験計画

【目的】 植物の体から出ていく水蒸気の量は，葉の表と裏ではどちらの方が多いかを調べる。

【仮説】 日光が多くあたる葉の表側の方が，裏側よりも出ていく水蒸気の量は多いだろう。

【手順】 操作Ⅰ 葉の大きさや数，茎の太さなどの条件が等しいホウセンカの枝を２本切り取り，植物X，Yとする。植物Xにはすべての葉の表側にワセリンをぬり，植物Yにはすべての葉の裏側にワセリンをぬる。

↓

操作Ⅱ 同じ体積の水を入れたメスシリンダーを２本用意し，それぞれの枝をさした後，表面に少量の油を注ぐ。

↓

操作Ⅲ 明るく風通しの良い所にしばらく置いて，それぞれのメスシリンダーの水の減少量を調べる。

会話文

ヒデキ：私たちの仮説が正しければ，この実験の結果は植物Xの方が植物Yよりも水の減少量は少なくなると思います。

先　生：そうですね。この実験計画で仮説を確かめることはできますが，このままだと，水の減少量の中には茎から水蒸気として出ていく分が含まれていますね。もう少し工夫して，葉の裏だけ，葉の表だけからどれだけの水蒸気が出ていくのかがわかる実験にしてみたらどうでしょう。

⑷ 植物の葉から水が水蒸気になって出ていくことを何というか。最も適当なものを，次の①～⑤の中から１つ選んで，その番号をマークしなさい。解答番号は 10 です。

①蒸散　②沸騰　③昇華　④凝縮　⑤蒸発

⑸ 下線部について，ヒデキさんたちは，植物X，Yと葉の大きさや数，茎の太さなどの条件が等しいホウセンカの枝を植物Zとして用意し，操作Ⅱと同じ体積の水を入れたメスシリンダーにそれを入れた。そして，植物X，Yをさしたメスシリンダーとの水の減少量を比べようと考えた。これらのことに加えて，植物Z並びにそれをさしたメスシリンダーの条件をどのようにすればよいか。最も適当なものを，次の①～③の中から１つ選んで，その番号をマークしなさい。解答番号は 11 です。

①メスシリンダーに油を注がず，植物Zの葉にはワセリンをぬらない。

②メスシリンダーに少量の油を注ぎ，植物Zの葉にはワセリンをぬらない。

③メスシリンダーに油を注がず，植物Zの葉の表側と裏側の両方にワセリンをぬる。

C　顕微鏡の使い方に関して，次の(6)，(7)の各問いに答えなさい。

(6)　顕微鏡で観察をしてスケッチするまでの，光学顕微鏡の基本的な使い方を述べた文章**ア**～**カ**を正しい順に並べたものはどれか。最も適当なものを，次の①～④の中から１つ選んで，その番号をマークしなさい。解答番号は 12 です。

ア　ピントを合わせる。　　　　　**イ**　反射鏡を調節する。

ウ　低倍率の対物レンズをプレパラートに近づける。

エ　プレパラートをのせる。　　　**オ**　観察しやすい倍率に上げる。

カ　スケッチする。

①**オ→エ→ア→イ→ウ→カ**　　②**エ→オ→ウ→ア→イ→カ**

③**イ→エ→ウ→ア→オ→カ**　　④**イ→エ→ア→ウ→オ→カ**

(7)　顕微鏡を高倍率にすると，視野の明るさが暗くなる理由として正しいものはどれか。最も適当なものを，次の①～④の中から１つ選んで，その番号をマークしなさい。解答番号は 13 です。

①高倍率にすると，レンズが厚くなる分，通過してくる光の量が減少するから。

②高倍率にすると，観察物が大きくなる分，通過してくる光の量が減少するから。

③高倍率にすると，視野の面積が狭くなった分，視野に届く光の量が減少するから。

④高倍率にすると，光源が暗くなり，視野に届く光の量が減少するから。

3　次のA，Bの各問いに答えなさい。

A　光の性質についてさまざまな実験を行った。次の(1)～(3)の各問いに答えなさい。

(1)　図１のように空気中から水中に向けて光を当てたとき，「水面で反射した光の道すじ」と「水中を進む光の道すじ」はどれか。最も適当なものを，次の図１の①～⑦の中からそれぞれ１つずつ選んで，その番号をマークしなさい。

解答番号は「水面で反射した光の道すじ」については 14 ，

「水中を進む光の道すじ」については 15 です。

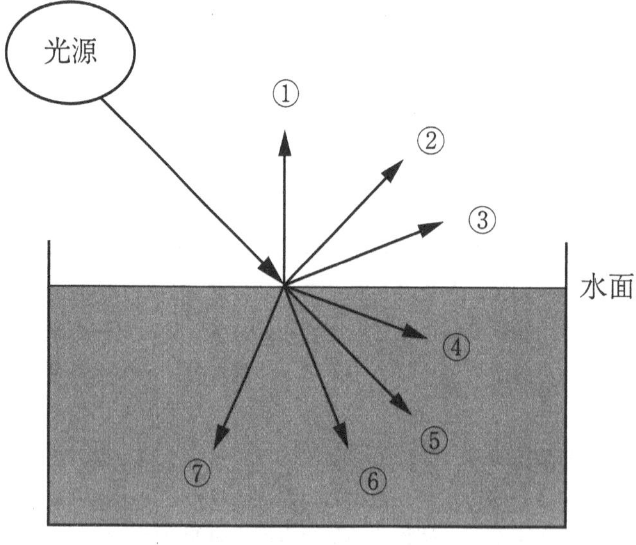

図１

⑵ 図2のように，水中にある物体をほぼ真上の位置から観察した。観察した人には，物体は図2のどの位置にあるように見えるか。最も適当なものを，次の図2の①～④の中から1つ選んで，その番号をマークしなさい。ただし，図2の矢印は光の進む向きである。解答番号は 16 です。

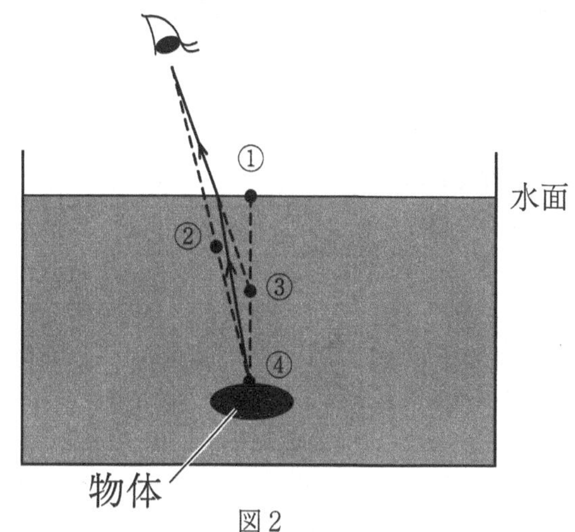

図2

⑶ 図3，4の目の位置からろうそくをのぞいたら，ろうそくはどのように見えるか。最も適当なものを，あとの①～④の中から1つ選んで，その番号をマークしなさい。ただし，図3は上から見た図で，図4は横から見た図である。また，図3の矢印は光の進む向きである。解答番号は 17 です。

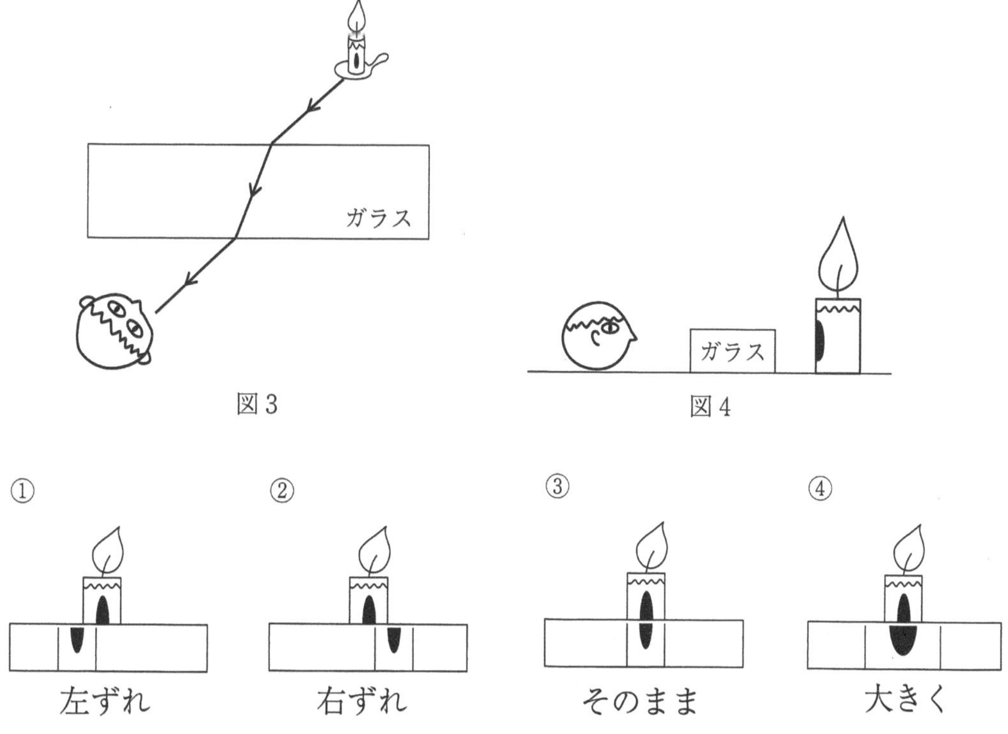

B　抵抗（12Ω，4.0Ω）と抵抗 r の電気抵抗を使って，右の図5のように抵抗，電流計**ア**，**イ**，8.0Vの電源装置をつないだところ，電流計**ア**には0.25Aの電流が流れた。あとの(4)～(6)の各問いに答えなさい。

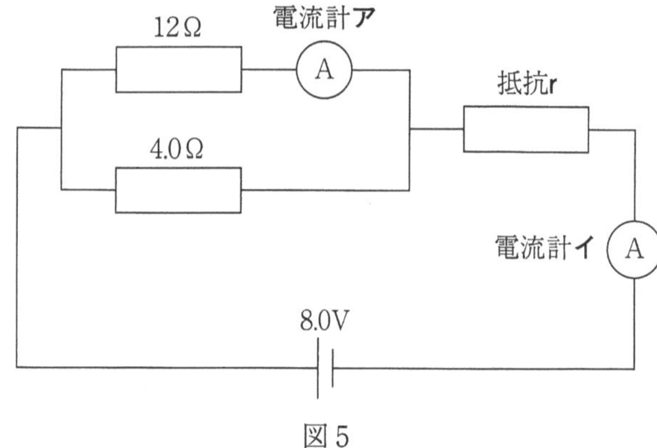

図5

(4)　図5において，12Ωの抵抗にかかる電圧は何Vか。最も適当なものを，次の①～⑥の中から1つ選んで，その番号をマークしなさい。解答番号は 18 です。

①3.0V　②6.0V　③8.0V　④12V　⑤24V　⑥48V

(5)　図5において，電流計**イ**の値は何Aを示しているか。最も適当なものを，次の①～⑥の中から1つ選んで，その番号をマークしなさい。解答番号は 19 です。

①0.25A　②0.50A　③0.75A　④1.0A　⑤1.5A　⑥2.0A

(6)　図5において，抵抗 r の電気抵抗は何Ωか。最も適当なものを，次の①～⑥の中から1つ選んで，その番号をマークしなさい。解答番号は 20 です。

①3.0Ω　②4.0Ω　③5.0Ω　④8.0Ω　⑤12Ω　⑥16Ω

4　次のA，Bの各問いに答えなさい。

A　化学変化に関する次の(1)～(3)の各問いに答えなさい。

(1)　鉄粉と硫黄の反応について述べた次の文章中の（ア）～（ウ）にあてはまるものはどれか。最も適当な組み合わせを，あとの①～⑥の中から1つ選んで，その番号をマークしなさい。解答番号は 21 です。

鉄粉と硫黄をよく混ぜた試料X，Yをそれぞれ別の試験管に入れた。試料Yが入った試験管の上部を加熱して，試料が赤くなったところで加熱をやめたところ，反応は（　ア　）。反応が終わったあと，試料X，Yに磁石を近づけると反応があるのは（　イ　）である。また，試料X，Yをそれぞれ少量取って塩酸に入れるとにおいのある気体が発生するのは（　ウ　）である。

	ア	イ	ウ
①	すぐに止まった	試料X	試料X
②	すぐに止まった	試料X	試料Y
③	すぐに止まった	試料Y	試料Y
④	そのまま進んだ	試料X	試料X
⑤	そのまま進んだ	試料X	試料Y
⑥	そのまま進んだ	試料Y	試料X

⑵ 銅板の上に硫黄の粉末を置いてしばらく置くと銅板の表面が黒く変色する。この反応によって生じた化合物の総称はどれか。最も適当なものを，次の①～④の中から１つ選んで，その番号をマークしなさい。解答番号は 22 です。

①酸化物　　②硫化物

③塩化物　　④水酸化物

⑶ 黒色の酸化銅の粉末4.0 g に，十分な量の炭素の粉末を混合し，試験管に入れ加熱しながら酸化銅を完全に反応し，酸化銅は赤色の物質に変化した。このとき，二酸化炭素が生じた分だけ全体の質量が1.1 g 減少した。また，二酸化炭素分子を構成する炭素原子１個と酸素原子２個の質量の比は ３ : ８ である。この結果から，実験で用いた酸化銅に含まれる銅の質量の割合は何％か。最も適当なものを，次の①～④の中から１つ選んで，その番号をマークしなさい。解答番号は 23 です。

①20％　　②40％

③60％　　④80％

B うすい硫酸と水酸化バリウム水溶液を準備した。これを用いて実験Ⅰ，Ⅱを行った。あとの⑷，⑸の各問いに答えなさい。

【実験Ⅰ】 ア～カの６個のビーカーに，水酸化バリウム水溶液をそれぞれ10mLずつ入れ，うすい硫酸をアに５mL，イに10mL，ウに15mL，エに20mL，オに25mL，カに30mL加えた。このとき生成した沈殿の質量を，次の図１に示した。グラフの縦軸は沈殿の質量［mg］，横軸は加えたうすい硫酸の体積［mL］である。

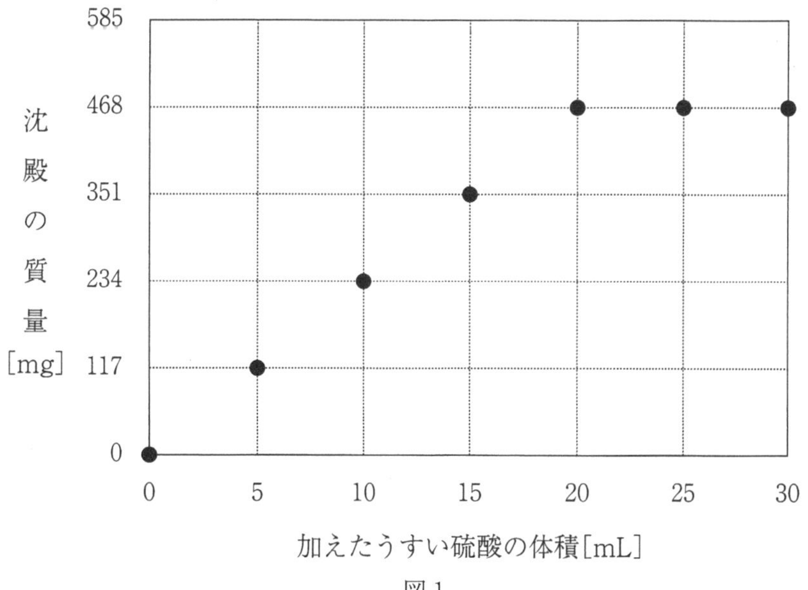

図１

【実験Ⅱ】 キ～ケの３個のビーカーを準備し，次のページの表１のようにうすい硫酸と水酸化バリウム水溶液を混合し，生じた沈殿の質量を測定した。

ビーカー	キ	ク	ケ
うすい硫酸の体積〔mL〕	35	25	Y
水酸化バリウム水溶液の体積〔mL〕	5	15	20
沈殿の質量〔mg〕	234	X	702

表1

⑷ 5mLの水酸化バリウム水溶液に十分な量のうすい硫酸を加えると，沈殿は何mg生じるか。最も適当なものを，次の①～⑤の中から1つ選んで，その番号をマークしなさい。解答番号は 24 です。

①117mg ②234mg ③351mg ④468mg ⑤585mg

⑸ 表1において，空欄 X ， Y にあてはまる数値は何か。最も適当なものを，それぞれの選択肢の①～⑥の中から1つずつ選んで，その番号をマークしなさい。

解答番号はXについては 25 ，Yについては 26 です。

【 X の選択肢】

①117 ②234 ③351 ④468 ⑤585 ⑥702

【 Y の選択肢】

①5 ②10 ③15 ④20 ⑤25 ⑥30

【社　会】（40分）　＜満点：50点＞

1　次の(1)～(8)の問いに答えなさい。

(1)　北アメリカ大陸に関連して述べた次の文ａ～ｄについて，正しいものの組み合わせを，下の①～④の中から１つ選んで，その番号をマークしなさい。解答番号は 1 です。

ａ　北アメリカ大陸には，大西洋側にけわしいロッキー山脈がある。

ｂ　多民族・多文化社会であるアメリカでは，ヒスパニックとよばれる人々が，低賃金で重労働についていることが少なくない。

ｃ　アメリカの北緯37度以南の地域はサンベルトとよばれ，ハイテク産業や情報技術産業が発達している。

ｄ　アメリカ・カナダ・キューバは北米自由貿易協定（ＮＡＦＴＡ）を結び，経済的な結び付きを強めている。

①ａ・ｃ　②ａ・ｄ　③ｂ・ｃ　④ｂ・ｄ

(2)　オーストラリアに関連して述べた次の文ａ～ｄについて，正しいものの組み合わせを，下の①～④の中から１つ選んで，その番号をマークしなさい。解答番号は 2 です。

ａ　現在，オーストラリアの最大の貿易相手国は，中国である。

ｂ　オーストラリアの輸出品は大きく変わってきており，現在では，羊毛のしめる割合が高くなっている。

ｃ　オーストラリアの先住民は，マオリとよばれている。

ｄ　かつてオーストラリアでは白豪主義とよばれる政策が採られ，ヨーロッパ系以外の移民が制限されていた。

①ａ・ｃ　②ａ・ｄ　③ｂ・ｃ　④ｂ・ｄ

(3)　右の表は，ソウル，バルセロナ，モスクワ，リオデジャネイロのいずれかの気温と降水量を示している。この表について述べた下の文Ｘ・Ｙの正誤の組み合わせとして正しいものを，下の①～④の中から１つ選んで，その番号をマークしなさい。解答番号は 3 です。

上の数字は平均気温（℃），下の数字は降水量（mm）

都市	1月	7月	全年
A	9.3 40.5	24.1 20.4	16.1 589.7
B	26.6 121.3	21.2 62.8	23.9 1222.6
C	−6.5 51.6	19.2 84.3	5.8 706.5
D	−2.4 20.8	24.9 373.4	12.6 1429.0

（「理科年表 2019年」による）

Ｘ　都市Ａは降水量に着目すると，地中海性気候のバルセロナであると判断できる。

Ｙ　都市Ｂは１月と７月の気温に着目すると，南半球のリオデジャネイロであると判断できる。

①Ｘ－正　Ｙ－正　②Ｘ－正　Ｙ－誤

③Ｘ－誤　Ｙ－正　④Ｘ－誤　Ｙ－誤

(4)　次のページの表は，スイス，カタール，シンガポール，南アフリカ共和国と日本の貿易関係を示している。このうちスイスに該当するものを，表中の①～④の中から１つ選んで，その番号をマークしなさい。解答番号は 4 です。

（2018年）

国	日本への輸出額（億円）	日本への主な輸出品と輸出額に占める割合（%）		
		1位	2位	3位
①	16 420	原油（42.7）	液化石油ガス（34.7）	石油製品（17.9）
②	10 760	機械類（39.0）	医薬品（12.0）	科学光学機器（8.2）
③	8 573	医薬品（33.6）	時計・同部品（26.2）	機械類（11.7）
④	5 682	白金（20.3）	パラジウム（15.8）	自動車（11.2）

（「日本国勢図会 2019/20年版」による）

⑸　次の略地図中の矢印①～④の区間のうち，最も傾斜の緩やかな区間を１つ選んで，その番号をマークしなさい。解答番号は 5 です。

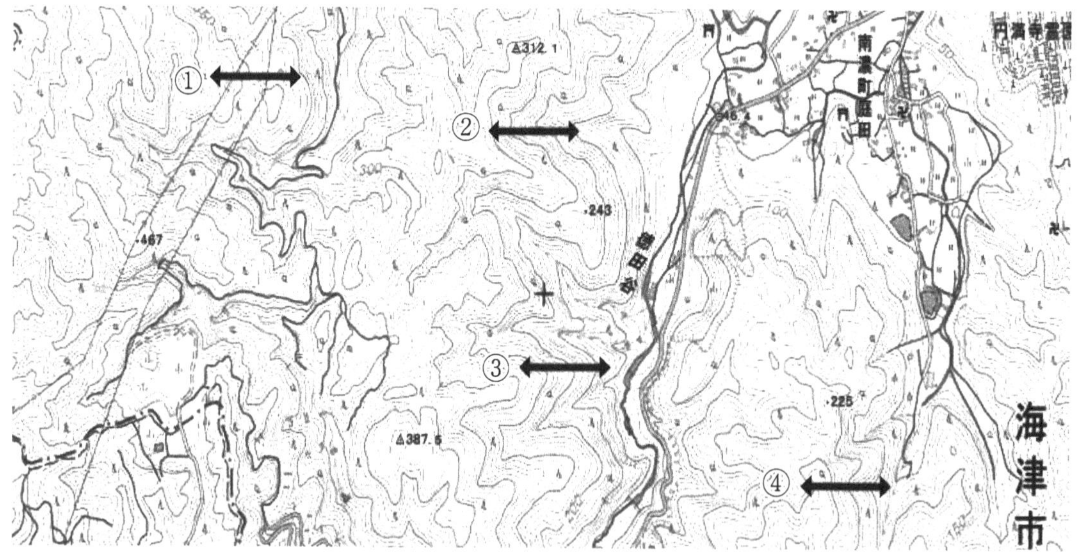

⑹　日本の地理の学習では，７地方に区分する方法がよく使われている。７地方区分のうち，中部地方に属する県の数として最も適当なものを，次の①～④の中から１つ選んで，その番号をマークしなさい。解答番号は 6 です。

①６県　　②７県　　③８県　　④９県

⑺　次のページのカードは，日本のある工業地帯（工業地域）についてまとめたものである。この工業地帯の名称として最も適当なものを，あとの①～④の中から１つ選んで，その番号をマークしなさい。解答番号は 7 です。

・第二次世界大戦前には，日本の鉄鋼の半分以上を生産する工業地域に発展し，戦後も日本の産業の発展を支えた。

・1960年代以降，エネルギー源が石炭から石油にかわると，この地域での鉄鋼の生産が大幅に減少した。
・工場の誘致などに取り組み，IC（集積回路）や自動車の工場が多く進出し，機械工業が盛んになった。

①北九州工業地帯　②京浜工業地帯　③京葉工業地域　④瀬戸内工業地域

⑻　次のグラフは，メロンとレタスの都道府県別の生産割合を示したものである。２つのグラフのAにあてはまる都道府県の特徴を述べた文として最も適当なものを，下の①～④の中から１つ選んで，その番号をマークしなさい。解答番号は 8 です。

メロン・レタスの都道府県別の生産割合（2017年）

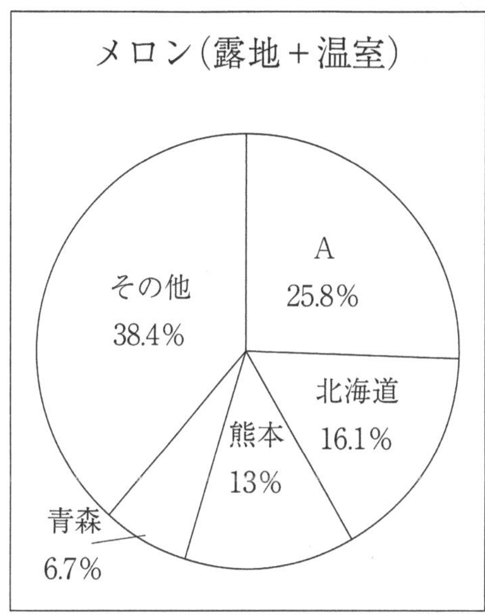

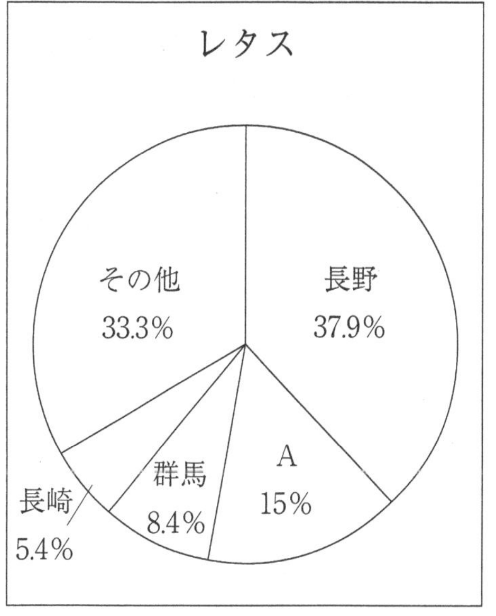

（「日本国勢図会 2019/20年版」による）

①神戸市沖には，埋め立てによって誕生したポートアイランドがある。
②天童将棋駒が国から伝統的工芸品として指定されている。
③弘前市で開催されるねぷた祭りは，全国的に有名である。
④千葉県との県境には，流域面積が日本最大の利根川が流れている。

2　次の年表を見て，あとの⑴～⑼の問いに答えなさい。

世紀	日本のできごと
8	平安京に都を移す ·································
	↕（あ）
11	院政が始まる ·································
12	源頼朝が征夷大将軍になる ························（A）

15	勘合貿易が始まる ……………………………（B）
17	徳川家康が征夷大将軍になる …………………（C）
18	田沼意次が老中になる ………………………（D）
19	五箇条の御誓文 ……………………………（E）
20	第一次世界大戦に参戦 ………………………（F）
	↕（い）
	ポツダム宣言を受諾 ………………………（G）

⑴　年表中の（あ）の期間のできごとについて述べた文として最も適当なものを，次の①～④の中から１つ選んで，その番号をマークしなさい。解答番号は 9 です。

①国ごとに国分寺・国分尼寺が，奈良には東大寺の大仏がつくられた。

②摂政や関白を中心とした政治が行われた。

③前方後円墳とよばれる大型の古墳がつくられた。

④律令制度を実施する準備が整えられた。

⑵　年表中の（A）に関連して，鎌倉幕府をたおそうと兵を挙げた人物とそのできごとの組み合わせとして正しいものを，次の①～④の中から１つ選んで，その番号をマークしなさい。解答番号は 10 です。

①後醍醐天皇－応仁の乱　　②後醍醐天皇－承久の乱

③後鳥羽上皇－応仁の乱　　④後鳥羽上皇－承久の乱

⑶　年表中の（B）に関連して，この時期の文化について述べた文として最も適当なものを，次の①～④の中から１つ選んで，その番号をマークしなさい。解答番号は 11 です。

①出雲阿国により，歌舞伎が始められた。

②観阿弥・世阿弥により，能が大成された。

③紀貫之たちにより，『古今和歌集』がまとめられた。

④千利休により，わび茶が完成された。

⑷　年表中の（C）に関連して，徳川家康が行った政策について述べた文として最も適当なものを，次の①～④の中から１つ選んで，その番号をマークしなさい。解答番号は 12 です。

①これまで座がもっていた特権を取り上げ，城下の商人たちに自由な営業を認めた。

②参勤交代の制度を整えるなど，大名の統制をきびしくした。

③大名や商人に海外渡航を許可する朱印状をあたえ，貿易を幕府の統制下においた。

④ポルトガル船の来航を禁止し，次いでオランダ商館を長崎の出島に移した。

⑸　年表中の（D）に関連して，この時期の世界のできごとについて述べた文として最も適当なものを，次の①～④の中から１つ選んで，その番号をマークしなさい。解答番号は 13 です。

①アメリカのリンカーン大統領が，奴隷解放宣言を出した。

②ドイツのルターが，免罪符の販売を認めたローマ教皇（法王）を批判した。

③イギリスで，大量生産を行うための技術の改良や機械が次々と生まれた。

④朝鮮で，政治改革をめざす甲午農民戦争が起こった。

⑹　年表中の（E）に関連して，次のページの資料について述べたあとの文X・Yの正誤の組み合

わせとして正しいものを，下の①～④の中から１つ選んで，その番号をマークしなさい。解答番号は 14 です。

一　広ク会議ヲ興（おこ）シ万機（ばんき）（注１）公論ニ決スヘシ
一　上下（じょうか）心ヲ一ニシテ盛（さかん）ニ経綸（けいりん）（注２）ヲ行フヘシ
一　官武一途庶民（かんぶいっとしょみん）ニ至（いた）ル迄（まで），各其志（おのおのそのこころざし）ヲ遂（と）ケ人心（じんしん）ヲシテ倦（う）マサラシメン事ヲ要ス
一　旧来（きゅうらい）ノ陋習（ろうしゅう）（注３）ヲ破（やぶ）リ天地ノ公道（注４）ニ基（もとづ）クヘシ
一　智識（ちしき）ヲ世界ニ求メ大（おおい）ニ皇基（こうき）（注５）ヲ振起（しんき）スヘシ
（注１）すべての政治　（注２）国家を治め整えること　（注３）昔からの悪い習慣
（注４）国際法　（注５）天皇の政治の基礎

X　人々の意見を広く集め，世論に基づく政治を実現するという方針を示している。

Y　攘夷運動をやめて，外国との交際を深めて国家を発展させるという方針を示している。

①X－正　Y－正　②X－正　Y－誤

③X－誤　Y－正　④X－誤　Y－誤

(7)　年表中の（F）に関連して，第一次世界大戦中の日本経済について述べた文として最も適当なものを，次の①～④の中から１つ選んで，その番号をマークしなさい。解答番号は 15 です。

①かつてない好景気をむかえ，工業生産額が大幅に増加し，農業生産額を上回った。

②農村では，米とまゆの価格が暴落し，農家経営が危機におちいった。

③フランスの技術を導入し，官営模範工場として群馬県に富岡製糸場がつくられた。

④慢性的な不況に悩まされ，多くの銀行が休業，倒産する金融恐慌が起こった。

(8)　次の①～④は，年表中の（い）の期間に起こった世界のできごとである。これらを古い順にならべたとき，3番目にあたるものを１つ選んで，その番号をマークしなさい。解答番号は 16 です。

①アメリカは，ルーズベルト大統領の下，ニューディールという政策を始めた。

②イギリスとフランスはドイツに宣戦し，第二次世界大戦が始まった。

③世界平和と国際協調を目的とする国際連盟が発足した。

④ロシアで，社会主義者レーニンの指導の下，ソビエトに権力の基盤を置く新しい政府ができた。

(9)　年表中の（G）に関連して，GHQの占領政策として最も適当なものを，次の①～④の中から１つ選んで，その番号をマークしなさい。解答番号は 17 です。

①学童の疎開　②国家総動員法の制定　③財閥の解体　④治安維持法の制定

3　次の(1)～(4)の問いに答えなさい。

(1)　日本で主張されている次の権利A・Bと，それらに対応する下の説明文ア～ウとの組み合わせとして正しいものを，次のページの①～⑥の中から１つ選んで，その番号をマークしなさい。解答番号は 18 です。

A　知る権利

B　プライバシーの権利

ア　病気について正しい説明を受け，理解したうえで，治療などの医療行為を自分の責任において選択する。

イ　個人の私生活に関する情報が勝手に利用されないように，その情報をコントロールする。

ウ　政治について正しい判断をするため，国や地方公共団体に対して情報の公開を求める。

①A－ア　B－イ　②A－ア　B－ウ

③A－イ　B－ア　④A－イ　B－ウ

⑤A－ウ　B－ア　⑥A－ウ　B－イ

(2)　次の表は，架空の日本の衆議院議員選挙における比例代表制の選挙の結果を表したものである。この選挙について説明した下の文a～dについて，正しいものの組み合わせを，下の①～④の中から1つ選んで，その番号をマークしなさい。解答番号は 19 です。

（定員10名）

政党	A党	B党	C党	D党
得票数	26,000票	18,000票	11,000票	6,000票

a　比例代表制は，死票が少なく，政権が安定するといわれる。

b　比例代表制は，少数意見を反映しやすいという長所をもつ。

c　日本の参議院議員選挙は，比例代表制を導入していない。

d　この選挙において，B党の当選者は3名である。

①a・c　②a・d　③b・c　④b・d

(3)　日本の行政改革について述べた次の文a～dについて，正しいものの組み合わせを，下の①～④の中から1つ選んで，その番号をマークしなさい。解答番号は 20 です。

a　事業を見直し無駄をなくす取り組みなど，合理的かつ効率的な行政をめざす行政改革が進められている。

b　公務員が各部門の利益を無視して全体利益を優先する「縦割り行政」の問題が指摘されている。

c　一部の幼稚園で定員割れが起こる一方で，保育所では定員が埋まり待機児童が出るという問題を解消するため，1990（平成2）年に「認定こども園」の制度が始まった。

d「大きな政府」に求められる仕事は，社会保障や雇用対策，教育などである。

①a・c　②a・d　③b・c　④b・d

(4)　次のページのグラフは，愛知県の財政歳入を表したものである。このグラフについて説明した下の文a～dについて，正しいものの組み合わせを，下の①～④の中から1つ選んで，その番号をマークしなさい。解答番号は 21 です。

a　愛知県の歳入のうち約56%は，自主財源によりまかなえている。

b「その他」を除いて，愛知県の歳入の約5,400億円は借金である。

c　国からの補助金のうち約71%が用途を指定されている。

d　国が愛知県の財源補完のために募った借金が，地方債として交付されている。

①a・c　②a・d　③b・c　④b・d

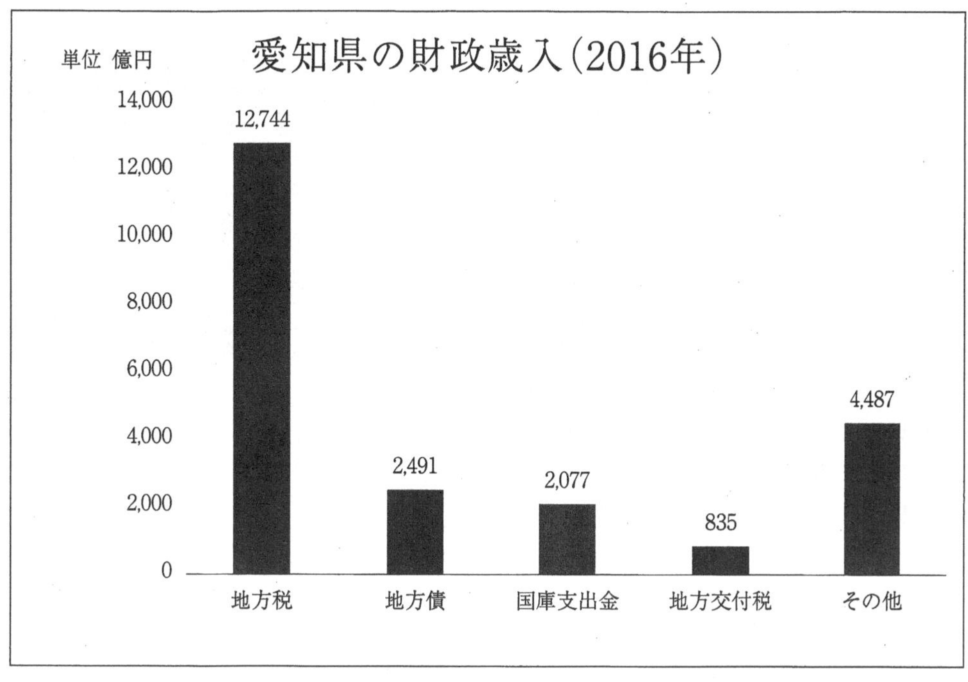

(「データでみる県勢 2019年版」による)

4 次の⑴～⑷の問いに答えなさい。

⑴ 次の文の空欄（ア）・（イ）にあてはまる語句の組み合わせとして正しいものを，下の①～④の中から１つ選んで，その番号をマークしなさい。解答番号は 22 です。

私たちの周りにはたくさんの企業があります。企業は様々な生産活動を行いますが，その最大の目的は（　ア　）の獲得です。私たちの経済は企業が自由に（　ア　）を追求する（　イ　）経済とよばれます。

①ア　労働力　　イ　資本主義　　②ア　労働力　　イ　社会主義
③ア　利潤　　イ　資本主義　　④ア　利潤　　イ　社会主義

⑵ 次の写真Ａ～Ｄに関連して述べた文として**適当でないもの**を，あとの①～④の中から１つ選んで，その番号をマークしなさい。解答番号は 23 です。

写真Ａ

写真Ｂ

写真C

写真D

①写真A－農家は個人企業がほとんどである。

②写真B－自動車工場は会社企業である。

③写真C－遊園地は独立行政法人である。

④写真D－市営地下鉄は地方公営企業である。

(3) 次のグラフは，わが国における完全失業率の推移を示したものである。このグラフから読み取れることとして最も適当なものを，下の①～④の中から１つ選んで，その番号をマークしなさい。解答番号は 24 です。

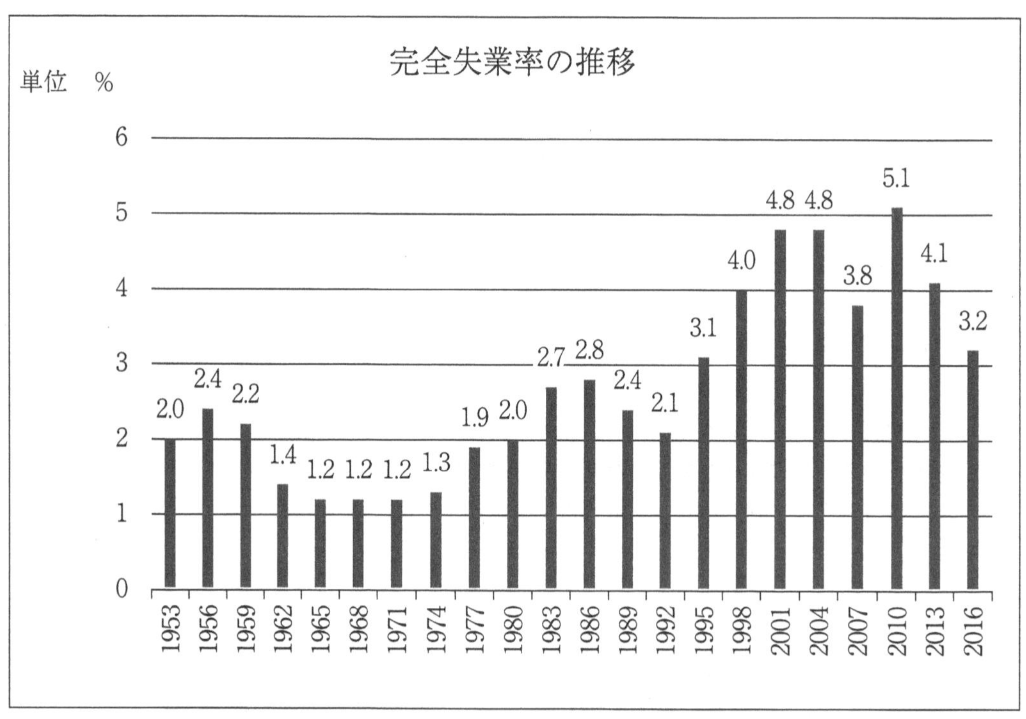

（総務省統計局ホームページ「労働力調査」による）

①1960年代から70年代前半にかけて完全失業率が１％台で推移しているのは，バブル経済によるものであると考えられる。

②1960年代から70年代前半にかけて完全失業率が１％台で推移しているのは，高度経済成長によるものであると考えられる。

③1992年以降，完全失業率が上昇しているのは，政府の低金利政策によるものであると考えられる。

④1992年以降，完全失業率が上昇しているのは，石油危機の影響であると考えられる。

⑷　契約に関連して述べた次の文X・Yについて，その正誤の組み合わせとして正しいものを，下の①～④の中から１つ選んで，その番号をマークしなさい。解答番号は 25 です。

X　コンビニエンスストアなどでの買い物は，契約書を交わさないため，契約が成立したとはいえない。

Y　一度契約を結ぶと，結んだ当事者にはそれを守る義務が生まれ，一方が勝手な都合で契約を取り消すことは，基本的に許されない。

①X－正　Y－正　②X－正　Y－誤
③X－誤　Y－正　④X－誤　Y－誤

㋐吹き　㋑黒き　㋒言へ　㋓苦しき

①(㋐・㋒) ― (㋑・㋓)　②(㋐・㋑) ― (㋒・㋓)

③(㋐・㋑・㋓) ― (㋒)　④(㋐) ― (㋑・㋒・㋓)

㈣　「空寒み…」の和歌の空欄に入る最も適当な言葉を、次の①～④の中から一つ選んで、その番号をマークしなさい。解答番号は15です。

①花　②鳥　③風　④月

㈤　――線部ⓑ「わななくわななく」は「震え震え」という意味だが、この動作は筆者のどのような心情を表していると言えるか。最も適当なものを、次の①～④の中から一つ選んで、その番号をマークしなさい。解答番号は16です。

①季節柄、寒いのは当然だが、場に即した行動をとるという我慢。

②参集した立派な方々の前で和歌を書かねばならないという緊張。

③いい加減に扱えず、相手の期待を裏切ってはならぬという状況。

④公任から渡された手紙への返事を疎かにはできまいという不安。

㈥　〰〰線部Ⅰ～Ⅳの中から主語が異なるものはどれか。最も適当なものを、次の①～④の中から一つ選んで、その番号をマークしなさい。解答番号は17です。

①Ⅰ　寄りたる　②Ⅱ　思ひわづらひぬ

③Ⅲ　御覧ぜさせむ　④Ⅳ　語りたまひし

㈦　――線部ⓒ「奏して」の「奏す」は「言う」の謙譲語である。現代語訳として最も適当なものを、次の①～④の中から一つ選んで、その番号をマークしなさい。解答番号は18です。

①おっしゃって　②申し上げて　③言われて　④言いまして

㈧　本文の内容について述べたものとして最も適当なものを、次の①～④の中から一つ選んで、その番号をマークしなさい。解答番号は19です。

①筆者が自信をもって詠んだことにより、内侍の位に任命された。

②中宮様の助言のおかげで、周りから絶賛される和歌を作ることができた。

③下の句につけるために思案に暮れて詠んだ上の句は高い評価を得た。

④筆者は自分が詠んだ下の句がけなされるのなら、その反響を聞きたくないと感じていた。

㈨　次は、この文章の出典である『枕草子』について説明したものである。文章中の空欄ⅰ～ⅳに当てはまる組み合わせとして最も適当なものを、次の①～④の中から一つ選んで、その番号をマークしなさい。解答番号は20です。

> 『枕草子』は［ⅰ］時代中期に成立した文学である。作者は、「梨壺の五人」の一人で『後撰和歌集』の編者となった元輔の娘である［ⅱ］であり、一条天皇の中宮［ⅲ］に仕えた。ジャンルは鴨長明の『方丈記』と同様の［ⅳ］であるが、その内容は「ものづくし」とよばれる類聚的章段や宮廷生活での体験を描いた日記的章段を含んでいる。

①ⅰ　平安　ⅱ　清少納言　ⅲ　定子　ⅳ　随筆

②ⅰ　平安　ⅱ　紫式部　ⅲ　定子　ⅳ　随筆

③ⅰ　鎌倉　ⅱ　清少納言　ⅲ　定子　ⅳ　説話

④ⅰ　鎌倉　ⅱ　紫式部　ⅲ　彰子　ⅳ　説話

・本文に書かれた例やそれに類似した例は禁止。完全なオリジナルとすること。

二　次の文章を読んで、あとの㈠～㈨の問いに答えなさい。

ⓐ二月つごもり（月末）ごろに、風いたう㋐吹きて、空いみじう㋑黒きに、雪すこしうち散りたるほど（ちらついているころ）、黒戸に主殿司来て（主殿寮の役人が来て）、「かうて候ふ（ごめんください）」と㋒言へば、Ⅰ寄りたるに、「これ、※1公任の宰相殿の」とてあるを見れば（「これは公任の宰相殿のお手紙です」といって持って来ているのを見ると）、懐紙に、

すこし春ある心地こそすれ

とあるは（書いてあるのは）、げに今日のけしきに、いとようあひたる、これが本はいかでかつくべからむ（これの上の句はどのようにつけるのがよいだろうか）とⅡ思ひわづらひぬ。「誰々か（どなたたちか）」と問へば（と同席の方を尋ねると）、「それそれ」と言ふ。みないとはづかしき中に（立派な方々の中で）、宰相の御Ⓐいらへを、いかでか事なしびに言ひ出でむ（どうしていい加減に言い出せようか）と、心一つに㋓苦しきを、御前（中宮様）にⅢ御覧ぜさせむとすれど、上のおはしまして、御とのごもりたり（帝がおいでになり、お休みになっている）。主殿司は、「Ⓑとくとく」と言ふ。げにおそうさへあらむは、いと取り所なければ、「さはれ」とて（下手なのに加えて遅くまであるのは、とても取柄がないので、「なるようになれ」と思って）、

空寒み□にまがへて散る雪に（空が寒いので□に見間違えて散る雪に）

と、ⓑわななくわななく書きて取らせて、いかに思ふらむと、わびし（どう思っているのであろうかと、心細い）。これが事を聞かばやと思ふに、そしられたらば聞かじとおぼゆるを（これの反響を聞きたいと思うが、けなされたら聞くまいと思われるのを）、「俊賢の宰相など、『なほ（やはり）※2内侍にⓒ奏してなさむ（そうしよう）』となむ定めたまひし（評定なさったよ）」とばかりぞ、左兵衛督の中将におはせし、Ⅳ語りたまひし。

（『枕草子』より）

（注）※1　公任……藤原公任。歌壇の中の重鎮。
※2　内侍……帝のお側に仕えることのできる上位の女官。

㈠　——線部Ⓐ「いらへ」・Ⓑ「とく」の意味として最も適当なものを、次の①～④の中から一つ選んで、その番号をマークしなさい。解答番号はⒶが11、Ⓑが12です。

Ⓐ「いらへ」
①返事　②伝言　③訪問　④遠慮

Ⓑ「とく」
①歩く　②安く　③早く　④解く

㈡　——線部ⓐ「二月」とあるが、月の異名と季節の組み合わせとして最も適当なものを、次の①～④の中から一つ選んで、その番号をマークしなさい。解答番号は13です。

①しもつき　／　春　②しもつき　／　冬
③きさらぎ　／　春　④きさらぎ　／　冬

㈢　===線部㋐～㋓の語句を品詞ごとに分けた場合、組み合わせとして最も適当なものを、次の①～④の中から一つ選んで、その番号をマークしなさい。解答番号は14です。

次の①～④の中から一つ選んで、その番号をマークしなさい。解答番号は6です。

①相手の言っていることを肯定的にとらえること。
②話している内容についてお互いに確認すること。
③自分の思っていることをお互いに正直に話すこと。
④相手の言っていることを毎回必ず確認すること。

(六) Ⅱ・Ⅲに当てはまる言葉の組み合わせとして最も適当なものを、次の①～④の中から一つ選んで、その番号をマークしなさい。解答番号は7です。

①Ⅱ：自分　Ⅲ：自分　②Ⅱ：自分　Ⅲ：相手
③Ⅱ：相手　Ⅲ：自分　④Ⅱ：相手　Ⅲ：相手

(七) ――線部ⓓ「生産」とあるが、これの対義語となる言葉として最も適当なものを、次の①～④の中から一つ選んで、その番号をマークしなさい。解答番号は8です。

①利用　②販売　③消費　④破滅

(八) 次の会話はこの文章を読んだ生徒たちの話し合いである。本文の主張に沿った発言をしているのは誰か。三人選んで、正しい組み合わせとして最も適当なものを、次の①～⑥の中から一つ選んで、その番号をマークしなさい。解答番号は9です。

A「筆者の言うとおりだ。優れたコミュニケーションにはパーティが必要なんだよ。」
B「そんな話だったかい。コミュニケーションに勝ち負けはいらないということだと思うけどな。」
C「確かにね。すぐに優位に立とうとする人がいると、まともな話にならないよね。」
D「ともかく、みんなが気持ちよく話し合えることが大切だよね。」
E「でも、そのために言いたいことも言えないんじゃ、意味がないでしょう。」
F「そうじゃなくて、言いたいことを言うためには、工夫がいるってことでしょ。」
G「まず、言いたいことを言える本当の友達をつくらないとね。」
H「なんでもない話とかして親しくなれば、話しにくいこともケンカせずに話せるかな。」
I「会話が上手な人は、話しにくいことを話さないよ。そういう使い分けがコミュニケーション。」
J「ともかく、日本人は相手の感情を読み取ることが得意だから、大丈夫だね。」

①AとFとJ　②CとDとH　③DとFとI
④BとGとH　⑤EとGとJ　⑥DとFとH

(九) 波線部ⓧⓨは、それぞれどのような時にあてはまるコミュニケーションか。その具体例を書きなさい。解答番号は10です。マーク解答記入欄の右側にあるマス目にそれぞれ一字ずつ書き入れる形で解答しなさい。なお、以下の条件に必ず従うこと。

・トータルの文字数を八十字以上百字以内で、縦書きで書くこと。句読点なども文字数に含めます。
・「……時にあてはまるのが波線部ⓧであるのに対し、……時にあてはまるのが波線部ⓨ。」という形式で書くこと。

が多い。一見無駄なようだが、ここで感情がやりとりされるのである。食事を共にし、お酒を飲みリラックスすることで、会議の時には出なかった人間性が出てくる。会議の時には効率よく意味を交換しようとするために緊張感が生まれる。それを解きほぐす役割が食事を共にすることだ。「シンポジウム」のもとになっているギリシャ語の「シュンポシオン」は※1饗宴(きょうえん)という意味だ。共に食事をすることで分かち合う。分かち合われるのは意味と感情である。

（中略）

論理的能力を競い合い、「意味」の華を盛大に咲かせ合う。華を咲かせている共通の土が感情の共有である。議論においてどちらが勝っているかを示すことが最終目的なのではない。論理的に筋を通すというゲームのルールを守りながら、正々堂々と戦い汗を流す時間を楽しむことが饗宴の趣旨である。どんな対立意見を言い合おうとも、信頼関係が失われない。感情の次元でのやりとりが緊密に行われ信頼関係が築かれているからこそ、思い切った対立意見を述べることができる。そして最後には誰が勝とうとも、ご機嫌な状態で饗宴を終える。実に優れたコミュニケーションの手本である。

（『コミュニケーション力』齋藤孝による）

（注）※1 饗宴(きょうえん)…客をもてなす宴会のこと。

㈠ ══線部㋐・㋑のカタカナの部分の漢字と同じ漢字を用いるものを、それぞれ次の①～④の中から一つ選んで、その番号をマークしなさい。解答番号は㋐が1、㋑が2です。

㋐ ツク
①席にツく。 ②弱点をツく。
③明かりがツく。 ④眠りにツく。

㋑ シ障
①シ情をはさむ。 ②シ急の用事。
③シ店の売り上げ。 ④シ練にたえる。

㈡ ──線部ⓐ「一方通行で情報が流れるだけ」とあるが、その具体例として、**該当しないもの**を、次の①～④の中から一つ選んで、その番号をマークしなさい。解答番号は3です。

①昨日怒らせてしまった友達にいくら話しかけても、冷たい視線を向けるだけで何も言ってくれない。
②テレビのコメンテーターの言葉に腹を立てて、画面に向かって思わず怒鳴り声を上げてしまった。
③好きなスポーツ選手へのファンレターを百通も書いたが、書くだけで満足して一通も出していない。
④「おはようございます」とあいさつする自動販売機にあいさつをかえすと、なにかいい気分になった。

㈢ [I] に当てはまる言葉として最も適当なものを、次の①～④の中から一つ選んで、その番号をマークしなさい。解答番号は4です。

①感情 ②情報 ③状況 ④前提

㈣ ──線部ⓑ「感情面での信頼関係を培うことのできる人は、仕事がスムーズにいき、ミスもカバーしやすい。」とあるが、これと類似した内容を表す言葉として最も適当なものを、次の①～④の中から一つ選んで、その番号をマークしなさい。解答番号は5です。

①漁夫の利 ②渡りに船
③水魚の交わり ④魚心あれば水心

㈤ ──線部ⓒ「しっかりと意味を共感し合う」とあるが、これは本文中においてどのような意味で用いられているか。最も適当なものを、い。トラブルが修復不可能にまでなるときには、必ずと言っていいほど感情の行き違いがある。コミュニケーション力とは、意味を的確につかみ、感情を理解し合う力のことである。

コミュニケーションとは何かを理解しやすくするために、シンプルに座標軸で考えてみよう（前のページ図1参照）。X軸として「感情」、Y軸として「意味」をとる。意味と感情の両方をやりとりできているAゾーンはコミュニケーション良好ゾーンである。それとは対照的な左下にあるDゾーンは、意味も感情もやりとりできていないコミュニケーション不全ゾーンである。たとえば、戦争状態というのは、このDゾーンに踏み込んでいるときだ。お互いの意思を聞き合い、相互に調整するということを放棄した状態である。感情的にも、憎しみだけで向き合っていて、やりとりはない。コミュニケーションへの意志を完全に失った状態が、絶交状態、戦争状態である。

ⓧ左上のBゾーンは、感情はやりとりされていないが、情報は交換されているゾーンである。ⓒしっかりと意味を共感し合う必要のある場面がここに当たる。仕事の場面では、しっかりした意味のやりとりが、何よりも大事だ。意味を取り違えれば、どんな仕事でもトラブルが起きる。顧客が要求している事柄をつかまえることに失敗すれば、当然トラブルになる。たとえばコンビニで商品を買うときは単純なので、むしろにこやかな笑顔がプラスポイントにもなる。しかし、家を建てるときや、仕事上の契約や営業など厳しい場面では、少しの「意味」の取り違えが深刻なもめ事につながることが頻繁にある。そのような事態をあらかじめ防ぎ、あるいは修復するためにコミュニケーション力が必要となる。どこがずれているのか、ということに敏感になることが、コミュニケーション力向上の第一歩である。

［Ⅱ］は、［Ⅲ］が伝えようとしている「意味」をしっかりと受け取っているのか。こうした問いを常に自分に投げかけていると、失敗が少ない。この失敗を防ぐためには、自分で相手の言っている意味を再生して確認するのが最上の方法である。「おっしゃられているのは、……ということですね」と確認してみる。そうすることで、意味のズレをはっきりとさせることができる。意味がずれることが問題なのではない。ずれていることに気づく感覚が大事なのである。意味のズレを微妙に修正していくプロセスを共に踏むことで、信頼関係は強まっていく。

座標軸のⓨ右下のCゾーンは、感情をやりとりするコミュニケーションのゾーンである。これは、恋人同士や家族のような関係において重要なゾーンである。恋人同士では、何気ないことでも笑いあえる。端から見ていれば、何の意味もないと思えるような会話でも、当人たちにとっては最高のコミュニケーションになっているということがある。喫茶店で隣り合わせたカップルがどうでもいい話題で盛り上がっているのを聞いていると、ばかばかしい気持ちになる。それは会話に大した意味がなく、感情だけがやりとりされているからだ。恋人同士という関係においては、意味を常にⓓ生産していくような関係が求められているのではなく、感情を確認しあい強固にしていくことが重要なのである。

実はこのCゾーンは仕事上の関係でも意識的に使われることがよくある。初めて一緒に仕事をすることになった関係では、食事を共にするケースが多い。情報のやりとりだけならば、左上のBゾーンで事足りる。会社の会議室で十分に意思確認はできる。それで仕事に㋑シ障を来すことはない。しかし、一般的にはそのあとで、一緒に食事をすること

【国　語】（四〇分）〈満点：五〇点〉

一　次の文章を読んで、あとの㈠～㈨の問いに答えなさい。

コミュニケーションという言葉は、現代日本にあふれている。コミュニケーション力が重要だという認識は、とみに高まっている。プライベートな人間関係でも仕事でも、コミュニケーション力の欠如からトラブルを招くことが多い。仕事に㋐ツく力として第一にあげられるのも、コミュニケーション力である。コミュニケーションが上手くできない人間とはつきあいたくない、一緒に仕事をしたくない、というのは一般的な感情だろう。

では、コミュニケーションとは何か。それは、端的に言って、意味や感情をやりとりする行為である。ⓐ一方通行で情報が流れるだけでは、コミュニケーションとは呼ばない。テレビのニュースを見ている行為をコミュニケーションとは言わないだろう。やりとりする相互性があるからこそコミュニケーションといえる。

やりとりするのは、主に意味と感情だ。情報伝達＝コミュニケーション、というわけではない。情報を伝達するだけではなく、感情を伝え合い分かち合うこともまたコミュニケーションの重要な役割である。何かトラブルが起きたときに、「コミュニケーションを事前に十分とるべきであった」という言葉がよく使われる。一つには、細やかな状況説明をし、前提となる事柄について共通認識をたくさんつくっておくべきであったという意味である。もう一つは、情報のやりとりだけではなく、感情的にも共感できる部分を増やし、少々の行き違いがあってもそれは修復できるだけの信頼関係をコミュニケーションによって築いておくべきであった、ということである。

意味と感情――この二つの要素をつかまえておけば、コミュニケーションの中心を外すことはない。情報という言葉は、感情の次元をあまり含んでいない言葉だ。情報伝達としてのみコミュニケーションを捉えると、肝心の［　Ⅰ　］理解がおろそかになる。人と人との関係を心地よく濃密にしていくことが、コミュニケーションの大きなねらいの一つだ。したがって感情をお互いに理解することを抜きにすると、トラブルのもとになる。

仕事上のやりとりで、一見、情報だけを交換しているように見えるときがある。そういった状況でも、感情面に気を配ってコミュニケーションしている人とそうでない人とでは、仕事の効率や出来・不出来に違いが出る。人間は感情で動くものだ。情報交換をしているときでも、同時にⓑ感情面での信頼関係を培うことのできる人は、仕事がスムーズにいき、ミスもカバーしやす

図１　コミュニケーションの座標軸

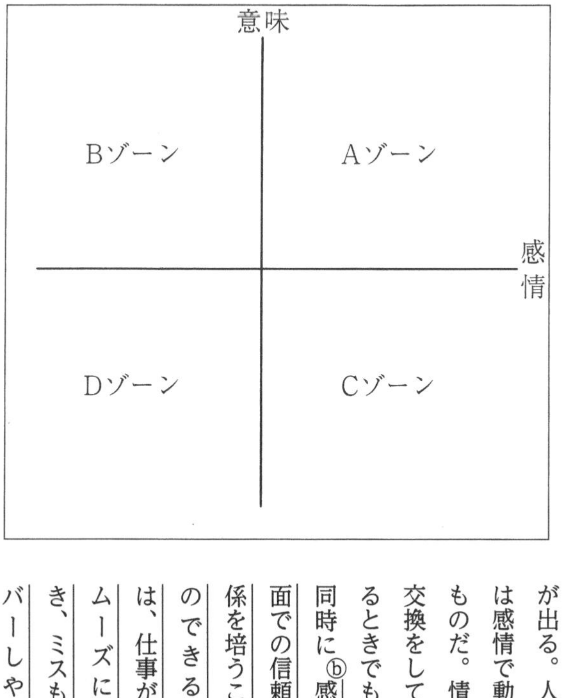

大切なことはメモしておこうネ！

2020年度

解　答　と　解　説

《2020年度の配点は解答欄に掲載してあります。》

＜数学解答＞

1 (1) ア － イ 2 ウ 3 (2) エ 6 オ 8
(3) カ 1 キ 2 ク 2 ケ 3 (4) コ 3 サ 7
(5) シ － ス 4 セ 1

2 ア 1 イ 9

3 (1) ア 4 イ 0 (2) ウ 3 エ 0 オ 9 カ 0

4 (1) ア 1 イ 9 (2) ウ 5 エ 1 オ 2

5 ア 3 イ 0

6 ア 0 イ 1 ウ 2

7 (1) ア － イ 4 ウ 2 (2) エ 7 オ 4 カ 3

○推定配点○

1 各3点×5　2 3点　3 各4点×2((2)完答)　4 各4点×2　5 4点
6 4点(完答)　7 (1) 各2点×2 (2) 4点　計50点

＜数学解説＞

基本 **1** (数・式の計算，因数分解，根号を含む計算，二次方程式，連立方程式)

(1) $-3^3+(-2)^2=-27+4=-23$

(2) 足して2，掛けて-48となる2つの数字は-6と8なので，$x^2+2x-48=(x-6)(x+8)$

(3) $\sqrt{6}(\sqrt{24}+\sqrt{2})=\sqrt{6}(2\sqrt{6}+\sqrt{2})=12+\sqrt{12}=12+2\sqrt{3}$

(4) $\frac{1}{6}x^2-\frac{5}{3}x+\frac{7}{2}=0$の両辺を6倍して，$x^2-10x+21=0$　これを因数分解すると，$(x-3)(x-7)=0$　よって，$x=3$，7

(5) $x+5y=1$…①，$2x-y=-9$…②とすると，①×2－②より，$11y=11$　$y=1$　①に代入して，$x+5=1$　$x=-4$

重要 **2** (根号の性質の利用)

$\sqrt{2500-25n}=5\sqrt{100-n}$となり，これが整数となるためには，$100-n$が平方数となればよい。$n$は正の整数なので，$100-n<100$とわかる。したがって，$100-n=1$，4，9，16，25，36，49，64，81のいずれか。nが最小となるのは，$100-n=81$のときで，$n=19$

重要 **3** (方程式の文章題－1次方程式，連立方程式)

(1) 1人あたり400円支払うことになる場合，20人を超えて入場していることはわかる。ここで，x人$(x>20)$で入場したとすると，入場料の合計は，$500\times20+300\times(x-20)$(円)となり，1人あたり400円支払うことになる場合，$500\times20+300\times(x-20)=400\times x$が成り立つ。これを解いていくと，$10000+300x-6000=400x$　$100x=4000$　$x=40$　よって，40人で入場したときとわかる。

(2)　開始1か月で品物Aが売れた個数をa個，品物Bが売れた個数をb個とすると，セットで売れた個数は，$(150-b)$個とわかる。よって，品物Aについてもともと100個あり，10個売れ残っているので，$a+(150-b)+10=100$　すなわち，$a-b=-60$…①　また売り上げについて，品物Aは1個120円，品物Bは1個70円，セットは1セット180円で売り，売上合計が20700円であったことから，$120a+70b+180(150-b)=20700$　すなわち，$120a-110b=-6300$　$12a-11b=-630$…②　①，②を連立して解くと，$a=30$，$b=90$となり，販売開始1ヶ月で品物Aは30個，品物Bは90個売れたとわかる。

重要 **4**　(確率)

(1)　2つのさいころをA，Bとする。2つのさいころの出る目の組み合わせは全部で6×6＝36通り。この中で，積が24より大きくなるのは，(A，B)＝(5，5)，(5，6)，(6，5)，(6，6)の4通り。したがって，求める確率は，$\frac{4}{36}=\frac{1}{9}$

(2)　(1)と同様に2つのさいころの出る目は全部で36通り。この中で，積が4の倍数になるのは，(A，B)＝(1，4)，(2，2)，(2，4)，(2，6)，(3，4)，(4，1)，(4，2)，(4，3)，(4，4)，(4，5)，(4，6)，(5，4)，(6，2)，(6，4)，(6，6)の15通り。したがって，求める確率は，$\frac{15}{36}=\frac{5}{12}$

やや難 **5**　(平面図形―角度の求値)

△CBDにおいて，内角の和より，∠CBD＝180°－(20＋60＋50)°＝50°なので，∠CDB＝∠CBDとなり，CD＝CBの二等辺三角形とわかる。よって，CD＝CB＝BF

∠EDF＝180°－(50＋30)°＝100°より，△DEFにおいて，∠DFE＝180°－(100＋40)°＝40°　対頂角は等しいので，∠AFB＝∠DFE＝40°　△BDEにて，∠DBE＝180°－(30＋100＋40)°＝10°

ここで，2点C，Fを結ぶ。△BCFはBC＝BFかつ∠CBF＝60°より，正三角形とわかり，∠BCF＝∠BFC＝60°かつBC＝BF＝CF…①　よって，∠ACF＝40°，∠AFC＝100°である。すなわち，△CFAにおいて，∠FAC＝180°－(40＋100)°＝40°となり，FA＝FCの二等辺三角形とわかる。よって，CF＝AF…②　①，②より，△ABFはAF＝BFの二等辺三角形とわかり，その底角は等しく，∠AFB＝40°より，∠FAB＝∠FBA＝70°　したがって，∠x＝70°－40°＝30°といえる。

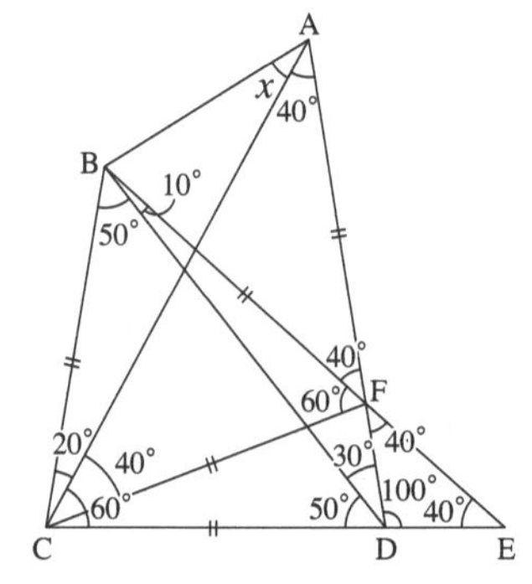

6　(数学的思考法を用いた整数の問題)

$n+4=a^2$より，a^2は平方数なので，$n+4=1$，4，9，16，25，36，49，64，…　$4n+1=b^2$より，b^2は平方数なので，$4n+1=1$，4，9，16，25，36，49，64，…といえる。ここで，$4n+1$は奇数であることから，$4n+1=1$，9，25，49，81，121，169，225，…としぼることができ，簡単にすると，$4n=0$，8，24，48，80，120，168，224，…　$n=0$，2，6，12，20，30，42，56，…　……①である。すると，nは偶数しか存在せず，$n+4$も偶数とわかり，$n+4=4$，16，36，64，100，144，…となり，簡単にすると，$n=0$，12，32，60，96，140，…　……②　①，②から共通するnの値を探すと，$n=0$，12であり，それ以降は3ケタ以上の値となり解答欄に合わない。よって，求める整数nの値は，$n=0$，12

7　(関数と図形―$y=ax^2$のグラフと座標，台形を2等分する直線)

(1)　点Aのx座標が3かつOA：BC＝3：11であり，点Cのx座標が7であるので，点Bのx座標は7－

11＝−4

また，点B(−4，32)と決まるので，これが$y=ax^2$のグラフ上にあることから，$32=a\times(-4)^2$ これを解いて，$a=2$

重要 (2) OA：BC＝3：11かつBD：DC＝7：4より，OA＋DC＝BDであることから，△OBDと台形OACDの面積は等しいことがわかる。よって，台形OACBの面積を2等分する直線は，直線ODである。

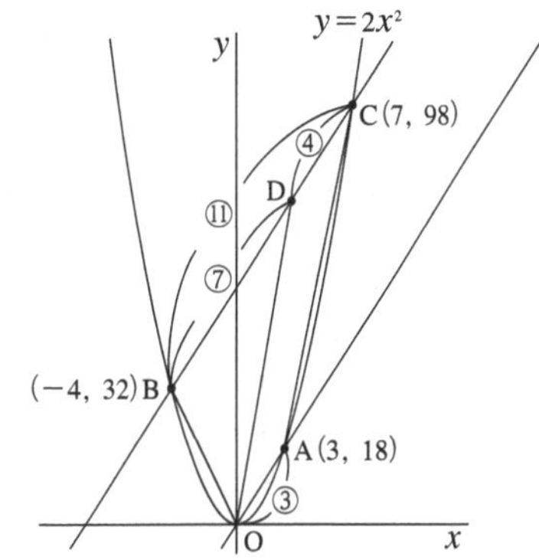

(1)より，A(3，18)なので，直線OAの傾きは$\frac{18}{3}=6$である。また，B(−4，32)，C(7，98)であり，OA//BCなので，直線BCは傾きが6とわかり，$y=6x+b$とおくことができる。これにB(−4，32)を代入すると，$32=6\times(-4)+b$　$b=56$　よって，直線BCの式は$y=6x+56$となる。さらに，BD：DC＝7：4より，点Dのx座標は−4＋7＝3なので，y座標は$y=6\times3+56=74$となり，D(3，74)　したがって，直線ODの傾きは$\frac{74}{3}$である。

★ワンポイントアドバイス★

難問奇問はなく，入試問題定番の良問で構成されている。すべて基本～標準レベルの問題なので，まずは教科書を徹底的に理解し，その後，入試問題集でよく出る問題から確実に攻略していこう。努力が点数に反映されやすい構成になっているので，最後まであきらめず努力しよう。

＜英語解答＞

【聞き取り】

Q1 a　Q2 d　Q3 b　Q4 b　Q5 c

【筆記】

1 (1) ①　(2) ④　(3) ③　(4) ③　(5) ②

2 (1) ③　(2) ②　(3) ①　(4) ④　(5) ③

3 (1) ②　(2) ③　(3) ①　(4) ①　(5) ④

4 (例) I think studying at school during the summer vacation is good for their body rhythm. Because they can keep regular hours by coming to school.

○推定配点○

【聞き取り】 各2点×5　【筆記】 1 各2点×5　2 各2点×5　3 各2点×5

4 10点　計50点

＜英語解説＞

【聞き取り】

Number 1

A：Hello, this is SHS company. Who's calling, please?

B : Hello, this is Emma Taylor. May I speak to Mr. Gomez?

A : I'm sorry, but he is out now. Would you like to leave a message?

Question Number 1 What is the woman going to say next?

a. No, thank you. I will call again tomorrow.
b. I don't know Mr. Gomez.
c. I'm working for the company.
d. Yes. I will take your message.

Number 2

A : Are you ready to order?

B : Yes. I would like curry. Which one is the best?

A : Beef curry is delicious and very popular.

B : OK. I will get it.

A : Would you like something to drink?

Question Number 2 What is the customer going to say next?

a. I don't like beef.
b. What curry do you like?
c. I didn't like chocolate when I was a child.
d. Orange juice, please.

Number 3

A : Hi, Eriko. Do you have any plans tomorrow?

B : No, I don't. I have nothing to do.

A : Shall we go to Nagoya art museum?

B : Sounds interesting! What time do you want to meet?

A : How about 12 o'clock? Let's have lunch before we go to the museum.

Question Number 3 What is Eriko going to say next?

a. I will be busy tomorrow.
b. That's a good idea.
c. I didn't have lunch yesterday.
d. I have already had lunch.

Number 4, 5

Woman : Excuse me. Can I get a map of the city?

Man : Yes, you can. Here you are.

Woman : Thank you. I want to go to Sakura Hotel. How can I get there?

Man : You can go there by bus. First, take bus number 31. Then get off the bus at the third stop and you will see the hotel across the street.

Woman : I see. Do you know any good places for sightseeing?

Man : Flower Park is a very good place to visit. You can see a lot of beautiful flowers and hold some small animals such as rabbits and dogs. Also there is a river in the park, so you can go fishing.

Woman : Wow! Great! I will go there tomorrow. Thank you for your help.

Man : You're welcome. Have a nice holiday.

Question Number 4 Which bus will the woman take?

a. Bus number 13.
b. Bus number 31.
c. The third bus stop.
d. The thirteenth bus stop.

Question Number 5　What can the woman do in the park?

a. Play soccer.
b. See a lot of stars.
c. Hold some small animals.
d. Build a tree house.

（全訳）

1番

A：もしもし，こちらはSHSカンパニーです。どなたが電話をおかけでしょうか？
B：もしもし，こちらはエマ・テイラーです。ゴメスさんとお話ししたいのですが。
A：すみませんが，彼は今外出中です。伝言をお残しになりたいですか？
質問1　女性は次に何と言うか。
a. いいえ，結構です。明日，また電話します。
b. 私はゴメス氏を存じ上げておりません。
c. 私はその会社に勤めています。
d. はい。あなたの伝言を承りましょう。

2番

A：ご注文をお伺いしてもいいですか？
B：はい。カレーが食べたいのですが，どれが一番良いですか？
A：ビーフカレーが美味しくて，とても人気があります。
B：わかりました。それにします。
A：お飲み物はいかがなさいますか？
質問2　客は次に何と言うか。
a. 私は牛肉が好きではありません。
b. どのカレーがあなたは好きですか？
c. 小さい頃，私はチョコレートが好きではありませんでした。
d. オレンジジュースをお願いします。

3番

A：こんにちは，エリコ。明日，何か予定がありますか？
B：いいえ，ないです。何もすることはありません。
A：名古屋市美術館へ行きましょうか？
B：面白そうですね。何時に集合しましょうか？
A：12時はどうですか。美術館へ行く前に，昼食を食べましょう。
質問3　次にエリコは何と言うか。
a. 明日は忙しくなるでしょう。　　b. それは良い考えです。
c. 昨日，昼食を食べませんでした。　　d. すでに昼食を食べました。

4番と5番

女性：すみません。市の地図をいただけますか？
男性：はい，どうぞ。

女性：ありがとうございます。サクラホテルへ行きたいのですが，ここからどうやって行けば良いですか？

男性：そこまでバスで行くことができます。まず，31番のバスに乗ってください。そして，3番目のバス停で降りれば，通りの向かいにホテルが見えます。

女性：わかりました。観光に良い場所はどこか知っていますか？

男性：フラワー・パークは訪問されるには良い場所です。たくさんの美しい花を見ることができ，ウサギや犬のような小動物を抱くことができます。また，公園には川があって，魚を釣ることができます。

女性：わあ！　素晴らしい！　明日，そこに行きます。手伝っていただきありがとうございました。

男性：どういたしまして。素晴らしい休日をお過ごしください。

質問4　どのバスに女性は乗るか。

a.　13番のバス。　b.　31番のバス。　c.　3番目のバス停。　d.　13番目のバス停。

質問5　公園で女性は何をすることができるか。

a.　サッカーをする。　b.　多くの星を見る。

c.　小動物を抱く。　d.　木の上の家[ツリーハウス]を作る。

【筆記】

1　**(会話文問題：語句補充・選択，要旨把握，不定詞，助動詞)**

(全訳)　ダニー：やあ，サクラ！　素敵な帽子をかぶっているね。どこでそれを買ったの？

サクラ：地元のデパートで買ったの。20ドルだったけど，特売だったから，わずか5ドルで買ったわ。

ダニー：わあ！　それはすごいね。君は原価から①75%割り引いて買ったんだね。君は買い物上手だなあ。僕は新しいセーターを買いたいと思っている。デパートの特売はまだ続いているのかな？

サクラ：ええ，続いている。全てのものを特価で買うことができるのよ。私は掲示を見た。そこには『4品購入で，1品無料』と書かれていたわ。

ダニー：それって，元の値段の②20%割引で購入できるということ？

サクラ：そうね，原価の$\frac{4}{5}$で買える。

ダニー：わかったよ。そのデパートがどこにあるのか教えてくれない？

サクラ：いいわ。清林駅からそこへの行き方を教えるね。1区画北に進み，左折する。直進して，次の角で右折する。右側に消防署が見える。デパートは市役所の隣よ。

ダニー：わかった。図書館にとても近いんだね。買い物へ行った後に，図書館で英語を勉強しよう。

サクラ：いいわね。英語を勉強した後に，郵便局の隣のコーヒー店に行きましょう。

ダニー：それは角の新しいコーヒー店のことかな？

サクラ：その通り。では，そのときにね。

ダニー：さようなら。

やや難　(1)　直前の「20ドルだったが，特売だったので，わずか5ドルで買った」というサクラの発言から考える。空所①の後の off the original price は「元の値段から割り引いて[差し引いて]」の意で，選択肢はすべて%表示になっている。つまり，割引率を答えれば良いことになる。割引の金額は20ドル−5ドル＝15ドル　割引率は15ドル÷20ドル＝0.75で正解は75%となる。

やや難　(2)「サクラ：掲示には『4つ購入で，1つ無料』と書かれていた。」「ダニー：それって，元の値段の［②］割引で購入できるということ？」 つまり，5品購入して，価格は4品分で，1品分の割引となる。割引率は1÷5＝0.2で20％である。

重要 (3) デパートの位置はサクラの4番目の発言で説明されている。ちなみに，消防署の地図記号は Y で，市役所の地図記号は ◎ である。〈how ＋不定詞［to ＋原形］〉「～する方法」，block「(町の)一区画」，turn right［left］「右［左］折する」， on one's right［left］「右［左］側に」

基本 (4) 本文より，コーヒー店は郵便局の隣にあり，G・Hの2候補中，角にある方と述べられているので，正解はGとなる。郵便局の地図記号は 〒。Shall we ～?「～しましょうか」，on the corner「角に」

重要 (5) ①「ダニーは素敵なセーターを買った」(×) ダニーはこれからセーターを購入したいと思っているのであって，実際には買っていない(ダニーの2番目の発言)。 ②「ダニーとサクラはコーヒー店に行くつもりだ」(○) サクラは5番目の発言で，コーヒー店に行くことを提案し，ダニーが店の場所を確認した後に，サクラが改めて See you then.「そのときにね」と述べている。以上の話の流れから，二人でコーヒー店に行くであろうことが確認できる。 ③「サクラは売るために［の］帽子を買った」(×) 言及なし。sell 動詞「売る」， sale「売ること／特売，安売り，バーゲン」， on sale「売られて／特売で」本文で使われている sale は下線の意味なので注意。 ④「サクラは手紙を出すために郵便局へ行った」(×) コーヒー店の位置を確認するために郵便局について言及されただけで，実際には郵便局へ行っていない。

2 **(長文読解問題・物語文：語句整序，語句補充・選択，文挿入，要旨把握，間接疑問文，進行形，不定詞，分詞，受動態，比較，接続詞，動名詞)**

(全訳) マキは中学校の3年生だった。彼女は懸命に勉強をしなかった。彼女はバスケットボール部に所属していたが，あまり(バスケットボールが)上手ではなかった。チームが試合に参加する際には，彼女はいつも控え選手席にいた。

夏休み前に，マキ，彼女の先生，そして，彼女の母が教室にいた。彼女の先生が彼女に尋ねた。「自分が行く高校について決めましたか？」「いいえ」とマキは答えた。「あなたは本当に高校へ行きたいのですか？」彼女の先生は再び尋ねた。「そうですね…，もちろん…」しかし，彼女ははっきりと返事をしなかった。「したいことがなければ，高校へ行く必要はないわ。あなたはこれまで懸命に勉強してこなかった。卒業後に働いても良いのよ」彼女の母は言った。次の学期までに，彼女は高校のことを決める必要がある旨を，マキの先生は彼女に告げた。

夏休み中のある日に，マキは奈良に住む彼女の祖父母宅を訪れた。そこは自然に囲まれており，彼女はそこへ行くたびに，いつもくつろぐことができた。日中には，彼女は祖父母の仕事を手伝った。彼らは自分らの畑で多くの野菜を栽培していて，彼らが地面からニンジンを引き抜くのを彼女は手伝った。彼女が何本か引き抜いている間に，彼女の祖父は「まだ高校を決めていないと聞いたよ」と言った。「ええ。高校へ行った方が良いということはわかっていますが，勉強することの目的が私にはわかりません」と彼女は返事した。彼は「もちろん，学生は，良い高校や大学へ入るために勉強をするのだろうけれども，私の考えでは，人々は長い間(1)生きるために勉強をするのだと思うよ」と応じた。そのとき，彼が何を言っているのかが，彼女にはわからなかった。彼は話を続けた。「私はいつも7時に起床して，新聞を読むようにしている。これが私の勉強法の一部なのさ」彼女は「新聞を読むことで長く(1)生きることができるということですか？」と尋ねた。彼は答えた。「そうだね。それが人生の私の目的なのさ。全く勉強をしたことがない少女について知っているかな？」「いいえ。学校へ行くことができなかった少女のことですか？」と彼女は応答した。彼は「いや，違うよ。オオカミに育てられた少女のことだよ」と言った。彼女はそのことを聞いて驚いた。「もし人が動物に育てられたらどうなるのですか？」と彼女は言った。彼は答えた。「言葉を全く学ぶことができないのさ。え書き言葉や話し言葉でさえ学ばないということだよ。さらに，若くして死んでしまうのさ。このことをどう思う？」彼女は一言も言葉を発することができなかった。

その後，私の娘は少しだけ変わった。彼女は自分の進む高校を決定した。彼女は一生懸命に勉強し出して，毎日，新聞を読むことさえ始めた。彼女の母はそのことを知って喜んだ。おそらく彼女の祖父が彼女を変えたのだろう。年配の人たちから，私たちは多くを学ぶことができる。次の春休みに，私たちの家族が祖父母宅へ行き，彼らに彼女の成功を告げることを，私は(2)望んでいる。

やや難 (1)　この文章の著者を答える問題。第4段落の最初の文に my daughter「私の娘」という言葉が出てくるので，マキの両親のどちらかということになる。同段落4文に her mother「彼女の母」と3人称でマキの母のことを述べているので，母親ではなくて，父親ということになる。

重要 (2)　(She) didn't know what he was saying (then.)「そのとき，彼が何を言っているかが彼女にはわからなかった」主語 she に続く動詞は，語群から didn't know であることは明らかである。あとは語群から「彼女は彼が何を言っているかを知らなかった」の意になるように，下線部に相当する英語を考えれば良い。「彼は何を言っていたか」は，What was he saying? だが，間接疑問文(疑問文が他の文に組み込まれた形)では，〈疑問詞＋主語＋動詞〉の語順になるので注意。

やや難 (3)　3つの空所の文意は以下の通り。「けれど，人々は長い間 (1) ために勉強をするのだと思う」／「『新聞を読むので，長く (1) ことができるということですか？』と尋ねた」／「次の春休みに，私たち家族が祖父母宅へ行き，彼らに彼女の成功を告げることを，私は (2) 」一方，選択肢は，live「生きる」，hope「望む」，see「見る」の3つの動詞から構成されている。文脈から，(1)「生きる」と(2)「望む」の組み合わせがふさわしいことになる。

基本 (4)　挿入文は「彼らは書き言葉や話し言葉さえ学ばない」の意。空所4箇所のうち，複数主語 they 及び，文脈上ふさわしいのは，動物に育てられた人間に関する え のみである。「もし人が動物に育てられたらどうなるか」→「言葉を全く学ぶことができない。え書き言葉や話し言葉さえ学ばない。さらに，若くして死んでしまう」 not ~ at all「全く～でない」，younger「年少の」

重要 (5)　①「マキは有能なバスケットボール選手だ」(×)　第1段落3文に一致しない。not ~ very「あまり…でない」 ②「マキは卒業後に働きたかった」(×)　言及なし。卒業後の就職に触れたのはマキの母(第2段落最後から2文目)。　③「マキはなぜ人々が勉強をするのかがわからなかったが，彼女の祖父が彼女にヒントを与えた」(○)　第3段落でマキは I don't know the purpose of studying「勉強することの目的がわからない」と述べていて，第4段落5文で「祖父がマキを変えた」という記述がある。know why people study は間接疑問文の語順になる。　④「マキは祖父母が野菜を売るのを手伝った」(×)　マキが手伝ったのは，ニンジンの収穫である(第3段落4文)。〈help＋人＋不定詞[to＋原形]〉「人が～することを手伝う」

3 **(長文読解問題・エッセイ：単語・同意語，語句整序，語句補充・選択，語句解釈，内容吟味，要旨把握，前置詞，進行形，不定詞，助動詞)**

(全訳)　劇場で映画を観に出かけることを好む人々がいる一方で，DVDを借りて家で観るのが好きな人たちもいる。どのようなことにも，良いことや悪い点が常に存在している。

私の友人の一人は映画がとても好きだ。彼は毎週，5，6作品以上(の映画)を鑑賞している。彼は映画館へ行くよりも，自宅でDVDで映画を観ることを好む。というのも，とても多くの人たちに囲まれて，暗闇の中にいることを彼は快適だと感じないからだ。ポップコーンを食べたり，笑ったり，大声で話したりといった類の音を他の人々がたてると，彼は映画に集中できなくなる。家で映画を観れば，ひとりになれて，静かに観ることができ，他の人にわずらわされることがない。彼によると，自宅は完ぺきな場所だという。他の人たちのことを気にせずに，彼は泣いたり笑ったりしたいのである。彼は大きなソファーでくつろぎもしたいのだ。

私は，劇場へ映画を観に行く方がよりわくわくして刺激的だと思っている。大型スクリーン，美しい画像，そして，力強い音が理由で，劇場が多くの人々が引きつけているのだ。映画館で映画を観ることは，自宅で映画を観ることとは，かなり違う。あるいは，他の人たちと一緒に，笑ったり，泣き叫んだり，怒ったりする方が，はるかに映画を楽しむことができると私は感じている。そのことで，③連帯感が生まれる環境が形成されるのだ。このようにして，おもしろい映画を観ることで人々はより楽しくなり，恐怖映画をより恐ろしいものだと感じられるのである。

あるいは，自宅だと，くつろぎすぎてしまい，興味を抱くことができないかもしれない。周囲に変化がないからだ。でも，映画館へ行くと，環境が自宅とはまるで異なり，新鮮に感じられて，単にその変化だけで，わくわく感が一層高まるであろう。私の場合には，映画館に足を踏み入れた際，たとえ少しばかり悲しんでいたり，怒っていたりしていても，映画館を後にするときには，全ての悩みが消えてしまっている。疲れ切っているときは，私はこのことでとても救われる。

映画の好みに関しても，友人と私の間では多少の違いがある。彼は外国の映画，特にアメリカのものが好みだ。それらを観ることで，彼の英語力は劇的に向上している。彼は近い将来，留学することを望んでいる。彼は英語を学ぶために好きな映画を活用しているのだ。彼によると，アメリ映画の方が興味深くて，刺激的な場面が多く，そのことで，彼はますます勉強をしたいという意欲が強まるそうだ。

私は日本の映画の方がはるかに好きだ。というのは，共感することがとても多いからだ。言語だけではなくて，文化も含めて，日米の意思疎通法には大きな隔たりがある。他国に関してより詳しくなることは重要だが，日本の映画を観ると，私は単純により安心できる。すべてのせりふと登場人物の感情が理解できるからだ。

ともかく，外国映画でも，日本映画でも，好きな映画を選ぶことができるし，劇場でも，自宅でも，映画鑑賞をするお気に入りの場所を選択することが可能だ。どのような場所においても，いかなる種類の映画でも，それを観るだけで，私たちは全てを忘れて，何事も悩まなくなる。

基本 (1) film には「(写真の)フィルム／映画」の意味があり，ここでは movie(picture)「映画」の意味で使われている。

やや難 (2) (One) of my friends loves movies a lot(.) 「私の友人の一人が映画をとても愛している」〈one of ＋複数名詞〉「～のうちの一人[ひとつ]」単数扱いになることに注意。

重要 (3) 空所②を含む英文は，「大声で話をしたり，笑ったり，ポップコーンを食べたり，というように，他人が(　②　)ときに，彼は映画に集中できない」の意。下線部は，すべて音を出す行為の例示としてとらえることができるので，make sounds「音をだす」が正解。前置詞の like は「～のような」の意。

やや難 (4) 「他の人たちと一緒に笑い，泣き叫び，怒った方が，はるかに楽しめると思う。そのことで，［　③　］が形成される」 an atmosphere of togetherness の文字通りの意味は「一緒であることの雰囲気」であり，一緒に感情を表すことで，何が形成されるかを考えること。正解は「連帯感が生まれる環境」。ちなみに togetherness 1語で「連帯感，一体感，近親感」の意味を表す。

重要 (5) ①「著者は外へ出かけるのが好きではない」(×) 第3段落で，著者は劇場に出かけて行って映画を観る方が好きだ，と述べているので，不一致。 ②「アメリカ映画ではなくて，日本映画を観るべきだ，と著者は発言することを望んでいる」(×) 第6段落で，著者の好みは日本映画である，とは記されているが，日本映画を観るべきであると主張していない。 ③「著者は劇場で友達に会いたくない」(×) 言及なし。 ④「どのような場所であっても，どのような映画でも，それを楽しむことが重要である，ということを著者は伝えたい」(○)　全体を通じて，映画の鑑賞場所や映画の種類に関して，特定のものを著者は勧めていない。最終文の内容に一致。worry about「～について心配する」

やや難 4 (文法問題：条件英作文)

「夏休みの間であっても，高校生は学校で勉強をするべきだと思うか」

(解答例和訳)「夏休み期間中に学校で勉強をすることは体のリズムには良いと思う。学校へ来ることで，規則的な時間を過ごすことができるからだ。」

think と because を使うようにという指示なので，自分の意見としてまとめること(I think ～)と，理由を添えることが求められている。

★ワンポイントアドバイス★

4では条件英作文が出題された。まず，求められている条件を確認して，それらの条件を充たす英文を書かなければならない。英作文は自己チェックが最もしづらい分野なので，他の人に添削してもらうことが肝要である。

<理科解答>

1 (1) 1 ③　(2) 2 ②　(3) 3 ⑤　(4) 4 ②　(5) 5 ③
(6) 6 ⑤

2 (1) 7 ④　(2) 8 ①　(3) 9 ②　(4) 10 ①　(5) 11 ②
(6) 12 ③　(7) 13 ②

3 (1) 14 ②　15 ⑥　(2) 16 ③　(3) 17 ②　(4) 18 ①　(5) 19 ④
(6) 20 ③

4 (1) 21 ⑤　(2) 22 ②　(3) 23 ④　(4) 24 ②　(5) 25 ⑤　26 ⑥

○推定配点○

1 各2点×6　2 各2点×7　3 各2点×7　4 (1)～(4) 各2点×4
(5) 各1点×2　計50点

<理科解説>

1 (大地の動き・地震・天気の変化)

重要 (1) 地震が発生するとP波とS波が同時に発生する。初期微動を起こすP波は，主要動を起こすS波よりも速く伝わる。

基本 (2) 震源距離と初期微動継続時間は比例の関係にある。震源から60km離れたX点での初期微動継続時間は，5時47分03秒－5時46分57秒＝6(秒間)なので，60(km)：6(秒間)＝160(km)：X(秒間)より，Y点での初期微動継続時間は16秒間である。

やや難 (3) S波は，X点とY点での到着時間の差から，100kmを5時47分18秒－5時47分03秒＝15(秒)で移動することがわかる。よって，S波の速さは，100(km)÷15(秒)＝$\frac{20}{3}$(km/秒)である。よって，地震発生から60km進むのに，S波は60(km)÷$\frac{20}{3}$(km/秒)＝9(秒)かかるので，地震が発生した時刻は，5時47分03秒－9秒＝5時46分54秒である。

重要 (4) 地震が発生した場所を震源といい，震源の真上を震央というので，②は間違いである。

重要 (5) 梅雨の時期には梅雨前線が日本にみられることが多いので，③が正解である。

重要 (6) 冬にシベリアから日本に吹いてくる風は，日本海を通過する際に水分を取り入れるため湿った空気となる。この風が日本の山脈に当たると，上昇気流となり，日本海側で雪を降らせる。

2 (植物の体のしくみ)

重要 (1) 植物は，二酸化炭素と水を材料とし，光のエネルギーを得て，デンプンと酸素を作り出す。このはたらきを光合成という。

重要 (2) アオカビは，菌類なので，葉緑体を持たない。

重要 (3) 生態系において，自分で栄養分を作る生物のことを生産者という。

重要 (4) 植物の葉の気孔から水が水蒸気となって出ていくことを蒸散という。

基本 (5) 比べる実験は，比べるもの以外すべて同じ条件にするので，メスシリンダーに少量の油を注がなくてはいけない。また，植物Zの葉にワセリンをぬらなければ，植物XとZを比べると，葉の裏側からの蒸散量が，植物YとZを比べると，葉の表側からの蒸散量がわかる。

重要 (6) 顕微鏡で観察するときは，まず反射鏡を使い最も明るい位置を決めてから，プレパラートをのせる。その後，低倍率の対物レンズとプレパラートを近づけ，ピントを合わせる。

基本 (7) 顕微鏡を高倍率にすると，観察したいものの面積が拡大される。しかし，観察物に当たっている光の量は同じなので，拡大する前と比べると，目に入ってくる光の量が少なくなる。

3 (光の性質・電流と電圧)

重要 (1) 水面で反射した光は，入射角と反射角が等しくなるので，②である。空気中から，水中に光が進むとき，水面から少し遠ざかるようにして進むので，水中を進む光の道すじは，⑥である。

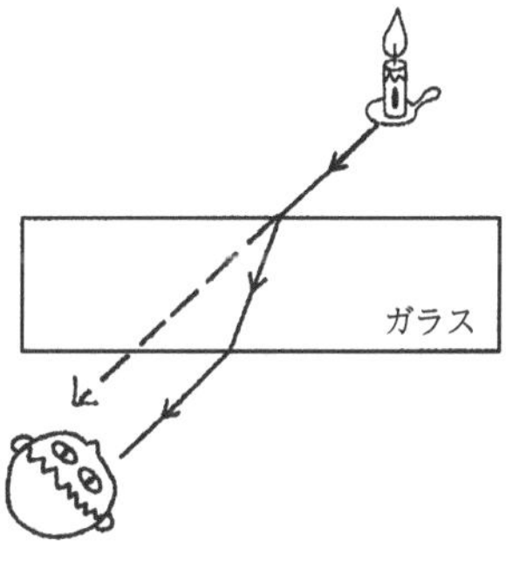

基本 (2) 水面から出た光の延長線上に物体が見えるので，物体は図2の③の位置にあるように見える。

基本 (3) 右図のように，ロウソクの上部は点線の位置に見え，下部は実線の位置に見えるので，ろうそくの見え方は，②となる。

重要 (4) 電流計アには0.25Aの電流が流れているので，12Ωの抵抗に0.25Aの電流が流れていることがわかる。V＝RI(電圧(V)＝抵抗(Ω)×電流(A))より，12Ωの抵抗にかかる電圧は，12(Ω)×0.25(A)＝3.0(V)である。

やや難 (5) 並列につながっている部分は，抵抗と電流が逆比の関係になるため，4.0Ωに流れる電流は，1：3＝0.25(A)：x(A)より，0.75Aとなる。よって，電流計イに流れる電流は，0.25(A)＋0.75(A)＝1.0(A)となる。

やや難 (6) 回路全体の抵抗は，8.0(V)＝x(Ω)×1.0(A)より，8.0Ωとなる。よって，並列部分の合成抵抗は，$\frac{1}{12(\Omega)}+\frac{1}{4.0(\Omega)}=\frac{1}{3(\Omega)}$より，3Ωとなるので，抵抗rは8.0(Ω)－3.0(Ω)＝5.0(Ω)である。

4 (物質とその変化・中和)

重要 (1) 鉄粉と硫黄をよく混ぜ加熱し，赤くなったところで加熱をやめても反応はそのまま進む。鉄粉と硫黄を加熱すると硫化鉄ができる。硫化鉄は磁石にくっつかない。また，硫化鉄を塩酸と反応させると，硫化水素というにおいのある気体が発生する。

重要 (2) 銅板の上に硫黄の粉末を置いくと，硫化銅とよばれる硫化物ができる。

やや難 (3) 酸化銅に結びついている酸素が炭素と反応し，二酸化炭素になったと考えられる。二酸化炭素分子を構成する炭素原子1個と酸素原子1個の質量比は3：8なので，炭素原子1個：酸素原子

1個：二酸化炭素分子1個の質量比は，3：8：11となる。実験では，1.1gの二酸化炭素が発生したので，1.1gの二酸化炭素に含まれる酸素は8：11＝x(g)：1.1(g)より，0.8(g)となる。よって，酸化銅4.0gに含まれる銅は，4.0(g)－0.8(g)＝3.2(g)なので，その割合は$\frac{3.2(g)}{4.0(g)}$×100＝80(%)である。

基本 (4)　水酸化バリウム水溶液10mLがすべてうすい硫酸と反応すると，468mgの沈殿が生じるので，水酸化バリウム水溶液5mLがすべてうすい硫酸と反応すると，468(mg)÷2＝234(mg)の沈殿が発生する。

やや難 (5)　X　グラフからうすい硫酸20mLは水酸化バリウム水溶液10mLと過不足なく反応し，468(mL)の沈殿を生じさせることがわかる。この数値を基準とする。うすい硫酸25mLと水酸化バリウム水溶液15mLをまぜると，うすい硫酸は基準と比べると$\frac{5}{4}$倍，水酸化バリウム水溶液は$\frac{3}{2}$倍となり，うすい硫酸がすべて反応し，水酸化バリウム水溶液は余ることがわかる。よって，発生する沈殿は，468(mL)×$\frac{5}{4}$＝585(mg)である。

やや難 Y　沈殿の質量が基準の702(mg)÷468(mg)＝1.5(倍(なので，うすい硫酸の体積は，20(mL)×1.5＝30(mL)である。

★ワンポイントアドバイス★

問題文の情報を見逃さない読解力を身につけよう。

＜社会解答＞

1	(1) 1 ③	(2) 2 ②	(3) 3 ①	(4) 4 ③	(5) 5 ①
	(6) 6 ④	(7) 7 ①	(8) 8 ④		
2	(1) 9 ②	(2) 10 ④	(3) 11 ②	(4) 12 ③	(5) 13 ③
	(6) 14 ①	(7) 15 ①	(8) 16 ①	(9) 17 ③	
3	(1) 18 ⑥	(2) 19 ④	(3) 20 ②	(4) 21 ①	
4	(1) 22 ③	(2) 23 ③	(3) 24 ②	(4) 25 ③	

○推定配点○

1　各2点×8　　2　各2点×9　　3　各2点×4　　4　各2点×4　　計50点

＜社会解説＞

1　(地理―日本と世界の地形と諸地域の特徴，産業)

(1)　ロッキー山脈は太平洋側にあるのでaは誤りとなる。キューバはNAFTAには加盟していないのでdは誤りとなる。

(2)　オーストラリアの輸出品は，昔から変わらず羊毛の占める割合が多いので，bは誤りである。オーストラリアの先住民はアボリジニであるので，cは誤りである。

(3)　Aは1番降水量が少ない。したがって，地中海性気候に属するバルセロナである。Bは夏と冬が逆である南半球の都市である。したがって，リオ・デ・ジャネイロとなる。

(4)　①はカタール，②はシンガポール，③はスイス，④は南アフリカ共和国に該当する。

(5)　等高線の間隔が1番広い①が，最も傾斜が緩やかといえる。

基本 (6)　中部地方に属する県は，南から愛知県，静岡県，岐阜県，山梨県，長野県，福井県，石川県，富山県，新潟県の9つである。

重要 (7)　戦前には国内の鉄鋼の半分以上を生産する工業地域に発展したということから，かつて，八幡製鉄所があった北九州工業地帯であることがわかる。この地域は，エネルギー革命によってエネルギー源が石炭から石油に変わると，鉄鋼の生産は減少し，現在ではICや自動車の工場が進出している。

(8)　Aは，メロンやレタスの産地として有名な茨城県である。茨城県と千葉県の県境には，流域面積が日本最大の利根川が流れている。

2　(歴史―日本の各時代の特色，政治・外交史，社会・経済史，日本史と世界史の関連)

(1)　9世紀中頃から藤原氏一族は他の貴族をしりぞけながら力を伸ばし，天皇が幼いときは摂政，成人すると関白という職について政治を独占した。10世紀中頃から，常に摂政・関白が置かれるようになりこれを摂関政治と呼ぶ。

(2)　源氏の将軍が3代で絶えると，京都で院政を行っていた後鳥羽上皇は，1221年，幕府をたおそうとして兵をあげた。しかし，北条氏に率いられた幕府の大軍に敗れ，隠岐に流された。これを承久の乱という。

(3)　猿楽や田楽は，室町時代には，観阿弥と世阿弥によって能(能楽)として大成された。

基本 (4)　家康は，貿易による利益を重視し，大名や大商人に海外渡航を許可する朱印状をあたえ，貿易を幕府の統制化においた。これを朱印船貿易という。

(5)　田沼の政治が行われていた頃の18世紀には，イギリスでは産業革命が起こっていた。

(6)　明治政府は五箇条の御誓文を出し，人々の意見を広く集め，世論に基づく政治を実現する，外国との交際を深めて国家を発展させるなどという，新政府の政治方針を内外に示した。

やや難 (7)　第一次世界大戦中の日本には連合国から軍事品の注文が相次ぎ，造船・鉄鋼業が発展した。ヨーロッパからの輸入が減少した中国に対しては，綿糸・綿織物などの輸出が急増し，アメリカへは生糸の輸出も増えた。こうして日本経済は，かつてない好景気をむかえた。

(8)　④ロシア革命(1917年)→③国際連盟設立(1920年)→①世界恐慌(1929年)・ニューディール政策(1933年)→第二次世界大戦始まる(1939年)である。

(9)　①，②，④はいずれも戦前に日本政府が行ったことである。

3　(公民―政治のしくみ，その他)

(1)　国民が，政治について正しい判断を下すには，国や地方公共団体がどのような活動をしているか，知る必要がある。そのための権利を知る権利という。プライバシーの権利は，私たちの私生活が他人から干渉されないという権利で，自分らしく生きていくために欠かせない権利である。

(2)　比例代表制は，小選挙区制と比べて，死票が少なく，国民の意見を反映しやすい。比例代表のドント式は次のとおりである。①　各政党の得票数を1，2，3の整数で割る。②　①で得られた商が大きな順に，定数(ここでは10人)まで各政党に議席配分する。このやり方で計算するとB党は当選者が3名となる。

(3)　大きな政府に求められるのは，社会保障や雇用対策など国民生活の広い範囲をカバーすることである。そのため，行政組織の財政や人員の規模が大きくなり，無駄や非効率が生じることがある。そこで，行政を効率化し，無駄な仕事を減らし，新しい要望に応えていく行政改革が進められている。

やや難 (4)　地方税は自主財源である。したがって，歳入全体に対する地方税の占める割合は，12744÷

22634≒0.56(約56%)となり，aが正しい。国からの補助金で用途が示されているのは国庫支出金である。したがって，補助金全体の対する国庫支出金の割合は，2077÷22634≒0.71(約71%)となり，bが正しい。

4 (公民ー経済生活，その他)

(1) 自由な経済活動を行う私企業が中心となった経済を，資本主義経済という。この経済のもとでは，生産量や価格が市場によって調整されている。

(2) 遊園地の経営はほとんどが私企業であり，独立行政法人ではない。

(3) 1960年代から70年代前半は，1950年代中頃から始まった高度経済成長期といえる。したがって，この時期は，高い成長率を示し，完全失業率も1%台にとどまっていた。

(4) 一度自分の意志で結んだ契約は，基本的に，合意がなければ取り消すことはできない。

★ワンポイントアドバイス★

2(1)摂関政治は，藤原道長・頼道のころ，最も栄えた。3(1)知る権利もプライバシーの権利も時代とともに出てきた新しい権利であり，憲法に規定されているわけではない。

＜国語解答＞

一 (一) ㋐ ④ ㋑ ③ (二) ① (三) ① (四) ④ (五) ② (六) ② (七) ③ (八) ⑥ (九) (例) 飛行機の離着陸の際にパイロットが管制官に対して誘導を求める時にあてはまるのが波線部xであるのに対し，サッカーチームが優勝した瞬間に仲間と喜び合う時にあてはまるのが波線部y。

二 (一) Ⓐ ① Ⓑ ③ (二) ③ (三) ① (四) ① (五) ④ (六) ④ (七) ② (八) ③ (九) ①

○推定配点○

一 (八) 6点 (九) 4点 他 各2点×8 二 各2点×10 計50点

＜国語解説＞

一 (論説文ー漢字，文脈把握，内容吟味，脱語補充，対義語，要旨)

(一) ㋐ 就く ① 着く ② 突く ③ 点く ④ 就く
㋑ 支障 ① 私情 ② 至急 ③ 支店 ④ 試練

(二) 直前に「意味や感情をやりとりする行為」とあり，そうではない行為を「一方通行」と表現しているので，相手との感情のやり取りが示されている①は「一方通行」の具体例にはあてはまらない。

(三) 前に「情報という言葉は，感情の次元をあまり含んでいない言葉だ」とあり，直前に「情報伝達としてのみコミュニケーションを捉えると」，直後に「おろそかになる」とあるので，「感情」が入る。「感情の次元をあまり含んでいない」を「感情理解がおろそかになる」と言い換えていることをおさえる。

(四) ①の「漁夫の利(ぎょふのり)」は，当事者二人が争っているすきに，関係のない第三者が利益を横取りしてしまうこと。②の「渡りに船」は，あることをしようと思っているときに，好都合なことに出あうこと。③の「水魚の交わり」は，きわめて親密な交わりのたとえ。④の「魚心あれば水心」は，相手の出ようによって，こちらの対応のしかたも違ってくる，相手が好意を示せば，こちらも好意をもって対応しようという意味なので，「感情面での信頼関係」に類似した内容としては，④が適切。

（五）「意味を共感し合う」と同様のことは，直前で「お互いの意思を聞き合い，相互に調整する」と言い換えられているので，「お互いに確認すること」とする②が適切。

（六） 直後に「こうした問いを常に自分に投げかけていると」「自分で相手の言っている意味を再生して確認するのが最上の方法」とあるので，Ⅱには「自分」，Ⅲには「相手」が入る。自分は相手の意思を受け取っているか常に自問していると失敗が少ない，という文脈である。

（七）「生産」は，物を新しく作り出すこと。対義語は，物や金，または時間などを，使ってなくす，という意味の「消費」。

やや難 （八） Aは，コミュニケーションについて，本文では「意味や感情をやりとりする行為」と説明されていることと合致しない。緊張感を解きほぐすために「食事を共にすること」が有効だと述べられているが，「パーティが必要」とは述べられていない。B・C・E・Iは，最終段落に述べられていることと合致しない。最終段落には「論理的能力を競い合い，『意味』の華を盛大に咲かせ合う」「正々堂々と戦い汗を流す時間を楽しむ」「どんな対立意見を言い合おうとも，信頼関係が失われない」「信頼関係が築かれているからこそ，思い切った対立意見を述べることができる」と述べられている。Dは，最終段落に「そして最後には……ご機嫌な状態で饗宴を終える」とあることと合致する。Fは，最終段落に「論理的に筋を通すというゲームのルールを守りながら，正々堂々と戦い汗を流す」とあることと合致する。Gは，「本当の友達をつくる」という考えは本文に示されていないので合致しない。Hは，「実は……」で始まる段落に「一見無駄なようだが，ここで感情がやりとりされるのである。食事を共にし，お酒を飲みリラックスすることで，会議の時には出なかった人間性が出てくる」とあることと合致する。Jは，「日本人は相手の感情を読み取ることが得意」という内容は本文にない。本文の主張に沿っているといえるのはD・F・Hなので，⑥が適切。

やや難 （九） xは「感情はやり取りされていないが，情報は交換されている」，yは「感情をやりとりするコミュニケーション」とあるので，情報の交換がしっかりとなされている例と，感情のやりとりが活発に行われる例をあてはめ，形式に合わせてまとめればよい。

二 （古文―語句の意味，月の異名，品詞，心情，口語訳，敬語，大意，文学史）

〈口語訳〉 二月の月末ごろに，風がひどく吹き，空は雲におおわれて，たいそう暗い上に，雪が少しちらついているころ，黒戸に主殿寮の役人が来て，「ごめんください」というので，そばへ寄ったところ，（主殿寮の役人は）「これは公任の宰相殿のお手紙です」といって持って来ているものを見ると，懐紙に

すこし春ある心地こそすれ（まだ冬ですが，少し春めいた気持ちがします）

と書いてあるのは，本当に今日の空模様によくかなっているにつけても，この上の句はどのようにつけるのがよいだろうかと思い悩んでしまった。「どなたたちか」と（公任の宰相殿と）同席の方を尋ねると，「その方，あの方」と答える。みなたいへんに，立派な方々の中で，（特に立派な）公任の宰相殿へのご返事を，どうしていい加減に言い出せようかと，一人思案するあまり，中宮様にご覧に入れようと思うけれども，帝がおいでになり，お休みになっている。主殿司は，「さあ早く，早く」と言う。下手なのに加えて遅くまであるのは，とても取り柄がないので，「なるようになれ」と思って，

空寒み花にまがへて散る雪に（空が寒いために散る雪が花かと見まちがうので）

と，ふるえふるえ書いて渡して，(人々が)どう思っているのであろうかと，心細い。これの反響を聞きたいと思うが，けなされたら聞くまいと思われるのを，「俊賢の宰相などはすっかり感心して，『やはり，内侍に(任命していただくよう)奏上しよう』と確定なさったよ」とだけ，佐兵衛督の中将が，(わたくしに)おっしゃいました。

(一)　Ⓐ「いらへ」は，「答へ」「応へ」と書き，返事，応答，という意味。　Ⓑ「とく」は，「疾く」と書き，すぐに，早く，さっそく，という意味。

(二)　月の異名は，一月は「睦月(むつき)」，二月は「如月(きさらぎ)」，三月は「弥生(やよい)」，四月は「卯月(うづき)」，五月は「皐月(さつき)」，六月は「水無月(みなづき)」，七月は「文月(ふづき・ふみづき)」，八月は「葉月(はづき)」，九月は「長月(ながつき)」，十月は「神無月(かんなづき)」，十一月は「霜月(しもつき)」，十二月は「師走(しわす)」。旧暦における春夏秋冬は，一・二・三月が春，四・五・六月が夏，七・八・九月が秋，十・十一・十二月が冬なので，二月の読み方は「きさらぎ」，季節は「春」とする③が適切。

(三)　アの「吹き」は，終止形が「吹く」となる動詞。イの「黒き」は，終止形が「黒し」となる形容詞。ウの「言へ」は，終止形が「言ふ」となる動詞。エの「苦しき」は，終止形が「苦し」となる形容詞。ア・ウが動詞，イ・エが形容詞なので，①が適切。

(四)　注釈に「見間違えて散る」とあることに着目する。「散る」につながる語としては，「花」が適切。前出の「すこし春ある心地こそすれ」に上の句をつけて，「空寒み花にまがへて散る雪にすこし春ある心地こそすれ」とし，「春ある心地」に関連させて「花」を詠み込んだのである。

やや難　(五)　直前に「空寒み……」とあり，この時の心情は，直後に「どう思っているだろうかと，心細い。……」とある。公任からの手紙にあった「すこし春ある心地こそすれ」に上の句をつけたのだが，どう思われるだろうかと不安になっているのである。「公任」については，注釈に「歌壇の中の重鎮」とある。歌壇の重鎮に上の句をつけるよう命じられて緊張している様子がうかがえるので，「公任から渡された手紙への返事を疎かにはできまい」とする④が適切。

(六)　Ⅰは，前に「主殿司来て」とあり，その「主殿司」に近寄っているので，主語は「作者」。Ⅱは，直前に「これが本はいかでかつくべからむ」とあり，「筆者」の心情が示されているので，主語は「筆者」。Ⅲは，直前に「中宮様に」とあり，「(中宮様に)ご覧に入れよう」は，「筆者」の心情なので，主語は「筆者」。Ⅳは，直前に「左兵衛督」とあるので，主語は「左兵衛督」。Ⅰ～Ⅲの主語は「筆者」，Ⅳの主語は「左兵衛督」である。

(七)　現代語の「言う」の謙譲語は「申す」なので，「申し上げて」とする②が適切

やや難　(八)　③は，上の句をつけた後に「俊賢の宰相など，『なほ，内侍に奏してなさむ』となむ定めたまひし」とあることと合致する。①は，本文に「わななくわななく書きて取らせて」とあることと合致しない。②は，本文に「御前に御覧ぜさせむとすれど……」とあることと合致しない。④は，「下の句」という部分が合致しない。筆者がつけたのは「上の句」である。

重要　(九)　『枕草子』は，平安時代中期に成立した清少納言による随筆で，清少納言は中宮定子に仕えていた女官である。したがって，ⅰには「平安」，ⅱには「清少納言」，ⅲには「定子」，ⅳには「随筆」が入る。

★ワンポイントアドバイス★

国語知識は，読解に含まれる形で幅広く出題されるので，基礎をしっかり固めておこう！　古文は，やや長めの文章を，注釈を参照しながら口語訳できる力をつけておこう！

解答用紙集

○月×日　△曜日　天気（合格日和）

◆ご利用のみなさまへ
＊解答用紙の公表を行っていない学校につきましては、弊社の責任において、解答用紙を制作いたしました。
＊編集上の理由により一部縮小掲載した解答用紙がございます。
＊編集上の理由により一部実物と異なる形式の解答用紙がございます。

人間の最も偉大な力とは、その一番の弱点を克服したところから生まれてくるものである。――カール・ヒルティ――

東京学参株式会社

清林館高等学校　2024年度

◇数学◇

※ 125%に拡大していただくと，解答欄は実物大になります。

			解答記入欄										
			−	0	1	2	3	4	5	6	7	8	9
1	(1)	ア	⊖	⓪	①	②	③	④	⑤	⑥	⑦	⑧	⑨
	(2)	イ	⊖	⓪	①	②	③	④	⑤	⑥	⑦	⑧	⑨
		ウ	⊖	⓪	①	②	③	④	⑤	⑥	⑦	⑧	⑨
		エ	⊖	⓪	①	②	③	④	⑤	⑥	⑦	⑧	⑨
		オ	⊖	⓪	①	②	③	④	⑤	⑥	⑦	⑧	⑨
	(3)	カ	⊖	⓪	①	②	③	④	⑤	⑥	⑦	⑧	⑨
		キ	⊖	⓪	①	②	③	④	⑤	⑥	⑦	⑧	⑨
		ク	⊖	⓪	①	②	③	④	⑤	⑥	⑦	⑧	⑨
		ケ	⊖	⓪	①	②	③	④	⑤	⑥	⑦	⑧	⑨
	(4)	コ	⊖	⓪	①	②	③	④	⑤	⑥	⑦	⑧	⑨
		サ	⊖	⓪	①	②	③	④	⑤	⑥	⑦	⑧	⑨
		シ	⊖	⓪	①	②	③	④	⑤	⑥	⑦	⑧	⑨
	(5)	ス	⊖	⓪	①	②	③	④	⑤	⑥	⑦	⑧	⑨
		セ	⊖	⓪	①	②	③	④	⑤	⑥	⑦	⑧	⑨
		ソ	⊖	⓪	①	②	③	④	⑤	⑥	⑦	⑧	⑨
2	(1)	ア	⊖	⓪	①	②	③	④	⑤	⑥	⑦	⑧	⑨
		イ	⊖	⓪	①	②	③	④	⑤	⑥	⑦	⑧	⑨
	(2)	ウ	⊖	⓪	①	②	③	④	⑤	⑥	⑦	⑧	⑨
		エ	⊖	⓪	①	②	③	④	⑤	⑥	⑦	⑧	⑨
		オ	⊖	⓪	①	②	③	④	⑤	⑥	⑦	⑧	⑨
		カ	⊖	⓪	①	②	③	④	⑤	⑥	⑦	⑧	⑨
		キ	⊖	⓪	①	②	③	④	⑤	⑥	⑦	⑧	⑨
		ク	⊖	⓪	①	②	③	④	⑤	⑥	⑦	⑧	⑨

			解答記入欄										
			−	0	1	2	3	4	5	6	7	8	9
3	(1)	ア	⊖	⓪	①	②	③	④	⑤	⑥	⑦	⑧	⑨
		イ	⊖	⓪	①	②	③	④	⑤	⑥	⑦	⑧	⑨
	(2)	ウ	⊖	⓪	①	②	③	④	⑤	⑥	⑦	⑧	⑨
		エ	⊖	⓪	①	②	③	④	⑤	⑥	⑦	⑧	⑨
		オ	⊖	⓪	①	②	③	④	⑤	⑥	⑦	⑧	⑨
		カ	⊖	⓪	①	②	③	④	⑤	⑥	⑦	⑧	⑨
4		ア	⊖	⓪	①	②	③	④	⑤	⑥	⑦	⑧	⑨
		イ	⊖	⓪	①	②	③	④	⑤	⑥	⑦	⑧	⑨
		ウ	⊖	⓪	①	②	③	④	⑤	⑥	⑦	⑧	⑨
		エ	⊖	⓪	①	②	③	④	⑤	⑥	⑦	⑧	⑨
		オ	⊖	⓪	①	②	③	④	⑤	⑥	⑦	⑧	⑨
5	(1)	ア	⊖	⓪	①	②	③	④	⑤	⑥	⑦	⑧	⑨
		イ	⊖	⓪	①	②	③	④	⑤	⑥	⑦	⑧	⑨
		ウ	⊖	⓪	①	②	③	④	⑤	⑥	⑦	⑧	⑨
		エ	⊖	⓪	①	②	③	④	⑤	⑥	⑦	⑧	⑨
	(2)	オ	⊖	⓪	①	②	③	④	⑤	⑥	⑦	⑧	⑨
		カ	⊖	⓪	①	②	③	④	⑤	⑥	⑦	⑧	⑨
	(3)	キ	⊖	⓪	①	②	③	④	⑤	⑥	⑦	⑧	⑨
6	(1)	ア	⊖	⓪	①	②	③	④	⑤	⑥	⑦	⑧	⑨
		イ	⊖	⓪	①	②	③	④	⑤	⑥	⑦	⑧	⑨
	(2)	ウ	⊖	⓪	①	②	③	④	⑤	⑥	⑦	⑧	⑨
		エ	⊖	⓪	①	②	③	④	⑤	⑥	⑦	⑧	⑨
		オ	⊖	⓪	①	②	③	④	⑤	⑥	⑦	⑧	⑨
		カ	⊖	⓪	①	②	③	④	⑤	⑥	⑦	⑧	⑨
	(3)	キ	⊖	⓪	①	②	③	④	⑤	⑥	⑦	⑧	⑨

1. 記入は，HBまたはBの黒鉛筆で，◯の中を正確に，ぬりつぶしなさい。マークがうすい場合は機械で読み取れません。
2. 解答を訂正するときは，プラスチック製消しゴムで跡が残らないように消しなさい。
3. 受検番号は，数字を記入してから間違いのないようにマークしなさい。
4. 解答用紙を，折り曲げたり，よごしたりしないようにしなさい。解答用紙が破れた場合は監督の先生に申し出なさい。

清林館高等学校　2024年度

◇英語◇

※解答欄は実物大になります。

英語リスニング解答記入欄

	a		b		c		d	
(1)	㊣	㊠	㊣	㊠	㊣	㊠	㊣	㊠
(2)	㊣	㊠	㊣	㊠	㊣	㊠	㊣	㊠
(3)	㊣	㊠	㊣	㊠	㊣	㊠	㊣	㊠
(4)	㊣	㊠	㊣	㊠	㊣	㊠	㊣	㊠
(5)	㊣	㊠	㊣	㊠	㊣	㊠	㊣	㊠

1．記入は，ＨＢまたはＢの黒鉛筆で，◯の中を正確に，ぬりつぶしなさい。マークがうすい場合は機械で読み取れません。
2．解答を訂正するときは，プラスチック製消しゴムで跡が残らないように消しなさい。
3．受検番号は，数字を記入してから間違いのないようにマークしなさい。
4．解答用紙を，折り曲げたり，よごしたりしないようにしなさい。解答用紙が破れた場合は監督の先生に申し出なさい。

英語筆記解答記入欄

			1	2	3	4
1	(1)	1	①	②	③	④
	(2)	2	①	②	③	④
	(3)	3	①	②	③	④
	(4)	4	①	②	③	④
	(5)	5	①	②	③	④
2	(1)	6	①	②	③	④
	(2)	7	①	②	③	④
	(3)	8	①	②	③	④
	(4)	9	①	②	③	④
	(5)	10	①	②	③	④

英語筆記解答記入欄

			1	2	3	4
3	(1)	11	①	②	③	④
	(2)	12	①	②	③	④
	(3)	13	①	②	③	④
		14	①	②	③	④
	(4)	15	①	②	③	④
4	(1)	16	①	②	③	④
	(2)	17	①	②	③	④

◇理科◇

清林館高等学校　2024年度

※ 127%に拡大していただくと，解答欄は実物大になります。

大問	小問	番号	1	2	3	4	5	6	7	8
1	(1)	1	①	②	③	④	⑤	⑥		
	(2)	2	①	②	③	④	⑤	⑥		
	(3)	3	①	②	③	④	⑤	⑥		
	(4)	4	①	②	③	④	⑤			
	(5)	5	①	②	③	④	⑤	⑥		
	(6)	6	①	②	③	④	⑤	⑥		
	(7)	7	①	②	③	④	⑤	⑥		
2	(1)	8	①	②	③	④				
	(2)	9	①	②	③	④	⑤			
	(3)	10	①	②	③	④	⑤	⑥		
	(4)	11	①	②	③	④				
	(5)	12	①	②	③	④				
	(6)	13	①	②	③	④	⑤	⑥		
	(7)	14	①	②	③	④				
	(8)	15	①	②	③	④	⑤	⑥	⑦	⑧
3	(1)	16	①	②	③	④	⑤	⑥		
	(2)	17	①	②	③					
	(3)	18	①	②	③	④	⑤			
	(4)	19	①	②	③	④				
	(5)	20	①	②	③					
	(6)	21	①	②	③	④	⑤	⑥		
	(7)	22	①	②	③	④	⑤			
4	(1)	23	①	②	③	④	⑤			
	(2)	24	①	②	③	④	⑤			
	(3)	25	①	②	③	④	⑤			
	(4)	26	①	②	③	④	⑤			
	(5)	27	①	②	③	④	⑤	⑥		
	(6)	28	①	②	③					
	(7)	29	①	②	③	④	⑤	⑥		
	(8)	30	①	②	③	④	⑤	⑥		

1．記入は，ＨＢまたはＢの黒鉛筆で，◯の中を正確に，ぬりつぶしなさい。マークがうすい場合は機械で読み取れません。
2．解答を訂正するときは，プラスチック製消しゴムで跡が残らないように消しなさい。
3．受検番号は，数字を記入してから間違いのないようにマークしなさい。
4．解答用紙を，折り曲げたり，よごしたりしないようにしなさい。解答用紙が破れた場合は監督の先生に申し出なさい。

清林館高等学校　　2024年度

◇社会◇

※ 116％に拡大していただくと，解答欄は実物大になります。

			解答記入欄							
			1	2	3	4	5	6	7	8
1	(1)	1	①	②	③	④	⑤	⑥	⑦	⑧
	(2)	2	①	②	③	④				
2	(1)	3	①	②	③	④				
	(2)	4	①	②	③	④				
	(3)	5	①	②	③	④				
	(4)	6	①	②	③	④				
	(5)	7	①	②	③	④				
	(6)	8	①	②	③	④				
3	(1)	9	①	②	③	④				
	(2)	10	①	②	③	④				
	(3)	11	①	②	③	④				
	(4)	12	①	②	③	④				
	(5)	13	①	②	③	④				
	(6)	14	①	②	③	④				
	(7)	15	①	②	③	④				
	(8)	16	①	②	③	④				
	(9)	17	①	②	③	④	⑤	⑥		
4	(1)	18	①	②	③	④				
	(2)	19	①	②	③	④	⑤	⑥	⑦	
	(3)	20	①	②	③	④				
	(4)	21	①	②	③	④				
	(5)	22	①	②	③	④				
	(6)	23	①	②	③	④				
	(7)	24	①	②	③	④				
	(8)	25	①	②	③	④	⑤	⑥		

1．記入は，ＨＢまたはＢの黒鉛筆で，◯の中を正確に，ぬりつぶしなさい。マークがうすい場合は機械で読み取れません。
2．解答を訂正するときは，プラスチック製消しゴムで跡が残らないように消しなさい。
3．受検番号は，数字を記入してから間違いのないようにマークしなさい。
4．解答用紙を，折り曲げたり，よごしたりしないようにしなさい。解答用紙が破れた場合は監督の先生に申し出なさい。

清林館高等学校　2024年度

※解答欄は実物大になります。

			解答記入欄			
			1	2	3	4
一	(一)	1	①	②	③	④
		2	①	②	③	④
	(二)	3	①	②	③	④
	(三)	4	①	②	③	④
	(四)	5	①	②	③	④
	(五)	6	①	②	③	④
	(六)	7	①	②	③	④
	(七)	8	①	②	③	④
	(八)	9	①	②	③	④
	(九)	10	①	②	③	④
二	(一)	11	①	②	③	④
	(二)	12	①	②	③	④
	(三)	13	①	②	③	④
	(四)	14	①	②	③	④
	(五)	15	①	②	③	④
	(六)	16	①	②	③	④
	(七)	17	①	②	③	④
	(八)	18	①	②	③	④
	(九)	19	①	②	③	④
	(十)	20	①	②	③	④

◇国語◇

1．記入は，ＨＢまたはＢの黒鉛筆で，◯の中を正確に，ぬりつぶしなさい。マークがうすい場合は機械で読み取れません。
2．解答を訂正するときは，プラスチック製消しゴムで跡が残らないように消しなさい。
3．受検番号は，数字を記入してから間違いのないようにマークしなさい。
4．解答用紙を，折り曲げたり，よごしたりしないようにしなさい。解答用紙が破れた場合は監督の先生に申し出なさい。

清林館高等学校　2023年度

◇数学◇

※ 115%に拡大していただくと，解答欄は実物大になります。

			解答記入欄										
			−	0	1	2	3	4	5	6	7	8	9
1	(1)	ア	⊖	⓪	①	②	③	④	⑤	⑥	⑦	⑧	⑨
		イ	⊖	⓪	①	②	③	④	⑤	⑥	⑦	⑧	⑨
	(2)	ウ	⊖	⓪	①	②	③	④	⑤	⑥	⑦	⑧	⑨
		エ	⊖	⓪	①	②	③	④	⑤	⑥	⑦	⑧	⑨
	(3)	オ	⊖	⓪	①	②	③	④	⑤	⑥	⑦	⑧	⑨
		カ	⊖	⓪	①	②	③	④	⑤	⑥	⑦	⑧	⑨
		キ	⊖	⓪	①	②	③	④	⑤	⑥	⑦	⑧	⑨
	(4)	ク	⊖	⓪	①	②	③	④	⑤	⑥	⑦	⑧	⑨
		ケ	⊖	⓪	①	②	③	④	⑤	⑥	⑦	⑧	⑨
		コ	⊖	⓪	①	②	③	④	⑤	⑥	⑦	⑧	⑨
	(5)	サ	⊖	⓪	①	②	③	④	⑤	⑥	⑦	⑧	⑨
		シ	⊖	⓪	①	②	③	④	⑤	⑥	⑦	⑧	⑨
		ス	⊖	⓪	①	②	③	④	⑤	⑥	⑦	⑧	⑨
		セ	⊖	⓪	①	②	③	④	⑤	⑥	⑦	⑧	⑨
2	(1)	ア	⊖	⓪	①	②	③	④	⑤	⑥	⑦	⑧	⑨
		イ	⊖	⓪	①	②	③	④	⑤	⑥	⑦	⑧	⑨
	(2)	ウ	⊖	⓪	①	②	③	④	⑤	⑥	⑦	⑧	⑨
		エ	⊖	⓪	①	②	③	④	⑤	⑥	⑦	⑧	⑨
		オ	⊖	⓪	①	②	③	④	⑤	⑥	⑦	⑧	⑨
		カ	⊖	⓪	①	②	③	④	⑤	⑥	⑦	⑧	⑨

			解答記入欄										
			−	0	1	2	3	4	5	6	7	8	9
3	(1)	ア	⊖	⓪	①	②	③	④	⑤	⑥	⑦	⑧	⑨
		イ	⊖	⓪	①	②	③	④	⑤	⑥	⑦	⑧	⑨
		ウ	⊖	⓪	①	②	③	④	⑤	⑥	⑦	⑧	⑨
	(2)	エ	⊖	⓪	①	②	③	④	⑤	⑥	⑦	⑧	⑨
		オ	⊖	⓪	①	②	③	④	⑤	⑥	⑦	⑧	⑨
4		ア	⊖	⓪	①	②	③	④	⑤	⑥	⑦	⑧	⑨
		イ	⊖	⓪	①	②	③	④	⑤	⑥	⑦	⑧	⑨
5	(1)	ア	⊖	⓪	①	②	③	④	⑤	⑥	⑦	⑧	⑨
		イ	⊖	⓪	①	②	③	④	⑤	⑥	⑦	⑧	⑨
		ウ	⊖	⓪	①	②	③	④	⑤	⑥	⑦	⑧	⑨
		エ	⊖	⓪	①	②	③	④	⑤	⑥	⑦	⑧	⑨
	(2)	オ	⊖	⓪	①	②	③	④	⑤	⑥	⑦	⑧	⑨
		カ	⊖	⓪	①	②	③	④	⑤	⑥	⑦	⑧	⑨
6	(1)	ア	⊖	⓪	①	②	③	④	⑤	⑥	⑦	⑧	⑨
		イ	⊖	⓪	①	②	③	④	⑤	⑥	⑦	⑧	⑨
	(2)	ウ	⊖	⓪	①	②	③	④	⑤	⑥	⑦	⑧	⑨
		エ	⊖	⓪	①	②	③	④	⑤	⑥	⑦	⑧	⑨
		オ	⊖	⓪	①	②	③	④	⑤	⑥	⑦	⑧	⑨
		カ	⊖	⓪	①	②	③	④	⑤	⑥	⑦	⑧	⑨
	(3)	キ	⊖	⓪	①	②	③	④	⑤	⑥	⑦	⑧	⑨
		ク	⊖	⓪	①	②	③	④	⑤	⑥	⑦	⑧	⑨

1．記入は，HBまたはBの黒鉛筆で，◯の中を正確に，ぬりつぶしなさい。マークがうすい場合は機械で読み取れません。
2．解答を訂正するときは，プラスチック製消しゴムで跡が残らないように消しなさい。
3．受検番号は，数字を記入してから間違いのないようにマークしなさい。
4．解答用紙を，折り曲げたり，よごしたりしないようにしなさい。解答用紙が破れた場合は監督の先生に申し出なさい。

清林館高等学校　2023年度

◇英語◇

※解答欄は実物大になります。

	英語リスニング解答記入欄							
	a		b		c		d	
(1)	正	誤	正	誤	正	誤	正	誤
(2)	正	誤	正	誤	正	誤	正	誤
(3)	正	誤	正	誤	正	誤	正	誤
(4)	正	誤	正	誤	正	誤	正	誤
(5)	正	誤	正	誤	正	誤	正	誤

1．記入は，ＨＢまたはＢの黒鉛筆で，◯の中を正確に，ぬりつぶしなさい。マークがうすい場合は機械で読み取れません。
2．解答を訂正するときは，プラスチック製消しゴムで跡が残らないように消しなさい。
3．受検番号は，数字を記入してから間違いのないようにマークしなさい。
4．解答用紙を，折り曲げたり，よごしたりしないようにしなさい。解答用紙が破れた場合は監督の先生に申し出なさい。

			英語筆記解答記入欄			
			1	2	3	4
1	(1)	1	①	②	③	④
	(2)	2	①	②	③	④
	(3)	3	①	②	③	④
	(4)	4	①	②	③	④
	(5)	5	①	②	③	④
2	(1)	6	①	②	③	④
		7	①	②	③	④
	(2)	8	①	②	③	④
	(3)	9	①	②	③	④
	(4)	10	①	②	③	④

			英語筆記解答記入欄			
			1	2	3	4
3	(1)	11	①	②	③	④
	(2)	12	①	②	③	④
	(3)	13	①	②	③	④
		14	①	②	③	④
	(4)	15	①	②	③	④
4	(1)	16	①	②	③	④
	(2)	17	①	②	③	④

清林館高等学校　2023年度

◇理科◇

※ 132%に拡大していただくと，解答欄は実物大になります。

			解答記入欄								
			1	2	3	4	5	6	7	8	9
1	(1)	1	①	②	③	④	⑤	⑥	⑦	⑧	
	(2)	2	①	②	③	④	⑤	⑥			
	(3)	3	①	②	③	④					
	(4)	4	①	②	③	④	⑤				
	(5)	5	①	②	③	④					
	(6)	6	①	②	③	④					
	(7)	7	①	②	③	④					
2	(1)	8	①	②	③	④	⑤				
	(2)	9	①	②	③	④	⑤	⑥			
	(3)	10	①	②	③	④	⑤	⑥			
	(4)	11	①	②	③	④	⑤	⑥	⑦		
	(5)	12	①	②	③	④	⑤	⑥			
	(6)	13	①	②	③	④	⑤				
	(7)	14	①	②	③	④	⑤				
3	(1)	15	①	②	③	④	⑤				
	(2)	16	①	②	③	④	⑤	⑥			
	(3)	17	①	②	③	④	⑤	⑥			
	(4)	18	①	②	③	④	⑤	⑥	⑦	⑧	
	(5)	19	①	②	③	④					
	(6)	20	①	②	③	④	⑤	⑥	⑦	⑧	
	(7)	21	①	②	③	④	⑤	⑥	⑦	⑧	
4	(1)	22	①	②	③	④	⑤	⑥			
	(2)	23	①	②	③	④					
	(3)	24	①	②	③	④	⑤				
	(4)	25	①	②	③	④					
	(5)	26	①	②	③	④	⑤	⑥	⑦	⑧	⑨
	(6)	27	①	②	③	④					
	(7)	28	①	②	③	④					
	(8)	29	①	②	③	④					

1．記入は，ＨＢまたはＢの黒鉛筆で，◯の中を正確に，ぬりつぶしなさい。マークがうすい場合は機械で読み取れません。
2．解答を訂正するときは，プラスチック製消しゴムで跡が残らないように消しなさい。
3．受検番号は，数字を記入してから間違いのないようにマークしなさい。
4．解答用紙を，折り曲げたり，よごしたりしないようにしなさい。解答用紙が破れた場合は監督の先生に申し出なさい。

清林館高等学校　2023年度

◇社会◇

※ 120％に拡大していただくと，解答欄は実物大になります。

大問	小問	番号	1	2	3	4	5	6	7	8
1	(1)	1	①	②	③	④				
	(2)	2	①	②	③	④				
	(3)	3	①	②	③	④				
	(4)	4	①	②	③	④				
	(5)	5	①	②	③	④				
	(6)	6	①	②	③	④	⑤	⑥	⑦	⑧
	(7)	7	①	②	③	④				
	(8)	8	①	②	③	④				
2	(1)	9	①	②	③	④				
	(2)	10	①	②	③	④	⑤	⑥		
	(3)	11	①	②	③	④				
	(4)	12	①	②	③	④				
	(5)	13	①	②	③	④				
	(6)	14	①	②	③	④				
	(7)	15	①	②	③	④	⑤	⑥		
	(8)	16	①	②	③	④				
	(9)	17	①	②	③	④	⑤	⑥		
3	(1)	18	①	②	③	④				
	(2)	19	①	②	③	④	⑤	⑥	⑦	⑧
	(3)	20	①	②	③	④	⑤	⑥		
	(4)	21	①	②	③	④				
	(5)	22	①	②	③	④				
	(6)	23	①	②	③	④				
	(7)	24	①	②	③	④	⑤	⑥		
	(8)	25	①	②	③	④	⑤	⑥		

（表見出し：解答記入欄）

1．記入は，ＨＢまたはＢの黒鉛筆で，◯の中を正確に，ぬりつぶしなさい。マークがうすい場合は機械で読み取れません。
2．解答を訂正するときは，プラスチック製消しゴムで跡が残らないように消しなさい。
3．受検番号は，数字を記入してから間違いのないようにマークしなさい。
4．解答用紙を，折り曲げたり，よごしたりしないようにしなさい。解答用紙が破れた場合は監督の先生に申し出なさい。

清林館高等学校　2023年度

※ 102％に拡大していただくと，解答欄は実物大になります。

			解答記入欄			
			1	2	3	4
一	(一)	1	①	②	③	④
		2	①	②	③	④
	(二)	3	①	②	③	④
	(三)	4	①	②	③	④
	(四)	5	①	②	③	④
	(五)	6	①	②	③	④
	(六)	7	①	②	③	④
	(七)	8	①	②	③	④
		9	①	②	③	④
	(八)	10	①	②	③	④
二	(一)	11	①	②	③	④
		12	①	②	③	④
	(二)	13	①	②	③	④
	(三)	14	①	②	③	④
	(四)	15	①	②	③	④
	(五)	16	①	②	③	④
	(六)	17	①	②	③	④
	(七)	18	①	②	③	④
	(八)	19	①	②	③	④
	(九)	20	①	②	③	④

1．記入は，HBまたはBの黒鉛筆で，◯の中を正確に，ぬりつぶしなさい。マークがうすい場合は機械で読み取れません。
2．解答を訂正するときは，プラスチック製消しゴムで跡が残らないように消しなさい。
3．受検番号は，数字を記入してから間違いのないようにマークしなさい。
4．解答用紙を，折り曲げたり，よごしたりしないようにしなさい。解答用紙が破れた場合は監督の先生に申し出なさい。

清林館高等学校　2022年度

◇数学◇

※ 115%に拡大していただくと，解答欄は実物大になります。

			解答記入欄										
			−	0	1	2	3	4	5	6	7	8	9
1	(1)	ア	⊖	⓪	①	②	③	④	⑤	⑥	⑦	⑧	⑨
		イ	⊖	⓪	①	②	③	④	⑤	⑥	⑦	⑧	⑨
	(2)	ウ	⊖	⓪	①	②	③	④	⑤	⑥	⑦	⑧	⑨
		エ	⊖	⓪	①	②	③	④	⑤	⑥	⑦	⑧	⑨
	(3)	オ	⊖	⓪	①	②	③	④	⑤	⑥	⑦	⑧	⑨
		カ	⊖	⓪	①	②	③	④	⑤	⑥	⑦	⑧	⑨
	(4)	キ	⊖	⓪	①	②	③	④	⑤	⑥	⑦	⑧	⑨
		ク	⊖	⓪	①	②	③	④	⑤	⑥	⑦	⑧	⑨
	(5)	ケ	⊖	⓪	①	②	③	④	⑤	⑥	⑦	⑧	⑨
		コ	⊖	⓪	①	②	③	④	⑤	⑥	⑦	⑧	⑨
		サ	⊖	⓪	①	②	③	④	⑤	⑥	⑦	⑧	⑨
2	(1)	ア	⊖	⓪	①	②	③	④	⑤	⑥	⑦	⑧	⑨
		イ	⊖	⓪	①	②	③	④	⑤	⑥	⑦	⑧	⑨
		ウ	⊖	⓪	①	②	③	④	⑤	⑥	⑦	⑧	⑨
		エ	⊖	⓪	①	②	③	④	⑤	⑥	⑦	⑧	⑨
		オ	⊖	⓪	①	②	③	④	⑤	⑥	⑦	⑧	⑨
		カ	⊖	⓪	①	②	③	④	⑤	⑥	⑦	⑧	⑨
		キ	⊖	⓪	①	②	③	④	⑤	⑥	⑦	⑧	⑨
	(2)	ク	⊖	⓪	①	②	③	④	⑤	⑥	⑦	⑧	⑨
		ケ	⊖	⓪	①	②	③	④	⑤	⑥	⑦	⑧	⑨
		コ	⊖	⓪	①	②	③	④	⑤	⑥	⑦	⑧	⑨
		サ	⊖	⓪	①	②	③	④	⑤	⑥	⑦	⑧	⑨
		シ	⊖	⓪	①	②	③	④	⑤	⑥	⑦	⑧	⑨
		ス	⊖	⓪	①	②	③	④	⑤	⑥	⑦	⑧	⑨

			解答記入欄										
			−	0	1	2	3	4	5	6	7	8	9
2	(3)	セ	⊖	⓪	①	②	③	④	⑤	⑥	⑦	⑧	⑨
	(4)	ソ	⊖	⓪	①	②	③	④	⑤	⑥	⑦	⑧	⑨
		タ	⊖	⓪	①	②	③	④	⑤	⑥	⑦	⑧	⑨
3	(1)	ア	⊖	⓪	①	②	③	④	⑤	⑥	⑦	⑧	⑨
		イ	⊖	⓪	①	②	③	④	⑤	⑥	⑦	⑧	⑨
		ウ	⊖	⓪	①	②	③	④	⑤	⑥	⑦	⑧	⑨
		エ	⊖	⓪	①	②	③	④	⑤	⑥	⑦	⑧	⑨
	(2)	オ	⊖	⓪	①	②	③	④	⑤	⑥	⑦	⑧	⑨
		カ	⊖	⓪	①	②	③	④	⑤	⑥	⑦	⑧	⑨
		キ	⊖	⓪	①	②	③	④	⑤	⑥	⑦	⑧	⑨
4	(1)	ア	⊖	⓪	①	②	③	④	⑤	⑥	⑦	⑧	⑨
	(2)	イ	⊖	⓪	①	②	③	④	⑤	⑥	⑦	⑧	⑨
		ウ	⊖	⓪	①	②	③	④	⑤	⑥	⑦	⑧	⑨
		エ	⊖	⓪	①	②	③	④	⑤	⑥	⑦	⑧	⑨
5	(1)	ア	⊖	⓪	①	②	③	④	⑤	⑥	⑦	⑧	⑨
		イ	⊖	⓪	①	②	③	④	⑤	⑥	⑦	⑧	⑨
	(2)	ウ	⊖	⓪	①	②	③	④	⑤	⑥	⑦	⑧	⑨
		エ	⊖	⓪	①	②	③	④	⑤	⑥	⑦	⑧	⑨
6	(1)	ア	⊖	⓪	①	②	③	④	⑤	⑥	⑦	⑧	⑨
	(2)	イ	⊖	⓪	①	②	③	④	⑤	⑥	⑦	⑧	⑨

1．記入は，HBまたはBの黒鉛筆で，○の中を正確に，ぬりつぶしなさい。マークがうすい場合は機械で読み取れません。
2．解答を訂正するときは，プラスチック製消しゴムで跡が残らないように消しなさい。
3．受検番号は，数字を記入してから間違いのないようにマークしなさい。
4．解答用紙を，折り曲げたり，よごしたりしないようにしなさい。解答用紙が破れた場合は監督の先生に申し出なさい。

清林館高等学校　2022年度

◇英語◇

※解答欄は実物大になります。

	英語聞き取り解答記入欄							
	a		b		c		d	
(1)	㊣	誤	㊣	誤	㊣	誤	㊣	誤
(2)	㊣	誤	㊣	誤	㊣	誤	㊣	誤
(3)	㊣	誤	㊣	誤	㊣	誤	㊣	誤
(4)	㊣	誤	㊣	誤	㊣	誤	㊣	誤
(5)	㊣	誤	㊣	誤	㊣	誤	㊣	誤

1．記入は，HBまたはBの黒鉛筆で，◯の中を正確に，ぬりつぶしなさい。マークがうすい場合は機械で読み取れません。

2．解答を訂正するときは，プラスチック製消しゴムで跡が残らないように消しなさい。

3．受検番号は，数字を記入してから間違いのないようにマークしなさい。

4．解答用紙を，折り曲げたり，よごしたりしないようにしなさい。解答用紙が破れた場合は監督の先生に申し出なさい。

			英語筆記解答記入欄			
			1	2	3	4
1	(1)	1	①	②	③	④
	(2)	2	①	②	③	④
	(3)	3	①	②	③	④
	(4)	4	①	②	③	④
	(5)	5	①	②	③	④
2	(1)	6	①	②	③	④
	(2)	7	①	②	③	④
	(3)	8	①	②	③	④
	(4)	9	①	②	③	④
	(5)	10	①	②	③	④

			英語筆記解答記入欄			
			1	2	3	4
3	(1)	11	①	②	③	④
	(2)	12	①	②	③	④
	(3)	13	①	②	③	④
		14	①	②	③	④
	(4)	15	①	②	③	④
4	(1)	16	①	②	③	④
	(2)	17	①	②	③	④

清林館高等学校　2022年度

◇理科◇

※132％に拡大していただくと，解答欄は実物大になります。

			解答記入欄							
			1	2	3	4	5	6	7	8
1	(1)	1	①	②	③	④	⑤	⑥		
	(2)	2	①	②	③	④	⑤	⑥		
	(3)	3	①	②	③	④	⑤			
	(4)	4	①	②	③	④				
	(5)	5	①	②	③	④				
	(6)	6	①	②	③	④	⑤			
2	(1)	7	①	②	③	④				
	(2)	8	①	②	③	④				
	(3)	9	①	②	③	④				
	(4)	10	①	②	③	④				
	(5)	11	①	②	③	④	⑤			
	(6)	12	①	②	③	④				
	(7)	13	①	②	③	④	⑤			
	(8)	14	①	②	③	④				
3	(1)	15	①	②	③	④				
	(2)	16	①	②	③	④				
	(3)	17	①	②	③	④	⑤	⑥	⑦	⑧
	(4)	18	①	②	③	④				
	(5)	19	①	②	③	④	⑤	⑥		
	(6)	20	①	②	③	④	⑤			
	(7)	21	①	②	③	④				
4	(1)	22	①	②	③	④	⑤			
	(2)	23	①	②	③	④	⑤			
	(3)	24	①	②	③	④	⑤	⑥		
	(4)	25	①	②	③	④				
	(5)	26	①	②	③	④	⑤	⑥		
	(6)	27	①	②	③	④	⑤	⑥		
	(7)	28	①	②	③	④	⑤	⑥		

1．記入は，ＨＢまたはＢの黒鉛筆で，◯の中を正確に，ぬりつぶしなさい。マークがうすい場合は機械で読み取れません。
2．解答を訂正するときは，プラスチック製消しゴムで跡が残らないように消しなさい。
3．受検番号は，数字を記入してから間違いのないようにマークしなさい。
4．解答用紙を，折り曲げたり，よごしたりしないようにしなさい。解答用紙が破れた場合は監督の先生に申し出なさい。

清林館高等学校　2022年度

◇社会◇

※ 120%に拡大していただくと，解答欄は実物大になります。

			解答記入欄							
			1	2	3	4	5	6	7	8
1	(1)	1	①	②	③	④				
	(2)	2	①	②	③	④	⑤	⑥	⑦	⑧
	(3)	3	①	②	③	④				
	(4)	4	①	②	③	④				
	(5)	5	①	②	③	④				
	(6)	6	①	②	③	④				
	(7)	7	①	②	③	④				
	(8)	8	①	②	③	④				
2	(1)	9	①	②	③	④				
	(2)	10	①	②	③	④				
	(3)	11	①	②	③	④				
	(4)	12	①	②	③	④				
	(5)	13	①	②	③	④				
	(6)	14	①	②	③	④				
	(7)	15	①	②	③	④	⑤	⑥		
	(8)	16	①	②	③	④				
	(9)	17	①	②	③	④				
3	(1)	18	①	②	③	④				
	(2)	19	①	②	③	④				
	(3)	20	①	②	③	④				
	(4)	21	①	②	③	④	⑤	⑥		
	(5)	22	①	②	③	④				
	(6)	23	①	②	③	④				
	(7)	24	①	②	③	④				
	(8)	25	①	②	③	④	⑤	⑥		

1．記入は，ＨＢまたはＢの黒鉛筆で，◯の中を正確に，ぬりつぶしなさい。マークがうすい場合は機械で読み取れません。
2．解答を訂正するときは，プラスチック製消しゴムで跡が残らないように消しなさい。
3．受検番号は，数字を記入してから間違いのないようにマークしなさい。
4．解答用紙を，折り曲げたり，よごしたりしないようにしなさい。解答用紙が破れた場合は監督の先生に申し出なさい。

清林館高等学校　2022年度

◇国語◇

※ 102％に拡大していただくと，解答欄は実物大になります。

			解答記入欄			
			1	2	3	4
一	(一)	1	①	②	③	④
		2	①	②	③	④
	(二)	3	①	②	③	④
	(三)	4	①	②	③	④
	(四)	5	①	②	③	④
	(五)	6	①	②	③	④
		7	①	②	③	④
	(六)	8	①	②	③	④
	(七)	9	①	②	③	④
	(八)	10	①	②	③	④
	(九)	11	①	②	③	④
二	(一)	12	①	②	③	④
	(二)	13	①	②	③	④
	(三)	14	①	②	③	④
	(四)	15	①	②	③	④
	(五)	16	①	②	③	④
	(六)	17	①	②	③	④
	(七)	18	①	②	③	④
	(八)	19	①	②	③	④
	(九)	20	①	②	③	④
	(十)	21	①	②	③	④

1．記入は，ＨＢまたはＢの黒鉛筆で，◯の中を正確に，ぬりつぶしなさい。マークがうすい場合は機械で読み取れません。
2．解答を訂正するときは，プラスチック製消しゴムで跡が残らないように消しなさい。
3．受検番号は，数字を記入してから間違いのないようにマークしなさい。
4．解答用紙を，折り曲げたり，よごしたりしないようにしなさい。解答用紙が破れた場合は監督の先生に申し出なさい。

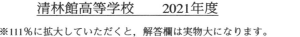

清林館高等学校　2021年度

◇数学◇

※111％に拡大していただくと，解答欄は実物大になります。

			解答記入欄										
			−	0	1	2	3	4	5	6	7	8	9
1	(1)	ア	⊖	⓪	①	②	③	④	⑤	⑥	⑦	⑧	⑨
		イ	⊖	⓪	①	②	③	④	⑤	⑥	⑦	⑧	⑨
		ウ	⊖	⓪	①	②	③	④	⑤	⑥	⑦	⑧	⑨
	(2)	エ	⊖	⓪	①	②	③	④	⑤	⑥	⑦	⑧	⑨
		オ	⊖	⓪	①	②	③	④	⑤	⑥	⑦	⑧	⑨
		カ	⊖	⓪	①	②	③	④	⑤	⑥	⑦	⑧	⑨
	(3)	キ	⊖	⓪	①	②	③	④	⑤	⑥	⑦	⑧	⑨
		ク	⊖	⓪	①	②	③	④	⑤	⑥	⑦	⑧	⑨
	(4)	ケ	⊖	⓪	①	②	③	④	⑤	⑥	⑦	⑧	⑨
		コ	⊖	⓪	①	②	③	④	⑤	⑥	⑦	⑧	⑨
	(5)	サ	⊖	⓪	①	②	③	④	⑤	⑥	⑦	⑧	⑨
		シ	⊖	⓪	①	②	③	④	⑤	⑥	⑦	⑧	⑨
		ス	⊖	⓪	①	②	③	④	⑤	⑥	⑦	⑧	⑨
2		ア	⊖	⓪	①	②	③	④	⑤	⑥	⑦	⑧	⑨
		イ	⊖	⓪	①	②	③	④	⑤	⑥	⑦	⑧	⑨
		ウ	⊖	⓪	①	②	③	④	⑤	⑥	⑦	⑧	⑨
		エ	⊖	⓪	①	②	③	④	⑤	⑥	⑦	⑧	⑨
3		ア	⊖	⓪	①	②	③	④	⑤	⑥	⑦	⑧	⑨
4	(1)	ア	⊖	⓪	①	②	③	④	⑤	⑥	⑦	⑧	⑨
		イ	⊖	⓪	①	②	③	④	⑤	⑥	⑦	⑧	⑨
	(2)	ウ	⊖	⓪	①	②	③	④	⑤	⑥	⑦	⑧	⑨
		エ	⊖	⓪	①	②	③	④	⑤	⑥	⑦	⑧	⑨

			解答記入欄										
			−	0	1	2	3	4	5	6	7	8	9
5	(1)	ア	⊖	⓪	①	②	③	④	⑤	⑥	⑦	⑧	⑨
		イ	⊖	⓪	①	②	③	④	⑤	⑥	⑦	⑧	⑨
	(2)	ウ	⊖	⓪	①	②	③	④	⑤	⑥	⑦	⑧	⑨
		エ	⊖	⓪	①	②	③	④	⑤	⑥	⑦	⑧	⑨
		オ	⊖	⓪	①	②	③	④	⑤	⑥	⑦	⑧	⑨
6	(1)	ア	⊖	⓪	①	②	③	④	⑤	⑥	⑦	⑧	⑨
		イ	⊖	⓪	①	②	③	④	⑤	⑥	⑦	⑧	⑨
	(2)	ウ	⊖	⓪	①	②	③	④	⑤	⑥	⑦	⑧	⑨
		エ	⊖	⓪	①	②	③	④	⑤	⑥	⑦	⑧	⑨
		オ	⊖	⓪	①	②	③	④	⑤	⑥	⑦	⑧	⑨
		カ	⊖	⓪	①	②	③	④	⑤	⑥	⑦	⑧	⑨
		キ	⊖	⓪	①	②	③	④	⑤	⑥	⑦	⑧	⑨
		ク	⊖	⓪	①	②	③	④	⑤	⑥	⑦	⑧	⑨
		ケ	⊖	⓪	①	②	③	④	⑤	⑥	⑦	⑧	⑨
		コ	⊖	⓪	①	②	③	④	⑤	⑥	⑦	⑧	⑨
		サ	⊖	⓪	①	②	③	④	⑤	⑥	⑦	⑧	⑨
		シ	⊖	⓪	①	②	③	④	⑤	⑥	⑦	⑧	⑨
		ス	⊖	⓪	①	②	③	④	⑤	⑥	⑦	⑧	⑨
		セ	⊖	⓪	①	②	③	④	⑤	⑥	⑦	⑧	⑨

1．記入は，HBまたはBの黒鉛筆で，◯の中を正確に，ぬりつぶしなさい。マークがうすい場合は機械で読み取れません。
2．解答を訂正するときは，プラスチック製消しゴムで跡が残らないように消しなさい。
3．受検番号は，数字を記入してから間違いのないようにマークしなさい。
4．解答用紙を，折り曲げたり，よごしたりしないようにしなさい。解答用紙が破れた場合は監督の先生に申し出なさい。

清林館高等学校　2021年度

◇英語◇

※105％に拡大していただくと，解答欄は実物大になります。

英語聞き取り解答記入欄

	a		b		c		d	
(1)	正	誤	正	誤	正	誤	正	誤
(2)	正	誤	正	誤	正	誤	正	誤
(3)	正	誤	正	誤	正	誤	正	誤
(4)	正	誤	正	誤	正	誤	正	誤
(5)	正	誤	正	誤	正	誤	正	誤

1．記入は，ＨＢまたはＢの黒鉛筆で，◯の中を正確に，ぬりつぶしなさい。マークがうすい場合は機械で読み取れません。
2．解答を訂正するときは，プラスチック製消しゴムで跡が残らないように消しなさい。
3．受検番号は，数字を記入してから間違いのないようにマークしなさい。
4．解答用紙を，折り曲げたり，よごしたりしないようにしなさい。解答用紙が破れた場合は監督の先生に申し出なさい。

英語筆記解答記入欄

1	(1)	1	①	②	③	④
	(2)	2	①	②	③	④
	(3)	3	①	②	③	④
	(4)	4	①	②	③	④
	(5)	5	①	②	③	④
2	(1)	6	①	②	③	④
	(2)	7	①	②	③	④
	(3)	8	①	②	③	④
	(4)	9	①	②	③	④
	(5)	10	①	②	③	④

英語筆記解答記入欄

3	(1)	11	①	②	③	④
	(2)	12	①	②	③	④
	(3)	13	①	②	③	④
	(4)	14	①	②	③	④
	(5)	15	①	②	③	④
4	(1)	16	①	②	③	④
	(2)	17	①	②	③	④

清林館高等学校　2021年度

◇理科◇

※117％に拡大していただくと，解答欄は実物大になります。

			解答記入欄							
1	(1)	1	①	②	③	④				
	(2)	2	①	②	③	④				
	(3)	3	①	②	③	④	⑤	⑥		
	(4)	4	①	②	③	④	⑤			
	(5)	5	①	②	③	④	⑤			
	(6)	6	①	②	③	④	⑤			
	(7)	7	①	②	③	④	⑤			
2	(1)	8	①	②	③	④				
	(2)	9	①	②	③	④				
	(3)	10	①	②	③	④	⑤	⑥		
	(4)	11	①	②	③	④	⑤	⑥		
	(5)	12	①	②	③	④				
	(6)	13	①	②	③	④				
	(7)	14	①	②	③	④				
3	(1)	15	①	②	③	④	⑤			
	(2)	16	①	②	③	④	⑤	⑥	⑦	⑧
	(3)	17	①	②	③	④				
	(4)	18	①	②	③	④				
	(5)	19	①	②	③	④	⑤			
	(6)	20	①	②	③	④	⑤	⑥		
4	(1)	21	①	②	③	④	⑤	⑥		
	(2)	22	①	②	③	④	⑤			
	(3)	23	①	②	③	④	⑤	⑥		
	(4)	24	①	②	③	④				
	(5)	25	①	②	③	④	⑤	⑥	⑦	
	(6)	26	①	②	③	④	⑤	⑥		

1．記入は，ＨＢまたはＢの黒鉛筆で，◯の中を正確に，ぬりつぶしなさい。マークがうすい場合は機械で読み取れません。
2．解答を訂正するときは，プラスチック製消しゴムで跡が残らないように消しなさい。
3．受検番号は，数字を記入してから間違いのないようにマークしなさい。
4．解答用紙を，折り曲げたり，よごしたりしないようにしなさい。解答用紙が破れた場合は監督の先生に申し出なさい。

清林館高等学校　2021年度

◇社会◇

※117%に拡大していただくと，解答欄は実物大になります。

			解答記入欄					
1	(1)	1	①	②	③	④	⑤	⑥
	(2)	2	①	②	③	④		
	(3)	3	①	②	③	④		
	(4)	4	①	②	③	④		
	(5)	5	①	②	③	④		
	(6)	6	①	②	③	④		
	(7)	7	①	②	③	④		
	(8)	8	①	②	③	④		
	(9)	9	①	②	③	④		
2	(1)	10	①	②	③	④		
	(2)	11	①	②	③	④		
	(3)	12	①	②	③	④		
	(4)	13	①	②	③	④		
	(5)	14	①	②	③	④		
	(6)	15	①	②	③	④	⑤	⑥
	(7)	16	①	②	③	④		
	(8)	17	①	②	③	④		
	(9)	18	①	②	③	④		
	(10)	19	①	②	③	④		
3	(1)	20	①	②	③	④		
	(2)	21	①	②	③	④		
	(3)	22	①	②	③	④		
	(4)	23	①	②	③	④		
	(5)	24	①	②	③	④		
	(6)	25	①	②	③	④		

1．記入は，HBまたはBの黒鉛筆で，○の中を正確に，ぬりつぶしなさい。マークがうすい場合は機械で読み取れません。
2．解答を訂正するときは，プラスチック製消しゴムで跡が残らないように消しなさい。
3．受検番号は，数字を記入してから間違いのないようにマークしなさい。
4．解答用紙を，折り曲げたり，よごしたりしないようにしなさい。解答用紙が破れた場合は監督の先生に申し出なさい。

清林館高等学校　2021年度

◇国語◇

※117％に拡大していただくと，解答欄は実物大になります。

			解答記入欄					
			1	2	3	4	5	6
一	(一)	1	①	②	③	④		
		2	①	②	③	④		
	(二)	3	①	②	③	④		
	(三)	4	①	②	③	④		
	(四)	5	①	②	③	④		
	(五)	6	①	②	③	④		
	(六)	7	①	②	③	④		
	(七)	8	①	②	③	④		
	(八)	9	①	②	③	④		
	(九)	10	①	②	③	④		
	(十)	11	①	②	③	④		
	(土)	12	①	②	③	④	⑤	⑥
二	(一)	13	①	②	③	④		
		14	①	②	③	④		
	(二)	15	①	②	③	④		
	(三)	16	①	②	③	④		
	(四)	17	①	②	③	④		
	(五)	18	①	②	③	④		
	(六)	19	①	②	③	④		
	(七)	20	①	②	③	④		
	(八)	21	①	②	③	④		
	(九)	22	①	②	③	④		

1．記入は，ＨＢまたはＢの黒鉛筆で，◯の中を正確に，ぬりつぶしなさい。マークがうすい場合は機械で読み取れません。
2．解答を訂正するときは，プラスチック製消しゴムで跡が残らないように消しなさい。
3．受検番号は，数字を記入してから間違いのないようにマークしなさい。
4．解答用紙を，折り曲げたり，よごしたりしないようにしなさい。解答用紙が破れた場合は監督の先生に申し出なさい。

清林館高等学校　2020年度

◇数学◇

※105％に拡大していただくと，解答欄は実物大になります。

			解答記入欄										
			−	0	1	2	3	4	5	6	7	8	9
1	(1)	ア	⊖	⓪	①	②	③	④	⑤	⑥	⑦	⑧	⑨
		イ	⊖	⓪	①	②	③	④	⑤	⑥	⑦	⑧	⑨
		ウ	⊖	⓪	①	②	③	④	⑤	⑥	⑦	⑧	⑨
	(2)	エ	⊖	⓪	①	②	③	④	⑤	⑥	⑦	⑧	⑨
		オ	⊖	⓪	①	②	③	④	⑤	⑥	⑦	⑧	⑨
	(3)	カ	⊖	⓪	①	②	③	④	⑤	⑥	⑦	⑧	⑨
		キ	⊖	⓪	①	②	③	④	⑤	⑥	⑦	⑧	⑨
		ク	⊖	⓪	①	②	③	④	⑤	⑥	⑦	⑧	⑨
		ケ	⊖	⓪	①	②	③	④	⑤	⑥	⑦	⑧	⑨
	(4)	コ	⊖	⓪	①	②	③	④	⑤	⑥	⑦	⑧	⑨
		サ	⊖	⓪	①	②	③	④	⑤	⑥	⑦	⑧	⑨
	(5)	シ	⊖	⓪	①	②	③	④	⑤	⑥	⑦	⑧	⑨
		ス	⊖	⓪	①	②	③	④	⑤	⑥	⑦	⑧	⑨
		セ	⊖	⓪	①	②	③	④	⑤	⑥	⑦	⑧	⑨
2		ア	⊖	⓪	①	②	③	④	⑤	⑥	⑦	⑧	⑨
		イ	⊖	⓪	①	②	③	④	⑤	⑥	⑦	⑧	⑨
3	(1)	ア	⊖	⓪	①	②	③	④	⑤	⑥	⑦	⑧	⑨
		イ	⊖	⓪	①	②	③	④	⑤	⑥	⑦	⑧	⑨
	(2)	ウ	⊖	⓪	①	②	③	④	⑤	⑥	⑦	⑧	⑨
		エ	⊖	⓪	①	②	③	④	⑤	⑥	⑦	⑧	⑨
		オ	⊖	⓪	①	②	③	④	⑤	⑥	⑦	⑧	⑨
		カ	⊖	⓪	①	②	③	④	⑤	⑥	⑦	⑧	⑨

			解答記入欄										
			−	0	1	2	3	4	5	6	7	8	9
4	(1)	ア	⊖	⓪	①	②	③	④	⑤	⑥	⑦	⑧	⑨
		イ	⊖	⓪	①	②	③	④	⑤	⑥	⑦	⑧	⑨
	(2)	ウ	⊖	⓪	①	②	③	④	⑤	⑥	⑦	⑧	⑨
		エ	⊖	⓪	①	②	③	④	⑤	⑥	⑦	⑧	⑨
		オ	⊖	⓪	①	②	③	④	⑤	⑥	⑦	⑧	⑨
5		ア	⊖	⓪	①	②	③	④	⑤	⑥	⑦	⑧	⑨
		イ	⊖	⓪	①	②	③	④	⑤	⑥	⑦	⑧	⑨
6		ア	⊖	⓪	①	②	③	④	⑤	⑥	⑦	⑧	⑨
		イ	⊖	⓪	①	②	③	④	⑤	⑥	⑦	⑧	⑨
		ウ	⊖	⓪	①	②	③	④	⑤	⑥	⑦	⑧	⑨
7	(1)	ア	⊖	⓪	①	②	③	④	⑤	⑥	⑦	⑧	⑨
		イ	⊖	⓪	①	②	③	④	⑤	⑥	⑦	⑧	⑨
		ウ	⊖	⓪	①	②	③	④	⑤	⑥	⑦	⑧	⑨
	(2)	エ	⊖	⓪	①	②	③	④	⑤	⑥	⑦	⑧	⑨
		オ	⊖	⓪	①	②	③	④	⑤	⑥	⑦	⑧	⑨
		カ	⊖	⓪	①	②	③	④	⑤	⑥	⑦	⑧	⑨

1．記入は，ＨＢまたはＢの黒鉛筆で，◯の中を正確に，ぬりつぶしなさい。マークがうすい場合は機械で読み取れません。
2．解答を訂正するときは，プラスチック製消しゴムで跡が残らないように消しなさい。
3．受検番号は，数字を記入してから間違いのないようにマークしなさい。
4．解答用紙を，折り曲げたり，よごしたりしないようにしなさい。解答用紙が破れた場合は監督の先生に申し出なさい。

清林館高等学校　2020年度

◇英語◇

※105％に拡大していただくと，解答欄は実物大になります。

1．記入は，ＨＢまたはＢの黒鉛筆で，◯の中を正確に，ぬりつぶしなさい。マークがうすい場合は機械で読み取れません。
2．解答を訂正するときは，プラスチック製消しゴムで跡が残らないように消しなさい。
3．受検番号は，数字を記入してから間違いのないようにマークしなさい。
4．解答用紙を，折り曲げたり，よごしたりしないようにしなさい。解答用紙が破れた場合は監督の先生に申し出なさい。

英語聞き取り解答記入欄

	a		b		c		d	
(1)	正	誤	正	誤	正	誤	正	誤
(2)	正	誤	正	誤	正	誤	正	誤
(3)	正	誤	正	誤	正	誤	正	誤
(4)	正	誤	正	誤	正	誤	正	誤
(5)	正	誤	正	誤	正	誤	正	誤

英語筆記解答記入欄

1	(1)	1	①	②	③	④
	(2)	2	①	②	③	④
	(3)	3	①	②	③	④
	(4)	4	①	②	③	④
	(5)	5	①	②	③	④
2	(1)	6	①	②	③	④
	(2)	7	①	②	③	④
	(3)	8	①	②	③	④
	(4)	9	①	②	③	④
	(5)	10	①	②	③	④

英語筆記解答記入欄

3	(1)	11	①	②	③	④
	(2)	12	①	②	③	④
	(3)	13	①	②	③	④
	(4)	14	①	②	③	④
	(5)	15	①	②	③	④
4		16	解答欄の所定の場所に記すこと。			

4	

清林館高等学校　2020年度

※117%に拡大していただくと，解答欄は実物大になります。

◇理科◇

		解答記入欄								
1	(1)	1	①	②	③	④	⑤			
	(2)	2	①	②	③	④	⑤			
	(3)	3	①	②	③	④	⑤			
	(4)	4	①	②	③	④	⑤			
	(5)	5	①	②	③	④				
	(6)	6	①	②	③	④	⑤	⑥	⑦	⑧
2	(1)	7	①	②	③	④				
	(2)	8	①	②	③	④				
	(3)	9	①	②	③	④				
	(4)	10	①	②	③	④	⑤			
	(5)	11	①	②	③					
	(6)	12	①	②	③	④				
	(7)	13	①	②	③	④				
3	(1)	14	①	②	③	④	⑤	⑥	⑦	
		15	①	②	③	④	⑤	⑥	⑦	
	(2)	16	①	②	③	④				
	(3)	17	①	②	③	④				
	(4)	18	①	②	③	④	⑤	⑥		
	(5)	19	①	②	③	④	⑤	⑥		
	(6)	20	①	②	③	④	⑤	⑥		
4	(1)	21	①	②	③	④	⑤	⑥		
	(2)	22	①	②	③	④				
	(3)	23	①	②	③	④				
	(4)	24	①	②	③	④	⑤			
	(5)	25	①	②	③	④	⑤	⑥		
		26	①	②	③	④	⑤	⑥		

1．記入は，ＨＢまたはＢの黒鉛筆で，◯の中を正確に，ぬりつぶしなさい。マークがうすい場合は機械で読み取れません。
2．解答を訂正するときは，プラスチック製消しゴムで跡が残らないように消しなさい。
3．受検番号は，数字を記入してから間違いのないようにマークしなさい。
4．解答用紙を，折り曲げたり，よごしたりしないようにしなさい。解答用紙が破れた場合は監督の先生に申し出なさい。

清林館高等学校　2020年度

◇社会◇

※117%に拡大していただくと，解答欄は実物大になります。

			解答記入欄					
1	(1)	1	①	②	③	④		
	(2)	2	①	②	③	④		
	(3)	3	①	②	③	④		
	(4)	4	①	②	③	④		
	(5)	5	①	②	③	④		
	(6)	6	①	②	③	④		
	(7)	7	①	②	③	④		
	(8)	8	①	②	③	④		
2	(1)	9	①	②	③	④		
	(2)	10	①	②	③	④		
	(3)	11	①	②	③	④		
	(4)	12	①	②	③	④		
	(5)	13	①	②	③	④		
	(6)	14	①	②	③	④		
	(7)	15	①	②	③	④		
	(8)	16	①	②	③	④		
	(9)	17	①	②	③	④		
3	(1)	18	①	②	③	④	⑤	⑥
	(2)	19	①	②	③	④		
	(3)	20	①	②	③	④		
	(4)	21	①	②	③	④		
4	(1)	22	①	②	③	④		
	(2)	23	①	②	③	④		
	(3)	24	①	②	③	④		
	(4)	25	①	②	③	④		

1．記入は，ＨＢまたはＢの黒鉛筆で，◯の中を正確に，ぬりつぶしなさい。マークがうすい場合は機械で読み取れません。
2．解答を訂正するときは，プラスチック製消しゴムで跡が残らないように消しなさい。
3．受検番号は，数字を記入してから間違いのないようにマークしなさい。
4．解答用紙を，折り曲げたり，よごしたりしないようにしなさい。解答用紙が破れた場合は監督の先生に申し出なさい。

清林館高等学校　　2020年度

◇国語◇

※117%に拡大していただくと，解答欄は実物大になります。

			解答記入欄					
			1	2	3	4	5	6
一	(一)	1	①	②	③	④		
		2	①	②	③	④		
	(二)	3	①	②	③	④		
	(三)	4	①	②	③	④		
	(四)	5	①	②	③	④		
	(五)	6	①	②	③	④		
	(六)	7	①	②	③	④		
	(七)	8	①	②	③	④		
	(八)	9	①	②	③	④	⑤	⑥
	(九)	10	右の解答欄に記入すること					
二	(一)	11	①	②	③	④		
		12	①	②	③	④		
	(二)	13	①	②	③	④		
	(三)	14	①	②	③	④		
	(四)	15	①	②	③	④		
	(五)	16	①	②	③	④		
	(六)	17	①	②	③	④		
	(七)	18	①	②	③	④		
	(八)	19	①	②	③	④		
	(九)	20	①	②	③	④		

1．記入は，ＨＢまたはＢの黒鉛筆で，◯の中を正確に，ぬりつぶしなさい。マークがうすい場合は機械で読み取れません。
2．解答を訂正するときは，プラスチック製消しゴムで跡が残らないように消しなさい。
3．受検番号は，数字を記入してから間違いのないようにマークしなさい。
4．解答用紙を，折り曲げたり，よごしたりしないようにしなさい。解答用紙が破れ

一 (九) 解答番号 10

80

100

東京学参の
高校別入試過去問題シリーズ

＊出版校は一部変更することがあります。一覧にない学校はお問い合わせください。

東京ラインナップ

あ　愛国高校(A59)
青山学院高等部(A16)★
桜美林高校(A37)
お茶の水女子大附属高校(A04)
か　開成高校(A05)★
共立女子第二高校(A40)★
慶應義塾女子高校(A13)
啓明学園高校(A68)★
国学院高校(A30)
国学院大久我山高校(A31)
国際基督教大高校(A06)
小平錦城高校(A61)★
駒澤大高校(A32)
さ　芝浦工業大附属高校(A35)
修徳高校(A52)
城北高校(A21)
専修大附属高校(A28)
創価高校(A66)★
た　拓殖大第一高校(A53)
立川女子高校(A41)
玉川学園高等部(A56)
中央大高校(A19)
中央大杉並高校(A18)★
中央大附属高校(A17)
筑波大附属高校(A01)
筑波大附属駒場高校(A02)
帝京大高校(A60)
東海大菅生高校(A42)
東京学芸大附属高校(A03)
東京農業大第一高校(A39)
桐朋高校(A15)
都立青山高校(A73)★
都立国立高校(A76)★
都立国際高校(A80)★
都立国分寺高校(A78)★
都立新宿高校(A77)★
都立墨田川高校(A81)★
都立立川高校(A75)★
都立戸山高校(A72)★
都立西高校(A71)★
都立八王子東高校(A74)★
都立日比谷高校(A70)★
な　日本大櫻丘高校(A25)
日本大第一高校(A50)
日本大第三高校(A48)
日本大第二高校(A27)
日本大鶴ヶ丘高校(A26)
日本大豊山高校(A23)
は　八王子学園八王子高校(A64)
法政大高校(A29)
ま　明治学院高校(A38)
明治学院東村山高校(A49)
明治大付属中野高校(A33)
明治大付属八王子高校(A67)
明治大付属明治高校(A34)★
明法高校(A63)
わ　早稲田実業学校高等部(A09)
早稲田大高等学院(A07)

神奈川ラインナップ

あ　麻布大附属高校(B04)
アレセイア湘南高校(B24)
か　慶應義塾高校(A11)
神奈川県公立高校特色検査(B00)
さ　相洋高校(B18)
た　立花学園高校(B23)
桐蔭学園高校(B01)
東海大付属相模高校(B03)★
桐光学園高校(B11)
な　日本大高校(B06)
日本大藤沢高校(B07)
は　平塚学園高校(B22)
藤沢翔陵高校(B08)
法政大国際高校(B17)
法政大第二高校(B02)★
や　山手学院高校(B09)
横須賀学院高校(B20)
横浜商科大高校(B05)
横浜市立横浜サイエンスフロンティア高校(B70)
横浜翠陵高校(B14)
横浜清風高校(B10)
横浜創英高校(B21)
横浜隼人高校(B16)
横浜富士見丘学園高校(B25)

千葉ラインナップ

あ　愛国学園大附属四街道高校(C26)
我孫子二階堂高校(C17)
市川高校(C01)★
か　敬愛学園高校(C15)
さ　芝浦工業大柏高校(C09)
渋谷教育学園幕張高校(C16)★
翔凜高校(C34)
昭和学院秀英高校(C23)
専修大松戸高校(C02)
た　千葉英和高校(C18)
千葉敬愛高校(C05)
千葉経済大附属高校(C27)
千葉日本大第一高校(C06)★
千葉明徳高校(C20)
千葉黎明高校(C24)
東海大付属浦安高校(C03)
東京学館高校(C14)
東京学館浦安高校(C31)
な　日本体育大柏高校(C30)
日本大習志野高校(C07)
は　日出学園高校(C08)
や　八千代松陰高校(C12)
ら　流通経済大付属柏高校(C19)★

埼玉ラインナップ

あ　浦和学院高校(D21)
大妻嵐山高校(D04)★
か　開智高校(D08)
開智未来高校(D13)★
春日部共栄高校(D07)
川越東高校(D12)
慶應義塾志木高校(A12)
さ　埼玉栄高校(D09)
栄東高校(D14)
狭山ヶ丘高校(D24)
昌平高校(D23)
西武学園文理高校(D10)
西武台高校(D06)
た　東京農業大第三高校(D18)
は　武南高校(D05)
本庄東高校(D20)
や　山村国際高校(D19)
ら　立教新座高校(A14)
わ　早稲田大本庄高等学院(A10)

北関東・甲信越ラインナップ

あ　愛国学園大附属龍ヶ崎高校(E07)
宇都宮短大附属高校(E24)
か　鹿島学園高校(E08)
霞ヶ浦高校(E03)
共愛学園高校(E31)
甲陵高校(E43)
国立高等専門学校(A00)
さ　作新学院高校
（トップ英進・英進部）(E21)
（情報科学・総合進学部）(E22)
常総学院高校(E04)
た　中越高校(R03)＊
土浦日本大高校(E01)
東洋大附属牛久高校(E02)
な　新潟青陵高校(R02)
新潟明訓高校(R04)
日本文理高校(R01)
は　白鷗大足利高校(E25)
ま　前橋育英高校(E32)
や　山梨学院高校(E41)

中京圏ラインナップ

あ　愛知高校(F02)
愛知啓成高校(F09)
愛知工業大名電高校(F06)
愛知みずほ大瑞穂高校(F25)
暁高校（３年制）(F50)
鶯谷高校(F60)
栄徳高校(F29)
桜花学園高校(F14)
岡崎城西高校(F34)
か　岐阜聖徳学園高校(F62)
岐阜東高校(F61)
享栄高校(F18)
さ　桜丘高校(F36)
至学館高校(F19)
椙山女学園高校(F10)
鈴鹿高校(F53)
星城高校(F27)★
誠信高校(F33)
清林館高校(F16)★
た　大成高校(F28)
大同大大同高校(F30)
高田高校(F51)
滝高校(F03)★
中京高校(F63)
中京大附属中京高校(F11)★
中部大春日丘高校(F26)★
中部大第一高校(F32)
津田学園高校(F54)
東海高校(F04)★
東海学園高校(F20)
東邦高校(F12)
同朋高校(F22)
豊田大谷高校(F35)
な　名古屋高校(F13)
名古屋大谷高校(F23)
名古屋経済大市邨高校(F08)
名古屋経済大高蔵高校(F05)
名古屋女子大高校(F24)
名古屋たちばな高校(F21)
日本福祉大付属高校(F17)
人間環境大附属岡崎高校(F37)
は　光ヶ丘女子高校(F38)
誉高校(F31)
ま　三重高校(F52)
名城大附属高校(F15)

宮城ラインナップ

さ　尚絅学院高校(G02)
聖ウルスラ学院英智高校(G01)★
聖和学園高校(G05)
仙台育英学園高校(G04)
仙台城南高校(G06)
仙台白百合学園高校(G12)
た　東北学院高校(G03)★
東北学院榴ヶ岡高校(G08)
東北高校(G11)
東北生活文化大高校(G10)
常盤木学園高校(G07)
は　古川学園高校(G13)
ま　宮城学院高校(G09)★

北海道ラインナップ

さ　札幌光星高校(H06)
札幌静修高校(H09)
札幌第一高校(H01)
札幌北斗高校(H04)
札幌龍谷学園高校(H08)
は　北海高校(H03)
北海学園札幌高校(H07)
北海道科学大高校(H05)
ら　立命館慶祥高校(H02)

★はリスニング音声データのダウンロード付き。

都道府県別 公立高校入試過去問 シリーズ

- 全国47都道府県別に出版
- 最近数年間の検査問題収録
- リスニングテスト音声対応

公立高校入試対策 問題集シリーズ

- 目標得点別・公立入試の数学（基礎編）
- 実戦問題演習・公立入試の数学（実力錬成編）
- 実戦問題演習・公立入試の英語（基礎編・実力錬成編）
- 形式別演習・公立入試の国語
- 実戦問題演習・公立入試の理科
- 実戦問題演習・公立入試の社会

高校入試特訓問題集 シリーズ

- 英語長文難関攻略33選(改訂版)
- 英語長文テーマ別難関攻略30選
- 英文法難関攻略20選
- 英語難関徹底攻略33選
- 古文完全攻略63選(改訂版)
- 国語融合問題完全攻略30選
- 国語長文難関徹底攻略30選
- 国語知識問題完全攻略13選
- 数学の図形と関数・グラフの融合問題完全攻略272選
- 数学難関徹底攻略700選
- 数学の難問80選
- 数学　思考力―規則性とデータの分析と活用―

2404A

〈ダウンロードコンテンツについて〉

本問題集のダウンロードコンテンツ、弊社ホームページで配信しております。現在ご利用いただけるのは「2025年度受験用」に対応したもので、**2025年3月末日**までダウンロード可能です。弊社ホームページにアクセスの上、ご利用ください。
※配信期間が終了いたしますと、ご利用いただけませんのでご了承ください。

高校別入試過去問題シリーズ

清林館高等学校　2025年度

ISBN978-4-8141-3049-8

[発行所] 東京学参株式会社
〒153-0043　東京都目黒区東山2-6-4

書籍の内容についてのお問い合わせは右のQRコードから ⇒

※書籍の内容についてのお電話でのお問い合わせ、本書の内容を超えたご質問には対応できませんのでご了承ください。

2024年7月26日　初版